造侠者 金庸

孙宜学 著

团结出版社

图书在版编目（ＣＩＰ）数据

造侠者——金庸 / 孙宜学著. -- 北京 ：团结出版
社，2018.11
ISBN 978-7-5126-6760-0

Ⅰ. ①造… Ⅱ. ①孙… Ⅲ. ①金庸（1924-2018）—
传记 Ⅳ. ①K825.6

中国版本图书馆CIP数据核字(2018)第247896号

出　版：团结出版社
　　　　（北京市东城区东皇城根南街84号　邮编：100006）
电　话：(010) 65228880　65244790　（出版社）
　　　　(010) 65238766　85113874　65133603（发行部）
　　　　(010) 65133603（邮购）
网　址：http://www.tjpress.com
E-mail：zb65244790@vip.163.com
　　　　fx65133603@163.com（发行部邮购）
经　销：全国新华书店
印　装：三河腾飞印务有限公司

开　本：170mm×240mm　　　16开
印　张：25
字　数：403千字
印　数：5045
版　次：2018年11月　第1版
印　次：2018年11月　第1次印刷
书　号：978-7-5126-6760-0
定　价：68.00元

目 录

第一章 潜龙在野

在钱塘江潮的轰鸣声中，江山代有才人出的海宁查家，又呱呱坠地了一个貌不惊人的男婴，父亲为他起名叫查良镛。

历史课上全班失声痛哭的情景使幼时的金庸已经意识到中国在受着别人的欺负，作为一个中国人，有责任保卫国家的完整，即使牺牲生命，也在所不惜。

童年的记忆，使金庸知道世界上竟还有吃一次年糕都激动成那个样子的人，知道了除了自己这样的家庭，还有月云这样吃不上饭的穷人。

15岁时，金庸出版了自己第一本书《献给投考初中者》，没想到畅销省内外，在经济上也大大帮了他一把。

战争中的所见所闻，使金庸迅速成熟起来。

17岁时，金庸在学校的墙报上贴出一篇文章《阿丽丝漫游记》，以眼镜蛇影射学校的教导主任，结果被勒令开除。

他一下子陷入了困境。

抗战后期，他如愿考进国民党中央政治学校外交系，眼看就要实现自己做外交官的梦想了，可结果却……

第二章 龙出江湖

036/ "南来白手少年行"

浪迹江湖的金庸终于在《大公报》获得一份稳定的工作。1948年，他被派往香港，在飞机上一摸口袋，不禁惊出一身冷汗：他竟分文没带！

后来他戏称自己这是"身无分文走香江"。

040/ 梦断京城

为了一圆自己的外交官之梦，金庸兴冲冲打点行装来到北京，但乔冠华的话犹如兜头浇了一桶冷水，他失望了。

中国从此失去了一个应该杰出的外交官。

043/ 打擂打出个"大侠"

一场打擂比武，一人灵机一动，两人偶试身手，新派武侠小说由此开始了一个红彤彤的世界。

金庸后来居上，《书剑恩仇录》光芒四射，金庸作为一个神话，从此诞生。

051/ 刀光剑影

金庸难以忍受《大公报》的"左"派风格，辞职去了长城电影制片公司。但他的主要精力仍是放在武侠小说方面，于是有了胡斐挥不挥刀的悬念。

057/ "三剑"齐舞

《大公报》此时有三人写武侠小说：金庸、梁羽生、百剑堂主，人称武坛"三剑客"。

一日他们突发奇想，联合在报上开设专栏"三剑楼随笔"，以展现"三剑客"交相辉映的光芒。

064/ "棋坛闻人"

金庸棋艺"在香港知名人士中是第一"，他不但棋下得好，棋话写得好，当他将围棋写进小说时，尤其显得他棋艺超群，棋理精通。

070/ **独跳芭蕾舞**

金庸堪称干一行，爱一行的典范，为写影评，他几乎天天看电影；为写舞评，他竟学起了跳舞，有一段时间还去学过芭蕾，在一次报馆的文艺演出中，他还穿上工人服，独跳芭蕾舞，尽管艺术上不合格，给人留下的印象却足够惊人。

第三章　恨不相逢未嫁时

076/ **才子自古多情**

"问世间情为何物，直教人生死相许"，金庸不但是写武写侠的圣手，也是不折不扣的写爱情的高手，他的小说中那一个个令人缠绵悱恻的迷人的纯情故事，直教人神魂颠倒，飘飘然直想羽化成仙。

081/ **情场失意**

在幽幽的烛光下和柔和的乐曲声中，金庸和夏梦呢喃私语，频频举杯。趁着几分酒意，趁着令人陶醉销魂的浪漫情调，金庸终于向夏梦吐露了爱慕之情。夏梦听了非常感动，但又说"恨不相逢未嫁时"，她最后深情地说："虽然今生今世难偿情缘，但愿来世还有机会重续前缘。"听得金庸几欲落泪。

089/ **自立门户**

1959年5月20日，金庸出资8万元，沈宝新出资2万元，《明报》正式创刊。但两人都明白：自己选择了一项风险很大的职业！

很多人以为《明报》不出一年半载就会垮掉，但金庸凭自己的武侠小说，硬是为《明报》垫下了第一块坚硬的基石。

097/ **崛起于移民潮**

1962年5月，内地经济的恶化使10万居民涌向香港，香港顿时陷入混乱。金庸组织精干记者倾力报道这一事件真相，并组织救援，一时声名大噪，

《明报》很快跻身大报行列。《明报》进入稳定发展的新阶段。

105/ "文革" 岁月

金庸和《明报》因对"文化大革命"的报道影响越来越大，但也因此与"左"派的矛盾越来越深，他被骂做"豺狼镛"，在 1967 年爆发的"香港式的'文化大革命'"中，他被列入香港左翼势力的暗杀名单。

第四章　有容乃大

108/《明报》托拉斯

以《明报》为中心和起点，金庸相继创办了《明报月刊》《武侠与历史》《新明日报》星马版，《明报周刊》《明报晚报》《财经晚报》等报纸，后来又创办了明窗、明河、明远三家出版社，使《明报》系列成为一家名副其实的报业托拉斯。

116/ "吝啬鬼" 逸事

金庸在《明报》内部一直有"拟I」"的雅称，他对《明报》的记者一直实行"微薪制"，对作者也决不宽容，这一点倪匡体会最深。

但金庸又绝对是个老少咸宜的朋友，当你真的需要帮助时，他决不吝啬。

124/ 谦谦君子

金庸的宽容有时让人觉得难以理解。《明报》培养了很多出色的人物，而当他们翅膀硬了之后，却又往往离开《明报》，另筑新巢，有些甚至成为金庸的对手，但金庸并不因此而对这些人有什么意见，或公开表示过什么不满，而总是从他们的角度考虑，为他们的成功而高兴。

第五章　挂印封刀

134/ 刺人刺鬼入骨三分

金庸将自己对政治的感悟都写进《笑傲江湖》，小说成功地写出了政治斗争中的一些普遍现象和普遍人性，让人寒心，让人警惕，有人说它影射了"文化大革命"，可实际上它包含的内容显然更多、更广、更深。

138/ 金盆洗手

金庸"善变"，若不善变，他的小说不会有千变万化的情节，《明报》决不会有今天的辉煌成功，但当他宣布自《鹿鼎记》后将金盆洗手时，读者不相信自己的耳朵了。

146/ 十年磨一剑

封笔之后，金庸把近 20 年来所写的武侠小说逐字逐句进行了修改，前后花了 10 年，他将自己小说首字连成两句诗："飞雪连天射白鹿，笑书神侠倚碧鸳。"

但修订后小说的优劣，却是见仁见智。

第六章　"真命天子"的神话

154/ 天下谁人不识君

从来没有哪一位作家的作品像金庸的小说那样流行：从大学教授到贩夫走卒，从金发碧眼的洋人到黄土高原的中国农民。到处都有金庸的小说，都有"金庸迷"。

因此有人说，金庸及其小说一如"007"，都是后工业时代的神话。

也有人称金庸为武侠小说的"真命天子"。

第七章　海峡两岸谈文论政

第八章　香港回归风云

202/ 预测回归进程

对金庸来说，"收回香港"是天经地义的事；即使为此要他牺牲生命，也在所不惜。

回香港后，他尽自己的责任和义务通过《明报》为香港的平稳过渡尽了一份力。

令人惊奇的是：他对香港回归进程的预测竟和实际进程基本一致。

205/ 世事岂能尽如己意

金庸以绝对的理性和现实主义的态度向全香港人民指出：只有面对现实，并找出解决这一问题的切实可行的办法，才是正确解决这一问题的根本出路，任何幻想或想阻挡这一历史的必然趋势的人或企图都是不可能取得效果的。

211/ 知恩图报

中国政府通过新华社香港分社正式通知金庸：中共决定邀请他参加中华人民共和国香港特别行政区基本法起草委员会的工作。经过一段时间的犹豫，金庸接受了，促使他做出这个决定的是一种"知恩图报"心理。

217/ "查流"风波

如何决定香港未来的政制模式？这最敏感，争论也最激烈。金庸综合各方面意见，亲自草拟新政制协调方案，后又略作修改，便成为政制小组的"主流"方案。

与此同时，反对金庸和这一方案的声浪也铺天盖地而来，香港学生火烧《明报》，以示抗议。

233/ 激战彭定康

围绕着《基本法》的实施而产生的各种矛盾因香港新一任总督彭定康的到来而更加激化；

金庸奋笔直书，激战彭定康，捍卫《基本法》。

第九章　风景这边独好

金庸最羡慕历史上的范蠡、张良，视功名富贵如粪土，向往闲云野鹤式潇洒自由的生活，这是他做人做事的一贯准则。

但当他决定出卖《明报》时，仍然让人大吃一惊。

1993 年 4 月 1 日，金庸宣布辞去《明报》企业董事局主席之职，消息传出，如石破天惊。

多年来已在一步步淡出江湖的金大侠这次是一退到底了。

1993 年 4 月，卸掉《明报》企业一切职务的金庸轻轻松松到牛津做了访问学者，半年下来，他发现自己的个性不适合做学术工作。他很坦然地说：我还是比较适宜做创作的工作，我没有积极的抱负，但求平平淡淡，生活自由自在就最好。

《中国青年报》赫然发表一篇题为"金庸复出"的文章，眉批为"结束隐居生活，日前推出新作"。

金庸迷奔走相告，但后来知道这不过是某个金庸迷开的玩笑。

关于自己还写不写武侠小说，金庸的回答很干脆：不写了，说不写就不写了，但可能写一部历史小说。

第十章　硝烟骤起

270/ 金庸热席卷北大

1994年8月，《20世纪中国文学大师文库·小说卷》把金庸列为大师之一，名列鲁迅、沈从文、巴金之后，位列第四。

1994年10月25日，北京大学授予金庸北京大学名誉教授称号。会上金庸为北大师生做了关于中国历史的演讲，当时的热闹景象是北大多年来少见的，真的是到了人山人海、水泄不通的程度。主持会议的北大副校长打趣说："今天这形势，金大侠武功再高也不好办了！"

278/ 南北"交火"

1994年，就在新"大师座次"排定和北京大学隆重授予金庸名誉教授之后不久，《南方周末》于12月2日发表了鄢烈山的一篇文章《拒绝金庸》，"顽固地排斥金庸（以及古龙、梁羽生之辈）"，严家炎、童志刚接招，从此引发了中国内地第一次关于金庸小说地位和价值的争论。

287/1998：金色的金庸

1998年，对金庸小说的研究和争论再度升温，在世界范围内纷纷召开了各种形式的研讨会，报纸、杂志也开设专栏，使1998年成为金色的"金庸年"，而金庸则使这一年金光闪闪。

第十一章　任职新浙大

300/ 第五人生理想

1999年3月24日下午，金庸来到了位于美丽的西湖之畔的新浙江大学；25日下午，他从浙江大学校长手中接过两张聘书：一张聘他为浙江大学教授，一张聘他为浙江大学人文学院院长。

金庸要在这里实现自己的"第五人生理想"了：找一个安静的地方，好好研究学问。

305/ 新官上任

从一位小说家、报人变成了一位教育工作者和管理者，金庸能否完成角色的变换？

金庸早心中有数："过去历来喜欢人家教我，我鞠躬求教，而不善教人。如今受人之聘，走上讲坛，一定会加倍努力，认真执教。虽然写小说天马行空，但一旦执教，不会像小说中的杨过、令狐冲那样天马行空，为人举止一定会遵守学校纪律，遵循教学规律，思想要开放，处事守规矩。"

310/ 浙大履新

4月5日，金庸第一次上公开课，之后就马不停蹄地奔走于浙大玉泉校区、西溪校区、浙大之江学院，以他的风趣大度给崇拜着他的大学生们上问答式的公开课。金庸这次来"浙大履新"用了20天，这是高效率的20天，用他夫人的话说："这次在浙大，他太累了，几乎没有好好休息过。"

第十二章　多事之秋

316/ "评点本"风波

1998年10月，文化艺术出版社隆重推出《评点本金庸武侠小说全集》，冯其庸、严家炎等为评点人；金庸则在各种场合宣称这是一种"聪明的盗版"，评点文字连小学生都能写，于是掀起轩然大波。

330/ 王朔飞刀

金庸似乎陷入多事之秋，"评点本"风波尚未平息，那边王朔又"小王飞刀"，于1999年11月1日在《中国青年报》发表《我看金庸》，将金庸小说"荣"列"四大俗"之一。金庸承认：这是对我小说的第一篇猛烈攻击。

337/ 金庸以柔克刚

高手过招，永远是点到为止，王朔依然一副"痞子"姿态，金庸依然一副谦谦君子姿态，但至于谁胜谁负，则永远只能像胡斐那谁也不知到底砍下去没有的那一刀，恐怕永远只能是悬念了！

高科技的发展为这场王、金之争推波助澜，王、金之迷在因特网上为各自的主帅摇旗呐喊，浴血奋战，但口诛笔伐间流露出的粗俗却使人怀疑网络实在是藏污纳垢的最佳场所。

王、金之战也引起了学界的激烈争论，并且话题由金庸的武侠小说扩展到整个武侠小说和通俗文学与新文学的关系。

争论双方也截然分成两派，严家炎等支持金庸、批评王朔，而袁良骏、何满子则持相反的观点。

从《明报》退休后的金庸真是欲逍遥而难逍遥，国内外的一些文化活动往往请他出山论剑，主持各种论坛、讲座，他很累，却使他的晚年生活依然充实。金庸的晚年生活可以称得上是"北去南来飞"，却毫不自在，但金庸却总是一副温文尔雅的儒侠风度，尽量满足大家的需要。

第一章

潜龙在野

听潮的少年

在钱塘江潮的轰鸣声中，江山代有才人出的海宁查家，又呱呱坠地了一个貌不惊人的男婴，父亲为他起名叫查良镛。

> 东南形胜，三吴都会，钱塘自古繁华。烟柳画桥，风帘翠幕，参差十万人家。云树绕堤沙，怒涛卷霜雪，天堑无涯。市列珠玑，户盈罗绮，竞豪奢。重湖叠巘清嘉，有三秋桂子，十里荷花。羌管弄晴，菱歌泛夜，嬉嬉钓叟莲娃。千骑拥高牙，乘醉听箫鼓，吟赏烟霞。异日图将好景，归去凤池夸。
>
> （宋）柳　永

> 江南好，风景旧曾谙。日出江花红胜火，春来江水绿如蓝。能不忆江南。江南忆，最忆是杭州。山寺月中寻桂子，郡亭枕上看潮头，何日更重游？江南忆，其次忆吴宫。吴酒一杯春竹叶，吴娃双舞醉芙蓉。早晚复相逢？
>
> （唐）白居易

江南名城杭州素有人间天堂之称，以它为中心之一所形成的吴越文化，素来以儒雅风流著称，而名士辈出，也使这种文化赢得越来越多中外人士的好奇和欣赏，谢灵运、骆宾王、贺知章、孟郊、陆游、施耐庵、罗贯中、王国维、徐志摩、蒋百里，每一个都以自己的独特韵味为这片江南土地平添了许多的灵光，这些像黑暗中的明珠一样灼灼闪光的名字，把素有"鱼米之乡"的江南更映衬得温柔而风骚。游走在这片透着一股股压抑不住的文化底蕴的土地，不禁使人感觉到生的冲动。

然而，虽然在江南如此温柔的格调中也曾经使不知多少英雄竞折腰，把一腔豪气尽挥洒在江南的山水和温暖的怀抱中，在历史上留下一个个使人扼腕叹息的悲剧故事。但若只是这样，江南文化就会失去自己的丰满与深厚，就在这遍地使人陶醉的呢喃吴语中，越王勾践忍辱负重，卧薪尝胆，最终以牙还牙，雪国耻，强国势，彪炳史册；一代代"樯橹灰飞烟灭"的历史遗迹，也不知使多少后来人引发思古之幽情，如辛弃疾一腔报国热情无法在南宋小朝廷得以实现，不知多少次登临历史上的江南名胜，多少次缅怀历史上的英雄，而为自己的命运，自己所生活的时代而深深悲哀，这样，使江南文化中，又自然透出一股悲凉慷慨之气，他的"永遇乐"一词，堪能代表吴越文化的这一特点：

　　千古江山，英雄无觅，孙仲牟处。舞榭歌台，风流总被雨打风吹去。斜阳草树，寻常巷陌，人道寄奴曾住。想当年，金戈铁马，气吞万里如虎。

　　元嘉草草，封狼居胥，赢得仓皇北顾。四十三年，望中犹记，烽火扬州路。可堪回首，佛狸祠下，一片神鸦社鼓。凭谁问，廉颇老矣，尚能饭否？

　　江南文化可以说基本上就是这三种因素的融合，既有软昵馨香，也有刚烈勇猛，更有苍凉悲壮；既有土生土长的因素，也有外在强力刺激下的先被迫后自觉接受的因素，这些因素，是一代代的江南人，或流落到江南因而也江南化的来自五湖四海的人共同创造和濡养的结晶。而这种文化，也在培养着一代一代新的江南人，使江南大地越发焕发出迷人的神奇魅力。

　　金庸的出世，就是这样一个良性互动的绝妙证明。

　　金庸的出生地是距杭州不远的一个小城，名叫海宁县。海宁在清朝时属于杭州府，从位置看，正好处于钱塘江的出口处。海宁地域虽小，但也是小桥流水，青砖绿瓦，一派江南风光。但真正使这个江南小城名闻天下的，还是钱塘江潮。正如苏曼殊在一首诗中所描写的："春雨楼头尺八箫，何时归看浙江潮？盲鞋破钵无人识，踏过樱花第几桥。"这里的浙江潮，便是指海宁潮。潮形成于每年的八月，这时由于汛期，钱塘江和海水相互激荡，形成壮观的钱塘潮。而每年的这一时期，海宁就会暂时失去自己惯常的宁静，而变得人声鼎沸，热闹非凡。潮声与人声组合成一首雄壮的进行曲，把小城渲染得豪气十足，韵味十足。

　　每当潮来，只见远处有一道白线，在月光下缓缓而来，观潮者只听到一种令人震慑的声音逼过来，不仅噤而缄口，静候潮到。蓦然间只觉寒气逼人，白线越来越近，声若响雷，大潮有如玉城雪岭，遮天蔽月，轰然前来。潮水越近，声音越响，就像百万大军在集体冲锋。

终于，潮水近岸，只见一座巨大的水墙就像一座无边无际的大山一样，直向海塘压来。

任何的声音都在这样的巨响中沉默了。每一个人都被这种大自然的神奇所震慑、所征服。

海潮时间很短，所以更使人觉得千载难逢，弥足珍贵。文人骚客，王公贵族，英雄志士，普通百姓，莫不慕名而来，以偿平生所愿。

有史载：乾隆皇帝曾看过海宁潮，并建造海塘以示龙威与海潮永伴；康有为观潮后情不自禁写下"绝好江山谁看？涛声怒断江潮！"的诗句；中国民主革命的先驱孙中山也曾亲临观潮。

1924年2月，就在钱塘江新一轮的怒潮正在酝酿期间，金庸，这个注定要使家乡的潮水更加博大雄浑的一代侠圣，在海宁县袁花镇呱呱坠地。

金庸的出生与其他人并无不同，但他一出生就降落在一种得天独厚的人文环境和家庭环境中，却并不是人人都有的幸运。

金庸本姓查，而在海宁，查家是屈指可数的名门望族。在查家的祠堂上，恭恭敬敬地悬挂着一副对联，上书："唐宋以来巨族，江南有数人家。"从对联的结构和字迹来看，这副对联也没有什么特殊之处，但这可是清朝康熙皇帝亲笔为查家御书的一副对联啊！这副对联，使一代代的查家人为之自豪，为之满面生辉。这种世代的荣耀，似乎感染了每一个查家人，使他们生来就要读书识礼，以不辜负皇帝的厚爱。所以查家代有才人出。

在康熙御书的旁边，就是记录着查家光辉历史的功名榜，上面记载着几十位在各朝各代功成名就的查氏族人。就在康熙一朝，就有两位，一是康熙帝的侍从臣查升，二是翰林院编修查慎行。雍正时期则有礼部侍郎查嗣庭。

查慎行是清初著名诗人，《清史列传》记载："查慎行，字初白，海宁人。少受学黄宗羲。于经通于《易》。性喜作诗，游览所至，辄有吟咏，名闻禁中。"查慎行本名查嗣琏，他后来因言语不慎罹祸，故改名查慎行。他的诗很得康熙皇帝的欣赏，所以得以进京为官。当时有"一门七进士，叔侄五翰林"之说，因为除查慎行官授翰林外，他的二弟、三弟都是翰林，另外他的堂兄、侄子也都是翰林；

而他的大儿子、堂弟都是进士，所以有上面的美谈。查慎行在官场一直还算得意，但他在官场日久，看不惯官场的尔虞我诈，钩心斗角，就辞官归园田居，"把酒话桑麻"，闲来垂钓、赋诗，其乐融融，在其身后，留有《敬业堂诗集》。成为海宁查家世世代代引以为傲的先祖之一。

查嗣庭是查慎行的弟弟，不过官做得比哥哥大，命运却没有哥哥的幸运。1726 年，他主持江西省试，考题之一是"维民所止"，这句话出自《诗经》，本来很正常，但因为他平时比较耿直，得罪了一些人，于是就有人向雍正皇帝密报，说这道考题暗含杀机，"维、止"两字，不就是"雍正"两字去掉头吗？他们还密报，查嗣庭出的其他考题也都和国家目前正在推行的政策和法令不符。

皇帝一听，"这还了得！"马上下令把查嗣庭抓进监狱，并让人查抄查嗣庭的诗文，龙眼一看，认为其中多有忤逆之作，遂定以"大逆不道"之罪，将查嗣庭关进死牢，病死狱中，即使这样，雍正还命人戮尸枭首，其家人与亲属则被杀的杀，捕的捕，流放的流放，使查家一时蒙冤受辱。

即如现代，查家依然俊杰辈出，如台湾的查良钊是一所师范大学的校长，查良鉴官至台湾司法行政部长；香港的查济民，是商界名人和社会活动家；中国内地的查良铮（即穆旦）不但是著名的翻译家，而且还是"九叶诗派"的代表诗人，闻名海内外。至于查良镛，则就是百年也出不了一个的金庸。

不过，让人略感遗憾的是，在这么多显赫一时的查家人中，却没有一个武官，而且在他们的性格中都有一些忧郁色调和悲剧意味。这也许是海宁特殊的风土养育的结果，像王国维、蒋百里、徐志摩都是这样，即使如蒋百里，虽说是军事家，但也只会讲武，不会动武。

另外，还都有一些不合时宜的执拗。其中最典型的是金庸的祖父查文清，而金庸受影响最深的，就是这位祖父。查文清字沧珊，人称"沧珊先生"。他是光绪进士，中举后被任命为江苏丹阳县知县，政绩不凡，而且爱民如子，在老百姓中口碑很好，其中最让老百姓感动的是他上任伊始不是去与地方上的豪绅勾结，或盘剥百姓，而是将以前县衙判过罪的犯人一一重提出来审讯。

在重审中他发现了一个叫和生的犯人天大冤枉。和生入狱前只不过是丹阳一个小买卖人，在家里开了一家豆腐店，他的悲剧在于他与一个非常漂亮的姑娘订了婚。双方都很满意，而且和生多年辛苦马上就要有了回报：他挣的钱已快够他娶亲了。但就在这节骨眼上，天塌下来把他砸个正着。就在他要结婚的这一年的十二月，当地一家财主雇他去磨做年糕的米粉，他以为很快就可以完成，而且又可以赚点钱，所以也就毫不怀疑地去了，但到那儿一看，地主竟要他磨好几石糯米，他虽然心里很着急，但本性老实的他也没敢反对，只有加班加点地赶时间，每天都要做到深夜。有一天，他又像往常一样很晚才收工，当他正收拾东西准备回家时，突然听到一阵"捉贼！捉贼"的喊声，接着他听到有很多人在院子里跑。他本来不准备管这事，可这时有个人跑过来对他喊道："和生，和生，花园里有贼，快来帮忙。"他也没多想，拿起扁担就跟人往花园里跑，可他刚跑进花园门，突然被人用棍子打倒在地，还有人边打边骂他"贼骨头"，说主人这样看得起他。没想到他竟是个贼，竟敢偷主人家的东西。他被这一切弄得晕头转向，连分辩的机会都没有。很快，他就什么都不知道了。等他艰难地睁开双眼，发现在自己身边堆着许多金银首饰，打他的人说这下是人赃俱获；还有人将他的竹篓拿来，当着他的面从竹篓的米粉底下搜出一些金银和铜钱。他此时是满身长嘴也说不清，他想站起来讲理，可刚想起来就感到一阵钻心的疼痛，他这才发现自己的肋骨被打断了好几根，从此他就成了驼子。在县衙门，因为上上下下的办案人都受了财主的贿赂，所以知县三句话没问，就判定他有罪，结果他被打了几十板，关进了监狱，一直被关了两年多。在这期间，他父亲、母亲都气死了，他的未婚妻也被财主少爷娶去做了继室。但这一切都是出狱后才知道，这个老实巴交的人知道自己的一切不幸都是财主少爷所陷害的后，他现在已是一无所有，于是就义无反顾计划报仇。他天天怀揣尖刀，在地主家周围徘徊，那位少爷知道后很恐惧，一直躲着他，但终于还是没躲过。一天，两人终于在街上碰见了，仇人相见，分外眼红，他拔出尖刀向财主少爷身上连连刺去，刺完之后他就站在原地，任由差役捉去。后来他才知道那位少爷只受了重伤，没死，不禁深为遗憾。衙门没判他死罪，但财主家害怕他出狱后再报复，就不断贿赂县官、狱卒，想害死他。幸运的是，这样的日子还不到一年，县官就换成了查文清，否则，用不多久，他一定会被害死的。

查文清听完这位犯人的陈述，不禁为之同情，但自己作为一县之长，也不能随便放人，况且和生伤人是实。然而，虽然他暂时无法解救和生，但和生从此再不必担心被人陷害了。

之后不久，就发生了江南大案"丹阳教案"，和生的命运也就随之发生了根本的变化。

实际上，"丹阳教案"在当时的中国并非偶然。清朝末年，自"天津条约"之后，由于满清政府以法律形式允许外国传教士到中国传教，大批各怀目的的西方传教士涌进中国，其中很多传教士借传教之名而实际上做的是帝国主义列强侵略中国的帮凶和间谍，他们甚至在中国买地圈地，强取豪夺，不但在精神上奴役中国老百姓，而且直接以暴力的方式剥削中国人民。由于清朝政府软弱无能，不敢约束这些传教士，甚至连入了教的中国人，官府都要让几分。在这种情况下，普通老百姓一是愤恨传教士人民骄横跋扈，欺压中国百姓，再是见这些传教士平时行动诡秘，于是根据民间的迷信观念，进行推测附会，如把照相看作是西方人想勾中国人的灵魂之类，结果传教士、教民与一般中国老百姓之间的矛盾就越来越激烈，最后演变成武装冲突，而一旦教民有死伤，外籍教士就以此为借口向官府要挟，不但勒索巨款，甚至要求将地方官吏严办，即使是封疆大吏，也得革职永不叙用。如此下去，国已不国。但清政府虽然任由外国人干涉，老百姓却不服气，于是纷纷向传教士和教堂发动攻击，因此发生的教案以千万计。"丹阳教案"也就是在类似的背景下发生的，结局也类似。光绪十七年八月，丹阳县数百名老百姓因不满西方传教士的胡作非为，遂集合起来围攻教会，并纵火焚烧教堂。结果这就如一根导火线，在江苏引发了一系列的教案，金匮、无锡、阳湖、江阴、如皋等地的教堂一个接一个地被围攻、焚烧。

传教士向清廷施加压力，要求惩办"凶手"，而一贯俯首帖耳的清政府也就听命于洋主子的旨意，严令江苏总督查办这一系列连环大案的"凶手"，而江苏总督就又把这个责任往下推，最后落到查文清头上。查文清非常同情发动教案的中国百姓，对传教士的所作所为早就心怀不满。经过慎重考虑，他先让人秘密通知为首的两个人逃走，然后写了一个呈子回报上司，说该教案系由外国教士欺压良民引起公愤而引起，事情起时，数百人蜂拥而上，焚烧教堂，实无法查清为首之人。

办完这些，他随即以查办不力，辜负圣恩为名，辞职回家。在回家时，他就悄悄把和生也带回去，养在自己家里。名义上和生是查家的长工，但并不是像人们所理解的地主家的长工那样做牛做马，而是只做一些简单的工作，如扫地、抹桌子之类，另外就是接送查家的孩子上学。他对金庸特别好，每逢下雪下雨，他都要抱着金庸上学，因为他的背驼了一半，不能背。金庸的父母怕两个人都摔跤，叫他不要抱，但他坚持要抱。金庸对自己家的这个特殊的长工非常同情，总是尽己所能帮助他。有一次他生重病，金庸知道后很着急，一放学就拿着点心去看他，这时他才从眼前这位老人口里知道了他一生不幸的遭遇，使金庸那颗幼稚的心深感震惊，他还想不到人间竟还有这样的惨剧。

再说赋闲回家的查文清，他问心无愧，坦坦荡荡，很受乡里人敬仰。他在老百姓的生命遇到危险时所表现出的舍身救民的崇高气概，以及面对帝国主义的无理压迫而表现出的伟大人格，在丹阳人的心里深深地扎下了根，不但令全乡人感到骄傲，更让查家人引以为荣。查文清不但性格坚强，而且还是一位比较有开放眼光的知识分子，如为了资助族中的孤儿寡妇，他自己出钱买了几千亩地，作为义庄，用租金来保证他们过上幸福平安的生活，并规定凡是考上中学、大学的族中人，每年可分两次领一笔津贴，如果能出国留学，可领到一笔份额更大的津贴。

查文清赋闲后主要是整理编纂《海宁查氏诗钞》，他想为查家历代的诗梳理出一个线索，可惜这项工作没有完成就与世长辞了。消息传出，方圆数十里，无论知与不知，皆为之垂泣。在出丧的那一天，丹阳推举了十几位绅士来吊祭；据说被查文清所救的两个当初领头烧教堂的人是一路哭拜而来，走一里路就磕一个头，从丹阳一直哭到海宁，围观者莫不欷歔。

这位伟大的祖父并没给金庸留下什么深刻的印象，因为金庸出生不久，祖父就去世了，但祖父的铮铮傲骨和高尚的品德，却一直影响着查家后代，也在金庸的心灵深处产生了深刻的影响。当他后来执笔创造一个又一个顶天立地的英雄豪杰时，祖父潜移默化的影响无形中支配了他的价值取向，使这些人物身上不由自主地带有他祖父的影子。

金庸的父亲名查枢卿，与乃祖相比，他缺少某种刚烈之气。他也受过西洋教育，在上海的震旦大学读过书，但并没在读书方面表现出太大的成就。后来因为家乡偌大的家业无人管理，他就回家安心管理家产，并且试图发展壮大查家产业，如在乡下办钱庄，办茧厂丝厂，但都没有成功。查枢卿是个与人为善的好人，是个典型的好好先生。即使做生意，他也认为交朋友比做生意更重要，所以在如战场一样残酷的商场，他显得笨手笨脚，总是上当受骗，金庸童年的记忆中就常有父亲为生意上的事愁眉苦脸的样子，而且他当时就已意识到父亲做生意不太聪明。

查枢卿非常重乡俗礼仪，每年的清明节和重阳节，他都要带金庸去祠堂，逢人便拱手作揖，金庸也学他的样行礼，而别人也就会回礼。金庸觉得很有意思，特别是见同族中那些自己平时不敢接近的白胡子老公公这时也向自己拱手作揖，他暗暗好笑。父亲很爱金庸，金庸清楚地记得，有一年圣诞节，父亲看儿子喜欢读书，还送给他一本狄更斯的书《圣诞颂歌》作为礼物。这部书并非狄更斯的名作，但对初接触文学作品的小儿来说，其中的故事却强烈地吸引着金庸，并使他一生为之震撼。小说讲一个叫史努力奇的守财奴一天遇到从前一个合伙人的鬼魂，鬼魂告诉他将有三个圣诞精灵带他外出游历。第一个精灵是"过去的圣诞精灵"，它将史努力奇带回他出生的地方，向他展现他童年的孤独，以及他为了钱而失去妻子的爱；第二个精灵是"现在的圣诞精灵"，它带他看现在人是如何恩恩爱爱地生活的；第三个精灵是"将来的圣诞精灵"，他看到将来的某个圣诞节，自己孤零零地死掉，没有一个朋友和亲人。他感到震惊，并最终变成一个好人。父亲送的这本书一直陪伴着金庸，即使他后来功成名就，他还保留着一个习惯：每年的圣诞节，他都要打开这本书读几段，他还写过一篇文章《圣诞杂感》，其中说到："我一年比一年更能了解，这是一个伟大温厚的心灵所写的一本伟大的书。"他也似乎越来越理解父亲为什么要送给自己这本书了。

但历史的发展有时会带来一些无可奈何的遗憾。金庸的父亲虽然善良，与乡亲们和睦相处，而且颇有佳名，但地主毕竟还是地主，他虽然没有直接压迫过穷人，但他掌管的庞大庄园客观上不知造成多少人流离失所，饥寒交迫。后来共产党的军队解放了海宁，劳动人民当家做了主人，金庸的父亲也就被当作大地主镇压了。此时金庸已远在香港，听到父亲的噩耗，他哭了三天三夜，但他并没有痛恨杀了父亲的军队。他了解，在历史发生天翻地覆的大变动时期，像父亲这样的人是难免有这样的结局的，因为被处死的不单单是父亲，而是有成千上万的地主，作为一个阶级，地主几千年来不断压迫得穷人骨肉分离、妻离子散，千千万万的穷人在地主家受尽剥削，食不果腹，衣不蔽体，这样的生活是必须改变的，自己的父母虽然没有做坏事，没有欺压别人，但他们不自觉地依照祖上的制度和方式做事，自己过得很舒服，却令别人挨饿受苦，而无动于衷。所以父亲的命运，是在改朝换代的时代大潮中难以避免的悲剧。

查家是海宁望族，家大业大人多。金庸的祖父有三个儿子，金庸的父亲排行第三；另外金庸的叔祖父也留下了三个孙子。查家世世代代秉承祖风，以读书为乐、为正业，不但家里的大人喜欢谈经论学，就连小字辈也都以谁读的书多为荣。金庸在同辈兄弟姐妹中年纪最小，他的这些哥哥姐姐们都喜欢读书。海宁查家历来以藏书丰富著称于乡里，而查家孩子们平时玩耍也都离不开书，像查文清整理编写的《海宁查氏诗钞》因是用雕版制成，字比较大，占的地方也较大，孩子们有时就以这些雕版为掩护，玩捉迷藏的游戏，天长日久，年幼的金庸和小兄弟们也能随口吟出来几句上面的诗词，于是他们又发明一种新游戏，就是看谁背的诗词最多，这样一来更调动了大家读书的热情，真是你争我赶，乐此不疲。在这样的家庭和环境中长大的金庸，读书的条件可谓得天独厚。金庸后来回忆说："家中藏书很多，我幼时虽看不懂，但找书却方便；而且不单有古书，也有新书，因为我的伯父、父亲、兄长都是大学毕业生。我自小与书为伍，培养出喜欢读书的基本性格，加上长辈的文化修养好，家里房产亦丰，生活不愁，家人间的活动也很文雅，闲来多是下棋、看书。"

金庸特别喜欢读小说，这可能与他父亲的影响有关。他父亲在上海读书时就开始阅读中外书籍，后来回到老家，这种兴趣也依然不减，所以家中藏有很多的小说。金庸所读小说的另一个来源是同辈们积累的小说。因为家有良田，不必为衣食发愁，而且大家手里多少也都有父母给的一些零花钱，于是他们就想方设法买来各种各样的小说看，而且他们之间的书都是互相流通的，大家各有所藏，但又互通有无，彼此借着看，这就大大扩展了大家的阅读范围，但他们这时可以说是乱读书，他们买的书既有传统的明、清小说，也有鸳鸯蝴蝶派的言情小说，以及消闲性杂志《红杂志》《红玫瑰》上的小说，还有《小说月报》上翻译介绍的西洋小说。他们买书主要通过金庸的哥哥查良铿，他当时在上海读大学，而且主修古典文学和新文学，所以可以源源不断地给这些读书若渴的家乡兄弟姐妹提供精神食粮。结果由于买书过多，他常常弄得连饭都吃不饱，可又不愿让父亲知道，所以真是为书消得人憔悴，父亲后来知道了真相，忍不住狠狠地责备了他。但金庸和家里的其他孩子却把他视作了不起的英雄。就是通过这个哥哥，金庸才有机缘和幸运接触到了当时最先进和最流行的文学作品，如茅盾、鲁迅、巴金、老舍等人的著作，都是这时候进入金庸的阅读视野的。

金庸在同辈中读书做多，也最痴迷。每天一睁眼就是看书，刚开始父母很高兴，孩子爱读书，很有祖先遗风，孺子可教，但时间一长，父母就觉得有点不对头了，因为金庸毕竟还只是个孩子啊！正是该无忧无虑、蹦蹦跳跳玩耍的年龄，如此老成，似乎也不是什么好事。于是父母挖空心思，想方设法带金庸出去玩，如到野外放风筝，骑自行车，金庸也都乖乖地去了。但玩一会儿，他就没了兴趣，就会找一个安静的地方，坐下静静地看书。父母见他如此喜欢读书，也就不强迫他玩了。

就这样，当金庸挎上书包上学堂的时候，他已经读了不少小说了。让他欣喜的是，学校里竟然也有不少很好的藏书。更幸运的是，当时的老师也鼓励学生多读课外书。学校里有一位姓傅的老师，也是个小说迷，后来见金庸如此喜欢读书，就破例把自己珍藏的、轻易不外借的三部小说：《小妇人》《好妻子》《小男人》借给金庸读。这位老师的慷慨大度，使金庸至今还深怀感激。

金庸自称小学时代"得益最多，记忆很深"的是父亲、兄长所买的邹韬奋著的《萍踪寄语》《萍踪忆语》等世界旅行记，以及邹韬奋主编的《生活周刊》。但这些并非他最爱读的书，少年的心灵渴望的还不是理性的教导，而是精神的契合。据他自己说，这一时期他最爱读的书有三部，即《水浒传》《三国演义》《三个火枪手》及其续集，即《续侠隐记》，另外就是一部以十五个法国少年的航海历险为主的法国小说《十五小豪杰》。而其中金庸最喜欢、并且影响了他一生的是法国小说《三个火枪手》，而大仲马也因此成了金庸一生最喜欢的外国作家，甚至金庸后来写武侠小说，也都与大仲马的影响有关。大仲马是十九世纪法国著名的浪漫主义通俗小说家，《三个火枪手》旧译名为《三剑客》，说在十七世纪路易十三统治时期，法国首相黎塞留和英国首相白金汉公爵之间充满仇恨，并且与王后也矛盾重重。王后与白金汉公爵有私情，且把国王赠给她的一串金刚钻坠子送给了情人。黎塞留派女密探米莱狄潜入英国，盗出了坠子上的两粒金刚钻，然后建议国王举行舞会，让王后佩戴钻石坠子出席，目的是让王后名誉扫地，从而打击路易十三。达达尼昂和三个火枪手冲破黎塞留设置的重重阻拦，取回了白金汉公爵用重金修复完整的金刚钻坠子，在舞会就要开始的时候送到了王后手里。米莱狄到英国刺死了白金汉公爵，回法国后又害死了王后的心腹侍女波那雪夫人，最终也被达达尼昂和三个火枪手抓获处死。黎塞留很赏识他们的才干，就收买了他们。这部小说情节惊险离奇，一波三折。但金庸最感兴趣的倒不是情节，而是人物性格的生动，其中金庸最崇拜的是亚岛士，他认为亚岛士比关羽还真实还有侠气。在金庸看来，这部小说不像西方小说，倒像一部中国的传统小说。达达尼昂机智火爆、勇不可当，有如《三国演义》里的常山赵子龙；颇图斯肥胖大力，脑筋不太灵活，很像张飞、李逵；亚岛士品格高尚、潇洒儒雅，是周瑜与小李广花荣的合并；阿拉密神神秘秘，诡计多端，有点像《七侠五义》里的黑妖狐智化。这些人物给少年金庸留下了无限的想象空间，使他不由自主地生出一股豪侠之气，影响了他的一生。

这一时期另一部让他终生难忘的小说是雨果的名著《悲惨世界》，但他读的不是完全根据原著翻译的，而是经苏曼殊根据中国国情加以创造过的节译本，译本共有十四回，但只有前七回与第十四回译自原著，其他都是苏曼殊自己添加的情节，这部分内容叙述的是一个叫明白的豪侠青年为了拯救国家而杀富济贫，最后殉身革命的经历，他实际上是当时主张以"鼓吹、暗杀、暴动"为宗旨的反帝反封建的资产阶级革命志士的缩影。金庸虽然只读了这部书的片段，却仍然感受到一种强劲的震撼力。他以自己少年的眼睛，已看出这部小说的文学价值远远比大仲马、梅里美的小说高，书中充溢着的人道主义精神和因为这种精神而使人物身上散发出的圣洁的光辉，使少年金庸回味无穷。

1993年春天，金庸应爱丁堡大学的邀请前去作一次关于小说的演讲，在开场白中有这样几句话："昨天我和妻子在爱丁堡市里散步，在华尔特·司各特爵士的塑像前站立凝视很久，想象他小说中所描写的英雄和美人……今天我到爱丁堡来讲小说，只有一句话，我之所以会写小说，全仗得到爱丁堡两位大师的教导指点，那是华尔特·司各特爵士和罗伯特·斯蒂文森。"的确，司各特对金庸的影响是在他读书初蒙的少年时期，而他之所以喜欢司各特，和他喜欢雨果和大仲马一样，是因为司各特小说中那种极具吸引力的浪漫冒险故事。像司各特最著名的小说《艾凡赫》，实际上也是一部骑士美人、阴谋反阴谋的小说，其中充满了各种奇遇和巧合，情节跌宕起伏。对一个爱幻想的孩子来说，这类情节的魅力是无论如何估计都不过分的。金庸后来称司各特的小说是他写作的源头，也决不是信口开河。

当然，金庸这一时期读得最多的还是中国传统小说，其中最让他激动和思索的是《水浒传》。

《水浒传》全书只是一个虚构的英雄故事，经过数百年的民间渲染和流传，却成了寄托着受压迫的老百姓渴望英雄出世、除暴安良的梦想小说。少年金庸读到这部小说时，也觉得热血沸腾，浑身充满一种要出生入死的冲动，他多么想像宋江、卢俊义、林冲、吴用、花荣那样，路见不平、拔刀相助。他又是多么向往一百单八将那种视荣华富贵如粪土，一心只想杀贪官、救百姓的英雄豪举！他虽然还不能完全读懂这部书，但他已朦朦胧胧地意识到这是一部反叛的小说，是歌颂反抗当权者的英雄人物的。后来，他才知道《水浒传》还被批评为歌颂投降主义，是一部反面教材。金庸的看法是：《水浒传》中的英雄向朝廷投降在当时恐怕是最自然的结局。梁山好汉事实上只杀贪官而没有谋反，宋江也没想过做皇帝，即使他题的反诗，也只说："他日若遂凌云志，敢笑黄巢不丈夫"，就是要对贪官大杀一阵，而不是夺取皇位。在当时的情况下，《水浒传》的英雄们有三条路可选：一是像黑旋风李逵所说的那样，推倒现任皇帝，让宋江做，这连宋江都反对；二是继续在梁山泊做强盗，并不断发展势力，占领整个山东，最后建立一个包括河北南部，江苏北部的独立王国；三是接受皇帝招安，这条路最现实，因为宋江、卢俊义、吴用、关胜等原先或者是大将领、衙门官吏，豪富大绅，或是书塾儒生，他们走上梁山都是迫不得已的选择，现在有机会重新回到庙堂，当然是求之不得的事；至于反抗性较强的英雄，如林冲、李逵、武松、鲁智深等，在梁山泊中的职位并不最重要，也必须听大头领、二头领的命令。这部小说的悲剧价值就在于既写了他们的反抗，也交代了他们投降后的悲惨结局，从而告诉人们：向封建帝王、贪官污吏投降没有好结果。一旦抗争就要坚持到底，万万不能投降。这才是强烈的反投降主义。

俗话说：老不读"三国"，少不读"水浒"，怕的就是少年人读过"水浒"

之后会学会强人之道，金庸以为这是一种误解。金庸后来认为，《水浒传》起源于金人占领区中的民间传说，作者是想通过这本小说反映金人占领区内广大人民的愿望，而决不是作为强人的"教本"。

人们一般认为《水浒传》中的女子大多不堪为妻，如潘金莲、潘巧云、阎婆惜不用说了，其他如刘高之妻、卢俊义之妻也都很让人难受。至于殴打雷横之母的白秀英、陷害史进的风尘女子李瑞兰、纠缠安道全的妓女李巧奴，个个品格恶劣。女英雄中母大虫顾大嫂、母夜叉孙二娘自然也不敢让人领教，即使一丈青扈三娘美貌非凡，但闺房中万一发生龃龉，吃亏的也总是男人。基于此，有人甚至立志终身不娶。但金庸却深深地被小说中的两个美人所吸引，一个是林冲的妻子，她不但美貌，而且忠贞节烈，德容兼全；另一位是花荣的妹妹、霹雳火秦明的妻子花小美，虽然容貌未必是国色天香，可是却温柔贤淑。

除了《水浒传》，金庸这时对中国另一大名著《三国演义》产生了兴趣。金庸初读这部小说时还在读小学，因为《三国演义》里有很多文言词句，在读的时候有很多不懂的地方，有好多次他都想放弃不读了，但这部小说的吸引力确实太大了，最终他还是跳过自己不懂的部分，一路读完。有趣的是，就在金庸正在"啃"读"三国"时，他母亲和她的姊妹则爱读《红楼梦》，并且还彼此进行比赛背诵书的回目和诗词，赢了的可拿一颗糖。小小的金庸在母亲旁边听着，只觉得婆婆妈妈的毫无兴趣，不过他还是忍着没从母亲身边走开，这并不是说金庸这时已经懂得克制自己、取悦别人，而是因为在那儿站着很有好处：母亲在这种比赛中常常获胜，胜了她就把战利品赏给自己忠诚的儿子。当金庸从母亲手里接过一颗颗糖时，自然也慢慢觉得她们的这种游戏也是很有趣味的。但糖吃完之后，他仍是去读自己的"三国"，不过当时他读"三国"和绝大多数中国人一样，他也是完全站在刘备的蜀汉一方，无论如何不承认蜀汉居然会比东吴、魏国先亡，为此他还曾经和他大哥激烈辩论了好几个小时，大哥最后没办法，就拿出他的历史教科书，指着书上清清楚楚的几行字，证明历史上蜀汉确实是被邓艾、钟会所灭，这样金庸才不得不服输，而且还生气了大半天，流了不少眼泪。其实，邓艾、钟会灭蜀和姜维被杀这些情节，在《三国演义》里也写得很清楚的，但自诸葛亮在五丈原归天后，这之后的故事金庸就没有心思再看下去了。

早年的阅读经历，不但在金庸的心田里埋下了一颗侠义的种子，而且也使他大致领悟了怎样才能使小说中的人物吸引读者。对中国传统历史小说的阅读和思考，还培养了他对历史的浓厚兴趣，为他后来将历史研究和小说创作完美地融为一体做了最初的准备。

对武侠小说的兴趣也是在这一时期萌发的。金庸记得自己最早看的一部武侠小说是《荒江女侠》，当时他也就八九岁样子，有一次他随意翻看家中藏书，无意中找到了这部小说，打开一读，已是欲罢不能，书中惊险又柔美的情节一下子把他吸引住了。金庸觉得自己眼前打开了一个更广阔的小说世界，他知道了，小说是可以有多种写作形式的，也是可以写得像眼前这部武侠小说这么好看、耐看的。自此之后，金庸就开始有意识地到处找武侠小说看，而且一定是一看再看，像平江不肖生的《江湖奇侠传》《近代侠义英雄传》都是这时候进入金庸的阅读世界的，一时间，金庸的脑海里一片刀光剑影，桂武、甘联珠、金罗汉、甘瘤子、霍元甲、大刀王五在他面前一个个栩栩如生地展现出来，使他寝食不安，辗转反侧，有时在幻想中还发现自己与小说中的英雄一道骑上骏马，去救某个落难的公子或小姐，一番行侠仗义之后，说不准还有某种奇缘。有时过于投入，不论在什么地方，他不知不觉就手舞足蹈起来，引得人纷纷回头。当他觉察到时，生性内向的金庸不禁面红耳赤。

除了当时流行的民国武侠小说，金庸进而还接触到中国传统的侠义公案小说，像《三侠五义》《小五义》《彭公案》《施公案》，书中英雄除暴安良、行侠仗义的精彩故事，也长久地使少年金庸生活在一个浪漫传奇的世界里。可能在他身上遗传有祖先那种舍身保民的高贵气质，所以对小说中英雄的壮烈行为，总不由自主地产生一种共鸣。他向往英雄豪杰们那种"言必信，行必果，已诺必诚，不爱其躯，赴士之厄困"的舍生取义的浪漫生活。这些富有浪漫精神的侠情故事对金庸的影响显然是潜移默化的，直等到他开始执笔写武侠小说时才慢慢地流溢出来。只不过这时的金庸可从来没想过自己将来也会写武侠小说。

勤奋的阅读培养了金庸侠义的种子，训练了他绮丽的想象力，和组织故事的能力。他后来回忆说，同样一个故事，他就比别人讲得精彩动人得多，因为他可以把一件平淡无奇的事情，加上许多幻想说成一件大事。这是得益于早年忘我阅读的天赋。

瓷鹅风波

历史课上全班失声痛哭的情景使幼时的金庸已经意识到中国在受着别人的欺负，作为一个中国人，有责任保卫国家的完整，即使牺牲生命，也在所不惜。

童年的记忆，使金庸知道世界上竟还有吃一次年糕都激动成那个样子的人，知道了除了自己这样的家庭，还有月云这样吃不上饭的穷人。

作为小学生的金庸，却已能很自觉地约束自己，因而显得少年老成。他至今还清楚地记得自己读小学五年级时的国文老师陈冬生先生，是他使金庸意识到中国文字的优美。在学生的眼中，这位老师不苟言笑，刻板严厉，对学生写字，要求得特别苛刻。他经常挂在口上的话是：中国的文字是世界上最美的文字，作为中国人必须爱惜它，写好它。所以。若遇到学生将字写错或写不好，他就很生气，一定要亲自一丝不苟地给学生改好。金庸至今还清清楚楚地记得他为自己改过哪几个字，而老师对祖国文字的热爱和做事的认真，也深深地感染了金庸，使他凡事不敢马虎草率。

孩子的生活本应是无忧无虑的，但在金庸读小学的那个年代，就连年幼的孩子也都被国家受辱的阴影所笼罩，"国家"，已模模糊糊地印在一个个还充满幻想的小脑袋里，使他们为之痛，为之悯。金庸记得有一次上历史课讲鸦片战争，当老师讲到帝国主义如何残暴地欺压中国，中国无数兵将是如何英勇抗敌却因国家落后和政府糊涂无能惨遭杀害时，他情绪激动，突然掩面痛哭。学生们也都跟着他一起痛哭。年幼的金庸当然还不可能理解老师为什么痛哭，但他一辈子都忘不了课堂上那种痛苦的气氛。在他那颗幼稚的心田里，已经意识到中国在受着别人的欺负，作为一个中国人，有责任保卫国家的完整，即使牺牲生命，也在所不惜。

金庸所在的班级有二三十个小孩子，平时大家一起玩耍、念书，很是快活。对他们来说，世界上最悦耳的声音是下课铃声，铃是铜铃，由一个年老的校工负责。

当这位校工的身影出现在校园里时，学生就都坐不住了，眼睛不由自主地看着校工，只见校工走到校园中央，举起铜铃，用力摇动起来。"当、当、当"，钝钝的响声回荡在灰蒙蒙的江南小镇。

铃声还未落地，教室里的孩子们已经嘻嘻哈哈地收拾好书包，跑到大堂里排队去了。随后，四位男老师，一位女老师走上讲台，也排成一列。女老师也就有二十来岁，她看看学生，微笑着用手拢了拢头发，坐在讲台右边一架风琴前面的凳子上，揭开琴盖，嘴角边还带着微笑。琴声响起来，孩子们伴着节奏，放开喉咙，唱了起来：

> 一天容易，夕阳又西了，
>
> 铃声报放学，欢天喜地各回家，
>
> 先生们，再会吧……

唱到这里，学生们一齐向台上的老师鞠躬，台上的五位老师也都笑眯眯地向学生还礼。学生接着唱：

> 小朋友，再会吧……

唱到这里，前面四排的学生转过身来，和后面的同学们鞠躬行礼，有的孩子还会扮个鬼脸。金庸排在前排，这时面向天井，老师是看不到他的表情的，所以他常常趁这时伸伸舌头，挤眉弄眼，他对面的同学很想笑，可自己面对着老师，只好强忍着。

随后大家排着队规规矩矩走出校门，一出了校门，才像炸了窝一样大声说笑起来，有的说："顾子祥，明天早晨八点来踢球"；有的说："王婉芬，你答应给我的小鸟，明天带来。"

这时金庸家的男工万盛已等在门口，一见金庸出来，就笑眯眯地叫道："宜官！"宜官是金庸的小名，是祖父给起的。在江南，如果老太爷、老奶奶在堂，第二代的叫做少爷、少奶奶、小姐；第三代的叫官官，宝宝。宜官上了小学后，才取名查良镛，"良"是排行，他这一辈兄弟的名字中全有一个"良"字。

万盛迎上去，从金庸手中先接过书包，然后去拉他的手，但金庸缩回手不让他拉，他嫌万盛走得太慢。万盛只好快步跟在金庸的后面。两人走过一段石板路，经过一个石桥，就像到了乡下，路都是泥路，每逢下雨天，特别难走。从学校到金庸家中间要经过一个池塘，这时万盛又去拉金庸的手，金庸仍不会让他拉，万盛就说："这是少爷说的，到池塘边一定要拉住宜官的手。"金庸笑了："爸爸是怕我跌到池塘里去，我这么大的人了，怎么还会走不好路了？"但即使不满意，他还是让万盛拉住自己的手，他不忍心让万盛有失职的感觉，但他也有自己的条件，那就是让万盛给自己捉鸟，万盛当然都答应。

两人说着走着，很快就到了家。万盛将宜官亲自交到少奶奶跟前，表示平安交差，而宜官则叫声"姆妈"，就回到自己的房间。

一到自己的屋子，他就高声叫道："月云，月云！快拿白鹅来排队！"

白鹅是昨天向一个过路的小贩买的，一共八只，是瓷的。月云是服侍他的丫头，她本来叫学云，她爸爸第一次领他来金庸家时，金庸的爸爸说："学云的名字听起来好像是岳云，那是岳爷爷的公子，冒犯不得，不如改作月云。"她爸爸连忙赔着笑说："好，好，少爷改得好，我们乡下人不懂事。"在当地，"学"字的声音和"岳"字几乎相同，岳飞是在杭州就义的，而金庸的家离杭州不远，所以也把岳飞当作当地的英雄敬仰崇拜。总之，学云从此就叫月云了。

月云是抵押给金庸家的丫头。解放前，江南一带常有穷苦的农民将女儿卖或押给地主家或有钱人家做丫头的。卖是一笔卖断，一百多块或两百多块银圆，要看小姑娘的年纪和面相，以及人是不是聪明伶俐；押是八九十块或六七十块银圆，通常父母在十年后再将孩子领回，但押的钱要归还。这等于向主人家借一笔钱，十年后还清，不付利息，小姑娘是抵押品，在主人家做工，主人家供给衣食，但不给工钱。但这种情况虽说是押，可贫农到时往往还不起钱，姑娘也就一直在主人家做下去，到了十八九岁或二十岁，主人家往往做主将她嫁到镇上或嫁给别的佃户长工，能收多少聘金就收多少。如果是买的，地位就更低，几乎就像奴隶，无论小姑娘伤痛病死，与主人家没有任何责任。押的地位略好，虽然也常常挨打受骂，但有什么事总要和她的父母商量，倘若不幸生病死了，往往要酿成重大纠纷，主人家少不了赔一笔钱。

月云是押的，因为她父母很爱她，不舍得卖。而宜官的妈妈也不想买，因为她又黄又瘦，长得也丑，不划算。

听到宜官的叫声，月云"噢"了一声，赶紧拉开抽屉，小心翼翼地把八只瓷鹅一只一只地拿出来，放在桌上。她黄黄的脸上罩着一层忧郁的神色，小小的手指一碰到小瓷鹅就好像怕被烫了一样赶紧缩开。

宜官把瓷鹅排成两排，每排四只，左右相对，就像学校放学时同学们排的样子，然后唱起来："小朋友，再会吧……"唱完哈哈笑了起来，"咦！？"他突然止住笑，拿起右边的一只小鹅，仔细审视它的头颈，只见这只小鹅长长的头颈中有一条不易察觉的裂缝。他又"咦"了一声，稍微一使劲，鹅颈"啪"的一声从裂缝处断裂了，头可怜地掉在桌子上。他既伤心又愤怒，忍不住大声叫起来："月云，月云！"声音中有一丝颤抖，小脸也随之变得通红，拿着没有头的瓷鹅的右手也禁不住微微发颤。

月云跑过来，一见此景，马上明白了。她大声声辩："不是我，不是我打断的。"她吓得脸色都变了，右手还不由自主地挡在自己面前，似乎怕宜官打他。她虽然和宜官同岁，但几乎比宜官矮了一头，如果宜官要打她，她也不敢逃。她的两条腿已经在颤抖了。

看着月云头上稀稀疏疏的黄头发，宜官突然产生了一种很悲哀的感觉。他也并不是特别喜欢这些瓷鹅，他只是觉得好好的八只瓷鹅，现在突然有一只断了头，就好像一向完美的生活忽然出现了缺陷，而且这缺陷也不是自己造成的，是一股不知从何而来的外力突然打进来，摧毁了自己喜欢的东西。他无法接受这样的打击，也不知该怎样应对这样的打击，他只知道委屈。看看左边的一排四只小鹅，再看看右边只有了三只，一只断头的小鹅躺在一边，他忽然坐倒在地，放声大哭起来。

月云更不知如何是好，如果宜官打她，她默默忍受就是了，可现在宜官没打自己，他自己倒哭起来，她惊慌失措了，因为那只鹅头确是她不小心碰裂的。她马上去找大姐姐瑞英。瑞英是宜官妈妈的陪嫁丫头，她从小服侍小姐，后来小姐嫁到查家，小姐的父母把她当做礼物，也一并送给了姑爷家。姑爷在镇上管钱庄，时常不在家，而宜官的妈妈又疏懒成性，所以里里外外就靠瑞英打理，孩子也主要由她管。

看月云吓得发抖，好心的瑞英忙安慰她不要怕，说她有办法将断了的鹅头重新粘上，就是将熟粽子的糯米舂成糊，做成棕胶，就可以把鹅头粘上了。听见有补救的办法，月云略微放了心。

见宜官还再哭，瑞云又赶忙过来安慰，她安慰的方式很奇特，就是唱现编的儿歌："宜官宜官乖宜官，卖鹅客人不老实……"江南人一般很有礼貌，轻易不说粗鲁话，把卖东西的人都称为"什么什么客人。"听瑞英这样唱，宜官不哭了，抬起头问："瑞英姐姐，什么卖鹅客人不老实？"

瑞英编了一个故事："昨天街上卖这八只鹅给我们的卖鹅客人是个滑头，八只鹅中有一只是断头的，但他骗我们，用棕胶粘了起来，假装八只鹅都是好的。"说着说着她又唱起来："宜官宜官乖宜官，卖鹅客人不老实……"

宜官终于找到了这场灾祸的原因，心中的石头也就落了地。既然是一个不老实的陌生人欺骗了自己，而不是自己身边的人欺负他，他也就安心了。月云小小的脸上也出现了一点点笑容，大大的放心了。

宜官转身拿起床边的一本小说看起来，小说是哥哥从上海买来的，作者是巴金。说一个外国小男孩和马戏团的一个小女孩成了好朋友，有一点少年人的恋情，可惜两人在一起没玩多久，就给大人生生地拆开了，不许他们在一起玩。看着看着，宜官心里感到一阵阵沉重的凄凉，一种带着一丝甜蜜的凄凉，有些像桌上那盆用雨花石供着的水仙花，甜甜的香，香得有些寂寞和伤心。因为水仙花虽然现在还没有谢，但不久就会憔悴萎谢的。

瑞英不知道这一会儿宜官的心里已经又起了这样的波涛，她还以为他还在为瓷鹅的事难过，就又轻轻拍着他的背，低声哼唱："宜官宜官乖宜官……"

月云过来，把一只铜火炉移到宜官身边，好让他暖和一点。宜官朦朦胧胧地看到月云的脸，想起妈妈在月云刚来时说的话："人倒是端正的，就是乡下没啥吃的，养得落了形，又黄又瘦，快十岁了，还这样矮"。月云的妈妈叹口气说："少奶奶，我们苦人家，吃饭有一顿没一顿。饭不够，总是先让她爸爸和哥哥吃，男人吃饱了，才有力气干活……所以学云常常吃不饱，热天里还没割稻子时，学云常常不吃饭……"宜官的妈妈叹气说："真是罪过……"宜官斜眼瞧着学云说："学云不肯吃饭，调皮，不乖……"学云的妈妈说："宜官啊，学云不是不肯吃饭，是想吃没得吃。"宜官有一次嫌妈妈给做的拖鞋上绣的蝴蝶不好看，没有二伯父家一个姐姐的拖鞋上的蝴蝶漂亮，所以就以不吃饭抗议，后来妈妈央求静姐姐替他绣了两块漂亮的蝴蝶鞋面，宜官才吃饭。在他不肯吃饭的时候，妈妈和瑞英就说他"不乖，调皮"，现在听学云不吃饭，也就以为她不乖，调皮，是向自己一样使小性子捣蛋。

迷迷糊糊中，宜官睡着了。在睡梦中宜官觉得自己变成了书中的那个小孩，携着马戏团小女孩的手，两人快快乐乐地在湖边奔跑，而那个小女孩好像就是月云，笑声很好听。他很少听到月云笑，就是笑起来，声音也绝没有这样柔嫩好听。两人见到湖里有许多白色的鹅，白色的羽毛飘在碧绿的湖水上。这些白鹅慢慢排成了两排，隔着柳树相向而对，头颈一伸一缩，好像在行礼。宜官做个鬼脸，唱了起来："先生们，再会吧！小朋友，再会吧……"他忽然闻到一阵阵甜香，是烘糖年糕的香气，睁开眼一看，见月云拿着一只碟子，送到他面前，笑眯眯地说："宜官，吃糖年糕。"

因为快过年了，宜官家里已做了很多白年糕和糖年糕。宜官最喜欢吃糖年糕，因为糖年糕中调了白糖和蜂蜜，再加桂花，糕面上有玫瑰花、红绿瓜仁以及核桃仁，样子好看，吃起来更舒适。月云揭开了火炉盖，放一张铜丝网罩，把糖年糕切成一条一条的烘热。年糕热了之后，糕里气泡胀大开来，像是一朵朵含苞待放的小花。

宜官迫不及待地接过筷子，吃了一条，然后又夹了一条对月云说："月云，伸出手来！"月云躲躲闪闪地将右手伸出来，左手拿过一根竹尺，递给宜官，眼中已有了泪水。宜官奇怪地看了她一眼，说："我不打你！"月云也奇怪地看看宜官，只见宜官将那条热烘烘的年糕放到月云手里，月云吓了一跳，"啊"地叫了一声。宜官忙说："很烫的，别急，慢慢吃！"月云胆怯地望着宜官，见他是真心的，而且一脸鼓励的神色，就似信非信地把年糕送到嘴边，将小嘴塞得满满的。她边嚼边胆怯地往门口看，生怕这时有人进来。宜官说："好吃吗？吃了还有。"月云用力将年糕吞进肚去，一脸幸福满足的神色。她从来没有吃过年糕，长这么大，连糖也没吃过几颗。过去烘年糕给宜官吃，闻到香味，只能偷偷地咽唾沫。

过了几天，月云的妈妈带着才几个月大的儿子来看女儿，瑞英留她吃了饭，在她临走时，又包了两块肉给她，让她带回去给丈夫和儿子吃。月云送妈妈出门，宜官跟在她们后边，手里拿着一个摇鼓，想送给小孩子玩。月云走着走着，忽然拉着妈妈的衣襟哭起来。妈妈忙哄她："学云乖，别哭，在这里好吗？"月云点点头。妈妈又问："少爷少奶奶打你骂你吗？"月云摇头，呜咽着说："姆妈，我要同你回家去。"妈妈说："乖宝，不要哭，你已经押给人家了，爸爸拿了少爷的钱，已买了大米吃下肚子，还不出钱了。你不可以回家去。"月云慢慢点着头，仍是呜咽着说："姆妈，我要同你回家去，家里没米，以后我不吃饭好了。"妈妈搂着女儿，爱怜横溢地轻轻抚摸着她的头发，说道："乖宝别哭，爸爸明天来看你。"月云点头，仍是拉着妈妈不放。妈妈又问："宜官给我吃糖年糕！"语气中有些得意。

走在后面的宜官听了一怔，心想："吃年糕有什么了不起？我天天都吃。"想到这里，他走上前去，将摇鼓摇得咚咚响，说道："月云，这个给你小弟弟玩。"

日子就这样日复一日地过去了，两人也都慢慢长大了。宜官没有和月云谈恋爱，因为他觉得月云生得丑，毫不可爱，但他慢慢懂得了要平等待人，对人要温柔亲善。所以他从来不打月云、骂月云，有时还讲小说中的故事给她听。他讲故事的本领很好，在学校里他经常给同学讲故事，大家也都喜欢听。但月云却毫不欣赏，常常会提出一些让他啼笑皆非的问题，如："猴子只会爬树，怎么会飞上天翻筋头？猴子不会说话的，他不会用棍子打人。""猪猡蠢死了，不会拿钉耙。钉耙用来耙地，不是打人的。"宜官哭笑不得，从此再没有了给她讲故事的兴趣。

后来日本占领了这个江南小镇，宜官家的长工和丫头都随之散了，月云也从此没了踪影。

这段童年的记忆，使金庸知道世界上竟还有吃一次年糕都激动成那个样子的人，知道了除了自己这样的家庭，还有月云这样吃不上饭的穷人。后来他写武侠小说，就是为了表达弱者不应当受压迫，而强者也不应该因为人家没有反抗能力而忍受极大的痛苦。

战火中成长

15岁时，金庸出版了自己第一本书《献给投考初中者》，没想到畅销省内外，在经济上也大大帮了他一把。

战争中的所见所闻，使金庸迅速成熟起来。

1937年，13岁的金庸进入浙江省立嘉兴中学读初中。在读初中三年级的时候，他做了平生第一次的出版事业，而且使他一生都觉得自豪。

金庸当时就要初中毕业，正积极准备投考高中，天天忙着背书、做习题，真是焦头烂额，苦不堪负。有一天，金庸和两个要好的同学一起在教室里切磋功课，看了一阵书后，三人不约而同地将眼睛从上移开，面面相觑地彼此相视，都是一脸的痛苦和无奈。三人索性放下书，神聊起来，但聊得最多的当然还是马上就来的高中考试，他们一脸向往地说：如果读高中不需要经过考试该多好！但想归想，现实是现实，他们还得挖空心思对付眼前的考试。聊着聊着，金庸忽然灵机一动，对那两个同学说："我们现在为报考高中忙得手忙脚乱，当时考初中时也是这样手忙脚乱，现在我们是考过来了，可有很多比我们更小的同学现在却正为考初中忙得焦头烂额。我们为什么不可以根据我们当时考初中的经验，为他们编一本复习参考，这样既方便他们复习，若成功，也可以让我们赚点钱，贴补学费。"两位同学一听，连连称妙，而且认为事不宜迟，应该马上动手。

他们又找了一位同学加盟，四个人，以金庸为主，分工也很简单，书分四部分，每人负责一部分，书名就叫做《献给投考初中者》，书的内容倒没有什么特异的地方，只是将当时许多中学的招考试题汇集在一起，然后加以分析解答，同时用一种易于翻查的方式编辑，他们原先只以为这类书一定会为人需要，没想到书出版后大受欢迎，书是在浙江南部的丽水出版的，却一直远销到福建、江西、安徽等地。书的成功倒有点出乎四个初出茅庐者的意外。

这是金庸的第一本书，而且初试就成功，给金庸很大的信心。但对当时的他来说，书的成功最直接的好处是经济上可以得到很大的补助，不但足以使他（以及三个合作者）能够从中学顺利毕业，而且可以支撑着他们到重庆读大学。一个才15岁的少年，竟已能够敏锐地意识到市场的需求，并积极采取行动以简捷、实用的方式去满足这种需求，这似乎已经预示到金庸后来在商业上会取得成功。

当然，金庸主要的兴趣还是在读书上。祖屋祠堂里那一个个威严而显赫的祖先的画像已经深深地刻在他的脑海里，祖先好读书、求进取的精神内核也深深地在他心里扎下了根，虽然他已懂得读书的目的不单单是为了光宗耀祖，但只为了祖先身上闪耀的那种崇高的人格精神，也得认真读书。可惜，他的这种梦还没来得及完整地做完，就被日本人的炮火彻底摧毁了。1941年，日寇的铁蹄无耻地踏入美丽富庶的江南，飞机在轰炸，机枪在扫射，人民在受难，往昔的鱼米之乡，虽然穷困，却也不少鸟语花香，可现在，满目所见，到处是逃难的人群，到处是饥哭的母子，到处是燃烧的民舍，到处是疮痍的河山。偌大的中国，已经放不下一张平静的书桌，金庸所在的学校为势所逼，也不得不和杭州、嘉兴、湖州等地的中学组成联合高中，在余杭、临安一带流浪。

在金庸的一生中，这一时期是最艰难困顿的，也是伤心事最多的。战争一打到金庸的家乡，全家人就逃难逃过钱塘江；查家庞大的家园在日寇的战火中毁于一旦。在逃难途中，金庸的母亲生了病，病倒不重。若在平时，是不难治好的，但因在战乱之中，活生生的生命尚且难以保全，何况是个病人；加上缺医少药，家里人只能眼睁睁地看着她一步步死去。紧接着，金庸的两个亲爱的弟弟也死了，家里陷入前所未有的贫穷和窘迫，在这样的情况下，金庸自然也就断绝了家庭经济来源，只能靠政府的救济度日。在辗转流离的动荡生活中，他没睡过一次安稳觉，甚至常常连饭都吃不饱，有一次又饿又累，几乎生重病死去。在这样的情况下，他还必须根据学校的要求参加军训，真是千难万阻一起来，有时甚至遇到生命危险。一次，金庸正在校园里走着，忽然听到日本的飞机"嗡嗡嗡"地飞过来，金庸早就对日本飞机来轰炸杀人形成了条件反射，所以马上趴到地上，他只听到日机投掷的炸弹在不远处爆炸了，同时还听到飞机上的机枪密集的扫射声，他双手抱着头，一动也不敢动，直到听到敌机飞远了，他才从地上爬起来。他刚站起来，立刻打了一个寒噤：就在自己身边，他看到有两具死尸，都是口鼻流血，圆睁着双眼。因为对敌机的轰炸已经习惯了，所以对敌机并没感到多么害怕，但这两具尸体却实实在在让他吓出一身冷汗。他强迫自己定下神。这时又听到一个女学生在不远处被吓得失声大哭，金庸也不知道怎样安慰她，只好走过去拍拍她的肩膀。

有一段时间，金庸所在的联合高中流落到浙江衢州乡下，而日军此时恰在该地进行细菌战，在衢州上空投掷鼠疫的细菌疫苗。鼠疫开始在衢州城中蔓延。若有人得了鼠疫，立刻就有军人来采取紧急措施，先是把病人搬到衢江中特定的船上，七天后，也不管病人是死是活，一把火把船烧掉；病人的家人也不许留在城里，必须把身上的衣服全换掉，而且家中的东西丝毫也不能带，官方根据实际情况补贴一下，家人就得马上离开，而军人则再把这家的房子烧掉。衢州城里几乎天天都有这样的悲剧发生，人们随时随地都能听到病人家属的痛哭声，看到房子被点燃后的浓烟。那真是人人自危，但又防不胜防。

金庸同班有一个叫毛良楷的同学，本来是全班身体最好的，而且平时喜欢参加体育活动，且堪称是个体育健将，可偏偏是他最先在全校中染上鼠疫，消息一传出去，学校的教职员工立刻跑得干干净净。毛良楷躺在床上不停地哭，大家虽然很同情他，但谁也没有办法救他。最后，他们班的班主任姜子瑛老师自己出钱，重金雇了两名农民把他抬到江中的一艘小船上，为免出意外，班主任让金庸陪着一起去，因为金庸当时是班长。金庸当然很害怕，于情于理都是自己义不容辞的责任，于是在黑夜里他就深一脚浅一脚地跟在担架后面，直到看农民将毛良楷送到江中小船上，他才挥泪告别。回到学校，他和姜老师互相拼命地往对方身上泼热水，以防身上留有传染鼠疫的跳蚤。

在战争中，金庸唯一自觉有点勇敢的事也就这样一件。战争也让金庸深深地意识到不遭侵略、能和平生活的可贵，使他认识到，不论是国际间还是国家内部，最重要的是避免战争，让人民在和平的环境里争取进步，改善生活。

战争也锻炼了金庸的性格和勇气，使他一下子成熟了许多。这时的金庸想必已经读过"天将降大任于斯人也，必先苦其心志，劳其筋骨，饿其体肤，空乏其身"这段话，所以总算顺利地经受了战争的考验，有了这段血与火的考验，以后再遇到什么苦，金庸都已没有了苦的感觉。

在流离的艰难困苦中，金庸也有过愉悦的日子，只不过这样的日子不多而已。有两年时间，金庸所在的学校流落到湘西，就是沈从文的小说《边城》中所写的湘西，虽是在战争岁月，可这里的风土人情还是把金庸深深地吸引住了，特别是这里的民歌，淳朴大胆，令金庸着迷。当地的苗人、汉人没一个不会唱歌，没一个不是出口成歌的歌手，对于他们，唱歌就是言语的一部分。冬天的晚上，金庸和他们一起围着从地下挖出来的大树根烤火，一面从火堆里捡起烤熟了的红薯吃，一面听他们你歌我和地唱着，金庸听得入迷，就掏出笔记本一首首地记录下来，当他离开湘西时，这样的笔记本有了厚厚的三大本。这些歌中谈情说爱的占大多数，但也有一些是诅咒当时的政治的。对金庸来说，这些歌曲成了一笔宝贵的财富，因为在一般印行的民歌集子中，怕犯当政者之忌，人们很难看到讽刺政治的歌曲，只能在各种史书和笔记中零零碎碎地看到一些这样的歌曲，但数量仍还不多。

尝到了写文章的苦头

17 岁时，金庸在学校的墙报上贴出一篇文章《阿丽丝漫游记》，以眼镜蛇影射学校的教导主任，结果被勒令开除。

他一下子陷入了困境。

抗战后期，他如愿考进国民党中央政治学校外交系，眼看就要实现自己做外交官的梦想了，可结果却……

金庸"天生记忆力好，看课外书也多"，所以在学业上也一直是出类拔萃的。从小学到中学，他的成绩都是班上的第一名。与此同时，他开始尝试写作，主要是为学校的壁报写点散文，诗歌什么的，他的才华引人注目，他文中表达的思想和正义感让人敬佩。可他没想到的是，正是自己的这种才华和正义感，竟给自己带来平生的第一次重大打击，甚至可以说一度把自己推向走投无路的境地。

原来，金庸就读的浙江省立联合高中的教导主任名叫沈乃昌，他平时总是摆着一副不可一世的面孔，到处找学生的毛病，寻异端的思想，对学生非常严厉苛刻，学生都讨厌他，但也多是敢怒不敢言。

一天，学校的壁报前忽然站满了学生，他们挤着看一篇名为《阿丽丝漫游记》

的文章，边看边兴奋地窃窃私语。该文名字也有个别学生知道，英国一个名叫卡洛尔的人写过一本书，叫《阿丽丝漫游奇境》，壁报里的这篇文章显然借鉴了该书的结构和人物，但内容却很具"校园特色"，文里说：一位叫阿丽丝的外国姑娘千里迢迢来到东方的一所学校，东方世界的神奇魅力使她心驰神迷。正当她兴致勃勃地陶醉其中时，忽然，一条颜色鲜艳的眼镜蛇出现在她面前，这条毒蛇吐着毒舌，喷着毒汁，还一边爬一边威胁着学生："如果……你活得不耐烦了，我叫你永远不得超生，……如果……"眼镜蛇所到之处，学生纷纷避之唯恐不及，连花草也为之变色。

学生一眼就能看出文章中的那条眼镜蛇讽刺的就是学校的训导主任，因为这位训导主任戴眼镜，平时讲话喜欢用"如果"二字，学生们暗地里都喊他"如果"。壁报前的人越围越多，大家无不拍手相庆。

消息很快传到训导主任耳里。这还了得！训导主任的恼怒可想而知。他马上进行调查，结果证明：这篇大作的作者就是金庸！

很快，就在金庸发表平生第一篇讽刺文章的壁报上，又贴出一则校方正式通告：高中一年级学生查良镛目无师长，违反校规，予以开除！

金庸一下子陷入困境，他不但因此失去了继续求学的机会，而且连吃饭、住宿也成了问题。幸亏学校的校长张印通先生很爱才，想方设法帮金庸转入衢州中学继续读书。金庸后来每念及此事，都感慨万千，称这件事是他一生中生死系于一线的大难。这件事一方面表现出金庸不怕强权、敢于反抗的倔强性格，并且一直坚持一生，但另一方面也说明他太容易冲动，没有认真思考事情的严重后果就写那样的文章，实在是鲁莽！对于张印通校长的大恩大德，金庸永生铭记在心，他那种热心助人的品行，对金庸一生影响极大。1994年张印通先生的纪念铜像揭幕，碑额就是金庸亲笔题写的。

中学时期的金庸思想开始成熟，他开始有所选择地读书，其中最喜欢的是巴金和屠格涅夫的作品，在当时的青年人中，这种阅读趋向是普遍的。生逢乱世，恰又是热血青年，他们在读书方面的选择也是这些尚无力以实际行动反抗社会黑暗的一种最切实的反抗姿态，而巴金和屠格涅夫的作品就满足了他们的这种精神需要。屠格涅夫小说表达的主题和当时的中国现实非常吻合，他的小说，主要表现了年轻人不甘心受到黑暗力量的压迫而奋起反抗但又一时找不到出路的痛苦，与当时也在探索着民族振兴之路和自己的精神出路的中国青年在精神上是相通的，当他们读到屠格涅夫的《前夜》中的主人公英沙洛夫临死前说道："解放自己的祖国！啊，多么伟大，说起来多么令人颤栗的话呀！"，他们也同样激动得浑身颤栗。中国这时翻译的屠格涅夫的作品，基本上都是类似的题材，像《父与子》《处女地》，在青年人中间都引起很大反响。这是金庸接触到的最早的俄国小说。

金庸曾经这样说过：他们这些不知天高地厚的青年，"若非经历八年抗战的艰苦生涯，恐怕到现在还是浑浑噩噩，过着醉生梦死的生活"。的确，对金庸这些生活在江南山温水软，环境富裕的年轻人来说，如果不是战争强迫他们去经受艰苦磨炼，强迫他们思考国家和民族命运，他们很可能除了自己的幸福生活外，根本想不到还有国家和民族的利益等着他们去保卫和建设。战争打开了他们的眼睛，使他们将自己的一切都和国家的命运和社会的前途紧密联系起来，就连读书也是这样。他们首选的是那些呐喊的、激愤的、抗争的书，因此他们喜欢屠格涅夫，喜欢巴金，他们也有其他的阅读兴趣，但最终都自觉主动地服从于这一兴趣。当时的青年人都喜欢巴金的作品，其中原因，金庸是这样解释的："对于我们这一代的青年，巴金先生几乎是我们唯一喜爱而敬佩的当代中国作家。鲁迅先生太深刻而锋锐、太强调严肃的社会主义；周作人意境冲淡而含义深远，非我们年轻人所能引起共鸣；老舍嬉皮笑脸，似乎不太认真；沈从文的文章美得出奇，但他所写的湘西，对于我们江南人似乎充满异国情调；茅盾的革命情怀我们不大了解。"巴金小说中主要描写青年人爱的苦闷和生的苦闷，这很容易和同样处于彷徨和苦闷中的青年人产生共鸣；他作品中充溢着的那种青春的躁动和要冲决一切压迫的激情，对压抑人性的封建制度的强烈反抗，以及要和"所有破坏爱的东西"作战的呐喊，不知激励了多少同样年轻的、有力跳动着的心。

对金庸来说，巴金的作品还使他在内心深处产生感情上的共鸣。他也出身于一个地主家庭，其社会地位和巴金的《家》中的高家的地位差不多，所不同的只是高家在大城市成都，而金庸的家在江南小镇。但两家的区别也是很明显的。由于海宁靠近上海，得文明风气之先，所以家庭中的封建色彩就淡了许多。金庸清楚地记得自己家中长辈和晚辈、主人和仆人之间的关系都不像《家》中那样等级森严，而且自己和月云交往也没有受到家人的干涉，相反，家中人对月云和她的父母都很好；另外，主人们也很少打骂仆人，而仆人与主人之间也没有那种针锋相对的冲突，他们对金庸都很好。每次读到鸣凤和觉慧的爱情，他都不由自主地想到自己和月云，但他知道自己对月云没有爱情，他只是同情月云的不幸，同情所有像月云这样的人，所以他对鸣凤的同情和对《红楼梦》中的晴雯、芳官的同情是一样的。每次读到鸣凤自杀和瑞珏难产，金庸都会泪流满面。小小年纪的金庸也已能体会到这一切的不幸都是巴金所批判的那种社会制度所造成的。在《家》的结尾，觉慧终于冲出了家庭，奔向了正在孕育着革命的上海，在那里，"新的一切正在成长，那里有一个新的运动，有广大的群众还有他的几个通过信而未见面的年轻朋友。"革命的洪流就像觉慧在船上看到的茫茫海水一样，奔流不息；而青年人的命运，也就像水一样，蕴涵着无限的可能性。这样激情澎湃的青春作品，又是出现在那样一个一切都处于变动之中，一切都只是可能，一切都处于黑暗之中，一切黑暗中又都蕴涵着无限的光明的新旧交替的时代，很快征服了大批像金庸这样想对国家和民族有所贡献，但一时又缺乏勇气和信心的青年人。

除了《家》，金庸还读了巴金的其他作品，像《灭亡》和《新生》，但他觉得读不太懂；而《春天里的秋天》和《秋天里的春天》，则使他特别有感触。实际上，金庸这时所喜欢读的巴金的作品并不是巴金最好的作品，像巴金成熟期的作品，如《寒夜》和《憩园》，他就不很喜欢，因为他们这时需要的是匕首和投枪，而不是艺术，是需要从作品中获得勇气，而不是美的陶冶。

金庸也很喜欢沈从文的作品，他觉得沈从文的小说不但文字美，意境也美。他笔下的湘西世界是那么地美，那种浓郁的地方色彩让人心生向往。

茅盾的作品他也看，但没有读沈从文的作品投入。

金庸真诚地崇拜鲁迅，也喜欢鲁迅读鲁迅的作品，而之所以读，不纯粹是因为鲁迅作品的文学价值，而在于其中所蕴涵的思想价值，这成了金庸一生都取之不尽的精神源泉。鲁迅受到中国人的尊敬，不单是因为他的文学创作，更重要的是他的人格，是他强烈的爱国主义精神，是他对中华民族的热爱，是他对封建腐败现象毫不妥协的激烈斗争，是他对中国人性格中萎靡不振、麻木不仁的腐败情况的大力鞭打，是他那种几乎要呕出血来的痛心疾首。鲁迅是一个凝视着民众最深层的劣根性，如同严父一样既愤又爱的作家。他好像是一个面对着自己身负重伤的孩子的医生，持着手术刀，含泪为之疗伤。面对十九世纪后半叶中国遭受列强侵略蹂躏的惨痛现实，他以笔为武器，愤怒地发出自己的呐喊："吾等同胞，要敢于面对绝望的黑暗，去打破旧社会的壁垒！"这振聋发聩的呐喊，每一个字都像从火山中喷薄而出的烈火，曾经让多少中国人为之感奋、为之感激。金庸后来满含崇敬之情地说："他一生即使从来没有写过一个字，也是中华民族中一位了不起的大人物，由于他悲天悯人的心怀，由于他不顾自身安危而投身于唤醒民众的事业，由于他为了振兴悲惨的中华民族而甘愿牺牲自己，这样伟大的人，中国人称之为'志士仁人'。从巨大的同情心出发，一心一意为旁人谋福利，无私奉献的精神有如治水的大禹、广施教化的孔子……爱护民众的心情有如释迦牟尼、耶稣。"虽然他没有建立巍巍功业，也没有组织千千万万的信徒，但他奋战到底的精神，毫不亚于中国历史上的伟人。在鲁迅的作品里，金庸最受震动的是《阿Q正传》。但金庸认为阿Q的重要特征不是精神胜利法，而是萎靡麻木、无知无识。他一生生活在黑暗之中，看不到半点亮光。鲁迅先生希望自己的笔是一个火种，通过把阿Q的悲剧揭示给人看，从而点燃起千千万万的火炬，把光亮带给千千万万愚昧无知的中国农民。

很快，金庸高中毕业，在报考大学时，他按照自己的愿望报考了位于重庆的中央政治大学外交系，并最终如愿以偿。他的梦想正一步步走向现实。

可能是读书太多的关系，年轻的金庸一直梦想着有朝一日能周游世界，而要实现这个梦想，最好的方式就是去做外交官，而他考取的学校是国民党培养政治干部的基地，外交系毕业的学生大多被派往国外做外交官，也就是说，只要金庸按部就班地完成学业，顺利毕业，他做外交官的理想就不难实现。

一条辉煌的前程之途显然已经在金庸面前徐徐展开。

由于有过一次在高中被开除的经历，金庸成熟了很多，锋芒也有所收敛，他只想老老实实地看书，顺利地毕业。金庸的勤奋让他的同学自叹不如。有一年暑假，重庆的天气特别地热，热到除了游泳就似乎没有、也不能做别的什么事。即使一些本来想留下好好读点书的同学也受不住纷纷回了老家，而金庸却留在学校读《资治通鉴》和 H.G.Wells 的《世界史纲》（The Outline of History），除了吃饭睡觉，他就是待在教室里读书。《资治通鉴》是中华书局出版的线装本，字体很大，虽然书很薄，但拿在手里却有一种厚重古典的感觉，金庸很喜欢这种感觉；《世界史纲》是大开本的插图本，看时必须摊在桌上。金庸往往是一边欣赏书中的图画，一边欣赏威尔斯以漂亮的文笔讲述世界大事。读累了，他就大汗淋漓地蜷曲在窄窄的长凳上睡一觉，醒过来后再接着读。令他自己都感到奇怪的是，他睡的长凳只有半尺来宽，但他在上面睡了一个暑假，居然没有一次从上面掉下来。对金庸来说，因为有这两部精彩的历史书相伴，这个炎热的暑假过得清爽凉快，当然，这是指精神上的。

天道酬勤，大学一年级读完，金庸成绩名列全校第一！

此外，金庸还在这期间参加了重庆市政府的征文比赛，并得了二等奖！他的应征之文是一篇小说，名叫《白象之恋》，他采用新文学的形式写泰国华侨人的生活，并且署的是真名。这也是他备感风光和自豪的事。

若如此下去，我们就可能只知道（或根本不知道）有一个叫查良镛的外交官，而不会有个会写武侠小说的金庸了。金庸虽然尽可能做到两耳不闻窗外事，一心只读自己的书。但俗话说，本性难移，他追求率性自由的个性与学校当局把政治放在第一位的政策常常发生冲突，但他知道，现在是战时环境，每个人都必须牺牲小我的利益而服从国家民族的利益。所以，他尽管对校方秉承国民党意旨宣传不抵抗主义强烈不满，却没有像对待高中的训导主任那样进行公开反抗，即使反抗，也只采取间接的劝谏方式。就如他后来回忆这一段生活时所说的："抗战时我在重庆念书，那时国民党政府时时有向日本求和之想，有些御用教授们就经常宣传'岳飞不懂政治，秦桧能顾大局'的思想。有一次陶希圣（他奉敌伪之命来重庆活动）到学校演讲，语气间又宣传这一套理论，我们一些同学听得很气愤，在他第二次演讲之前，先在黑板上写了'青山白骨'，暗示'青山有幸埋忠骨，白铁无辜铸佞臣'这副对联。他见了心里有数，就不再提这个话题了。"

但值此国家生死存亡的时刻，每个中国人都必须表明自己的政治立场，所以要想在这样的环境下只一心营造自己的世外桃源梦，无疑是极不现实的，金庸不久就以又一次改变了自己的一生命运的决裂行动，证明了这一点。

中央政治大学是国民党办的，校中的国民党分子也就自然以主人自居，他们像狗一样到处嗅可疑的思想，到处侦探其他同学的行动，稍有怀疑和不满，就纠合起来，大打出手，而校方不但不予以制止，反而纵容包庇。金庸等进步学生早就对这些飞扬跋扈的国民党爪牙不满，但碍于情势，只把不满藏在心底。

一天，金庸刚从宿舍走到校园，就看到这些国民党学生又在校园里闹事，他们一边围攻几位学生，一边骂他们是共产党，几个学生领袖甚至被他们抓到学校的舞台上打。金庸本来也想按照自己的处事原则冷眼旁观，但看着看着，他内心一直在积聚着的怒火终于爆发了，他马上去向训育长投诉这些国民党学生，并指责校方容忍这些学生如此霸道，他越说越激动，最后与训育长激烈争论起来，并且"态度极其恶劣。"一所以培养忠于一个主义、一个领袖政治干部为目的的国民党学校，怎能容忍金庸这样胆大妄为，目无师长！很快，校方一纸通告：查良镛被勒令退学！

就这么简单，中国历史上失去了一个可能很出色的名叫查良镛的外交官，一条已使他隐约看到了对岸的七彩之桥从中间戛然断裂。

金庸又一次陷入了困境。幸好当时的中央图书馆的馆长是蒋百里的侄子蒋复聪，论起来是金庸的表兄，靠这层关系，蒋复聪安排金庸在图书馆的阅览室做事，这是金庸一生中的第一份工作。这份工作虽然薪水不高，但金庸却非常满意，因为在这里他有机会大量阅读自己喜欢读的书，这是金庸的一生中难得的一段闲暇和安适的时光，在约一年的时间里，他集中阅读了大量的西方文学作品，特别是十八世纪、十九世纪的欧洲浪漫派小说，这对他以后的成长和创作具有巨大的影响。但他觉得这些作品尽管写得热情洋溢，淋漓尽致，但却不够含蓄。

1945年8月5日，日本宣布无条件投降，艰苦卓绝的抗日战争取得了最后的胜利。金庸也和千千万万在战争中流离失所的人一样，回到了久别的家乡。看着已经显得陌生的家园，听着依然熟悉亲切的乡音，刚二十出头的金庸无法安心。这几年的闯荡，已使他不满意祖先安排的道路，他不想做觉新，也不想承继家族"长宜子孙"的理想。他那读过太多小说的心再也无法忍受故乡的狭隘，他要飞，他要实现自己浪漫的幻想，他要去探索外面未知的世界。

于是，他匆匆地再一次饱览了故乡的山水，还来不及和家人分享战后重逢的喜悦，就又背起行囊，头也不回地踏上了未知的茫茫人生路。

他先到了杭州，经过努力，1946 年夏天他在《东南日报》找到了一份工作，作记者兼收录英语国际新闻广播。之所以选择《东南日报》，是因为他本人"对新闻事业抱有浓厚兴趣"。在这期间，他在《东南日报》的副刊"笔垒"上发表了一些散文。

金庸一边做记者，一边还在复习功课，他准备报考浙江大学外国文学方面的研究生，他考取了，但却没上，因为按照浙大的规矩，在浙江大学读研究生需要交纳一大笔学费，而金庸此时家境不好，拿不出这笔钱。时任浙江大学校长的竺可桢专门和金庸进行了一个多小时的谈话，知道金庸没有经济能力读研究生，他感到很遗憾，但他安慰金庸说：你能考到这个成绩，说明你很有才气，你暂时不能来学校读书，就先去工作好了，等什么时候攒够了钱，给我打个电话，到时再来读也不晚。再说，书也不一定非在学校念不可，你现在已经有这么好的程度，我看你自修也完全可以。这番话给了金庸很大的鼓舞，也使他很感激竺可桢先生。

在杭州的这段时间，金庸还有幸与自己的表姐蒋英见了一面。蒋英是军事学家蒋百里的女儿，后来与我国著名的火箭学专家钱学森结了婚，她与金庸家有亲戚关系。蒋英从上海到杭州的这一天，正好杭州笕桥国民党空军军官学校一班毕业生举行毕业典礼，一个姓胡的教育长邀请她在晚会中表演独唱，金庸也就和表姐一起去了。金庸至今记得表姐那晚唱了很多歌，有歌剧《卡门》《曼侬·郎摄戈》中的曲子，金庸听得如痴如醉，觉得着是精彩至极。在这段苦闷的日子里，这个小小的插曲的确为金庸带来了不小的愉快。

在《东南日报》工作了不到一年时间，金庸就辞掉了工作，去了上海。经过努力，他进入了东吴大学法学院插班修习国际法，既然外交官的梦想已经破灭，他希望将来有机会做法官或律师，在他内心，匡危救世的报国热情依然在澎湃。但到上海不久，他就发现自己的这个想法同样是那么幼稚。此时整个国家的前途命运都处于风雨飘摇之中，更何况个人的什么梦想？人只如急流中的浮萍，随波逐流能保全性命已算奢侈，怕就怕还不知身在何处已被卷入深渊。歧路彷徨，路在何方？金庸又一次面临选择。幸运的是，就在他茫然四顾时，命运女神再一次垂青于他。

第二章

龙出江湖

"南来白手少年行"

浪迹江湖的金庸终于在《大公报》获得一份稳定的工作。1948年，他被派往香港，在飞机上一摸口袋，不禁惊出一身冷汗：他竟分文没带！

后来他戏称自己这是"身无分文走香江"。

1946年秋，金庸从报纸上得知，著名的《大公报》要在全国范围内公开招聘三名国际电讯编辑！这个消息使他喜忧参半，喜的是自己以前在《东吴日报》受过国际电讯编辑方面的专门训练，若应试，成功的希望应是很大的；忧的是，自己对做记者的兴趣远远比不上对做法官、律师的兴趣，更不用说做外交官了。犹豫一段时间之后，他最终下了决心：与其这样等待下去，不如先找份稳定的工作，然后有机会再从事自己真正喜欢的工作。但当他走进《大公报》报名处，他才知道自己的这些忧虑在当时是毫无必要的，因为参加考试的竟有三千人之多，即使自己考，也未必能考得上。压力产生勇气，他意识到，现在不是考不考的问题了，而是是否能考上的问题。爱幻想的他现在学会面对现实了，他以破釜沉舟的决心，认真准备应考。

功夫不负有心人。他以自己的出色成绩，最终在三千名应试者中脱颖而出。听到自己被录取的消息，金庸还真有点不敢相信，因为他知道，虽然自己并不真的想做记者，但要成为《大公报》的记者还真不那么容易。

《大公报》1902年创办于天津，以"开风气，启民智"为办报宗旨。"9·18"事变后，《大公报》由一份纯商业性的报纸转为带有明显的政治性的报纸，积极鼓吹抗日救国，赢得了更多人的支持；1936年，因发展速度很快，《大公报》出版了上海版。抗日战争全面爆发后，天津、上海的《大公报》相继停办，只在香港等地陆续出版，直到抗战胜利才又相继复刊，复刊不久，上海的《大公报》就举行了这次公开招聘。在当时众多的报纸中，《大公报》影响力最大，名气最响，现在自己竟成为其中的一员，金庸由衷地感到骄傲和自豪。

因为金庸此时尚在东吴法学院学习，所以他在《大公报》只能算兼职。

1947年底，为了避开国共内战，使《大公报》能有一个比较稳定的发展环境，胡政之富有远见地决定：将《大公报》的大后方放在相对平静的香港。他亲自挑选了一个比较年轻的班子，并亲自带队远赴香港。

1948年3月15日，《大公报》香港版复刊，报社决定派一个翻译到香港，当时比较合适的人选有两个，一个是金庸，另一位是刚结婚不久的新郎官。报社先是准备派那位新郎官，没想到这位记者正处于新婚燕尔的柔情蜜意之中，不忍离开新婚的妻子，报社这才临时决定让金庸来，反正金庸现在是一人吃饱，全家不饿。就这样，金庸踏上了赴香港的飞机。

人的一生的命运也许就是这样不经意间完全改变了。金庸当时可能根本想不到这次偶然的调换对自己的重要性，当我们面队已经成功了的金庸再回头看这次偶然时，好奇的我们禁不住会问这样一个幼稚的问题：如果当初去香港的是那个新郎官而不是金庸，那金庸的命运会是怎样的？不知有多少人做过这样的假设，也不知有多少好奇的人问过金庸这个问题，金庸的回答是："我当时进《大公报》是经过考试的，如果考不取，就不可能到香港来了。《大公报》原来是派另外一个翻译来香港的，但那个人当时刚结婚就决定不来香港，于是报社就临时改派我来。如果我不来，情况可能就完全不同了，我会继续留在上海，在上海《大公报》干下去，但可能在'反右'的时候就给斗掉了。"最有可能的就是在'反右'时给斗掉了，到后来在'文革'时可能又槽糕了。"

也许这是天意？随便你怎样想，事实是金庸来了香港，而且成了现在的金庸。

飞机起飞了。金庸俯瞰着窗外美丽富饶的国土，心中不禁泛起一阵阵难舍遗憾，但对未知前途的憧憬和创业的激情使他很快淡忘了这种不愉快。虽然他还不能确知在香港等待自己的是什么，但不管是什么，能够避开混乱不堪的时局，并且是到一个尚未被开垦的园地去白手开辟一个新的领域，这对追求率性自由的金庸来说，无论如何是颇具吸引力的。所以，当金庸登上上海飞往香港的飞机时，他的心情完全像外出度假旅行一样闲适平静。但这种心情并没有维持多久，已在空中的他这时一摸衣袋，不禁吓出了一身冷汗：不知怎么搞的，他人是在飞机上了，却忘了把钱也随身带来了。自己这是第一次到香港，人生地不熟，这可怎么办啊！他急得坐卧不安，连汗都下来了。他旁边坐着的是香港《国民日报》社的社长潘公弼，他见金庸急成这个样子，忙关心地问发生了什么事。金庸不好意思地如实相告。潘公弼听完，既惊讶，又好笑，他说："这样吧，我借给你十块港币，反正我们以后是同行了，有机会再还我。"金庸一颗心放下来了，连连表示感谢。也多亏了这十块港币，金庸才能够顺利到报社报到。

45年后，金庸在回忆这次有惊无险的经历的一首诗中，感慨地说自己当时是"身无分文走香江"，是"南来白手少年行"。这对生性喜欢冒险的金庸来说，确也是一个完美而贴切的插曲，预示了他之后一系列颇具戏剧性的经历。

当时的香港还不是现在的"东方明珠"，和久居的上海相比，金庸感觉香港在经济上、生活上、文化上都比较落后，就像到了乡下。他对香港最鲜明的感觉就是天气太热，还有自己一句也听不懂的广东话。但过了一段时间，他觉得一般香港人坦诚直爽、重视信用、说话可靠，所以人际关系比上海好，他因此很快和他们交上了朋友。

金庸喜欢香港的真正原因是香港比当时的内地自由，他后来专门写过一篇社评：《香港无宝，自由即宝》，其中有这样一句话："我们之所以喜欢住在香港，就因为这里无疑是自由的地方。"金庸从小就热爱自由、反叛权力和权威，而作为自由之港的香港，与他的这种个人气质是非常契合的。渴求生长的种子一旦遇到合适的土壤，总要破土而出，发芽成长，不过，这时的金庸不过是报馆一个优秀的小职员，他未来的一切，都还不过是一个个尚不连贯的梦而已。

1948年11月10日，《大公报》发表社评《和平无望》，公开表明拥护中国共产党政府，在人们眼里，《大公报》成了"左派"报纸，香港《大公报》也不例外。

日子一天天过去，金庸很快适应了自己的工作，而且还在工作之余开始实施自己的一个伟大计划，那就是将汤恩比博士的《历史研究》（A Study of History）翻译出来。这是他蕴藏已久的计划。那还是在抗战胜利后不久，金庸在回家途中买到了这本书的节本，废寝忘食地读了四分之一后，他顿时好像进入了一个从来没有听说过、见到过的瑰丽世界，就是刘姥姥初进大观园时的那种感觉。他"想不到世界上竟有这样的学问，这样的见解"。金庸最叹服的是汤恩比最后得出的结论：世界上各个文明之所以能存在，进而兴旺发达，都是由于遇上了重大的挑战而能成功应付。西方国家已经走到了尽头，西方世界的行为方式、思想逻辑已经行不通了，外面的世界可以征服的都征服完了，要打仗也没有什么好打的了。人类将来的出路就是要用讲究调和、合作、开放、融合的东方哲学来代替西方的哲学，只有这样人类才有前途。金庸越读这本书，越觉得心旷神怡，一个念头也越来越固执：此生若能亲受汤恩比博士之教，做他的学生，即使一生贫苦潦倒、颠沛困苦，甚至最后在街头倒毙，无人收尸，那也是幸福的一生。

带着如此刻骨铭心的崇拜，金庸开始翻译这部书，由于书中涉及丰富的欧洲历史，特别是埃及、巴比伦、波斯中亚的历史，使金庸颇觉吃力，但金庸喜欢的就是挑战，自己缺乏这方面的知识，那就"自行恶补而应付之"。在翻译过程中，翻译部主任杨历樵给了他很大帮助，并帮助他纠正了不少翻译上的错误，使金庸很是感动。遗憾的是，金庸现在毕竟是身不由己，他必须服从报社的工作安排，结果不久，报社就让他翻译几本与中共革命战争、朝鲜战争有关的时事性书籍，一心无法两用，他就暂时把《历史研究》的事放下来，没想到一放就不好收回来，虽然还时时跃跃欲试，但从无法集中精力重新开始，后来偶然见到台湾出版了这本书的中译本，而且译笔不错，他也就彻底放弃了，但他放弃的是翻译，而对汤恩比的崇拜却一生未改，汤恩比的著作，如《文明正经受着考验》《战争与文明》《从东到西——环游世界记》《对死亡的关怀》，以及和池田大作的《对话录》（英文本），他都想方设法或买或借，一一细读，受益匪浅。

金庸参政议政的热情始终没消失过，他学过外交，后来又学过国际法，虽然现在做不成外交官和法官、律师了，但对当时政治和时事的看法却是有一定的专业水准的。特别是当时的中国虽然政治大局已定，但新旧交替时期也是矛盾颇多的时期，出现的新问题很多，即使国共两党在许多问题上都存在着很多的矛盾，谁是谁非，中国尚无自己合理的法律来处理，在这样的情况下，金庸开始尝试着把自己学过的外交知识和法律知识运用于实践，在报纸上发表社评，对时局和时事进行分析和评价。同时他还利用自己的国际法知识，对国共之间的一些敏感问题作出比较公正合理的评价。他第一篇社评是《从国际法论中国人民在国外的产权》（1949年11月15日和18日分两次发表于《大公报》）原来，1949年11月9日，中国航空公司和中央航空公司全体职工4000余人集体起义，宣布接受中国共产党的领导，脱离国民党。中国共产党政府铁道部衡阳铁路局随即发表声明，宣布"前粤汉、湘桂黔及浙赣各区铁路局所辖铁路存港器材、物资、汽车、款项均为人民国家所有";与此同时,台湾当局也派人到港处理这些财产。结果双方自然发生了争执。金庸运用自己的国际法知识,明确指出,这些财产应由新成立的中华人民共和国所有。

梦断京城

为了一圆自己的外交官之梦,金庸兴冲冲打点行装来到北京,但乔冠华的话犹如兜头浇了一桶冷水,他失望了。

中国从此失去了一个应该杰出的外交官。

金庸发表的一系列社评持论公正,见解独特,文笔老成,而且很实用,很受读者欢迎,而且有一些文章还被译成日文在日本发表,被一个叫梅汝璈的人看到了。梅汝璈可是当时大名鼎鼎的人物,他是国际法学家,曾在东京国际法庭任审判日本战犯的法官,并亲自参与审讯战犯东条英机。梅汝璈是国民党员,但为国为民,也算鞠躬尽瘁,为人也非常正直。此时新中国百废待兴,迫切需要一个和平安定的环境,但新中国处于国际敌对势力的包围之中,迫切需要通过外交途径争取同情,确立自己的国际地位,但负此重任的新中国外交部却人才缺乏,懂外交知识和国际法的专门人才就更少。鉴于梅汝璈在国际上的崇高的声望,中共政府盛情邀请他回新中国外交部工作,经过慎重考虑,梅汝璈答应了,并马上起程赴京,因为看过金庸的政论文章,他非常欣赏金庸的才干,所以一到北京就给金庸连发了三封电报,邀请金庸到北京,到外交部做他的研究助理。

难道自己梦寐以求的外交官之梦又可以重续前缘?金庸看到电报真是又惊又喜,他毫不犹豫地辞去了《大公报》的工作,打点行装,意气风发地去了北京。

梅汝璈见到金庸,非常高兴。但他也坦言相告:自己是非常欢迎金庸在外交部工作的,但他没有最后的决定权。他建议金庸去找外交部的实际负责人乔冠华。

听说乔冠华主持外交部工作,金庸觉得不虚此行,希望大大。金庸和乔冠华并没陌生，甚至可以说相交很深，是老朋友了。乔冠华曾任新华社香港分社的社长 (1946—1949)，并经常在《华商报》上发表有关国际问题的文章，文笔犀利，才华横溢，让金庸很佩服。后来《大公报》"左倾"，乔冠华成了《大公报》的常客，常到《大公报》与员工们座谈，交流对时局的看法，也就慢慢与金庸熟悉了。金庸觉得乔冠华随和重才、没有架子，乔冠华则感到眼前这个小伙子才思敏捷，见解不俗，堪可造就，两人可说是意气相投。

老友在新中国的北京重逢，分外高兴。听金庸谈完自己的打算，乔冠华沉吟了一会儿，对金庸说："我们是老朋友，我就不妨直言相告：我们确实很需要你这样的人才，但外交部是一个党性很强的机构，工作人员必须根正苗红，能够经受住各种严峻的政治考验。你出身于地主家庭，又在国民党的中央政治大学读过书，我们的红色政权是不能立刻让你进外交部工作的。我建议你先到中国人民大学受训，等到合适的时候再争取入党，这样才能转到外交部工作。"顿了顿，他又建议：如果金庸不愿去人民大学受训，可以先到外交部的外围机构人民外交学会工作一段时间，等到了适当的时候入党，再转到外交部工作。

乔冠华的话对满怀热情的金庸来说无异于当头一棒，将他从梦想唤回到现实。他后来回忆此时的心情时说："我越想越不对劲，对进入外交部工作的事不感乐观。自己的思想行为都是香港式的，对共产党也不了解，所以未必可以入党。而且，一个党外人士肯定不会受到重视，恐怕很难有机会作出贡献。"而且，金庸觉得人民外交学会只做些国家宣传、接待外宾的事务工作，自己不感兴趣。于是，他就像当时迅速决定来北京一样，又迅速做出决定：重回香港《大公报》工作。

塞翁失马，焉知非福，青春时期所受的挫折，往往能成为有志者在以后的人生旅途中前进的动力。而且，即使金庸实现了自己的这个外交官之梦，以他的个性，能真正从中获得精神的愉悦吗？即使这一切都无可预知，但有一点我们可以肯定地说：他的命运绝对不如现在好。也许，他会在某一场运动中被打倒在地；也许，他会在某次灵魂洗涤的全民运动中被彻底脱胎换骨，也许，他已在某次武斗中命丧黄泉……

存在决定本质。金庸后来在明白了自己的外交官之梦的幼稚可笑的同时，也明白了当初自己放弃这一梦想对自己一生的意义和价值，他在和池田大作对话时曾谈到这个问题：

"这个外交官之梦虽然破灭，却未尝不是好事。我大学的同班同学后来不少担任国民党政府的住外大使、总领事等高职，后来一个个的失却职务，失意闲居，对国家社会毫无贡献，自己的生活也十分潦倒。

在担任香港《基本法》起草委员会委员及此后的香港特别行政区筹备委员期间，和中华人民共和国外交部的许多高级官员共事或来往，包括副部长、司长、驻外大使等，听他们谈到外交官的经历、现在的工作、生活各种情况时，我并无羡慕的心理。如果有可能将我作为小说家、报人、学者的经历和他们交换，我肯定一定会拒绝。

……这决不是说我现在的成就比他们大，我只说我自己这一生过得自由自在、随心所欲，不必受上司指挥和官职的羁绊，行动自由、言论随便，生活自由舒服得多。不敢说心理上作为一个'新闻工作者和不受拘束的小说家'，在报纸上撰述评论，鼓吹维护民族主权和尊严，鼓吹世界和平，创作浪漫小说，比做外交官的贡献更大更有意义，只是说，外交官的行动受到各种严格规限，很不适宜我这样独往独来、我行我素的自由散漫性格。我对于严守纪律感到痛苦。即使作为报人，仍以多受拘束为苦，如果我做了外交官，这一生恐怕是不会感到幸福快乐的。年轻时企望做外交官，主要的动机是周游列国，现在我可以随便到世界上任何地方去旅行，不受丝毫限制，更加自由自在。现在我独立的从事文艺创作，作学术研究，不受管束和指挥，只凭自己良心做事，精神上痛快得多了。"

金庸看来是真的大彻大悟！梦醒时分，不论面对的是美女还是野兽，都比被一个不切现实的梦蒙在鼓里要幸福得多。

打擂打出个"大侠"

一场打擂比武，一人灵机一动，两人偶试身手，新派武侠小说由此开始了一个红彤彤的世界。

金庸后来居上，《书剑恩仇录》光芒四射，金庸作为一个神话，从此诞生。

金庸回到香港，仍在《大公报》做编辑，但因为《大公报》现在已变成了"左派"报纸，政治倾向性越来越明显，金庸有点格格不入的感觉，所以工作热情明显不如以往。1950 年 10 月 14 日，《新晚报》问世，金庸就要求调到《新晚报》去编副刊，并如愿以偿。

《新晚报》的前身是《大公晚报》，三十年代抗战时期在香港创刊。香港沦陷后，该报移师桂林。这时的"晚报"只有两个版面，但名字很雅致，叫"小公园"，主要刊登杂文。由于当时的桂林聚集了很多国内一流的文人、学者，像柳亚子、田汉、熊佛西、艾芜、端木蕻良，"小公园"有丰富的稿源，所以发展很快，影响也很大。这时负责这个"小公园"的编辑叫罗孚。

两年后，日寇兵临城下，"小公园"又移师重庆，陆陆续续发表了不少纪念鲁迅的文章，并发表了茅盾的剧本《清明前后》。该报上的很多杂文直陈时弊，深得人心。在重庆的"晚报"系列中，一时无二。

新中国成立后，《大公晚报》停刊。后来，根据市场形势的需要，在共产党的帮助下，《大公报》高层决定恢复《大公晚报》，并抽调精干人员准备、策划，并决定由罗孚负责组建事务。1950 年 10 月 14 日，经过精心准备，新的《大公晚报》终于面世，为了和以前的晚报相区别，取名为《新晚报》，内容以刊登杂文等文学作品为主。罗孚很重才，也识才，他早就想把金庸拉过来做自己的左右手，所以金庸一表示出想进《新晚报》，他马上想方设法玉成，并让金庸负责编辑报纸的副刊《下午茶座》。

《新晚报》的编辑风格与金庸崇尚自由的天性比较相投，人际关系也比较融洽，所以金庸心情比较愉快。很快，他与报社的两个编辑成了无话不谈，形影不离的好朋友：一个是罗孚，一个是梁羽生。与罗孚的关系，介于师友之间，与梁羽生，则称得上志趣相投。首先，两个人都喜欢下棋，而且堪称是棋逢对手，将遇良才。两人这时都是单身汉，都住在报社，下了班，有家的同事们还没走完，他们两个就已迫不及待地摆好营垒，进入你死我活的战争状态，的确是旗鼓相当，互有胜负，越如此结果，两人的斗志越高涨。平时谈话，除了报社工作，两人就谈棋，谈得多了，就有了心得，于是又都写起棋话，也是一篇比一篇精彩，各有千秋，不分上下；于是又由下棋谈到武侠小说。刚开始两人都将这一话题看作自己的秘密武器，可谁知一谈，才知道自己又遇到了劲敌：还珠楼主的《蜀山剑侠传》，白羽的《十二金钱镖》，朱贞木的《七杀碑》，还有什么《七侠五义》《水浒传》……两人都是口若悬河，如数家珍，武功招数，缠绵爱情，诗歌词赋，甚至连小说中的人物有什么业余爱好，用什么兵器，师承何门何派……两人都可以顺口道来。真是惺惺相惜，大有英雄相见恨晚之感。虽是书生嘴上论兵，激动处却也慷慨激昂，大有天下英雄舍我其谁的豪迈。但这时他们谁也没想到要把说的写下来，变成武侠小说。

新派武侠小说的春天是因了一场有惊无奇的擂台赛才绽放光彩的，而金庸与梁羽生才因此而先后崛起，成为这幅春日美景中最耀人的两朵奇葩。

当时的香港武术界有两大门派：太极派与白鹤派，一直矛盾重重，不把对方放在眼里。1954年初，双方的矛盾再次激化，他们先是文斗：在报纸、杂志上撰文互相攻，引得香港人兴致勃勃；再后来，双方觉得文斗不足以解恨，就决定武斗，签下生死状，约定于元月十七日下午四时比武打擂，一决雌雄，因香港禁止打擂台，地点定在可容纳万余观众的澳门新花园夜总会的池泳广场，并名其曰"吴公仪与陈克夫国术表演暨红伶义唱筹款大会"。

消息传出，整个香港沸腾了，刚刚摆脱了动荡生活的香港人好像还不太习惯安定而平淡的生活，还需要一些强烈的刺激为生活增加一些活跃的因子，这场比武打擂赛无疑就像一针兴奋剂，刺激得香港如久旱逢甘霖的大地，将与打擂比赛的一切都急不可耐地看在眼里，听在耳里，吞进肚里，然后经过酝酿，再添油加醋吐出口来，一时间谣言四起，捕风捉影，使这件本已不平常的事越发显得扑朔迷离，魅力无穷。再看两个比武者：太极派掌门人吴公仪，五十三岁，经验老到，沉稳平和，如幽燕老将，气韵沉雄；白鹤派掌门人陈克夫，三十五岁，端的是年轻力壮，跃跃欲试，如初生牛犊，气焰嚣张。两人比赛，一定精彩绝伦，惊心动魄。

香港传媒自然不会放过这个千载难逢的机会，各大小报于是紧急出动，纷纷派出自己最得力的记者，全方位、立体地报道这件事情的始末，不时还会有标着"独家新闻"，"内幕消息"的报道见诸报端，推波助澜，争先恐后，把气氛渲染得犹如大暑天的干柴，一点就着。

按常规，《新晚报》是不报道这种事的，但该报编辑，恰恰多是谈武论侠的高手，听到打擂的消息，虽不技痒，却也手痒。于是罗孚果断下令：《新晚报》组织精干人马，破例报道此事；并且既做就要做最好。为此他专门派记者住在澳门，随时以最快的速度反馈比武消息。

比赛开始的当天，《新晚报》发表特稿"两拳师濠江显身手"：

> 港澳万人瞩目的两派拳师比武，今天下午四时就要在澳门擂台正式上演了。当读者们读到这篇东西的时候，也许正是澳门擂台上打得难分难解的时候呢！这次太极派拳师吴公仪和白鹤派拳师陈克夫。自"隔江骂战"演至"正式登台"。街头巷尾，议论纷纷。有的"买"陈克夫必胜，理由是陈克夫少年力壮而吴公仪则已英雄垂暮；有的则"买"吴公仪必胜，理由是太极拳讲的是"借力打力"，"四两拨千斤"，并非是以力服人的。吴公仪有几十年的工夫，已经炉火纯青，又哪怕你少年力壮？两派议论，各有理由。好在谁是谁非，自会有事实答复。

接着记者又报道了打擂双方的准备情况：

> 大会的节目大致已派定。除了红伶歌唱外，最为人注意的"戏肉"就是吴陈比武。预料比武将于四时左右开始。这些市面上到处都有人谈论这件事，意见很多。买注的见仁见智，大家都好像很有把握。但到底胜负谁属，现在还是难说。有些人说：吴公仪功夫老练，身手自是不凡；可是陈克夫年轻力壮，实力也不弱。这个说法，可以说代表了多数人的意见。昨天吴公仪在"药

山禅院"休息；陈克夫据说连日清早都到松山跑步练气功，准备比武时"戎装"出场。总之，双方都在准备，而吴公仪方面表现得颇有好整以暇的样子。

让人始料不及的是，被渲染得红红火火的比赛过程和结局却毫不精彩：比赛还不到几分钟，只见吴公仪飞起一拳，打在陈克夫的面门，后者血流满面，遂即告输。

缺憾产生魅力，市民们因大失所望反而心情更难以平静，被激动的心像被一块巨石击中的湖水，泛起的涟漪久久不散，而且范围越来越大。绝顶聪明的罗孚看出这是扩大《新晚报》影响的好机会，所以比赛一结束他就率先出了一个"号外"，结果"瞬间卖光"。罗孚由是灵机一动：若趁此良机，在报纸上连载武侠小说，也一定大受欢迎！他知道自己手下有金庸、梁羽生这样的在嘴上"能文善武"的大将，只是不知道这些大将肯不肯将随意的"说"变成认真而持久的"写"。

梁羽生为人忠厚，罗孚决定以他为突破口。没想到他刚把自己的意思一说，梁羽生竟连连摇头：自己以前连小说都没写过，更不懂武术，实难从命。无奈罗孚鼓动三寸不烂之舌，发动情感攻势和时事攻势，梁羽生再难拒绝，表示考虑两天再做答复，但时机不等人，罗孚马上就让他先说个题目，他先去做广告，梁羽生随口说："那就叫《龙虎斗京华》吧！"罗孚大喜，马上去安排登广告的事。

1954年元月十九日，《新晚报》在醒目位置以醒目标题刊登了一则广告："本报增刊武侠小说"；

中间只隔了一天，《龙虎斗京华》开始在《新晚报》上连载，一时万人争读，《新晚报》的销量也因此大幅度上升。新派武侠小说的一片灿烂田地，由梁羽生翻起了第一锹泥土，种下了第一颗良种。

论学识、论才情、论对武侠小说的熟悉程度，金庸与梁羽生不相上下；说到写武侠小说，金庸与出道前的梁羽生一样没底，所以，这时看平时一起谈武论侠的好友一炮打响，他虽然技痒，却还没想到自己也会去写武侠小说。

梁羽生成了报社的红人，香港报界纷纷向梁羽生约稿。无奈梁羽生只有两只手，分身乏术，虽然忙得焦头烂额，仍然无法满足报纸的需求。偏偏这时罗孚又出新招，准备在《新晚报》上同时推出两部武侠小说，再找梁羽生，后者面有难色，就劝罗孚去找金庸试试。

正所谓"众里寻他千百度，蓦然回首，那人却在灯火阑珊处"。金庸答应了。

龙出江湖！

允诺是银，实践是金。金庸历来是不做则已，做就认真。他脑子中一时间转了无数个念头，出现了无数个人物，但他不想轻举妄动，草率行事。况且这是自己第一次写武侠小说，一定要独出机杼才会成功。而要独处机杼，最好的方式就是写自己熟悉别人不熟悉的东西。那么什么是自己最独特的东西呢？

蓦然间，一个名字冲进他脑中：乾隆皇帝！他在心里惊喜地叫了一声：对，就写乾隆！

金庸从小就听老人讲乾隆和海宁的故事。据家乡人讲，乾隆皇帝并非雍正皇帝的亲儿子，而是雍正王朝时海宁人陈阁老的儿子。据说陈阁老的妻子生下一个男孩的当天，雍正的皇后也生了，但是个女孩。雍正非常想要一个男孩继承王位，可现在皇后偏偏生了个女孩，皇后焦急万分，这时有人告诉她陈阁老家生了个男孩，皇后灵机一动，让人把陈阁老家的儿子抱进宫，说是要看一看，但当孩子还回来时，却发现已被皇后使了掉包计，襁褓里包的是个女孩，事已如此，阁老夫妻也无可奈何。这个故事在海宁几乎是妇孺皆知，也许这是出于一种自豪感吧。

金庸太熟悉这个故事了！而且这是海宁人特有的故事，写出来一定是与众不同。可要把这样一个简单的故事演绎成丰富多彩的武侠小说却并不那么容易。经过精心的构思，金庸挥洒情思妙语，写出了一篇真真假假、恩恩怨怨，让人扼腕长叹，把酒问天，低回徘徊，热血沸腾的武侠小说，这也是他的第一部武侠小说：《书剑恩仇录》。

从这部小说开始，金庸把自己名字中的最后一个字"镛"拆成两部分：金和庸，作为自己的笔名。金庸神话，就此缓缓拉开了神秘的序幕！

在这部小说的修订本的"后记"中，金庸解释了自己这第一部小说为什么要写乾隆，他说："我是浙江海宁人。乾隆皇帝的传说，从小就在故乡听到了的。小时候做童子军，曾在海宁乾隆皇帝所造的石塘边露营，半夜里瞧着滚滚怒潮汹涌而来。因此第一部小说写了我印象最深刻的故事，那是很自然的。但陈家洛这人物是我的杜撰。香香公主也不是传说中或历史上的香妃。香香公主比香妃美多了……历史学家孟森做过考证，认为乾隆是海宁陈家后人的传说靠不住，香妃是皇太后害死的传说也是假的。历史学家当然不喜欢传说，但写小说的人喜欢。乾隆修建海宁海塘，全力以赴，直到大功告成，这件事有厚惠于民。我在书中将他写得很不堪，有时觉得有些抱歉。他的诗作得不好，本来也没多大相干，只是我小时候在海宁、杭州，到处见到他御制诗的石刻，心中实在很有反感。"可见，金庸的这第一部武侠小说，是在史实的基础上，根据自己的感情趋向，加以创造而成的。乾隆历史是确有其人，至于乾隆与陈家洛既是敌人又是亲兄弟的故事，则纯粹是在民间传说的基础上金庸以小说笔法的成功创造了。

在这部小说中，金庸充分利用自己丰富的历史知识，一改传统武侠小说只重场面，不重历史情节的不足，使人物的活动有了一个更广阔的背景，也增加了小说的耐读性，所以整部小说极像一部严谨的历史小说，这是金庸的创造，他这样做，是为了增加"武侠小说的可信性"，是为了打破"历史"和"传奇"的界限，使得历史背景和传奇故事之间、历史氛围和传奇情节之间达到一种奇妙的融合，从而使武侠小说彻底走出了传统武侠小说的老路子，而呈现出一派新风采，这正是金庸对武侠小说的独特创造。

实际上，金庸在着手写这部小说时，他心里已经有了自己理想的武侠小说的"雏形"，关于这一点，他在后来的谈话和随笔中是这样概括的：

> 我个人写武侠小说的理想是塑造人物。武侠小说的情节都是很离奇的很长的，要读者把这些情节记得很清楚不大容易。我希望写出的人物能够生动，他们有自己的个性，读者看了印象深刻。同时我构思的时候，亦是以主角为中心，先想几个主要人物的个性是如何，情节也是配合主角的个性，这个人有怎样的性格，才会发生这样的事情。

> 另外一点是，当然武侠小说本身是娱乐性的东西，但是我希望它多少有一点人生哲理或个人的思想，通过写小说可以表现一些自己对社会的看法。

> 武侠小说都是虚构的，有了历史背景，就增加了小说的真实感。武侠小说不能像神话那样，要有真实感。历史是真的背景，人物都是假的，这样可

以使读者自己去想象一切的发生，这样一切就都变得像真的一样了。

现代小说很久以来一直都是采用西洋形式，表现方法、结构安排几乎全都是西洋的，除了武侠小说，中国章回、传奇小说形式，可以说留下的很少。创作武侠小说必须注意到这点，在语言方面，尽量保持古代形式，在情感方面，也要合乎中国的写实风格。

在世界文学史上，几乎没有哪一位作家曾用别国的文字写过一部伟大的作品。英文与法文十分接近，许多英国人从小就会说法文，但没有一位英国作家曾用法文写过一部伟大的作品。当然，写写普通文章是并不难的，困难之点是在于文字中许多微妙的地方，许多只能意会而不可言传的区别，那是外国的作家所不能掌握的。据我写《书剑恩仇录》的经验，因为这是一部以清代为背景的小说，所有现代的语汇和观念我是以绝大努力来避免的，比如我设法使用"转念头""寻思""暗自琢磨"等来代替"思想""考虑"；用"留神""小心"等来代替"注意"等。这部小说只是一部娱乐性的通俗读物，但我想，法国那些汉学家们，尽管他们对《尚书》《楚辞》极有研究，而我许多古书读也读不大懂，然而他们未必能分辨"留神"与"注意"之间细微的差别、无所谓的通俗小说也是如此，论到真正的文学创作，那更是重大的事了。

以最具中国特色的传统语言而不是欧化的新语言为媒介，以人物为中心，以历史为背景，以娱乐为目的，进而表现对历史、人生的个人看法，这就是金庸创作武侠小说的基本思路，也构成了他每一部武侠小说的基本框架。

《书剑恩仇录》基本上实现了他的这种武侠小说理想。书中的人物，如乾隆皇帝、霍青桐、喀丝丽、袁士霄、天山双鹰以及红花会诸首领，无不是在似乎真实的历史环境中活动着的小说人物，尤其是全书的主角陈家洛，更是武侠小说史上一个新的成功的艺术典型。他的一生可以说是一出错误的悲剧。论出身，他是江南名门的公子，自幼饱读诗书，却又落草江湖，成为与皇帝对抗的"红花会"的首领，却又没有应有的才干；论武功，他武艺高强，却因在政治上轻信幼稚，而使一身武功不得其用；论爱情，霍青桐聪明能干，香香公主柔情万端，却都一心一意爱是他，而他却优柔寡断，面对姐妹俩的爱意无所适从，最后竟听信乾隆皇帝的花言巧语，在牺牲了霍青桐的爱情之后又把自己所深爱的喀丝丽作为"条件"送给了乾隆，结果又导致了喀丝丽的毁灭；论功业，他以"反清复明"为己任，也曾前赴后继，浴血奋战过，但当"红花会"诸豪杰付出惨重的代价终于可以杀掉乾隆皇帝时，他却又为了给周家保住一条传宗接代的命脉而放了乾隆，使"反清复明"大业功亏一篑……这是一个多么复杂的人啊！复杂到让人有无数的话要说却又不知从何说起。这也真是情何以堪，恨何以堪，唯有抬头问月，寄恨绵绵。古人云："人有悲欢离合，月有阴晴圆缺，此事古难全"，做了人，难道就注定要不快乐？

此情此景，恰如陈家洛为喀丝丽写的铭文：

浩浩愁，茫茫劫，短歌终，明月缺。郁郁佳城，中有碧血。碧亦有时尽，血亦有时灭，一缕香魂无断绝！是耶非耶？化为蝴蝶。

《书剑恩仇录》1955年2月8日开始在《新晚报》上连载一直到1956年结束，用了一年的时间，历七十期才收场作结，基本上是每天写一篇。可能是因为金庸在武侠小说的形式和内容方面都有所创新，所以小说刚开始连载的时候，读者并没有抱以太大的热情，但金庸毫不气馁，按照自己的思路一段一段地写下去，读者也漫不经心地读下去，读着读着，他们发现面前展现出一种全新的武侠世界，他们获得了一种全新的阅读快感。他们发现自己再也不能对金庸熟视无睹了。

《书剑恩仇录》文采斐然，对白传神，处理复杂纷乱的场面井井有条。啼声初试，即一鸣惊人！

刀光剑影

金庸难以忍受《大公报》的"左"派风格，辞职去了长城电影制片公司。但他的主要精力仍是放在武侠小说方面，于是有了胡斐挥不挥刀的悬念。

就在金庸的武侠小说越写越多，名声越来越大的同时，他也越来越难以忍受《大公报》的"左"派风格。1949 年以后，中国内地爆发了一系列的政治斗争，而《大公报》自然紧跟其后，金庸追求自由的个性自然与报社的整体气氛格格不入，这种尴尬心情就如他后来所说的："我在《大公报》前后 10 年，马列主义的书也看了很多，也花了很多时间去研究。我属于工作上有些成绩的人，开小组会讨论时，我是组长。但我觉得他们的管理方式与我格格不入。"他作出了一个大胆的决定：辞职！

接着他又作出一个同样使大家震惊的决定：他选择了长城电影制片公司。

金庸在电影公司只是做编剧，写电影剧本对他来说并非难事，所以主要精力还是放在写武侠小说上，实际上报纸编辑的催促也使他不可能停下，而金庸本人也已是欲罢不能。《碧血剑》刚一完稿，他随即又马不停蹄地写下一部小说：《雪山飞狐》。这部小说在写法上给人耳目一新的感觉。小说实写的是胡斐和苗人凤、胡一刀夫妇的江湖恩怨故事，但小说并没有直接叙述这个故事，而是采取倒叙的方式，改直写为暗写。金庸充分发挥了中国传统文化道德观念中的友情观和信义观，把胡斐和苗人凤之间的恩恩怨怨写得酣畅淋漓，余味无穷，特别是小说的结尾，颇具悬念：生死冤家胡斐和苗人凤在悬崖边作一死战，打到最后，胡斐终于发现了苗人凤刀法中的一个破绽，此时，只要他一刀砍下去，胜负立见分晓。

这一刀砍没砍呢？谁也不知道！小说到此戛然而止。为什么是这样一个结局？金庸的解释是："写到最后，胡斐的矛盾，就变成了我的矛盾，同时苗人凤的痛苦，也成了我的痛苦，这两人如何了断恩怨情仇，连我也决定不了，所以胡斐那刀到底砍不砍得下去，我无法知道。"

这倒使小说魅力四溢。金庸是很"狡猾"的，他此时虽然才只写出几部武侠小说，但他已深知武侠小说的三昧，知道怎样才能使自己的小说对读者永远有诱惑力。他把解决这个悬念的主动权交给了读者，他要让读者参与解读小说中人物的命运。胡斐那一刀是砍还是不砍，决定于胡斐的性格有多么高尚，以及他对苗若兰的爱情是轻于还是重于对自己性命的爱惜？这些问题，都是读者自己可以评估的。

金庸说自己也不知道胡斐那刀到底砍不砍得下去，这也是实话，他不是没有能力写这个结局，而是他不知道该怎样写，因为胡斐面对的"情"与"理"的两难困境，也是所有中国人都会遇到的人生困境。中国历来是个重视友情的民族，俗话说：朋友如兄弟，妻子如衣服，这就是友情的极端表现方式。这种友情，也即中国人挂在嘴边上的"侠"和"信"，是《三国演义》里刘备、张飞、关羽三人间誓同生死的"义"。这种"义"，从好处说是中国人的传统美德，从坏处说则是敌我不分。而当"义"和"理"发生冲突时，不少中国人会因为朋友两肋插刀而牺牲国家利益，甚至不惜违法。

金庸一贯认为，在人生社会里，善与恶是错综复杂地交织在一起的，没有谁是百分之百的善人，也没有谁是百分之百的恶人。恶人身上也有善的一面，善人身上也有恶的一面，不过占的比例较少而已。人生也未必是善有善报，恶有恶报。武林中人物，所重为"义"，所以胡斐那一刀是否砍下去，似乎也不难回答。

这篇小说的善恶观念深受《基督山伯爵》的影响。《基督山伯爵》讲的也是一个复仇故事，但和中国的复仇观念却迥然有别。中国人一向认为血债血偿，父仇子报是天经地义的事，否则将永远成为人们的笑柄；而邓蒂斯在复仇的过程中精神上却发生了根本的变化，那就是由决心向所有的仇人复仇渐渐地变成一个宽恕敌人的善人。金庸最欣赏小说中这样两个情节：一是在邓蒂斯将要同自己昔日的仇敌之子阿尔贝尔决斗的前夜，仇人之妻、阿尔贝尔之母、邓蒂斯昔日的情人曼珊黛来恳求邓蒂斯饶恕自己的儿子，邓蒂斯一直等待着这个复仇的机会，所以刚开始无论如何也不答应，但曼珊黛强烈的母爱最终征服了已经铁石心肠的邓蒂斯，他答应在和阿尔贝尔决斗时自己不动手，这种高贵的选择最终也令阿尔贝尔幡然醒悟，在决斗场上他主动提出终止决斗，并当面向邓蒂斯道歉，在当时这是奇耻大辱，但爱的光辉抹去了这一切。在金庸看来，大仲马这样安排小说的情节，目的显然是要突出主人公重情义、轻性命的高尚情操；另一个情节是邓蒂斯不但慷慨帮助了自己的另一个仇人的女儿朗蒂纳，而且帮助她找到了美满的婚姻。邓蒂斯在处理恩仇关系之时，吸引人金庸的不再是他如何感恩报仇，而在于他如何不报仇，在于他如何以德报怨。邓蒂斯慷慨大度的人格和君子风度，使金庸深深地体会到：一个人要报仇，把仇人千刀万剐，只是取决于一时，但若千方百计的图谋报复而终于大仇得报之时，能合情合理地宽恕了仇人，这才更让人感动。

金庸自己毫不隐瞒大仲马小说对自己的影响。他说过："我所写的小说，的确是追随大仲马的风格。在所有中外作家中，我最喜欢的确是大仲马，而且是以十二三岁时开始，直到如今，从不变心。"他承认"两人的小说的风格很接近"，若"各拿最好的五部小说来打分平均地比较，大仲马当高我数倍。如各拿十五部来平均比较，我自夸或可略微占先，因为他的佳作太少而劣作太多且极差（许多是庸手代作），拉低了佳作的平均分数"。

90年代，法国政府授予他骑士团荣誉勋章，法国驻香港总领事在赞词中称誉他为"中国的大仲马"，似乎是以官方的形式肯定了金庸和大仲马之间的这种渊源关系。

若胡适老先生地下有知，看到这一切一定会深感欣慰的，因为早在大仲马小说刚传到中国时，他就感慨万千地写过一首感怀诗：

读大仲马《侠隐记》《续侠隐记》

从来桀纣多材勇，未必汤武真圣贤；
哪得中国生仲马，一笔翻案三千年。

后来重温《侠隐记》，他又慨叹："为什么我们中国的武侠小说没有受到大仲马的影响？"

后来他就没再说过类似的话，他可能读到了金庸的武侠小说！

金庸就是金庸，当读者还在为胡斐那一刀是否砍下去而辗转反侧，寤寐思服，思而不得之时，金庸却不动声色地推出他的惊天动地之作：《射雕英雄传》。

"射雕"一出，谁与争锋？如果说在这之前还有人怀疑金庸创作武侠小说的能力，那他看过《射雕英雄传》之后，一定会为自己的想法而羞愧。

也就是从这部小说起，金庸才算稳稳地坐在了新派武侠小说盟主的宝座上。才算真正确定下来。

"射雕"一出，洛阳纸贵！当时万人争诵"射雕"的盛况，恰如倪匡所言："在1958年，若是有看小说而不看《射雕英雄传》的，简直是笑话。""射雕"还创造了报业的一个奇迹：由于读者呼声日急，往往是金庸还没写完，编辑们就已在等米下锅，空栏以待了。而且不但香港的报刊争相连载金庸的武侠小说，甚至新加坡、马来西亚、泰国等地的华文报纸，也几乎家家离不开金庸的武侠小说，而且还都在报馆门口贴出昨日和今日所载的片段，以飨读者。当小说写到重要关口时，连用飞机运稿子都显得太慢，不少报社干脆直接用电报拍发香港当天发表的部分，电报还有此用途，恐怕是电报发明者没有想到的。

金庸小说如此受欢迎当然有各种各样的原因，其中一个重要原因是它们采取了具有中国特色的民族形式。金庸曾谈到自己的小说为什么受欢迎，他说：

> 内容方面：武侠小说大多是描写中国人的社会，中国人的人物，中国人自然有亲切感，就是东南亚很多国家，翻译我的作品很多，即是受中国文化影响较深的地方都受到欢迎。外国人则不会有大的兴趣，虽然未有英译本，但有时口述其中一些故事给外国人听，他们都提不起兴趣。
>
> 形式方面：武侠小说都采取中国传统形式，当然有些人写得很欧化，但大部分都是中国化，太西化读者不大欢迎。武侠小说流行的原因，最重要的是"民族形式"。

金庸小说采用了最传统的民族形式：讲故事。这在写作越来越西方化，越来越重视心理描写和技巧创新的时代思潮下是一个异数，却给读者以返璞归真，久别重逢的惊喜。读者希望于小说的，是其中要包含洋溢丰满的力量，要有好看的故事和丰富的想象力，要能使日益枯竭的人类的心灵之源重获可使生命复苏的活水。他们需要的是一直被学院派批评家讥刺为二流作家、而却为广大的读者欢迎的大仲马、巴尔扎克和雨果这样重视故事的小说家。金庸的态度是很明确的，他为此还专门写过一篇短文：《一个"讲故事人"的自白》，阐明自己"小说就是写故事"的看法：

> 我只是一个"讲故事"的人（好比宋代的"说话人"，近代的"说书先生"）。我只求把故事讲得生动热闹……我自幼便爱读武侠小说，写这种小说，自己当作一种娱乐，自娱之余，复以娱人（当然也有金钱上的报酬）。……
>
> 我以为小说主要是刻画一些人物，讲一个故事，描写某种环境和气氛。小说本身虽然不可避免的会表达作者的思想，但作者不必故意将人物、故事、背景去迁就某种思想和政策。
>
> 我以为武侠小说和京剧、评弹、舞蹈、音乐等相同，主要作用是求赏心悦目，或是悦耳动听。武小说毕竟没有多大艺术价值，如果一定要提得高一点来说，那是求表达一种感情，刻画一种个性，描写人的生活或是生命，和政治思想、宗教意识、科学上的正误、道德上的是非等，不必求统一或关联。艺术主要是求美、求感动人，其既非宣扬真理，也不是分辨是非。

金庸始终强调故事性在文学中仍应占传统上的地位，小说就是给人们讲述优美动人的故事，以情感人、以美动人、以善教育人的。他这样说过：

> 文学的目标，是用文字创造一些人物、故事或情感来表达某些美的、善的、纯真的感情或价值。这些感情或价值，在人生中本来就有的，艺术家加以精炼、安排、组织，令读者受到感动，接受其价值的观点。有时作者所写的人物或故事并不是美的、善的，但仍表达一种对美的、善的价值之肯定，例如鲁迅的《阿Q正传》《狂人日记》《药》；俄国果戈理的《外套》，陀思妥耶夫斯基的《罪与罚》《白痴》。

文学不是不表达思想，"诗言志"一直就是中国文学的传统，关键是看怎样表达。文学不是宣传工具，它不可能像宣传文字、说理文章那样，通过条理分析和逻辑论证而使读者心悦诚服。文学也可以宣传，但不是在文章中讲道理，或通过故事中人物之口来讲道理，而是通过感人的故事或戏剧场面或激动人心的诗句，使得读者或观众接受作者的感情，而且是热血沸腾、热泪纵横地接受。金庸从来不承认自己的小说带有什么政治目的和教育目的，他只是：

> 以小说作为赚钱与谋生的工具，谈不上有什么崇高的社会目标，既未想到要教育青年，也没有怀抱兴邦报国之志，说来惭愧，一直没有鲁迅先生、巴金先生那样伟大的动机。不过我写得兴高采烈，颇有发挥想象、驱策群侠于笔底之乐。在资本主义社会里，相信大多数艺术工作者都是如此，音乐家弹琴作曲，画家彩笔绘图，导演、编辑拍电影，大多出于事业意图。

> 我写的武侠小说并没有宣扬什么主题思想，偶然也有一些对社会上丑恶现象与丑恶人物的刻画与讽刺，然而那只是兴之所至，是随意发挥。真正的宗旨，当是肯定中国人传统的美德和崇高品格、崇高思想，使读者油然而起敬仰之心，觉得人生在世，固当如是。虽然大多数读者未必做得到，作者自己也做不到，但若能引起"心向往之"的意念，那也是达到目的了。

但这样说并非否定金庸的小说没有什么思想价值，而是说他的作品的思想价值不是直接表现出来的，而是在写作过程中自然流露出来的。金庸在评论性的文章里，也是经常强调理想、公道、正义、道德等观点的，但这些观点并没有故意在文学创作中流露。不过有一点他是无论任何时候都坚信不疑的，那就是武侠小说一定要讲正义、公正，一定要是非分明，要好人经常击败坏人；书中的正面人物一定不可说谎，不可忘恩负义，不可对不起朋友，必定要有情有义，不可凶暴残酷，奸诈毒辣。

金庸小说对娱乐性的强调实际上恰是抓住了武侠小说的本质，而正是这一点一下子抓住了一向缺乏娱乐性的文学作品的中国读者。中国的传统观念一直是轻视娱乐的，尽管也认为娱乐是人生的必需品，但这种娱乐必须与作品的教育意义结合起来，才能得到传统的认可和接受，因为在中国人看来，没有教育的娱乐就是玩物丧志，就是堕落。对待武侠小说的娱乐性，历来有两种观点，大多数人认为它没有教育意义因而排斥它，而肯定武侠小说的人则又过分强调它的教育意义，甚至说其教育意义比一般经籍还要大，其代表可举冯梦龙，他在《古今小说序》中曾这样论述通俗小说的教育意义："试令说话人当场描写，可喜可愕，可悲可涕，可歌可舞；再欲提刀，再欲决斗，再欲捐金；怯者勇，淫者贞，薄者敦，顽钝者汗下。虽小诵《孝经》《论语》，其感人未必如是之捷且深也。"这种观点虽然与反对武侠小说者正相反，但出发点则都是武侠小说的教育意义，强调一种基于娱乐性才发展起来的小说形式带是沉重的道德教育的目的，无疑偏离了这种小说的本质。金庸毫不隐晦地承认自己写武侠小说就是为了娱乐，可以说起到了矫正时弊的作用，使武侠小说回归了自己的本质，这是新派武侠小说一直吸引着一代代读者的最根本的原因。金庸的成功，显然与他的这种诚实有关。

"三剑"齐舞

　　《大公报》此时有三人写武侠小说：金庸、梁羽生、百剑堂主，人称武坛"三剑客"。
　　一日他们突发奇想，联合在报上开设专栏"三剑楼随笔"，以展现"三剑客"交相辉映的光芒。

　　就在金庸忙着写《书剑恩仇录》时，《香港商报》的编辑极其恳切地请求他把第二部武侠小说交给他们连载，金庸答应了。所以，《书剑恩仇录》刚结束，他就马不停蹄地写自己的第二部小说《碧血剑》，与《书剑恩仇录》一样，这又是一部熔历史与传奇于一炉的小说，虽然情节复杂，人物头绪繁多，但金庸驾驭得游刃有余。
　　至此，香港写武侠小说的，除了金庸、梁羽生外，还有一个百剑堂主，原名陈凡。三人都是《大公报》编辑，但陈凡职务高于金、梁，只不过他只写了一部武侠小说，发现自己不是"武林中人"，就搁笔歇战，但尽管如此，他也算入了"武林"。于是，

《大公报》内外就有了"三剑客"之"戏说"。

陈凡的强项在随笔、散文，他看金、梁写武侠小说写得不亦乐乎，难免技痒，可又知武侠小说非己所长，他就想找一种巧妙的方式，既与武侠小说有关，又可发挥自己的特长。当他想到了"三剑客"这一说法时，不禁灵机一动：对啊！"三剑客"名声在外，但实际上我们三人只是"散兵游勇"，并无组织，也无章程，若我们能以集体的形象出现，倒不失为一个招徕读者的高招，也堪称文坛上的一则佳话。但以什么方式好呢？这倒颇令他伤了好几天脑筋，最后他决定请金、梁与自己一起在《大公报》副刊开个随笔专栏。因为他知道金、梁都是才子型的文人，既然武侠小说写得如此诗情画意，相信随笔也不会逊色的。他找到金、梁，把自己的注意一说，两人一听是如此雅事，怎么会拒绝？陈凡本计划三人分别写，分别刊登，金、梁表示异议：既然想壮大声势，何如三人一齐出马？陈凡一听，连连说"妙！"至于随笔名目，陈凡提议，将"三剑客"之名改动一字，就叫"三剑楼随笔"！金、梁一直赞同。

三人约定，为展现"三剑客"交相辉映的光芒，每人每日写一篇。

1956 年 10 月，"三剑楼随笔"专栏在《大公报》副刊正式登场。

小说讲究的是故事，关乎技巧、结构等；社评关注的是时政，需要的是理性、冷静和严谨。相对而言，随笔的自由度就要大得多，恰如百剑堂主所说："说到随笔，它是中国文学传统中最方便的样式之一。它可长可短，可记事，可写人。严肃如燃犀烛奸，荒诞如谈狐说鬼，世界之大，砂粒之微，均可信笔写来。它内容不限而形式无拘，它如故友相对而可恣声谈笑。"金庸在自己的第一篇随笔《〈相思曲〉与小说》中也谈到这一点，他说："你或许是我写的《书剑恩仇录》或《碧血剑》的读者，你或许也看过正在皇后与平安戏院上映的影片《相思曲》（Serenade）。这部影片是讲一位美国歌唱家的故事，和我们的武侠小说没有任何共通的地方，但我们这个专栏却是天上地下无所不谈的，所以今天我谈的是一部电影。也许，百剑堂主明天谈的是广东鱼翅，而梁羽生谈的是变态心理。这一切相互之间似乎完全没有联系，作为一个随笔与散文的专栏，越是没有拘束的漫谈，或许越是轻松可喜。"金庸所写的随笔文章，的确体现了他这番话的宗旨，从这些随笔，我们也可以很欣喜地感受到金庸武侠小说之外的情趣和艺术修养，这是另一个金庸，生动活泼，妙趣横生，学贯中西，信笔由缰，纵横挥洒，于轻松活泼中蕴涵宇宙人生的道理，于趣味盎然中发掘平淡人生的真道。

随笔里的金庸，尽显其本真的一面，可以说是上天入地，无所不谈；这些随笔，内容涉及诗词联语、琴棋书画、音乐、舞蹈、电影、历史、哲学、宗教等各方面；金庸说古论今，评东点西，无不收放自如，他谈小说、谈民歌、谈摄影、谈京戏、谈圣诞节、谈圆周率……堪谓知识性与可读性兼而有之，还不乏意趣与深邃。这些随笔，再一次使我们领略了金庸的博学多才和涉猎广泛，同时还使我们看到了一个年轻的金庸、轻装的金庸。

影：金庸出于工作和兴趣，看了不少电影，也很有心得，他在"三剑楼随笔"中的第一篇随笔谈的就是根据美国作家詹姆斯·凯恩的同名小说改编的电影《相思曲》，他重点比较了小说和改编成电影后在人物塑造和情节安排上的不同。电影里表现的是一个俗套的故事：一个艺术家受到一个贵妇人的提拔而成了名，两人相爱了，后来那贵妇抛弃了他，使他大受打击，但另一件真诚的爱情挽救了他。然而小说的故事却完全不是这样，而是比电影有社会意义得多。在小说里，女主角黄亚娜是一个墨西哥的印第安人，是一个妓女，男主角丹蒙和她同居，把她偷偷带到美国。丹蒙在舞台上和电影界都成为大明星。电影制片人很憎恨黄亚娜，他怕观众们知道她的身世后会大大影响丹蒙的票房价值，于是去告诉移民局，要把她驱逐出境。黄亚娜与丹蒙是真心相爱的，她不愿这场真挚的爱情被金钱、名声、种族偏见毁掉，于是在一个酒会上用斗牛的剑把制片人刺死，然后和丹蒙一起逃到危地马拉。两人的结局很悲惨：丹蒙越来越潦倒，天天在下等妓院里厮混，黄亚娜终于离开了她，又去当妓女，后来被警察打死。这是一个很有力量的故事，控诉恶劣的社会是怎样摧毁一个歌唱的天才，怎样杀死一个善良的少女，怎样破坏一段纯洁的爱情。但在好莱坞拍的这部电影里，黄亚娜却成了一个有钱小姐，并且与丹蒙在庄严肃穆的教堂里举行了婚礼，这就把一个很有力的故事变成了一个女人祸水的公式。金庸认为这是一种暴行，是无知与愚蠢对艺术和美的摧毁。

有一段时间，中国香港放映根据美国小说家麦尔维尔的小说《白鲸》改编的电影《无比敌》，他们知道金庸在写影评，就给他写信表达自己的一个困惑：他们只看了电影而没看小说，觉得电影并没什么了不起，如果电影确是基本上根据小说改编的，那么小说也一定没什么了不起的，可为什么这部小说被列为世界十大小说之一呢？

金庸对这个问题很感兴趣，就写了一篇随笔《〈无比敌〉有什么好处？》。他认为，电影之所以没有小说好看，那是因为电影只用了小说的情节，而忽略了小说的精神。而要深入小说的精神，金庸认为就必须深入小说主人公亚海勃船长的灵魂深处，而要深入船长的灵魂深处，就必须渗入作者麦尔维尔的灵魂深处。金庸认为麦尔维尔因为一生不幸，所以对整个社会抱有强烈的反叛心理，他用霍桑描述麦尔维尔的话说："他不能够信仰，而他对自己的不能信仰又感觉不安；他为人是太忠实而勇敢了，以致既不能信仰，也不能安于自己的不信。"这几句话很好地概括了麦尔维尔对社会、对世界、对整个人生和宇宙都感到强烈的苦闷。而他最后又把自己的这种反叛性融入小说主人公亚海勃身上，把他写成一个心灵深处充满憎恨和反抗的、愤世嫉俗的主人公。他最后直接道：电影之所以没有小说好看，是因为演员没有演出船长的心灵，没有使观众感染到故事中的悲剧力量，那种巨大的心灵被残酷命运所压服的悲剧，而只使观众感到迷惘和混乱！

这不但是一篇优秀的影评，也堪称出色的西方小说评论。金庸的文学功力，于此可见一斑。

史：金庸对历史一直很感兴趣，他的武侠小说中对历史细节的熟稔程度，有时连历史学家都感佩服。在"三剑楼随笔"中，他有一篇随笔是谈郭子仪的，颇为有趣。他说郭子仪死后，历史上评其一生是："天下以其身为安危殆三十年。功盖天下而主不疑，位极人臣而众不疾，穷奢极欲而人不非之，年八十而终。其将佐致大官，为名臣者甚众。"这几句话为人们描绘出一个善于团结各种力量的巨人现象：皇帝不忌疑他的大功，同僚们不嫉妒他做大官，一般人也不反对他生活腐化奢侈；同时他还善于提拔良将名臣，他属下的很多人都成为国家的重要官员。在历史上，郭子仪是许多人的理想：出将入相，既富贵又长寿，"七子八婿，皆为朝廷显官。"据说他做寿那天，家人拜寿时把朝笏放在床上，竟把床堆满了，足见家中大官之多。

金庸从历史的角度称赞郭子仪在中华民族遭到外族围攻时，勇敢地带兵打败了敌人，收复了失地，使人民得到了相对的安居乐业。金庸说，郭子仪在军事上与李光弼齐名，但他团结一切力量来保卫国家的光辉成就，却是李光弼所远远不及的。郭子仪与李光弼同做中级军官时，据说两人感情不好，虽然同桌吃饭，但只互相对望一眼，不说一句话。后来安禄山造反，皇帝命令郭子仪做朔方节度使，李光弼成了他的部下，李光弼很怕郭子仪会借故杀了他，哪知郭子仪极力向皇帝举荐他，皇帝就任命李光弼做了河东节度使，郭子仪还分了一万精兵给他。这种博大的胸襟和政治风度，真是一个巨人！郭子仪待人宽厚，李光弼却是军令严整，这两人代表着军人的两种美德。在临阵战斗上，似乎李光弼更为能干，几场大仗打得漂亮，但部下对他"畏"而对郭"感"，一直盼望郭子仪来统率他们，就"如子弟之望见父兄""如天旱之望大雨"一般。

金庸还谈到郭子仪单骑退敌的故事，说明郭子仪很有远见。公元七六五年，回纥与吐蕃两大外族联军进攻泾阳，兵力远远超过唐兵。郭子仪下令严守不战，他知道回纥与吐蕃内部有矛盾，于是命卫队长去见回纥，回纥人不相信，说："听说郭公已经死了，你骗人，要是真的在这里，我们见见可以吗？"卫队长回来向郭子仪报告，郭子仪决定利用以前和回纥的交情，只身去说服回纥。部下主张选五百名铁骑兵作卫队，郭子仪拒绝了。他儿子郭晞大惊，拉住他的马说："他们是虎狼，大人是国家元帅，怎么可以把身体送入虎口！"郭子仪说："眼下要是战，咱父子都得死，国家不免遭难。我以至诚的话去说服他们，如幸而见从，那是四海之福！否则，只牺牲我一个人，可以保全全体！"郭晞还是拉住马缰不放，郭子仪扬起马鞭，在他手上猛击一鞭，喝道："走开！"大开城门而去，命人高呼："令公来啦！"回纥人大惊，大元帅弯弓搭箭，立在阵前。郭子仪脱下盔甲，抛下铁枪，缓缓纵马上前。回纥诸酋长相顾道："不错，是他！"皆下马参拜。郭子仪上前握住回纥元帅的手，责备他进军侵略。两人一番谈论之后，回纥元帅终于被他说服，并答应去打吐蕃兵。这时回纥兵两翼缓缓推进，郭子仪部下见状也急忙上前，两军对阵、郭子仪挥手令部下退开，取酒与回纥元帅共饮。回纥人请他先发誓，子仪叫道："大唐天子万岁！回纥可汗亦万岁！两国将相亦万岁！有负约者，身殒家灭，家族灭绝！"回纥元帅也照样发誓。两军大喜，齐呼万岁，吐蕃兵知道后连夜逃走，子仪与回纥合兵追逐，大胜而归。这时局势本来异常危险，皇帝已下令御驾亲征，京城戒严，但由于郭子仪这个外交上的重大胜利，大局才转危为安。

知道的是知道金庸这时在谈历史,不知道的还以为他在写小说。这就是金庸,以史写侠,以情写史。其他一些历史随笔如《顾梁汾赋"赎命词"》《代宗·沈后·升平公主》《马援见汉光武》《马援与而二徵王》等,都是这样的历史随笔。

联:论作联,金庸远远不如梁羽生,他的小说,回目全不考究,只是信手挥写,不讲究平仄,所以称不上对联,只是一个回目而已。梁羽生只觉得他在《书剑恩仇录》中有两句不错的对联,即"盈盈红烛三生约,霍霍青霜万里行",上联写徐天宏与周绮成婚,下句写李沅芷仗剑追余雨同。

金庸的联语主要是回忆以前见到的名联,这对我们了解金庸的历史倒有点帮助。他说他小时家中有一小轩,是祖父与客人弈棋处,轩里挂了一副对联:"人心无算处,国手有输时。"他当时太小,不懂得对联是什么意思,现在一想,这副对联实在是颇有哲理的。另外,金庸小时候还很爱听说书,在听说"三笑"时他听到许多妙对,至今未忘。如唱弹词的人说文徵明在追求爱人时,那位小姐出对道:"因荷(何)而得藕(偶)?"文徵明对道:"有杏(幸)不须梅(媒)!"于是好事得谐。又据说金圣叹被杀头时他儿子吟道:"莲(连)子心中苦。"金圣叹对曰:"梨(离)儿腹中酸!"两对一喜一悲,虽都未必真有其事,但对偶双关,确不容易。

金庸总结道:"对对子既要工整,又要快,不比其他文章可以慢慢琢磨。"他讲了一个笔记故事:陆文量在浙江做官,有一天与管教育事务的陈震一起喝酒,他见陈是个光头佬,就出对嘲讽他:"陈教授数茎头发,无计(髻)可施。"陈震立即对道:"陆大人满脸髭髯,何须如此?"以成语对成语,很有功力,陆大为赞赏,笑道:"两猿截树山中,这猴子也会对锯(句)。"陈震也笑道:"我也要不客气了,幸勿见怪。"于是对道:"匹马陷身泥内,此畜生怎得出(蹄)题?"两人抚掌大笑。

金庸也批评为对对而对对的形式主义。他举例说:从前有个叫李廷彦的人,曾献百韵诗给一位大官,其中有一对云:"舍弟江南殁,家兄塞北亡。"那位大官一看就很同情他,说:"想不到你家里竟连遭不幸。"李廷彦忙道:"实无此事,那是为了对仗工整才这样写的。"

歌:金庸的歌唱得好不好不得而知,但他喜欢听歌却是众所周知。他不但喜欢听歌剧，也喜欢听京戏；不但喜欢中国歌，也喜欢外国歌；不但喜欢严肃的歌，也喜欢下里巴人口口相传的民歌。金庸对民歌的兴趣始于童年，家里的姑母、女仆都有很多民歌教给他；后来在湘西，又有两年时间陶醉在湘西民歌的风情中；再后来在长城电影公司时，又巧妙地将民歌运用到电影中；而在他的武侠小说中，也有很多充满民俗风味的段子，引人入胜。民歌以爱情为主，但金庸更喜欢民歌中的讽刺性，在"三剑楼随笔"中，金庸就谈到了这一点。他首先谈到《史记·外戚世家》中记载的一首民歌："生男无喜，生女无怒，独不见卫子夫霸天下？"卫子夫是汉武帝的皇后，她一门亲戚个个声势显赫，人民瞧了很看不顺眼，就作了这首歌。后来唐代的白居易在《长恨歌》中有"遂令天下父母心，不重生男重生女"之说，说的是杨贵妃一家的威风，想来当时人民也有类似的说法。

金庸还谈到史书上记载的讥刺官僚无能的歌谣，代代都有，如"何以孝悌为？财多而光荣。何以礼仪为？史书而仕宦。何以谨慎为？勇猛而临官。"这是汉武帝时的民歌。

还有"举秀才，不知书。察孝廉，父别居。寒素清白，浊如泥；高第良将，怯如鸡。"这首歌说的是汉末选举的情形，当时被举为秀才的人，竟然连字都不认识；所谓孝廉的却不能好好孝顺父母，出身寒微号称清白的，其实十分污秽，而出身高门大族的良将，竟是胆怯至极。

还有"知县是扫帚，太守是畚头，布政是叉袋口，都将去京里抖！"这是讽刺大小官员都拼命搜刮，拿到京里去贿赂上司；又如"奉使来时，惊天动地；奉使去时，乌天黑地；官吏都欢天喜地，百姓却啼天哭地！"这是讽刺元代奉使为害民间……

这些讥刺政治的民歌一般都很沉痛，但其中也带有几分幽默，这也许是民歌的一个特点。

"棋坛闻人"

金庸棋艺"在香港知名人士中是第一"，他不但棋下得好，棋话写得好，当他将围棋写进小说时，尤其显得他棋艺超群，棋理精通。

金庸兴趣广泛，在他的生活中，除了武侠小说、社评等之外，占据他身心最多的应是围棋。他曾被司马长风戏称为"棋坛闻人"。金庸的围棋水平当然不如他的武侠小说和社评，但也有招有式，属于业余水平中的高手。的确，为了提高自己的段数，金庸下了不少功夫，而且拜过不少名师。金庸的家在太平山顶，是一座花园式的豪华别墅，平时轻易不接待客人，但前来授棋者例外，如著名的围棋国手陈祖德就在那里住了几个月，对在陈祖德来说，是修养，对金庸来说，则是便于请教。其他还有北京的聂卫平，台湾的沈君山，都曾成为他的座上宾。

关于金庸的棋艺，有这么一个故事足以说明。1993 年 3 月金庸到北京访问，丁关根在钓鱼台国宾馆宴请，特地请了聂卫平作陪。席间，丁关根问聂卫平有几个弟子，聂卫平回答说："最好的弟子是马晓春，但真正拜过师的只有查先生一位。""查先生怎么成了你的徒弟？"丁关根奇怪地问。"我崇拜查先生的小说，他的年纪又比我大得多，我们是两头大。"聂卫平老老实实地回答。丁关根又问，"那你看查先生的围棋在香港是不是第一？"聂卫平略一沉吟回答说："在香港知名人士中是第一"，大家都笑起来。

但金庸对围棋的兴趣却是人所共知的，在"三剑楼随笔"中，他一连写了好几篇谈围棋的文章，颇有专业水平。

在《围棋杂谈》一文中，回忆了自己在《大公报》时和聂绀弩、梁羽生一起下围棋的情景，同时也谈到了围棋之难下，以及棋迷着迷的原因，他说："围棋是比象棋复杂得多的智力游戏。象棋三十二子越下越少，围棋三百六十一格却是越下越多，到中盘时头绪纷繁，牵一发而动全身，四面八方，几百枚棋子每一枚都有关联，复杂至极，也真是有趣至极。在我所认识的人中，凡是学会围棋而下了一两年之后，几乎没有一个不是废寝忘食地喜爱。古人称它为'木野狐'，因为棋盘木制，它就像一只狐狸精那么缠人。我在《碧血剑》那部武侠小说中写木桑道人沉迷于棋，千方百计地找寻棋友，是生活中确实有这种人的。"

接着，他又介绍了日本和中国的围棋发展现状，谈到广东人不太喜欢围棋，而在江浙一带，围棋之风却很强盛，几乎每一家大的茶馆里都有人在下棋，中学、大学的学生宿舍里也经常有一堆堆的人围着看棋。但一个总的情况是：由于大家现在是越来越忙，而围棋耗时又太多，所以渐渐没有象棋流行了。象棋源于印度，而围棋却是中国人发明的，大约在一千七百多年前，经由朝鲜传到日本，现在日本的围棋水平。反而比中国兴盛，颇引人深思。

在《历史性的一局棋》中，金庸介绍了1933年2月5日在日本进行了一场在日本围棋史上占有重要地位的围棋比赛，交战双方一个是吴清源，一个是木谷实在。两人实际上是好朋友，并且共同研究创造了一种新的布局体系，简单地说，就是在布局上笼罩全盘而不是固守边隅。他们合著的《新布局法》在日本销量很大，不久，在日本围棋界就出现了称为"吴清源流"（即吴清源派）的一群人。

日本围棋界向来有义冢本因坊制度，所谓本因坊就是围棋界的至尊，以往都是一人死了或退休之后，由当时棋力最高的另一人继任，名高望重，尊荣无比。那时日本的本因坊是秀哉，新布局法轰动一时，本因坊当然要表态，这位老先生大不以为然，认为标新立异，并不足取。而既然两派有不同意见，最好的解决办法就是又两派首领决一胜负。

在这之前，秀哉为了声名，已经很久没有下棋了，这时为形势所迫，不得不出场奋战，在这日围棋史上是一件极其重要的事，而此时吴清源只有二十二岁。吴清源先行，一下子就使一下怪招，这是别人从来没用过的，后来被称为"鬼怪手"，秀哉大吃一惊，考虑再三，决定用乘法应付。下不多子，吴清源又来一记怪招，这次更怪了。数下怪招使秀哉伤透了脑筋，当即叫"停"，暂挂免战牌。棋谱发出去后，围棋界群相耸动，守旧者说吴清源对本因坊不敬，居然使用怪招，颇有戏弄之意。但一般人认为，这既是新旧两派的大决战，吴清源使出新派的怪招来，绝对无可非议。

这次棋赛规定双方各用十三小时，但秀哉有个特权，就是随时可以叫"停"，吴清源因为先行，所以没有这权利。秀哉每到无法应付时，立即"叫停"，"叫停"

之后不计时间，他可以回家慢慢思考几天，等想到妙计之后，再行出阵，所以这一局棋因为秀哉不停"叫停"，一直拖延了四个多月。棋赛的经过逐日在报上公布，棋迷们看得很清楚，吴清源始终占上风，一般棋手对于偶像的被打倒不免暗暗感到高兴，但又一想到日本的最高棋手竟然败在一个中国青年手里，似乎又很丧气。

在本因坊家里，情形尤其紧张。秀哉连日连夜着召集心腹与弟子们开会，商讨反攻之策，所以，这一局棋，实际上是吴清源一个人力战本因坊派数十名高手，下到第一百五十四子时，局势已经大定，吴清源占了上风，眼看秀哉已无能为力，他们会议开得更频繁了。第一百六十子是秀哉下，他忽然下了又凶悍又巧妙的一子，在吴清源的势力范围中侵进了一大块，最后结算，是秀哉胜了一子，大家松了一口气，虽然本因坊胜得很没有面子，但尊严总算保住了。

许多年后，曾有人问吴清源："当时你已胜券在握，为什么终于输了？"吴清源笑笑说："还是输的好。"这话说得很艺术，若吴清源得罪了本因坊，只怕以后就很难在日本立足了。

在《谈各国象棋》一文中，金庸则充分展现了自己对象棋的了解程度之深。他从象棋起源于印度谈起，接着又谈到中国传说中象棋的起源，以及象棋从印度传到中国的途径和发展；金庸还从象棋在中国、印度、日本、朝鲜等国的不同下法，谈到各国文化差异在象棋上的反映，真是娓娓道来，丝丝入扣，俨然象棋大师在讲史。这份修养，殊为少见。

聂卫平夸金庸的棋艺在香港的知名人士中为第一，实际上金庸很清楚，这是老师在褒扬自己，说他围棋香港第一，恐怕有很多人会反对，但若说他武侠小说中的围棋描写水平为世界第一，恐怕没有谁会表示异议。与梁羽生相比，金庸小说中描写围棋的场面并不是很多，但却成为武侠小说不可分割的一部分，成为金庸隐喻人生道理的一个重要媒介。

从围棋中，金庸领悟到很多小说创作的情节和结构，他曾这样说过："常有人问起我下围棋的种种来。就直接的影响和关系而言，下围棋推理的过程和创作武侠小说的组织、结构是很密切的。"

我们随便摘取几个围棋场面，看看金庸是怎样以棋喻理，表达围棋人生的。

先看《天龙八部》。这部书中的人物，像段誉、慕容复、王语嫣、苏星河、鸠摩智、段延庆、玄难等，都是铁杆棋迷、棋痴。他们都出现在第三十一章"输赢成败，又争由人算"里，都同观一局棋。这局棋是苏星河之师逍遥子穷三年心血布下的珍珑棋局，三十年来无人能破解。虚竹本来根本不懂棋，但最后竟然以填子自尽法破了此局，这是怎么回事呢？这一段写得很有禅机。在几位棋坛高手绞尽脑汁应对棋局时，虚竹坐在地下，心中转念：

> 我师傅常说，佛祖传下的修证法门是戒、定、慧三学。《楞严经》云："摄心为戒，因戒生定，因定发慧。"我等钝根之人，难以摄心为戒，因此达摩祖师传下了方便法门，教我们由学武而摄心，也可由弈棋而摄心。学武讲究胜败，下棋也讲究胜败，恰和禅定之理相反，因此不论学武下棋，均须无胜败心。念经、吃饭、行路之时，无胜败心极易，比武、下棋之时无胜败之心极难。倘若在比武、下棋之时能无胜败心，那便近道了。《法句经》有云："胜则生怨，负则自鄙。去胜负心，无诤自安。"

一个对围棋根本一窍不通的和尚，却能从佛学禅理印证围棋之道，最后破了许多大师级的棋手都没有破解的棋局，获得逍遥子的大法，成为一代掌门。

再看棋局旁皱眉苦思的各位围棋高人的反应：

范百龄——范百龄精研围棋数十年，实是此道高手，见这一局棋劫中有劫，既有共活，又有长生，或反扑，或收气，花五聚六，复杂无比。他当时精神一振，再看片时，忽觉头晕脑胀，只计算了右下角一块小小白棋的死活，已觉胸口气血翻涌。他定了定神，第二次再算，发觉原先以为这块白棋是死的，其实却有可活之道，但要杀旁边一块黑棋，牵涉却又极多，再算得几下，突然间眼前一团漆黑，喉头一甜，喷出一大口鲜血。

慕容复——对这局棋凝思已久，自信已想出了解法，可是……本来筹划好的全盘计谋尽数落空，须得从头想起，过了良久，才又下了一子。……两人一快一慢，下了二十余子……鸠摩智笑道："……慕容公子，你连我在边角上的纠缠也摆脱不了，还想逐鹿中原吗？"慕容复心头一震，一时之间百感交集，翻来覆去只是想着他那两句话……突然间大叫一声，拔剑便往颈上刎去。

金庸这里将写棋和写人交叉融合起来，以棋写人。慕容复一心想恢复大燕国，逐鹿中原，可在当前的情况下，凭他的能力，连扫除一个边角的可能都没有。虽然他在和鸠摩智下棋，心里念念不忘的还仍然是他的复国大业。所以，说者无心，听者有意，鸠摩智说的棋语在他听来就变成了讽语。思前想后，羞愧难当，不禁要拔剑自刎。金庸借棋以喻，实在是高明得很。

"恶贯满盈"段延庆，一个不折不可的棋痴——段延庆目不转睛地瞧着棋局，凝神思索，过了良久良久，左手铁杖伸到棋盒中一点，杖头便如有吸引力一般，吸住了一枚白子……想一会儿，一子一子，越想越久，下到二十余子时，日已偏西，玄难忽道："段施主，你起初十着走的是正着，第十一着起，走入了旁门，越走越偏，再也难以挽救了。"……玄难叹了口气道："这棋局似正非正，似邪非邪，用正道是解不开的，但若纯走偏锋，却也不行。"

棋如其人，以棋品识人品。段延庆在江湖中"恶贯满盈"，平生作恶多端，玄难在说棋，实际上也是在说他：若越走越偏，将"再也难以挽救了"。

关于这个棋局，金庸的结论是：

这个珍珑变幻多端，因人而施，爱财者因贪失误，易怒者由愤坏事。段誉之败在于爱心太重，不肯弃子；慕容复之失，由于执着权势，勇于弃子，却说什么也不肯失势。段延庆生平第一恨事，乃是残废之后，不得不抛开本门正宗武攻，改习旁门左道的邪术，一到全神贯注之时，外魔入侵，竟尔心神荡漾，难以自制。

……这个"玲珑"的秘奥，正是要白棋先挤死了自己一大块，以后的妙着方能源源而生。围棋固有"反扑"、"倒脱靴"之法，自己故意送死，让对方吃去数子，然后取得胜势，但送死者最多也不过八九子，决无一口气奉送数十子之理，这等挤死自己的着法，实乃围棋中千古未有之奇变，任你是如何超妙入神的高手，也决不会想到这一条路上去。

金庸不懂武功，却能写出足以以假乱真的武功，金庸虽不是围棋高手，但却写出蕴涵着精深的禅理和人生之道的"围棋人生"，堪称围棋、武侠小说的双绝。

《笑傲江湖》中的围棋描写极富美感。向问天和令狐冲为救任我行来到了杭州西湖边上的大别墅"梅庄"，与江南四友"琴棋书画"斗法。江南四友中的二哥外号黑白子，是个围棋名家。向问天用来对付他的武器不是什么刀剑，而是两副围棋古谱"呕血谱"和"烂柯谱"。

相传宋朝围棋国手刘仲甫天下无敌，有一天，他在骊山角下遇到一个乡下老妪，弈棋一百一十二着，刘全军覆没，呕血数升，世称此棋谱为"呕血谱"。

相传晋朝王质入衢州烂柯采樵，遇见两个神仙下棋，王质就趋前观看，直到终局，而此时他的斧柄已烂。王质把棋谱记下来，共二百九十着，世称"烂柯谱"。

黑白子迫不得已隐居于此，早就"棋"痒难耐，突见向问天手中所拿棋谱，自是欣喜若狂。他一听到向问天谈到"棋"字，马上

> 怪眼一翻，抓住他肩头，急问："你也会下棋？"
> 向问天道："在下生平最喜下棋，只可惜棋力不高，于是走遍大江南北、黄河上下，访寻棋谱。三十年来，古往今来的名局，胸中倒记得不少。"黑白子忙问："记得哪些名局？"向问天道："比如王质在烂柯山遇仙所见的棋局，刘仲甫在骊山遇仙对弈的棋局，王积薪遇狐仙婆媳的对局……"

一听说向问天会下棋，而且胸中还藏着这么多绝世棋谱，黑白子立刻急不可耐地和向问天下起棋来：

> 黑白子见向问天置了第六十六着后，隔了良久不放下一步棋子，耐不住问道："下一步怎样？"向问天微笑道："这是关键所在，以二庄主高见，该当如何？"黑白子苦思良久，沉吟道："这一子吗？断又不妥，连也不对，冲是冲不出，做活却又做活不成，这……这……这……"他手中掂着一枚白子，在石几上轻巧敲击，直过了一顿饭时分，这一子始终无法放入棋局……

向问天笑道："刘仲甫此着，自然精彩，但那也只是人间国手的妙棋，和骊山仙姥的仙着相比，却又大大不如了。"黑白子忙问："骊山仙姥的仙着，却又如何？"向问天道："二庄主不妨想想看。"

　　向问天是欲擒故纵，进退自如，而二庄主则是棋痴，遇到稀世棋局，就一心沉浸在棋局里，能进不会出，结果着了向问天的道，最终落得个极惨的下场。

　　金庸小说中对围棋的描写当然不是为了给读者一个棋谱，或教人学会下棋，其最终的目的还是为了描写人物，以棋写人、喻人、喻人生百态……因而，他笔下的围棋就具有了哲学、心理学、佛学的意味。像上面几段描写就是典型的例证，金庸巧妙地将围棋的千变万化与人物心理的复杂变化融为一体，不但为武侠小说增添了一种新的描写方法，而且也使围棋的意义得到文学的拓展，这不能不说是金庸对武侠小说和围棋的贡献。

独跳芭蕾舞

　　金庸堪称干一行，爱一行的典范，为写影评，他几乎天天看电影；为写舞评，他竟学起了跳舞，有一段时间还去学过芭蕾，在一次报馆的文艺演出中，他还穿上工人服，独跳芭蕾舞，尽管艺术上不合格，给人留下的印象却足够惊人。

　　金庸对电影的兴趣由来已久，在主持《新晚报》的"下午茶座"专栏时，他以姚馥兰和林欢的笔名，写了不少鲜活灵动、机智幽默的影评，当然金庸也借此看了不少中外电影，几乎天天看，其中他最喜欢看的是外国电影。

　　刚开始写影评纯粹是因为工作的需要，但写得多了，也就成了每天的必修课。为了完成从电影门外汉到电影专家或准专家的变换，金庸开始接受汤恩比博士所谓的挑战，那就是每天都如痴如醉地阅读电影和艺术的理论书，越看越投入，越看兴趣也就越大，终于在相当短的时间内使自己成为这方面的"半个专家"，虽然这时他还没有真正拍过电影，但理论方面的知识和对一些重要戏剧、电影的认识与了解，已超过了普通的电影和戏剧工作者。这段写影评的经历不但增加了他在电影方面的知识，使他结交了很多电影圈子的朋友，而且使他掌握了适合自己的独特的、也是他后来的主要的学习方法，那就是"即学即用"，即根据工作的需要，立刻去学习新的知识，使自己从不懂变为稍懂，从外行转为半内行。这使他终生受益匪浅，也是他的小说越来越成功的一个主要原因。

这段时间对影视剧理论的钻研也极大地影响了金庸后来的小说创作，使他的很多小说不自觉具有了某些影视剧技巧，几乎他的每一部小说都被改编成电影、电视，甚至话剧，而且每部都被改编过不止两次，这不但在武侠小说史上是绝无仅有的，即使在电影界，同一题材被用过不止两次的也实为少见，而这与他对影视剧的兴趣和研究不无关系。在《射雕英雄传·后记》中，他曾这样说过："写《射雕》时，我正在电影公司做编剧和导演，在这段时期中，所读的书主要是西洋的戏剧和戏剧理论，所以小说这中有些情节的处理，不知不觉间是戏剧体的，尤其是牛家村密室疗伤那一大段，完全是舞台剧的场面和人物调度。这个事实经刘绍铭兄提出，我自己才觉察到，写作之时却完全不是有意的。当时只想，这种方法小说里似乎没有人用过，却没有想到戏剧中不知已有多少人用过了。"

金庸这段话中所说的"密室疗伤"发生在《射雕英雄传》第二十四回，这时的小说场面好像是一个被隔成了两半的舞台，大半在明处，小半在暗处，舞台明处呈现的多种人物多条线索、多重矛盾，不但清清楚楚地呈现在读者面前，而且也呈现在舞台暗处的特定人物面前，甚至作者就是通过这特定人物的眼睛和耳朵，来描绘舞台明处所发生的一切。这样写，可以虚写一部分情节，使小说结构更为集中，故事容量也就大为增加。黄蓉和郭靖躲在密室内，属于暗处，他们透过密室的小孔所看到的外面发生的戏剧性的一切，属于明处：先是完颜洪烈、欧阳锋、杨康、彭连虎、侯通海等从南宋皇宫盗到石匣，以为《武穆遗书》已经到手，人人得意扬扬，可打开石匣一看，里面竟空空如也，不禁又目瞪口呆；接着，杨康明白了自己的身世，准备刺杀完颜洪烈，结果走到完颜洪烈身边，反而脱下自己的衣服盖在他身上；接着当夜重去盗宝的人狼狈逃回，侯通海竟被一个戴者脸谱的人割了耳朵，沙通天的衣服被人撕得粉碎，灵智上人双手给铁链反绑在身后，梁子翁满头白发给人拔得精光，显然在皇宫里发生过一场恶斗，而且对手武功高强；结合则是欧阳克企图侮辱程瑶迦、穆念慈，被杨康进来看见，就钻到桌下刺杀了欧阳克；再往后，杨康又和丐帮八袋弟子拉上关系……就这样，傻姑的小店成了一个热闹的戏剧舞台，各种人物纷纷在这个舞台上表演自己的悲喜剧。类似的例子还有第三十五回的"铁枪庙场面"，黄蓉通过与傻姑、欧阳锋、杨康的对话，揭开江南六怪在桃花岛被害之谜，还点出欧阳克之死与杨康的关系，这些都是很具戏剧性的，甚至有点推理电影的味道。

实际上，金庸不但对戏剧技巧比较熟悉，而且可以说是很有心得。在《袁崇焕评传》一条注释中，他对戏剧理论中的"反高潮"一词的运用不尽赞同，他认为"戏剧结构上高潮过后的余波（anti-climax），通常译作'反高潮'，似不甚贴切。"而在《韦小宝这小家伙》一文中，他更是一副专业水平的架势，他说："西洋戏剧的研究者分析，戏剧与小说的情节，基本上只有三十六种。也可以说，人生的戏剧很难得出这三十六种变型。然而过去已有千千万万种戏剧与小说写了出来，今后仍会有千千万万种新的戏剧上演，有千千万万种小说发表。人们并不会因情节的重复而感到厌倦。因为戏剧与小说中人物的个性并不相同。当然，作者表现的方式和手法也各有不同。"

只要我们细心体会，我们也不难看出金庸小说中的电影因素，如运用视觉形象鲜明突出的具象性语言刻画人物，烘托气氛；用电影画面式的叙事方法，来表现人物的心理；用蒙太奇方法，交替穿插多线索的故事情节……对电影技巧的灵活运用，不但强化了小说的画面感和具象性，大大地丰富了小说的表现手法，而且还极大地调动了读者的想象力，使小说获得了更为广阔的发展空间。

金庸不但看电影，在自己的小说中运用电影技巧，或对别人的电影"指手画脚"，而且还亲自"触电"，玩了一把电影，他在写影评的同时，还以林欢的笔名写过几个电影剧本，如《绝代佳人》《兰花花》《不要离开我》《三恋》《小鸽子姑娘》《王老虎娶亲》等，其中前者由长城电影公司拍成电影，1957年还获得了中国文化部颁布的1949—1955年的优秀影片荣誉奖；后者则是金庸执导的第一部、也是最后一部电影。

在这些影片中，金庸贡献了很多智慧。如在《小鸽子姑娘》中，他曾根据民间的"流水对"题材，写了一首"猜谜歌"，在一连串出题、猜谜、反出题的进程中，透露出主人公内心的爱情，形式很是新鲜活泼，使人耳目一新，后来还有歌舞团排演过这首歌；在电影《鸾凤和鸣》中，也有一个"猜谜歌"，是女主人公在洗澡时唱的，该片导演让金庸写这首歌，并且告诉他：因为是在洗澡时唱，所以决不能有丝毫的香艳色彩。金庸一时倒想不出该怎么写，正在苦心冥想时，他忽然想到小时候姑母给他猜的一个谜："什么东西越洗越脏？"答案是："水"，金庸灵机一动，于是再加了两段，越揩越湿的毛巾和越洗越小的肥皂，再加上一点点牺牲自己使别人更美好的意义，就成了。他承认这首歌作得并不好，意思倒似乎还不错，因为越洗越脏这个巧妙的意念，不知是多少年前哪一个地方哪一个聪明人想出来的。

　　令人难以想象的是，金庸这时除了喜欢电影，一度竟然还喜欢上了芭蕾舞，电影《罗密欧与朱丽叶》中乌兰诺娃饰演的朱丽叶与罗密欧在新婚翌晨的分别那一场舞，《天鹅舞曲》中普莱列兹谢卡雅的一场双人舞，《魔鬼艳舞》中罗拔·海普曼在把烛泪变成宝石时的那场舞，《人海情潮》中摩娜丝拉临死之前的那场舞蹈，以及中国民间艺术团演出的《采茶扑蝶》《欢乐的歌舞》……都给金庸留下了终身难忘的美好经历，每当看到十分精彩的舞蹈时，金庸会兴奋得手心和手背上都出了很多汗，会听见自己的心跳，总之，会很高兴但又很难过，会紧张得坐立不安。

　　连金庸自己都没想到，自己谈舞的文章竟然很受欢迎，有很多读者甚至把他当成了舞蹈专业人士，经常给他写信问一些问题，其中问得最多的是在香港哪一所舞蹈学校最好？金庸对这样的问题一般不正面回答，而是只给出一些舞蹈学校的地址，因为他不知道问问题的人到底出于什么目的，所以他也就无法介绍哪一所。他说："如果是要让他们女儿姿势美妙一些，学一些舞蹈的基本常识，或者先学一些芭蕾舞的基础，再送到伦敦或北京去继续深造，那么我想任何一所学校都能达成他们个愿望；如果要训练成为一位杰出的舞蹈家，那么这里缺乏环境。"为此，他还特意翻译了乌兰诺娃写的几篇文章，刊登在自己的专栏上，目的是想告诉想学舞蹈的人：一个舞蹈家的培养，绝非仅仅只是学习技术，何况，就算只学习技术，香港所有的学校规模都太小，教到相当时期，就受了限制。

　　金庸好像历来不喜欢纸上谈兵，写影评时写剧本，谈舞蹈时也就潇洒舞一回。据《新晚报》的负责人罗孚回忆说："他（指金庸）有一段时间去学过芭蕾，在一次报馆的文艺演出中，他还穿上工人服，独跳芭蕾舞，尽管在艺术上那是不合格的，却是使人能够留下印象的。"

第三章

恨不相逢未嫁时

才子自古多情

"问世间情为何物，直教人生死相许"，金庸不但是写武写侠的圣手，也是不折不扣的写爱情的高手，他的小说中那一个个令人缠绵悱恻的迷人的纯情故事，直教人神魂颠倒，飘飘然直想羽化成仙。

"问世间情为何物，直教人生死相许"，读过金庸小说的人，恐怕很难不为这句刻骨铭心的爱情承诺而吸引。的确，金庸不但是写武侠的圣手，而且也是不折不扣的爱情高手，他小说中那一个个令人缠绵悱恻的迷人的纯情故事，直教人神魂颠倒，飘飘然直想羽化成仙。

情是何物？这是金庸留给读者的一个谜。这种情，既有黄蓉与郭靖那种相扶相携的纯正爱情，也有杨过与小龙女天残地缺的爱情，也有李莫愁那种恶魔般的至情绝情……古往今来，宇宙苍茫，人来人往，多少男女，世世代代表演着悲欢离合的恋情，但不论是引车卖浆者之流，还是名门子弟、英雄豪杰，能够参透男女爱情真谛的，又有几何？于是为情而恨、为情而痴、为情而不知情为何物，只把个红尘世界搅闹成情天恨海，让人欲说还休。

金庸1994年在北大演讲时说自己最心仪的爱情是：青梅竹马与一见钟情，然后白头偕老。也许因此，他小说中的爱情描写不注重反复跌宕，而只求含蓄精美，至情至性，英雄豪杰如此，恶人魔头亦如此，这和一般小说的爱情描写一定要弄个九曲十八弯才有个结局显然不同，总体来看，金庸的爱情描写较为直露了，但之所以这样直露，是因为金庸对爱情始终抱一种罗曼蒂克的理想态度，他始终相信人间自有真情在，这样，他笔下的爱情就是我们在现实生活中已不多见的纯情崇高，而正是这种理想主义的爱情，才使我们别有一番滋味在心头，使我们的感情净化。

理想的爱情应是健康圆满的，其代表当是郭靖与黄蓉，这是金庸小说中充溢着热情与温柔、甜蜜与欢畅、青春与激情的完美爱情，是天下有情人皆向往的爱情典范。他们的爱情，就像每个人梦中的初恋，让少年人向往，让中年人伤痛，让老年人回忆。看过他们的爱情故事，任谁都会承认这是天造地设的一对。黄蓉因父亲狠责了几句，离家出走扮作假小子，遇到郭靖，自然而然地从友情升华成爱情。据小说中说：初时她……原是将心中对父亲的怨气出在郭靖身上。哪知他浑不在意，言谈投机，一见如故，竟然便解衣赠马，关切备至。她正凄苦寂寞，蒙他如此坦诚相待，自然心中感激，两人结为知交。郭靖初见黄蓉时，并不知道她不是一个"小子"。郭靖生性仁厚，再加上从来没有过比他弱小的朋友，所以，发自内心地愿意保护她。而黄蓉对于郭靖，则是她一生中第一次与父亲以外的男性接触，而且她立即发现，郭靖与父亲大大不同。父亲虽然很亲切，可以依靠，可以撒娇，终究还少了点什么。但对于郭靖，却可以倾诉心声，可以作朋友作兄长，可以吵架斗嘴，也可以娇嗔依偎，她的少女情怀就这样渐渐苏醒。他们两人一见倾心。黄蓉的"高谈阔论"，令郭靖这个"傻小子"大为折服，脸上尽是敬佩之情。这使黄蓉第一次感到自己的价值，感到有人欣赏自己，越说越欢喜。而从不大会说话的郭靖，也竟然流畅地说起他自己的往事。这在他一生中恐怕就只有这一次，说得"滔滔不绝"。这就叫"一见钟情"。紧接着，郭靖赠金赠衣，黄蓉更是芳心大动。直至郭靖连自己所骑的宝马都送给了黄蓉，黄蓉就："心中感激，难以自已，忽然伏在桌上，呜呜咽咽地哭了起来。"等到黄蓉恢复女儿形象，两人湖中相会，黄蓉轻轻靠在郭靖胸前，郭靖只觉一股甜香围住了他的身体，围住了湖水，围住了整个天地，也不知是梅花的清香，还是黄蓉身上发出来的。两人握着手不再说话。黄蓉低声道；"你再体惜我，我可要受不了啦。要是你遇上了危难，难道我独个儿能活着么吗？"郭靖一闻此言，心中一震，不觉感激、爱情、狂喜、自怜，诸般激情同时涌向心头。自此以后，郭靖黄蓉之间的感情，虽然好事多磨，不知经过了多少波折，但郭靖始终守着他的诺言："我不能没有她，蓉儿也不能没有我。"二人的命运性格都由于爱情而有所改变。坚贞不移，善始善终，这对于现代社会中的男女，简直是天方夜谭。

郭靖、黄蓉的爱情显然是一种理想，是"感情的正格"。郭靖代表了淳朴坚实的先天理性，黄蓉则代表了活泼轻柔的生命之流，而如此一个灵慧的生命却和刚毅的郭靖相处，是怎样一种形态呢？我们可以看到，但凡在小事上，郭靖总是笨拙窘困。在生生灭灭、迁流不息的情形下随机应变，以显露生命姿彩，这本是黄蓉的能耐和本色。但一旦临到大关头，便由郭靖做主，黄蓉从不敢以一言相劝。要知忠义诚信、道德理想这些属于价值层面的判断，原非无善无恶的生命所知，清畅自然的生命，在此时是要谦退守分的。在一般中国人眼里，这样的结合自然是完美的姻缘，符合人世间的道德律与审美观。

《雪山飞狐》中胡斐和苗若兰之恋，也是令人心动的一见钟情。苗若兰在未见到胡斐前，仅是从父亲嘴里知道世上曾经有过这个人，就已经很想照顾他一辈子了，这是何等的痴情。也因了这一浪漫无邪之爱，引出了一段家族冤仇，末了，这种痴情与深情又起了化解冤仇的作用。"以身相许"是中国女子报答恩人或所喜爱的男子的一种最隆重而浪漫的方式，所以当终于有一天，他们认识了并在一起互诉衷情时，苗若兰就毫不犹豫地道出心中隐藏了许久的痴念，胡斐听后哈哈一笑，忽然柔声道，"你什么时候把心交给了我？我想一定没我早，我第一眼瞧见你，我……我就管不住自己了。"苗若兰轻声道："十年之前，那时候我还只有七岁，我听爹说你爹妈之事，心中就尽想着你，我对自己说，若是那可怜的孩子活在世上，我要照顾他一生一世，要教他快快活活，忘了小时候别人怎样欺侮他，亏待他。"一出以复仇为主题的故事，写冤情与血仇的书，往往会显得腥天血地，因了这种至情之恋，而于昏暗惨烈中又透出柔美纯洁的人性色彩。

真爱不分门第、身份、地位而只是真诚喜欢对方，敬重对方人品才华。《神雕侠侣》中杨过与小龙女的爱情，就比郭靖和黄蓉的爱情复杂得多，阻力也大得多。在当时的礼教社会中，师徒相爱是被视为大逆不道的，即使玲珑剔透，并不墨守成规的黄蓉，也都反对他们的爱情。但最大的障碍还在小龙女那里，一是她认为自己年纪比杨过大，二是她在无意中被尹志平夺去了贞操，自感配不上杨过，于是主动退让，但杨过一直痴心不改，到处寻找小龙女，两人的爱情于是一波三折，直到最后，她为了救杨过跳下绝情谷自杀。杨过赶到绝情谷，只看见小龙女在山壁上手书的十六个大字："十六年后，在此重会；夫妻情深，勿失信约。"当他苦等了十六年后，小龙女却始终没来，他如一具石像般在山顶上待了一夜，直到红日东升。这时四下里小鸟啼鸣，花香浮动，春意正浓；他心中却如一片寒冰，似有一个声音在他耳边不停喊道："傻子！她早死了，在十六年之前早就死了。她自知中毒难愈，你决计不肯独活，因此自尽，却骗你等她十六年。傻子，她待你如此情意深重，你怎么到今日还不明白她的心意？"他如行尸走肉般地跑下山，一日一夜不饮不食，但觉唇燥舌焦，于是走到小溪边，拥水而饮。一低头，猛见水中倒影，两鬓竟然白了一片，而此时他才三十六岁！十六年的苦等，十六年的期盼，十六年的孤寂，现在却换来一个善意的骗局，他崩溃了，变得脆弱不堪，万念俱灰，苏东坡的一首悼亡猛然涌上他的心头：

　　十年生死两茫茫，不思量，自难忘。千里孤坟，无处话凄凉。纵使相逢应不识，尘满面，鬓如霜。夜来幽梦忽还乡，小轩窗，正梳妆，相向无言，谁有泪千行。料得年年肠断处，明月夜，短松冈。

　　金庸本来以此结束小说，但读者不答应，他自己也无法忍受杨过的如此深情没有回报，所以破例为他们安排了一个喜剧结局：两人终成一对神仙眷侣，携手飘然而去。

　　真爱是不自私，是全心全意为对方好。《笑傲江湖》中的令狐冲爱岳灵珊是真心真意，不存半点私心，他和任盈盈的爱，也是在互相尊重对方的基础上发展起来的，都为了对方不惜牺牲自己。同部小说中的"桐柏双奇"周孤桐和吴柏英夫妇，当两人之中必须有一人被杀死时，两人都争先恐后争着去死，任盈盈受了感动，就一个都不杀，并对他们说："很好，你二人夫妻情重，我好生相敬，两个都不杀。"

　　《飞狐外传》中的程灵素，自从在洞庭湖的花圃中与胡斐认识后，一缕情思就紧紧地系在了他身上。她虽长相丑陋，但心思缜密，凡事都计划准确，料事如神，尤以下毒的本领最强。她曾无数次救过胡斐的性命，却无法得到他的爱情，因为胡斐的心早已被袁紫衣占据了。胡斐甚至都没有觉察到她的爱情，而只是可怜她孤身漂泊，提出与她结拜为兄弟，但她依然忍住了心中的酸楚，陪伴在胡斐身边，一次次帮助他化险为夷，一次次陪着他出生入死，她也从来没想过去伤害袁紫衣，最后，她为了救胡斐的命，亲自用嘴去吸胡斐手背上的毒，最后中毒而死。她把胡斐的性命看得比自己的命还重，而胡斐则是在她死后才想到她是爱自己的，后悔生前没对她好一点。这种结局，不能不让人为她的一番痴情而感泣。

真爱是痴。金庸笔下有很多因爱情而"生死相许"的情痴，以《书剑恩仇录》中的于万亭和《鹿鼎记》中的"百胜刀王"胡逸之为代表。于万亭与陈家洛之母徐潮生原是一对青梅竹马的情侣，而且已私定终身，后来于万亭因家贫不得不外出谋生并习少林武艺，后又因思念徐潮生而返回故乡，但这时徐潮生已被父母许配给当地豪门望族陈门。三年后徐潮生生了一个儿子，于万亭去探望她，徐潮生惊慌地告诉他自己所生的儿子已被四皇子胤禛，即后来是雍正皇帝换去，而将一个女孩子送了回来。后来雍正多次想刺杀徐氏夫妇，都被于万亭暗中所救。最后他干脆化装为仆人，在陈府操作贱役，劈柴挑水，长达五年。直到确知情人无患，方才离去。其后，他又在徐氏的恳求后把陈家洛带到大漠中拜袁士霄为师，还夜闯皇宫对乾隆揭示其真实身世并晓之以理。他所做的这一切，都是为徐潮生，为了徐氏，他终身未娶，徐氏死后不久他也就郁郁而终。

胡逸之刀法卓绝，又长得风流俊俏，当年曾是武林中的一大美男，所以有外号"美刀王"。但他自在成都无意中见到陈圆圆后，他就神魂颠倒，无力自拔，甚至因此退出江湖，隐居于昆明城郊。当时陈圆圆住在平西王府中，为了见到陈圆圆，他在王府里做园丁，"为她种花拔草。她去了三圣庵，我便跟着去做伙夫。我别无他求，只盼早上晚间偷偷见到她一眼，便已心满意足了。"就这样，他在陈圆圆身边一待就是二十三年，因怕泄露身份，他平时绝少跟陈圆圆说话："这二十三之中，跟她也只说过三十九句话。她倒向我说过五十五句。"为了陈圆圆，这个昔日的百胜刀王甘愿放弃了他在武林中已经建立的名声地位，竟屈尊操持杂役。当然，也许有人认为这不是真正的爱情，而只是沉湎于美色，但他在这个过程中所表现出的痴情却绝非每个沉湎美色的人能做到的，他能做到这一点，实在是因为他对爱情的赤诚，就如他对韦小宝所说的："你喜欢一个女子，那是要让她心里高兴，为的是她，不是为你自己。"

单恋最苦。在《书剑恩仇录》中，余鱼同暗恋骆冰，朝思暮想，越陷越深。后来，他乘骆冰沉睡时，欲亲吻她，不意她惊醒，加以怒斥，余鱼同仍是抱着她不放，低声道："我也想得你好苦啊！"骆冰悲愤交集，反手重重在他脸上打了一掌。当下余鱼同道："求求你杀了我吧，我死在你手里，死也甘心。"骆冰听他言语仍是不清不楚，怒火更炽……余鱼同道："……有哪一天哪一个时辰不想你几遍？"说着捋起衣袖，露出左臂，踏上两步，说道："我恨我自己，骂我心如禽兽，每次恨极了时，就用匕首在这里刺一刀，你瞧！"朦胧星光之下，骆冰果见他臂上斑斑驳驳，满是疤痕，不由得心软。痴恋至此，既美丽，又凄楚。将自己的一腔挚爱置于一个注定不会给自己回报的人身上，内心的悲苦，可想而知。余鱼同最后对骆冰的丈夫舍命相救，一张俊脸变成大花脸，却毫不后悔，这样的爱实在让人同情。

余鱼同这样的结局在金庸小说中的众多单恋中这还算是好的，大多数的单恋者最终都落得个凄迷、悲惨的结局：尹志平对小龙女，何红药对金蛇郎君，李莫愁对陆展元，武三通对何沅君。郭襄、程英、陆无双对杨过，狄云对戚芳，游坦之对阿紫，阿紫对乔峰，殷离、小昭对张无忌，仪琳对令狐冲，令狐冲对岳灵珊，岳灵珊对林平之，霍青桐对陈家洛，华筝对郭靖，欧阳克对黄蓉，穆念慈对杨康，刘瑛姑对周伯通，……痴恋成劫，最让人惊心动魄的是阿紫对乔峰的暗恋。阿紫爱上姐夫乔峰，而且爱得极之深切，乔峰自杀之际，阿紫狂性大发，抱着他的尸体，把已医好的眼睛再挖出来对游坦之扔去，悲切地说："还你，还你，从今以后，我再也不欠你什么！免得我姐夫老是逼我，要我跟你在一起。"她抱着乔峰的尸身，柔声说道："姐夫，咱们再也不欠人什么了，以前我用毒针射你，便是要你永远和我在一起，今日，总算完了我的心愿。"

如此之爱，称得上的惊心动魄，甚至让人后怕，若乔峰真的也爱她，恐怕她的性情不会这么残暴吧。

金庸还写过不少三角恋，如《书剑恩仇录》中的陈正德、关明梅夫妇与天池怪侠袁士霄；《侠客行》中白自在、史小翠夫妇与丁不四；《天龙八部》中谭公、谭婆（小娟）夫妇与赵钱孙，以及田归农、苗人凤与南兰之间的爱恨交织，也都写得饶有趣味。

情场失意

在幽幽的烛光下和柔和的乐曲声中，金庸和夏梦呢喃私语，频频举杯。趁着几分酒意，趁着令人陶醉销魂的浪漫情调，金庸终于向夏梦吐露了爱慕之情。夏梦听了非常感动，但又说"恨不相逢未嫁时"，她最后深情地说："虽然今生今世难偿情缘，但愿来世还有机会重续前缘。"听得金庸几欲落泪。

当然，谈金庸小说中的爱情非本书范围，也非作者长项，我只是想借此提出一个疑问：能将爱情写得如此回肠荡气、余味无穷的作家，本身是否一定也要有波澜壮阔的爱情体验？我这样说似乎有点愚蠢，因为将作家本人生活与其作品对应起来的做法早已被人口诛笔伐，无藏身之地，但我却执拗于自己的想法：虽然我们不能说金庸所写的一定就是他亲身经历过的，但作为一个正常人，他一定有自己丰富多彩的感情生活，有过爱情的痛苦和甜蜜，有过火热的情感冲动，也有过爱而不得的绝望和遗憾，这才是血肉丰满的金庸，一个有苦有乐的金庸，一个像我们一样有七情六欲的金庸，这样的金庸才真正是我们的金庸，是属于所有读者的金庸。可惜的是金庸从来不愿披露自己的感情生活，不过这倒给我们留下无限的想象空间，可以大胆假设，不去求证，尽管这样可能与事实有冲突，但却是丰富了我们心目中的金庸，使"一千个读者就有一千个金庸"，金庸魅力无穷，这也许是其中一个原因。

当金庸在文坛上如日中天时，他却发出这样的感叹："即使'落花有情，也毕竟东流去'"，似乎有一肚子的哀怨和失意，这可不是此时风华正茂的金大侠应有的心情啊！俗话说："情场失意，官场得意"，我们也可以试探性地将金庸此时的心情换几个字来表达："文场得意，情场失意。"他在文场上的成功，竟然只给他带来情场上的悲苦失意，美梦难圆，这也真叫此事古难全！

于是他要改变，碰碰爱情上的运气；于是他退出报社，转入长城电影制片公司，一时使人议论纷纷，觉得金庸实在难以捉摸：放着现成的大编辑不干，冒着放弃刚刚成功的武侠小说事业的危险，竟然去屈尊做个小小的编剧，而且是个前途未卜、自己基本上是一窍不通的职业。

"醉翁之意不在酒"，金庸当然不会做无谓的牺牲，他不是因为长城电影公司而加盟长城电影公司，而是因为有一个叫夏梦的女演员在长城电影公司他才加盟长城电影公司，在他本末决不能倒置。据他一位知情的朋友讲，金庸在这之前爱夏梦爱得如醉如痴，废寝忘食，但苦于在现实生活中一睹再睹芳容，不得已才"舍身饲虎"，加盟长城电影公司，只求有机会与心上人天天在一起，这也就如《书剑恩仇录》中于万亭对徐潮生，《鹿鼎记》中的胡逸之对陈圆圆，发乎至情，却又难免止于礼的无法选择的选择。据说他还对这位朋友开玩笑地说："当年唐伯虎爱上一个豪门的丫鬟秋香，为了接近她，不惜卖身为奴入豪门，我金庸与之相差得远呢！"

事实上，金庸因为写影评看电影，看电影时认识夏梦是真，而因为写影评，对电影界的各色人物不能不有所了解，他结识并爱上夏梦，当是在这期间，甚至更早，此后就对夏梦念念不忘了。后来在写"三剑楼随笔"时，他有一篇文章叫《快乐与尊严——法国影人谈中国人》，说有一次他和法国电影制片人一起吃饭，同坐的有香港演员石慧，文章最后说："这是一次愉快的谈话，大家交换了意见，还谈到将来合作的计划。有人向石慧开玩笑说：'怎么他老是说夏梦，不说石慧呢？'大家都笑了，因为在法文中表示'动人、可爱'等意思的 Charmant，声音就像是在叫'夏梦'，几位法国先生在谈话中大赞中国与中国人，所以不断听到'夏梦、夏梦'之声。"这恐怕是心有所思，文有所写，如此不断地提到夏梦，金庸的心意，也就不难猜测了。

据说金庸之所以工作那么卖力，在短短的三年时间就写出了那么多的剧本，后来还学习导演，导演了《有女怀春》《王老虎抢亲》，一是想博得夏梦的欢心，另是想写出好剧本让夏梦喜欢、出演，后来果然如愿以偿，夏梦对他称赞有加，而且也参加了一些剧本的演出，金庸一番苦心总算得到了一点回应。

但这都是传言，下面的依然是传言，但我们不妨姑妄听之：

金庸爱上了一个美丽的女明星，她是谁？

为了要写这一件事，我曾问过许多金庸的老朋友，倪匡、许国是其中的两个。后来我见到了李翰祥，他那时也在"长城"，跟金庸可算是半个同事，他半开玩笑地对我说："哎哟！你的妈，怎么要挖金庸的疤！"

我问："李大导，你只会耍我，却不摸摸自己的屁股，你的大作《三十年细说从头》，有哪一个你大导的老友不给你挖疤了。"

李翰祥乐了，仰天打哈哈："金庸追女明星有啥稀奇，我不是也追过的吗？穷就不能泡妞吗？"

"那么金庸泡到了吗？"我问。

"当然泡到，短瘾好过无瘾呀！"李翰祥的诙谐称誉影坛，果非浪得虚名。

"这岂不是李导演泡妞功夫比不上金庸吗？"我故意激他。

"那当然！"想不到李翰祥承认了。

……

再问许国。许国比较老狐狸，答："好似系。"

于是敬上老酒一大杯，酒后吐真言："好似追过陈思思，唔！又好似追过夏梦。"

……

再问倪匡。倪匡比较老实："好像追过夏梦。"

……

每一个人年轻时，都有他年老以后认为的荒唐事，以夏梦的那种绝色，相信是男人，都会兴起追求的冲动。金庸那时不外三十左右，他当然有权去追求。金庸进入"长城"，易名林欢，写了好几个剧本，接着还跟胡小峰联策了《王老虎抢亲》，成绩不俗。

夏梦是"长城"的当家花旦，李翰祥说过："夏梦是中国电影有史以来最漂亮的女明星，气质不凡，令人沉醉。"

金庸很喜欢夏梦，向他追求。没有人知道他是否成功，但李翰祥却说金庸并没有失败。后来夏梦结婚了，金庸也离开了"长城"，自己闯天下。

金庸对这件往事，一直都没有提，但是在他的小说里，不难看到夏梦的影子，像《射雕英雄传》里的黄蓉，《天龙八部》中的王语嫣，《神雕侠侣》里的小龙女，无论一颦一笑，都跟夏梦相似。读者如果留意，一定会发觉我并没有打诳。

上面这段话出自沈西城的一篇文章《金庸与倪匡》。沈先生与倪匡是好朋友，而倪匡与金庸关系又非同一般，他的话应该有一定的可信度，但金庸本人没有亲口承认，我们也只能视为传言。

在长城电影公司时，金庸与一个笔名叫哈公生的著名专栏作家相交不浅，哈公生曾含含糊糊地说："查先生是一个专于感情的人，我跟他共事于长城电影公司时，查先生喜爱上一个美丽的女明星，那女明星是一流的大美人，而我们的查先生，那时不过是一个小编剧、小说家，当然得不到那位女明星的青睐。"

这倒让人不忍卒读，不忍细想，可总觉得这段话可能真是实情。金庸这时虽然已经写出《射雕英雄传》这样轰动的小说，虽然他写的剧本在电影公司里也并不差，但他的现实身份仍不过是个小编剧而已，以一个小编剧的身份，要想得到一位大红大紫的女明星的芳心，对任何一个男人来说都只能是一个毫无希望的希望。

这时的金庸就像他小说中那些单恋者一样，让人同情，让人感动，想想现在这样风光的金庸当时竟是那样可怜，真让人不忍。这时的金庸已经三十八岁，而夏梦才二十四岁，现在能时时与夏梦在一起工作，对他来说既是幸福，更是痛苦，因为接触得越多，触动他情绪的机会也就越多，那让他伤心的次数自然也就越多，因为他越来越知道，自己对于夏梦的这一番痴情，最后只能付诸东流，且不说其他，只从夏梦当时的身份和境况，就可以毫不费力地得出这个结论，金庸也是早就明白这个道理，只不过就像围城外的人明知城里没什么好处但也千方百计想进去一样，金庸只不过是不想承认，或者说不想承认到这么早罢了。

夏梦号称"长城大公主"，是香港众众所周知、大名鼎鼎的"美人"，又称香港演艺圈里的"西施"。她容貌清丽，身材苗条，身高一米七，体态线条优美，艳光熠熠照人；她的眼睛甜甜的、柔柔的，好像会说话一般；她鼻子小巧而调皮；双唇如晨露般清香、润泽，似乎总在向人诱惑地笑，向人诉说着那永远是温馨的内心秘密故事，让你欲听又止，欲止又听。夏梦17岁进入长城电影公司，由于文化素质好，人又聪明灵慧，扮相又极其俏丽，所以不但在银幕上光彩照人，在生活中也是通体发光般晶莹。金庸完全被迷住了，他曾说："生活中的夏梦真美，其艳光照得我为之目眩；银幕上的夏梦更美，明星的风采观之就使我加快心跳，魂儿为之勾去。"但他越如此神魂颠倒，获得的苦恼也就越大。他不久就知道，自己虽满腔痴情，苦苦相恋，但夏梦对自己来说始终都将是可望而不可即的，这不但是因为夏梦名气太大，更根本的原因是夏梦此时已名花有主：她二十一岁时就已与一个叫林葆诚的人结婚了。这位令金庸嫉妒的林先生是上海圣约翰大学的学生，毕业后虽是从商，但对艺术却有浓厚的兴趣，他是电影迷，特别喜欢看夏梦主演的电影。一次，他去看夏梦拍《姊妹曲》，拍着拍着，导演拍头叫苦，原来缺一个扮演教师的演员，于是林葆诚就毛遂自荐客串出演，并因此与夏梦相识，进而相恋，最后在1954年结婚。但尽管如此，追求她的男人还是趋之若鹜，遗憾的是，夏梦与一些当红女明星不同，她对爱情极其忠诚，面对来自四面八方的追求者，她一概以冷若冰霜的冷美人之态拒人于千里之外。

　　爱上一位少妇，金庸难免瞻前顾后；见到夏梦的冷若冰霜，他也知道应该退避三舍，但爱情就是爱情，他已是进退两难，难斩情思。他的自尊和人品，以及他对夏梦的敬重，又使他不可能像一些追求者那样对夏梦胡搅蛮缠，死气白赖，而只能是点到为止，欲说还休，有时大胆地眉目传情，或含蓄地暗示几句，也是心惊肉跳。夏梦何等机敏，而且见多识广，对金庸的那一腔柔情心曲，自然是明白，但他并没像对待其他一些求爱者那样不给好脸色。她欣赏金庸的人品才学，对他的武侠小说也是非常喜欢读，所以他既不能接受金庸的爱，又不愿断然拒绝他、伤害他，所以她就采取一种介于"比爱情少，比友谊多"的微妙态度，对金庸的眉目传情，她偶尔也回报以眉目，见金庸一副失魂落魄的样子，她也会温存地安慰几句，或嫣然一笑以示鼓励，这对金庸来说，已经是莫大的安慰了。

　　但夏梦这样对待金庸，在很大程度上可能是出于职业上的考虑。现在两人是合作者，在工作方面要经常接触，不能因为感情上的问题而使电影演出受到影响。她现在演的一些剧本都是金庸编剧，对于剧情的把握和人物的把握，需要她经常去请教金庸；而她主演的越剧片《王老虎娶亲》则是金庸执导的，尤其是她是女扮男装反串剧中的明朝四才子之一的周文宾，更需要金庸的具体指导。所以，她和金庸之间是绝对不应该发生什么不愉快的事的。夏梦对金庸，可以说是很用心的。

　　金庸最难忘的是和夏梦在咖啡馆的一次约会，这也是他们俩的唯一一次约会。据说是金庸主动约会，他以为一定会碰个大钉子，没想到夏梦就出人意料地答应了。佳宵易度，好梦难圆，在一种近乎伤感的幽幽气氛中，在幽幽的烛光下和柔和的乐曲声中，金庸和夏梦呢喃私语，频频举杯。趁着几分酒意，趁着令人陶醉销魂的浪漫情调，金庸终于向夏梦吐露了爱慕之情。夏梦听了非常感动，她说她很敬重他的人品，喜欢他的才华，但遗憾的是，有人比他先到，她只"恨不相逢未嫁时"。她也明确地告诉金庸，自己是绝不会背叛丈夫，移情别恋，请金庸原谅她。最后她深情地说："虽然今生今世难偿情缘，但愿来世还有机会重续前缘"。听得金庸几欲落泪。

金庸从此就把夏梦当作梦中，但仍苦苦依恋。1959年，他离开长城电影公司去创办《明报》，不久，夏梦有一次国外长途旅行，《明报》自一开始就系列报道她的行踪，不但如此，还不惜在珍贵的版面上专辟了一个"夏梦游记"专栏，一连十多天刊登夏梦所写的旅游小说，一份以报道和评述社会大事和世界大事为主的报纸，现在却为一个女明星开辟专栏，这确实是一个了不起的改革，只不过金庸只对夏梦慷慨，若不是藕断丝连，又是什么？

1967年，夏梦告别了从影十七年的生活，移民加拿大，这在当时是平常得不能再平常的事，而心中难免泛起波澜的金庸却使这件平常事变得不平常起来。《明报》一连两天在头版头条，并且用很大的篇幅报道夏梦已移民加拿大的消息，似乎在深情地与这个可能永远再无机会相见的翩然惊鸿深情道别。不仅如此，金庸还用他那写武侠小说和纵论时局时世的健笔，亲自为夏梦写了一篇很有诗意的社评《夏梦的春梦》，他在文中说："对于这许多年来，曾使她成名的电影圈，以及一页在影坛中奋斗的历史，夏梦肯定会有无限的依恋，可是，她终于走了。这其中，自然会有许多原因，在我们的想象之中，一定是加拿大草原的空气更加新鲜，能使她过着更恬静的生活，所以她才在事业高峰之际，毅然抛弃一切，还于幽谷，遁世独立，正是'去也终须去，住也不曾住，他年山花插满头，莫问奴归处。'我们谨于此为她祝福。"在另外一篇散文里，金庸说有一次当他在"爱情之都"巴黎漫步时，在香榭丽舍大道上他听到一种鸟在唱歌，那美妙的声音似乎一直在叫着"夏梦，夏梦"。

金庸做事一向谨慎，这次如此大张旗鼓为一个女明星移民而大做文章，不明白内情的人自然会感到惊讶，但若了解主编金庸先生对夏梦那一份痴心爱怜，就会明白他这不仅仅是为夏梦送行，实际上也是为自己心中那个久远的梦送行。

追求夏梦时的金庸自己当时也已是有妇之夫，只是婚姻不幸福。他的第一任妻子叫杜治芬，后来有了婚外情，就离开了金庸；第二任妻子叫朱玫，两人于1956年5月1日结婚，当时金庸还在《大公报》，用林欢的笔名写着影评，两人生有二男二女。朱玫与金庸是典型的只能同苦不能共甘的妻子，她和金庸一起草创《明报》，甚至为此变卖了自己的首饰，苦苦地将《明报》的摊子打牢，但《明报》刚站稳脚跟并有所发展时，金庸就移情别恋，与她离了婚。朱玫的后半生非常凄惨，是在孤独与贫困中度过的，1998年11月8日病逝于香港的一家医院，而替她拿死亡证明的，竟然是医院的员工，而不是她的前夫，也不是她的儿女。金庸在接受接着采访时面带愧色地说："我对不起朱玫。"

将金庸从朱玫身边夺走的女性叫林乐怡，洋名叫阿May，她认识金庸时才16岁，比金庸小了二十多岁，他们俩是在一间酒店认识并擦出爱的火花的，而林姑娘就是这家酒店的侍应女郎。有一天，金庸刚和朱玫吵过架，心情很烦，就到那家酒店闷坐，他一脸失意的表情引起了林姑娘的注意，她提议请金庸吃一碗面条，金庸因此注意上了这位热情爽快的姑娘，一来二去，两人竟一日不见如隔三秋，金庸终于对不起朱玫，先离婚再与这位林姑娘结婚，随后送小娇妻到澳洲去留学。

金庸与这位阿May看来是要白头到老了，因为至今金庸还由阿May陪着到处旅游、讲学。关于两人之间的爱情故事，流传下来的只有温瑞安的一段回忆。一次金庸请温瑞安吃饭，饭毕分手时，金庸和太太要过街口去坐另一部车子，那时候：

> 也许是因为骑楼太暗，洋灰地太滑，查先生夫妇一度想牵手，但又没有牵成，或许是因为我们的车子正在后头，两人不知怎的，忽然都有些不好意思罢，那欲牵未牵的手，始终没有牵成。一刹那间，我想他很多小说里的恋爱情怀，看到这一幕，心里很高兴，在车里哈哈大笑起来……这一刻是美的，这一刻是真的。

自立门户

1959 年 5 月 20 日，金庸出资 8 万元，沈宝新出资 2 万元，《明报》正式创刊。但两人都明白：自己选择了一项风险很大的职业！

很多人以为《明报》不出一年半载就会垮掉，但金庸凭自己的武侠小说，硬是为《明报》垫下了第一块坚硬的基石。

人们现在只知道写武侠小说的金庸，却不大知道他还在电影圈里闯荡过一番，这足以说明搞电影不适合金庸的性格，而爱情之"梦"的破灭，更使他心灰意冷。特别是电影公司自 1950 年起在指导方针上"左倾"后，金庸思想上日益郁闷。金庸当初离开《大公报》而选择长城电影公司，主要原因就是他认为《大公报》的思想限制太严，以为电影界会相对自由一些，但他没想到，香港虽然不比中国内地那样气氛紧张，但中国内地的思想倾向对香港思想的影响还是相当大的，任何一个机构，都多少会受到这种氛围的影响，要想真正做到随心所欲，是根本不可能的事，不但现在不可能，在历史上任何一个朝代，知识分子都只能像孙悟空一样，戴着镣铐跳舞，金庸嗜读《资治通鉴》，对中国历史颇有研究，对中国一代代知识分子的这种命运，自然也了解，但他仍然坚持自己率性自由的行为方式，这可能与家族渊源有关，祖父的影子时时在他眼前闪动；也可能与他此时已在武侠小说方面取得令人瞩目的成功，并因而对自己又多了一份自信有关。他相信凭自己的能力，完全可以过上自己喜欢的生活。权衡再三，他又作出一个惊人决定：离开"长城"，自谋出路。很多人对此不解，他后来解释说："自始至终我觉得干电影这行拘束很大，特别是在'长城'公司，他们的摄制方针和我个人的意见很不相投，比如他们很注意思想教育，当然，我不是否定他们，但自己的创作意图因此不易发挥。后来，我所编写的剧本好几个不获通过，兴趣自然大减，到了1959 年，对电影制作的方针越趋严格，有时整年间也拍不到一两部戏。总体来说，干电影时工作未见顺利，自己又没有能力搞电影公司，相反地，办小型的报纸，需款不多，但给我发挥的机会则较大，故转而办报。""初离《大公报》时，我转任职于长城电影公司，那也是'左'派机构啊！我离开'左'派报纸，是因为在那里不能发表反对当时'大跃进'错误路线的意见，这实在太违反我作为新闻工作者的本意。谁知后来过的两年电影圈生涯，也觉得受不了'左'派的思想控制，于是才决意自行试办小报。"

满打满算，他在长城电影公司工作的时间，前后加起来还不到一年。

退出电影公司后，除了继续写武侠小说，金庸一时还真不知道路在何方，他知道，在任何报社都会遇到思想限制问题，都不可能自由地发表自己的意见，要想真正做到自由自在，除非自立门户，按自己的意愿行事，但做什么好呢？香港是个商业社会，而自己作为一个文化人，怎样才能自立门户呢？

功夫不负有心人，就在金庸苦思冥想的时候，机会来了。一天，他正在街上闲走，忽然听到有人叫自己的名字，他抬头一看，不禁又惊又喜，叫自己的竟是自己的一个初中三年级的同班同学沈宝新。真是他乡遇故知，两人早在1938年就认识，没想到二十一年后两人又在异乡相遇。难免一番欷歔感叹，随后两人自然谈起这二十多年间的风风雨雨，没想到这一谈，竟谈出一个报业的新天地来。

沈宝新告诉金庸自己流落香港后历经挫折，现在刚有起色，正从事印刷业务；金庸则向老同学谈到自己刚离开电影公司，正准备自立门户，做一番属于自己的事业。谈着谈着，金庸忽然眼睛一亮：老同学精通印刷业务，且会经营管理，而自己先后在四家报社干过，对报纸的操作运行方式很熟悉，若两人合作，办份报纸，应该有前途！他试探着向老同学谈到自己的想法，沈宝新一听，马上就答应了。这真是心有灵犀一点通，英雄所见略同。

这个决定，是金庸及其事业上的一个关键性的转折点，而选择沈宝新做自己的合作人，则是金庸一生中最重要、也最正确的选择之一，金庸每一谈到这件事都会感叹一番，后来在和池田大作的对话中他就不无动情地说："和我共同创办《明报》的沈宝新先生，是我初中三年级时的同班同学。1938年开始认识，二十一年后的1959年同办《明报》，精诚合作地办了三十几年报纸，到今年已四十九年。在共同办报期间，挑拨离间的人很多，造谣生事的事常有，甚至到现在也还有。但我们互相间从不怀疑，绝无丝毫恶感。前年我因心脏病动大手术，宝新兄在医院中从手术开始到结束，一直等了八个半小时。"这是商业史上的一段佳话，若不是双方都重视友情，讲究信义，都把朋友间的友情看得比商业利益还重要，这样的合作恐怕很难持久。

在决定办报时，金庸和沈宝新都明白自己选择了一个风险很大的职业，但金庸心里有底，一是自己有丰富的办报经验，属于道中人；二是在香港办报比较容易，不必像国外那样，办报前要先自购厂房，自置机器，在香港，规模不大的报纸，两三个人找一处不大的地方就可开业，排字、印刷可以请其他公司代做，另外，因为香港地方集中，发行也不太困难；三是他相信自己的武侠小说正越来越受到读者的欢迎，所以若在自己的报纸上连载自己写的武侠小说，一定会提高报纸的销量，并使之能维持下去；再者，万一办报失败了，最多也就是在商业上损失一笔钱，只要自己的脑子还能用，凭自己的武侠小说，将来再打出一派新天地也不是不可能的，这就叫艺高人胆大，明知山有虎，偏向虎山行。令人不解的是，他此时显然是把写武侠小说当作一种退路，而不是当作自己事业的主打项目，这也许可以解释他后来为什么一再说自己写武侠小说纯粹只为了娱乐，而不是出于什么崇高目的。在这一点上，他似乎比梁羽生更有雄心，梁羽生一生靠写作生活，而金庸则是将写作看作实现自己事业的一种工具，即使已使他名声如日中天的武侠小说，他也竟不将其当作多么了不起的成功，而只是视作自己事业的一部分，而且并不是非常重要的一部分。野心不可谓不大。

1959 年 5 月 20 日，《明报》正式创刊，香港当时最有名的书法家王植波题写了刊名。《明报》采取股份制，金庸出资 8 万元，沈宝新出资 2 万元。在《明报》的注册登记表上，注册资金就这 10 万元。

报纸关键是立场，在《明报》应采取什么样的立场这个问题上，金庸颇费了一番思量。全世界的报纸都分成两种：一种是通俗性的，喜欢用夸张的手法报道新闻来争取读者，另一种是像英国的《泰晤士报》那样的报纸，格调较高，通常销路不如前者，但都很稳定。在中国香港，当时主要有这几种报纸，一是《大公报》那种"左派"报纸，金庸熟悉它们的办报方针，并就是因此而脱离《大公报》的，所以他是绝不会走同样的道路；另外一些报纸层次比较高，如《星岛》《华侨》《工商》等，但与普通读者的阅读趣味和要求却有一段距离，因而曲高和寡，虽有伯牙的高山流水，却乏子期的击节唱和，金庸也不喜欢自己的报纸办成这样；

还有一些报纸则纯粹是商业性的，只以色情内容招徕读者，虽然拥有广大的读者，但金庸历来是唾而弃之，更不会与之为伍，自取其辱了。最后，金庸决定采取一种中间路线，即让《明报》的风格介于严肃和轻松之间，也就是说，既刊登严肃的社评和政评，也不拒绝一些香艳小说作为点缀。在办报的宗旨上，金庸在《明报》的发刊词中就明确表明这份报纸要维护"公平与善良"。半个月后，金庸又在一篇社评里强调了这一点，他说：

> 我们重视人的尊严。主张每一个人应该享有他应得的权利，主张每个人都应该过一种无所恐惧、不受欺压与虐待的生活。
>
> 我们希望世界和平，希望国家与国家之间，人与人之间，大家亲爱而和睦。我们希望全世界经济繁荣，贸易发展，也希望香港市面兴旺，工商业发展，就业的人多。希望香港居民的生活条件能不断地改善。
>
> 我们办这张报纸的目的，是要为上述这些目标尽一点微薄的力量。如果我们报道战争与混乱，报道凶杀和自杀，我们是很感遗憾的；如果我们报道和平与安定，报道喜庆与繁荣，我们是十分高兴的。
>
> 我们要尽力帮助这社会公正与善良，那就是我们的立场。

在以后的风风雨雨中，《明报》无论是面对春花秋月，还是面对霜刀雪剑，始终坚持"富贵不能淫，威武不能屈，贫贱不能移"的独立立场，并因此而取得如今的成功，这就如金庸后来在接受记者采访时明确表达的：

> 香港是个政治斗争很尖锐的地方，这一方面是因为这里是一个完全开放的社会，各种各样的政治都有。就《明报》而言，在别的方面我们也不见得就比其他报章好，不过，有一点我们却是做到了，那就是真正独立的。任何力量想影响我们的话，我们是绝对抗拒的。这种态度和立场，可能读者在短期内注意不到，但长期下来，读者就会了解，我们是真正客观、独立和公正的。这个原则维持了二十多年，可说是非常不容易的，因为各种威逼利诱是很大的。当然这也不是因为我是怎么伟大，能够不为威逼利诱所动。只是因

为我觉得，一个人只要能够维持起码的生活就够了，只要过得过去就可以了，这样，利诱就容易抗拒了。因为你给我很多钱当然很好，但是我辛辛苦苦搞起来的一番事业就这样卖给人家，就真是太可惜了。就这样经过了一次又一次的利诱和威逼。

我们办报的原因在于客观、公正、独立。就数量言，香港客观、中立的报纸很多，但亦有受党派影响的报纸。我是一个无党无派的人，只凭良知来办报而已，所以我们坚持要绝对中立和公正。说到《明报》与别的报纸不同的地方，我觉得《明报》是属于知识分子的报纸，所以我们的内容均朝着这方面读者的兴趣走。

金庸对《明报》寄予厚望，即使在报纸叫什么名字这个问题上，他都是煞费苦心。刚开始他给自己的刊物取名《野马》，因为他此时只计划在上面登载武侠小说，所以这个名字颇有野味，与内容正好相合。他把自己的想法与沈宝新谈了，沈宝新听后沉吟了一会儿，然后给金庸举了一个例子：在香港当时有一家报纸叫《成报》，最初也是像金庸想的那样只出周刊，后来改变方针，改出日报，结果效益大增，社会影响也越来越大，成为私家报纸的翘楚。他接着建议金庸：办报，就要办成大报，那种既能赢利又能产生社会影响的报。金庸显然刚开始对自己的办报能力还有怀疑，现在听沈宝新这样说，顿时信心大增，结果在登记注册时他就毫不犹豫地赶跑了"野马"，唤来了"光明"。《明报》意韵深厚，"明"，意味着明理，明确，不油滑，也意味着前途光明，有无限的希望。金庸希望自己的报纸不能成为香港报界中一颗冉冉升起的新星，虽然现在还很娇弱，但却孕育着无限的生命力。在当时和后来，金庸都多次强调了《明报》的办报理念.他说："《明报》的'明'字，取意于'明理''明辨是非''明察分毫''明镜高悬''清明在躬''光明正大''明人不做暗事'等意念，香港传媒界有不同的政治倾向，在政治取向上，我们既不特别亲近共产党，也不亲近国民党，而是根据事实作正确报道、根据理性作公正判断和评论。"他给《明报》提出的报训是："有容乃大，无欲则刚。"那就是报纸绝对不能为了个人和集体的私利而违背公理和正义；

报纸必须永远光明磊落，为大多数读者（中国内地人、香港人）的利益服务。他不无自豪地说："我是一个无党无派的人，只凭良知来办报而已，所以我们坚持要绝对中立和公正。说到《明报》与别的报纸不同的地方，我觉得《明报》是属于知识分子的报纸。"即使是一些批评《明报》的报纸，只要不是出于私心，而是为香港大众的利益考虑，《明报》也照登不误。这种原则贯穿了《明报》事业发展的始终。

然而，希望是希望，现实毕竟是现实，任何事情都有正反两面，香港办报相对容易，所以办报者自然也多，而且在金庸之前，已有很多私家报纸取得成功，若以天上的星星作比，那可以说：这些报纸虽不光芒灿烂，耀人双目，但长年的积累已使它们拥有了固定的轨道和光区；与之相比，《明报》才刚如一些凌乱的星云，尚未聚集成一个固体的星星，不但无法与其他星星争辉，相反，在群星的辉映下，它仅有的一点光芒也被遮盖住了。

所以，刚成立的《明报》从一诞生就带有一种悲壮的色彩。编辑部的牌子虽说也堂而皇之地挂起来了，但里面坐着的只有两个人：金庸和沈宝新，沈宝新负责报纸的经理和发行，金庸身兼主笔和总编辑，后来又有一个潘粤生加盟，也才三个人。

不但人少，报纸也小，只是张四开大的、名副其实的小报。报纸只有四个版，第一版主要刊登时事新闻，第二版刊登娱乐消息，第三版刊登连载小说，第四版刊登社会新闻。对金庸来说，那真是一段苦心难挨的口子。曾有一段时间，《明报》甚至濒临倒闭，不少人已经大胆预言：《明报》用不多久就要关门！一位报社的老职员后来曾不无感慨地回忆说："查先生那时候真的很惨，下午工作倦了，叫一杯咖啡，也是跟查太太两人喝。我们看见报馆经济不好，也不奢望有薪水发，只求渡过难关，便心安理得了。"金庸对大家真诚相待，在生活上也非常关心大家，当时香港政局混乱，不时有骚乱发生，出去采访经常会发生意外。金庸经常关照员工：采访不到新闻不要紧，最重要的是小心，不要出什么意外。在《明报》遇到经济危机时，金庸太太竟变卖了自己的首饰。所以，尽管这时报社经济不景气，甚至有七八个月没发下工资，但大家都"勒紧裤带，捱义气"式地奋斗。

金庸和沈宝新苦苦支撑着报纸的发展，他们不管外界如何传言，两人只知带领大家一起拼命地工作，每天都是忙碌到深夜才离开报社。当时报社的位置在港岛中环，金庸的家则在尖沙咀，而中间的交通又不方便，必须乘船过海。当时渡海的船有两种，一种叫天星小轮，一种是俗称"哗啦哗啦"的电船，这种船有一个规矩，每次必须等齐六个人后再开船，这样价钱便宜，若要即到即开，就必须出包租费三元。每天深夜金庸或金庸夫妇赶到海边时，天星小轮已经停航。金庸夫妇宁愿在寒风中等人，也不舍得花三块钱租船。

慢慢地，《明报》有了起色，再慢慢地产生了一定的影响，有了自己固定的读者，大家的脸色都有点舒展了，而更让人不可相信的是，从步履维艰到如今这样的地步，前后竟只有半年。其中原因，金庸的武侠小说功不可没。喜欢夸张的倪匡说过一句实话："《明报》不倒闭，全靠金庸的武侠小说。"而一向出言谨慎的金庸也不无自豪地说过："我们的半张小报，经半年时间便收支平衡，我的武侠小说可有一定的读者啊！"

金庸从来没有抹杀《明报》创业头两年自己身边的几位得力大将的功劳，实际上，没有这几位大将的鼎力相助，《明报》不可能这么快就取得如此骄人的成绩。我们不妨看看功劳簿上的几位有功之臣的业绩。雷炜坡，以柳鸣莺的笔名写"伶星专栏"，专写影、视、剧界明星的爱情、日常生活，满足了读者的好奇心，加上文笔俏丽，赢得了大量的读者；简而清，以简老八为笔名开"马经"专栏。所以说，《明报》走到今天，金庸的功劳是最大的，他的武侠小说和社评是《明报》的支柱，但他的武侠小说和社评也只能说是《明报》的主菜，而不能说是全席，只不过主菜太美，而且量又大，虽然副菜同样香气四溢，但大家无暇享用了。

金庸写社评，是从《明报》一创刊就坚持下来的，刚开始是每隔两三天写一篇，到了当年年底，就几乎是每天一篇。只是他这时候写的社评，每篇只有 300 字至500 字，观点也没有什么独特之处，所以影响不大。

如果说金庸以前写武侠小说的目的只是为了娱乐的话，那他现在写则是为了生存，为自己生存，也为《明报》的生存。为此，他不得不每天像架机器一样辛辛苦苦地写。最早亮相于《明报》的武侠小说是《神雕侠侣》，从《明报》一创刊，就开始连载这部小说，小说的主线是杨过和小龙女的爱情，两人之间那种"直教人生死相许"的痴情相恋，一下子把读者紧紧抓住了，但当小说就要结束时出了一点问题。按照金庸的本意，小龙女误被尹志平奸污，杨过也被郭芙砍断了一只胳膊，最后小龙女跳下悬崖，留下十六个字，杨过苦苦等了十六年，结果一场空。从文学创作角度，这样安排显然更有悲剧性，但读者读着读着不乐意了，他们太同情这一对恩爱的男女了，他们发自内心地渴望这两个心地善良，但却命运多舛的男女，最后能苦尽甘来，重逢团聚。金庸一看民意如此，也就顺水推舟，最后让有情人终成眷属，金庸为什么这样做，倪匡代为道出其中苦衷："金庸在写《神雕侠侣》时，喜剧收场，绝对可以谅解，因为那时，正是《明报》初创期，《神雕侠侣》在报上连载。若是小龙女忽然从此不见，杨过凄凄凉凉，郁郁独生，寂寞人世，只怕读者一怒之下，再也不看《明报》。"

倪匡并非妄言。金庸此时主要靠自己的武侠小说维持《明报》的生存，迎合读者的阅读趣味也是非常自然、正常的事，况且武侠小说本就是为了使读者获得娱乐，根据读者的趣味改变自己的思路也并不是什么失节，这是金庸的聪明处，也是他的诚实处，实际上，《明报》之所以能还算顺利地渡过最初的难关，获得宝贵的发展机会，金庸的武侠小说无疑起到了支柱的作用，没有它，《明报》不会得到那么多的读者，没有它，《明报》可能真要想人们预言的那样昙花一现。金庸显然了解自己的小说对《明报》的作用，所以，他可能有意或无意中将这部小说的篇幅拉得特别长，竟连载了整整三年！而这三年，也正是《明报》艰苦创业、步履维艰的三年，小说的每一个片段，都记载着《明报》艰难跋涉的足迹，难怪金庸后来在修改《神雕侠侣》时感慨万千地说："重新修改《神雕侠侣》的时候，几乎在每一段的故事中，都找到了当年和几位同事共同辛劳的情景。"

这也是金庸一生中最辛苦的日子，除了《神雕侠侣》，他同时还为《明报》的附属刊物《武侠和历史》撰写《飞狐外传》，这对金庸来说是很罕见的，可见他为了报纸的生存，付出了怎样的心血。当然，当苦尽甘来、繁花似锦时，回想这段日子，金庸感慨自余，自有一种自豪。

《神雕侠侣》一炮打响，金庸趁热打铁，从1961年7月6日起，又开始在《明报》连载另一部小说《倚天屠龙记》，从而完成了武林界独一无二的"射雕三部曲。"与此同时，他的另一部中篇武侠小说《白马啸西风》也在《明报》上连载。

如果说《神雕侠侣》扩大了《明报》的影响，吸引了读者的注意，那么，自这两部小说面市以后，《明报》的影响固定了，而且不断向纵深发展，而原先只被吸引的读者则被牢牢地套住了。这一过程，《明报》由幼稚走向成熟。

金庸用自己的如椽巨笔，终于支撑住了《明报》大业的第一块基石！

崛起于移民潮

1962年5月，内地经济的恶化使10万居民涌向香港，香港顿时陷入混乱。

金庸组织精干记者倾力报道这一事件真相，并组织救援，一时声名大噪，《明报》很快跻身大报行列。《明报》进入稳定发展的新阶段。

机会只等有心人。《明报》站住了脚，下一步最重要的事就是如何发展，因为此时的《明报》虽然比那些二三流的小报影响稍大，但比起一流的大报来说，则显然还太小。如果说金庸的武侠小说使《明报》站稳了脚跟的话，那么，促使《明报》从小报成长为大报的关键，则是金庸犀利而独特的社评！

实际上，从《明报》一创刊金庸就开始写社评，而且几乎是每天一篇，只不过这些社评还未显出自己的风骨，也没形成自己的风格而已。真正使香港人注意到金庸的社评并进而关注整个《明报》的，是1962年的梧桐山移民潮。

1949年以后，中国内地的经济和政治形势越来越恶化，"大跃进"以失败告终，接着又是天灾人祸，发生了三年自然灾害，饿死人的事屡见不鲜，随后是苏联和中国交恶……真是内忧外困，一波未平，一波又起。出于求生的本能，内地人大批大批地从广州、深圳涌到香港，而中国内地政府为了减轻国内的压力，也放松了对内地居民移居香港的控制，基本上采取不闻不问的态度的情况。在这种情况下，从1962年开始，这股移民潮开始形成规模，到同年的五月，达到高潮，这就是著名的"五月逃亡潮"，一连好几天，每天都有数以万计的人漫山遍野地从广州、深圳逃到九龙新界。香港本是弹丸之地，而且此时的居民已有300多万，在交通、住房和医疗等方面已经存在着很大的矛盾，当移民汹涌而至时，香港已经存在的矛盾立刻就激化起来，在香港本地人看来，这股移民潮无异于一场灾难。

香港当局对此采取了坚决排斥的态度，香港警察每天都出动大批警力，围追堵截，一车又一车地将逃港者押送回深圳，当然，也有大量的漏网之鱼，在饥饿和希望的驱赶下，仍然有大批人浪潮般冲进香港。

移民问题，此时成为香港人最关心的话题。

对此，香港的报纸基本上表现为两种态度，一是"左派"报纸，与中国内地的政策保持一致，对此情景熟视无睹，"版版无闻"；一是右派或中立的报纸，对此则是大登特登，甚至煽风点火，制造事端，一时令人真假难辨，乱上添乱。

《明报》对这样大的社会热点问题一开始表现得却很理智和冷静，这和金庸的态度有关。他对中国的历史非常熟悉，政治的险恶他是有理性的认识的，《明报》立足未稳，是否值得冒这个险，他心里没底，所以暂且采取旁观态度，即使介绍移民潮问题，也只是不带任何观点的客观报道。

没想到事态的发展出乎金庸的预料，他本来以为这个问题可以靠政治来解决，但现在来看自己是错了，港英政府是驱逐移民，而中国内地政府却是不闻不问，受苦的都是那些逃亡到香港人的人。这些人居无定所，食不果腹，卫生条件也极其恶劣，不时传来有人饿死、病死的消息，毕竟同是炎黄子孙，移民们的不幸遭遇也牵扯着有良心的香港人，帮助这些移民的呼声越来越响。在这种情况下，若再采取冷漠旁观的态度，那就是连最基本的人道都不讲了。深思熟虑之后，金庸最终决定：《明报》将如实报道移民的状况，并尽己所能为移民提供帮助。

金庸不是不知道这个决定可能带来的后果。开弓没有回头箭，《明报》一旦介入此事，就必须公开表明自己的态度，而这就一定会得罪一部分人和机构，《明报》因此就会面对各种各样的外界压力；但《明报》的宗旨就是客观和公正，就是要维护人间正义，事已至此，义无反顾。

当时关注"移民"事件的报纸主要有《星岛日报》《华侨日报》等，报道内容大同小异，可《明报》异军突起，不但报道，而且提供实际帮助，这就一下子使它成为大众关注的焦点。

从5月12日开始，以及随后的13日、15日、18日的《明报》上，第一版报道的几乎都是"移民"们的生活情况，并配有大幅实景拍摄的照片。而金庸则亲笔写了一篇社评《火速！救命！》，呼吁港府和香港人民伸出友爱之手，帮助困难中的内地同胞；同时，他又在《明报》上发表启示，呼吁各界筹集资金和物资，救济内地同胞，而他和《明报》的员工们则率先踊跃捐款捐物，就这样，在短短的一星期内，《明报》就筹得港币 18 万元和一大批物资。《明报》进一步制造声势，连续在报上登载捐赠者的名单。《明报》这时俨然成了连接移民和香港同胞的桥梁，成了小小的人道主义救援中心。

但也就是从这时开始，金庸预想的压力果然如约而至，这种压力来自"左派"阵营，发弹点则是金庸工作过的《大公报》。实际上，金庸虽因不满《大公报》的工作作风和管理体制而选择了离开，但大家毕竟是和和气气分手，矛盾并未公开，即使金庸后来独立办报，成了同行冤家，《大公报》也未对金庸抱有很深的敌意，当然这也和金庸与《明报》采取的中立态度有关，也和《大公报》不想树敌太多，希望多争取一些同盟军的总体方针有关。因此，对待金庸，《大公报》在这之前不但没有直接攻击，而且还出于真诚地客观上帮助过金庸，如 1960 年 2 月中旬，台北市出动大批警察，在全市范围内大肆搜查武侠小说，其中就包括金庸的《射雕英雄传》《碧血剑》《书剑恩仇录》。台湾当局以这些武侠小说"内容反动，诲淫诲盗，并有宣扬统战的目的"，"影响读者心理，危害读者安全"的歪理，明令禁止台湾流通，《大公报》为此发表讽刺文章：《怪哉！蒋集团怕武侠小说》，文中说："一些比较好的武侠小说中，多带一些'爱国思想'，而这种思想便正是读者所欢迎，而台湾当局认为'毒素'了。在所有的武侠小说中，都是贪官污吏，或为非作歹，或投靠异族之辈，才会怕侠士的，而今台湾当局竟然也怕武侠，不怕被人拿作话柄吗？"

但现在情况不一样了，金庸明显持一种与《大公报》对立的态度。对港府的遣返政策，金庸是明确支持的，他认为，香港本来就是弹丸之地，人口密集，现在一下子又涌进这么多内地移民，对香港居民来说，这无疑是一场灾难；另外，他认为中国内地不控制移民潮，滥批出境名额，对大陆居民移民的悲苦采取熟视无睹的冷漠态度，是一种不负责任的态度。在一篇题为《巨大的定时炸弹》的社评里，金庸设身处地为港府驱逐政策辩护说：

香港政府目前所采取的对策，我们可以想象得到，在决策人自己，也是相当痛苦的。至于在边境执行这决策的军警人员，当然也是很难受，很不愉快的。……事实上，这件事好比一个巨大的定时炸弹，警方人员正在小心翼翼全神贯注地设法移开，是否能够安全解决，现在尚未可知。万一处理稍有不慎，以致爆炸开来，那么全香港320万居民就要受到极大的灾祸。我们如果单凭一时感情冲动，反而去和搬移定时炸弹的人为难，岂非危险至极？不要轻视这个危机！我们是否能够继续安居乐业，和这个炸弹是否爆炸，有极大的关系。

他还情深意切地呼吁香港市民们支持港府的政策，配合警方的行动，不要阻挠警方处理这个难题，不要认为警方执行任务，是对我们香港人含有敌意。

希望本港居民们尽力遵守法律秩序，协助警方，平心静气地对付目前的困难。我们心中都感到矛盾，在情感上，希望这些同胞们能平安入境，但在理智上，却又知道弹丸之地的香港，实在无法容纳成千上万的新来者。我们即使心中有些不愿意，但也不能不支持警方的行动。

金庸自有其立论的根据和出发点，在现在看来也不失为一种理智的声音，但实际情况是，不但中国内地与香港政府在感情上存在着或隐或现的分歧和隔阂，就连香港人在感情上也是倾向于大陆的移民的，所以对于港英政府的遣返政策，不但大陆移民受不了，就连一些香港人也难以接受。狂热的民族情绪往往是不需要理智约束的，有时越约束感情反而越激烈，在这种理智与感情的冲突中，金庸恰把自己摆在了中心的位置，他与"左派"的误解与直接冲突也就此拉开了序幕。

《大公报》从中国共产党的利益出发，多次发表文章抨击金庸和《明报》的观点，认为港府遣送大陆移民，显然出于一种敌视态度，而金庸却完全不顾中国内地人的感情，和英国政府沆瀣一气，不顾同胞之情。金庸则撰文予以驳斥。敢和《大公报》这样在香港数一数二的大报叫板，足见金庸的勇气，而就是因为这种勇气，当然主要是因为他立论的公正，结果一场激烈笔战下来，金庸和《明报》不但没有被打下去，反而名声大震，《明报》从一家名不见经传的小报，竟慢慢变成了一家香港妇孺皆知的"名报"：1962年5月之前，《明报》的发行量每天只有一万几千份，自移民潮和这次笔战之后，《明报》的发行量激增，达到每天发行四万份，报纸也由原来的小报规模扩展成为两大张，具有了中型报纸的规模，金庸和同仁多年的惨淡经营终于得到了可观的回报。

金庸的勇气来自他的良心，来自他对内地移民和香港人利益的真诚关心。既然当初办报的目的就是为了应该坚持真理和正义，既然他认为现在只有支持港府的遣返政策才算真正为香港人着想，那他就要毫不犹豫地公开自己的观点。他对中国共产党没有偏见，只是在表达自己在这个问题上的意见，只要他认为不改正的，他都要批评，不独对共产党是这样，对共产党的对头台湾的国民党也是这样。当移民潮问题越来越烈时，台湾当局开始借机煽风点火，落井下石，说不完的风凉话，用以挑拨大陆和香港的关系，说什么中国内地同胞出于生计逃亡到香港，香港政府不但不实行人道主义的帮助，反而驱逐移民，这是违背人道主义原则的，是不讲人情的；与此同时，这件事也惊动了联合国，一些别有用心的人也借此大做文章，对此，金庸著文——予以驳斥，如在一篇题为《协助警方共渡难关》的文章里，他就理直气壮地质问台湾当局和联合国的某些别有用心者："其实试问台湾和联合国，为什么台湾只允许每年收容1000人（据外国通讯社消息），却要小小的香港来者不拒？"他此时俨然成了港府的喉舌和政策的阐释者。

《明报》和《大公报》的争论越来越升级。面对国外敌对势力的核压力，中国政府决定以核武器反对核威胁，这完全是一种英明的战略决策，在当时国内人民生活十分困难的情况下，是否值得花费大笔的资金去研究原子弹，国内国外都有很多反对意见，这些反对者中不乏别有用心者，是因为害怕中国研究出原子弹，成为核大国，使自己的阴谋不能实现，金庸听到这个消息后，也表示震惊和反对，他认为强国在于亲民，中国内地政府对移民问题不管不问，已是不对，而内地居民现在连饭都吃不饱，政府却要去研制什么原子弹，实在是本末倒置。于是他怒发冲冠，"书生意气，挥斥方遒"，立即撰文批评，而《大公报》也立即发表文章对金庸的这种缺乏战略眼光的态度作了犀利的批评，这场论争持续了一段时间，后来《大公报》根据中国内地的授意，中途不宣而停。这次论争，显示了《明报》与"左派"的彻底决裂，但也使《明报》为自己广而告之，销量再次得到大幅度的提高。这在《明报》的发展历史上，倒不失为一件趣事。

在 1963 年，中国共产党为了消灭私有制，推行了"社会主义教育运动"，目的是要借此消除资本主义思想，实际上是针对那些有资本主义思想的人。金庸对此无法接受，人的思想是属于自己的，怎么可以强制别人洗掉？于是他就站在一个"中国老百姓的立场上"对此表示客气的批评，他说：

> 我们认为资本主义也好，社会主义也好，初级共产主义的人民公社也好，哪一种经济制度能使大多数老百姓丰衣足食，我们就拥护哪一种办法。在中共目前的经济状况下，第一要义是使人民有饭吃、有衣穿。中共军队在手，政权在握，实在不必害怕资本主义复辟、异己分子造反。为了坚持某一种主义和理想……宁可牺牲经济发展的利益，使千千万万百姓遭受不必要的痛苦，那是不是值得的呢？

金庸的社评完全是就事论事，不偏不倚。他在移民、原子弹和"社会主义教育"问题毫不留情地批评中国共产党，只是因为他认为这违背民心、民意，但对中国共产党的其他正确的决策，他却也是大唱赞歌的。

1962 年 2 月，中国在和印度的战争中节节胜利，但就在这样的情况下，中方突然宣布：从 11 月 12 日起，中方将在中印边境线上全线停火，从 12 月起从战场上撤出中国军队，不但撤退到 1959 年的中国的实际控制线，而且再后退 20 里。中方以此表示自己和平的诚意，希望印度能坐下来谈判。该消息一经在全世界发布，顿时举世皆惊，中国政府的正义之举和和平的真心博得世界上一切喜欢和平者的一致称赞。金庸对此也赞赏备至，他在专评《史无前例潇洒漂亮》中，由衷地赞叹道：

> 我们本来预料，中共攻到中印的正式分解线后，收复了失地，大概就会按兵不动，不致一直攻到印度的领土内。但目前的声明，那更是宽宏大量之至，历史上的交战双方从来没有如此大方的。只有春秋时晋文公为报秦国昔日接待之恩，秦晋交兵时下令晋兵退军三舍（90 里），然后再打。但那也是

在交战之前，而不是在连续大胜之后，突然停火退兵，要求和谈。这一招使得漂亮之极，潇洒之至。

敏感的社会政治问题最容易引发偏见，但金庸的可贵处在于他始终尽量保持一种中立态度，努力做到就事论事，不偏不倚。对中国内地的共产党政府是这样，对台湾的国民党政府也是这样。如1962年10月10日，蒋介石连续发表两篇"双十"文告，鼓动大陆军民起来"反共"，并许诺若大功告成，必对有功人员加官进爵。金庸针对此等痴心妄想式的许诺表示理解性地嘲讽，他特地写了一篇社评：《蒋介石的双十文告》，入木三分地指出：

> 从这两个文告中可以很明显地看出来，蒋先生没有军事反攻的信心，只是把希望寄托在大陆人民自发的"反共"行动上。在我们看来，大陆人民如果起义"反共"，也不至于贪图台方一个"所光复地区军政长官"的名字。
>
> 但文告中有两点很可欣赏，第一点：我们反攻复国的信条，是"不是敌人，就是同志"。第二点："严禁阶级歧视和寻仇报复，恢复我国忠恕仁爱的善良风俗与安宁秩序。"这两点表现了宽厚仁爱的泱泱风度，颇具中兴气象，只不过话是这么说，事实上不知能否做得到。

金庸批评或赞扬中国共产党政府和国民党政府，都是因为他把它们看作都是中国人的政府，它们决策的好坏，直接影响到同为炎黄子孙的中国人民的利益，所以他才苦口婆心地进行评议，而态度则始终是心平气和的；而一旦事关中国和外国反华势力之间的冲突时，他则是毫不犹豫地站在中国人的立场上，为捍卫民族尊严而大声呼吁。如1962年中印冲突爆发时，美国国务院颠倒黑白，发表正式声明指责中国对印度领土进行了"不顾原则的挑战"，是"猛烈的侵略行为"，金庸立即旗帜鲜明地发表社评予以揭露，他在《美国声明是非颠倒》一文中明确指出：

> 美国这个声明，完全错了，那是对国际公法和联合国宪章"不顾原则的

挑战"。国际间法律和正义的原则是什么？是每个国家都有权利保卫自己的领土。中共和印度发生战争的地区，明显是在麦克马洪线以北。这麦克马洪线本是当年英国殖民政府和西藏地方政府非法划定的，任何中国政府从未承认过，但即使以此为据吧，印度军队也是侵入了中国的领土。中国军队击退侵略者，怎能说是"侵略性的行动"呢？是不是肯尼迪准备挥军进入古巴，古巴如果奋起应战，那就是侵略美国了？……美国的国策可以不顾是非，只讲利害。然而堂堂一个大国，正式声明中居然歪曲事实，那就为天下有识之士所不取了。

金庸写小说属于才子型，但写社评则可以说是处心积虑，字字珠玑，但也字字是血，他不喜夸夸其谈，口若悬河。因而便需"挥汗如雨"，悬梁刺股，把自己的精神和人格浸透到每一篇千字左右的社评里，而就是为了这短短的一千字，他往往要耗上三个小时，至于要查多少资料，翻阅多少书，那就不得而知了。他一般晚上十一时许到报社，先审阅电讯及港闻，然后才执笔撰写社评，等他写完一篇社评时，编辑部所有的人都走完了，接着他还要发排、校稿，当他再离开报社时，已是东方泛白。

在《明报》创刊后的二十多年里，上面刊载的社论几乎全是金庸一人写的，别人执笔的不多，只是后来《明报》站稳了脚跟之后，他才把这个任务交给了专职的人，自己只偶尔动笔。喜欢读《明报》的读者时间一长就掌握了金庸写社评的规律，因为一般是社评题目都是楷体字，如果哪一天社评的题目换成了宋体字，那一定是金庸自己写的，所谓"查记出品，宋体为号"。金庸的社评一般是千字文，文章简练，文笔清新，写法也新鲜，而且不时把他自己也"摆"进去，容易使人感到亲切。相较而言，读者更喜欢金庸的社评，因为"左派"报纸上的社评或评论文章，长时期受到政治因素的影响，难免有难言之隐，给人如鲠在喉，却无法一吐为快的感觉，即使吐，也有所遮掩，说不透或说不准，金庸的社评就无所顾忌，而且深刻、准确，尽管也难免偏颇、错谬，总的来说却是真实而引人注目的。金庸因写社评而被誉为"香江第一健笔"，绝非浪得虚名。

截至目前，金庸撰写的社评和政论等评论文字总计约两万篇，这在历史上也是罕见的。

"文革"岁月

金庸和《明报》因对"文化大革命"的报道影响越来越大，但也因此与"左"派的矛盾越来越深，他被骂做"豺狼镛"，在 1967 年爆发的"香港式的'文化大革命'"中，他被列入香港左翼势力的暗杀名单。

在写社评的过程中，金庸有一个强烈的感觉，那就是国外对中国的了解实在太少，而就因少才多猜测附会之语，这样他就想在《明报》上开设一些专栏，正面介绍中国内地正在发生的一切，这样既可以提高《明报》的社会地位，也可使外界更客观地了解中国。说干就干，金庸一方面让《明报》多采用外国通讯社和外国关于中国内地的报道，二是转载内地一些公开和不公开发行的报刊文章。从 1965 年开始，《明报》又开辟了"乡土"专栏，专门收集中国内地公开发行或非公开发行的文章，并开办过诸如"上山下乡专题"，"江青上海滩演艺史披露"专题，虽然这些报道主要是为了满足读者的好奇心，但客观上也有利于海内外了解中国，认识中国。

但这一期《明报》最突出的影响，体现在它对中国内地爆发的"无产阶级文化大革命"的报道，以及它所采取的立场方面。在"文革"爆发的前夜，各种迹象表明这场运动将极大地影响中国将来的命运，海内外的报道基本上采纳中国的官方口吻，认为这只是一场纯粹的文化上的破"四旧"运动。香港的"左派"报纸无一例外也都是正面报道，宣传"文化大革命"就是好，代表着历史的发展方向；而金庸却唱反调，一针见血地指出："文化大革命"不是要破文化的"四旧"，而是要以此为借口夺权。

金庸的社评当时使人惊奇怀疑，后来真心叹服，之所以能做到"料事如神"，并非因为金庸有什么巫术，或又什么获得内幕的渠道，而是因为他善于学习历史、善于思考现实。

在朋友的劝阻下，金庸决定离开香港，远到瑞士避难，同时指示《明报》发表社评，《明报》将和其他有志于维护香港和平、稳定的同业和同行一道，决不退缩，决不妥协！

对金庸来说，这是一生中所遭遇的最惊心动魄，也最危险的事情，但他以自己的勇气和智慧经受住了这次考验。事隔多年，他在回忆这段历史时仍感慨万千，他说："我当然有些担心，但我写武侠小说的主角都是大丈夫，到了这个关头一定要坚持到底，没有退缩余地。要么就只有谨慎行动，非必要也不会外出。"

第四章

有容乃大

《明报》托拉斯

以《明报》为中心和起点，金庸相继创办了《明报月刊》《武侠与历史》《新明日报》星马版，《明报周刊》《明报晚报》《财经晚报》等报纸，后来又创办了明窗、明河、明远三家出版社，使《明报》系列成为一家名副其实的报业托拉斯。

金庸成功了！靠机缘、靠奋斗、靠勇气、靠公正……总之，过去了小编辑金庸现在成了一个海内外都很有知名度的著名作家、社评家、报人！

《明报》成功了！昔日稚嫩的婴孩如今长出了强壮的四肢，昔日凌乱的星云如今凝聚成了耀眼的明星！在香港强手如林的报界中后来居上，脱颖而出，成为有一定的社会地位和社会影响，具有中等规模和独特风格的报纸。

金庸的成功，其中一个重要原因就是他从来不认为自己已经成功，他总在不断寻找新的机会，不断根据形势的变化寻找新的发展契机。他的心目中，《明报》应该成为一个系统，一片枝叶繁茂的森林，而非一棵茁壮的大树，他知道，一棵树即使再大，也难挡暴风雨的袭击，而只有森林，才能互相扶持，共同成长。可以说，从《明报》一创刊，他就已经在构思这个伟大的计划了，只是情况不允许，而使想法只是想法而已。经过"六七暴动"以后，香港的政治冲突慢慢平息，人心也渐渐安定，金庸也不必用很大的精力应付外界的压力，他开始着手实施自己的《明报》托拉斯计划了。

如何实现这个计划？金庸请教了不少报界的耆宿，也参观访问了不少世界一流的报业集团，其中对他刺激最大的是日本报业的地位和运行方式。

1964年4月，金庸以《明报》记者身份赴日本东京参加国际新闻协会举办的"亚洲报人座谈会"，在此期间，他耳闻目睹了日本报人在日本的崇高地位，他们那才是真正的无冕之王，连政府政要都很尊敬他们。这件事对他震动很大，他悟出这样一个道理："在一个真正民主的社会中，政府决不能影响报纸，报纸却可以影响政府。政要可以上台下台，内阁可以改组更换，报纸的言论和立场却必须是一贯的。报纸不诚实，读者不看它，报纸非垮台不可。政府不诚实，报纸不断的攻击它，政府也非垮台不可。归根结底，政府的命脉，是真正操在广大人民手里。"因此，他想，《明报》要进一步发展壮大，就必须坚持干预社会，宣扬人间正义的宗旨，保持自己的独特地位，不为任何外界的威胁利诱所屈服，不做任何政治势力的传声筒和工具。

在参观日本最大的报纸《朝日新闻》时，这家报纸的现代化的运作方式深深地吸引住了金庸。他看到，《朝日新闻》的记者外出采访都是坐报社的飞机，报社用几十架印报机印刷报纸，印好之后又由几十条传送带同时输往打包车间，完全是一种高效率、快节奏的现代化报业操作方式。对比《明报》的操作方式，金庸顿觉自惭形秽，他明白，要想真正把《明报》办成世界一流的大报，就必须用现代的办报理念加上现代的运作方式。

回到香港之后，他立即召集报社骨干谈话，将自己的打算和感受和盘托出，大家都被他描绘的《明报》愿景兴奋起来，随后，金庸又召集报社各层次的人员座谈，将大家的热情和信心都调动起来了。后来的发展，基本上是按照金庸的计划一步步实现的，到今天，《明报》已成为一家名副其实的报界托拉斯。

《明报月刊》在某种意义上来说是一份"同人"杂志，是志同道合的朋友为了获得精神上的交流和愉悦而创办的，并非以赢利为主要目的。原来，当金庸带领《明报》和《大公报》等大报进行火药味很浓的论争时，很多人慢慢认识到了他的学识、性格和勇气，金庸也因此在世界各地交了很多朋友，他们纷纷写信给金庸，支持他在论争中所持的态度，同时他们都或隐或显地表示：能不能创办一份没有任何政治背景，不受任何外在力量控制的杂志，而只完全属于他们这个圈子，只用来交流朋友间的感想和看法的杂志，没想到他们的想法与金庸不谋而合，因为金庸早就计划出版这样一份杂志，只是因为时机不成熟，而一拖再拖。现在已今非昔比，《明报》的社会影响和经济实力都足以支撑起这样的一份杂志。大家见金庸接受了大家的意见，都很高兴。谁来主持？大家也没任何疑义，非金庸莫属，这一方面是因为金庸是办报出身，有经验，另一方面是因为这些朋友都散居在世界各地，手上都有具体的工作，抽不出时间做这件具体的事。这份杂志的创办过程在报业史上堪称独一无二，具体事务都是由金庸和朋友们通信确定的，关于这份新杂志的宗旨，他们决定"循自由主义，兼容并包"的开放而独立的方针，遵循不偏不倚，特立独行的原则；要让这份杂志成为传播中华民族的优秀文化，联络世界各地华人感情的纽带，同时它还要在态度上温和可亲，温文尔雅，富有人情味和幽默感。要让所有读到它的人，无论是中国人还是外国人，都能从这一份杂志中感受到中华文化的博大和精深，以及中国人历来引以为自豪的那种无为而治的大度和涵养。

他们还决定，这份杂志的对象应定位在文化层次较高的读者，刊载内容应以文化、学术、思想为主；至于新杂志的名称，金庸和朋友商量后决定仍冠以"明报"字样，称《明报月刊》，目的是和《明报》在形式上构成一个系列，也可借《明报》现在的影响发展自己。

1965年底，这份新杂志正式出版，并在发刊词上明确宣布了自己的宗旨：独立、自由、宽容。它除了刊登海内外学者寄来的水平较高的学术稿件外，还刊登了许多揭露中国政坛内幕的文章，这种独特的风格使《明报月刊》一问世就引起了广泛的关注。

《明报月刊》名义上是"大家共有的一份刊物"，但重担实际上全落在了金庸一个人肩上，海内外的朋友是心有余而力不足，只不过担负起提提意见、寄寄文章的责任，而大量具体而烦琐的实际工作却要金庸一人来做。金庸很重视朋友间的这一份友谊的结晶，也很喜欢这份杂志，于是亲自上阵，自命总编辑，呕心沥血地孕育和培养它。这又是一段艰难创业的时期，一方面是它的高雅在香港恐怕是曲高和寡，怕只有伯牙的高山流水，而无子期的击节唱和；再看编辑队伍，只有金庸和他的两个助手许冠三和王世瑜，所以，虽然"月刊"出版后赢得了一些读者的好评，但也有不少人担心这份杂志很快就要夭折，但金庸性格中就有乔峰那种"虽千万人吾往矣"的精神。当时他家住九龙，但"为了决心办成这份许多人认为决不可能生存的刊物"，他"在香港租了一层楼，把间隔的墙壁都拆去了，连厨房也取消，成为空空荡荡的一间大书房，日日夜夜地在这书房里办月刊的事。在附近再租了一层楼，作为月刊的编辑部"。为了办这份杂志，金庸把书房都搬到他新租的大房子里来了。办《明报月刊》需要很多图片，而金庸的藏书中，有很多是从欧美买来的印刷精美的图书，里面有很多图片，现在都用上了。为了编《明报月刊》，金庸天天躲在大书房里查资料，编图片，忙得连家都很少回，有时太太见他久不回家，很担心，就做好饭从九龙送到香港。

终于，《明报月刊》在金庸的精心培育下走出了坚实的第一步，这时金庸决定物色一个人代替自己负责"月刊"的事务，最后他选择了胡菊人。胡菊人曾任《中国学生周报》的社长，还曾在美国的新闻处工作过，有是个出色的报人；另外，金庸也很欣赏他的责任心和品位。胡菊人很爽快地接受了金庸的邀请。

从1967年起，金庸退出了《明报月刊》的实际编务，改由胡菊人全部负责。金庸鼓励胡菊人按照自己的意愿自由编辑。胡菊人没让金庸失望。他在接管《明报月刊》后，大胆进行改革，把重点放在刊登一些披露、分析中国政治和国际形势的文章上，特别是对中国政治形势的分析，及时、真实、独特，备受世人瞩目。

对《明报月刊》，金庸一直是情有独钟，他像对待自己的孩子一样关心着它的每一步成长。在他的经营理念中，他当然不想让《明报月刊》赔钱，但也确实并不指望它给自己赚钱，不但不靠它赚钱，有时甚至还要贴补它。在《明报月刊》纪念创刊十周年时，他曾一往情深地说：

> 现在阿讷12岁了，已会翻阅月刊中的图片和一些最浅近的文字。原来，我们的孩子（我们夫妻两人的）和我们的刊物（我们工作人员与作者、读者们的）都已长大了。朋友们都说我们的阿讷很美很乖，也说我们的月刊办得不错。我只希望，当我自己的生命结束而离开这世界时，阿讷（还有她的哥哥姐姐）也仍是这样乖，过得很幸福。我们的月刊也仍像过去十年那样，从不脱期出版，受到许许多多人的喜爱。

阿讷是金庸最疼爱的孩子，《明报月刊》也是这样的一个孩子，阿讷和《明报月刊》还有一种特殊的关系。在"月刊"创刊初期，金庸殚精竭虑，一心想的都是"月刊"的编务，根本没时间照看孩子。阿讷当时才两岁多，一天她一个人爬到钢琴上玩，不小心从上面掉下来，把左臂摔断了。这时金庸正在编稿，听到家里打来的电话，他连忙回家去给孩子看病，等医生给孩子包扎好，金庸因为实在放心不下"月刊"的事，所以把孩子送回家就又赶忙回到大书房里。这件事使他至今仍觉得对不起自己的女儿，可见，他对阿讷和对"月刊"同样疼爱。

《明报月刊》不赚钱，基本上是不亏不赢，但金庸并不把它视作自己的负担，相反，金庸很看重它，因为这是他和许多朋友友情的结晶，因为它是海内外华人朋友交流思想和感情的联系纽带，而且有很高的学术价值。如果说《明报》为金庸赚钱的话，那《明报月刊》则是为金庸赚名。

《明报》托拉斯计划从《明报》一创刊就开始实施了，只是当时不像现在目标明确而已。在《明报月刊》前后，金庸还先后创办过《武侠与历史》杂志，《新明日报》星马版，《明报周刊》《明报晚报》《财经晚报》等报纸，后来又创办了明窗、明河、明远三家出版社，使《明报》系列成为一家名副其实的报业托拉斯。

《明报》家族的老大和龙头日是《明报》。在香港，《明报》虽然不是最赚钱的报纸，但也是数一数二的，而从质量和社会影响来说，它则可当之无愧地被称为香港的第一大文化报刊，不但销量好，社会影响和声誉也好。《明报》被戏称为香港文化界的"少林寺"，在它身边，聚集了一大批香港文化界的精英。它的三位老板：金庸、沈宝新、潘粤生，都是香港文化界响当当的人物。金庸自然不必多说，沈宝新精于管理，被称为"铁算盘"，潘粤生写得一手好文章。《明报》副刊更是文人骚客汇聚的阵地，不少名家好手都为能加盟这个阵营而自豪，主要有张彻、黄沾、哈公（许国）、林燕妮、亦舒、严沁、王亭之、石琪、项庄（即董千里）、张君默、何紫、温瑞安等。能把这么多的好手笼络到手下的人，自然也不是无名之辈，试看《明报》的编辑阵容：采访主任是龙国云，以陈非的笔名撰写食经，引人关注；副刊编辑为现代诗人黄炎培，其文妙笔生花，勾人魂魄，影视版由孔昭负责，不但内容丰富真实，而且设计一流。有了这些大将把手各个关口，而且大家都尽心尽力，《明报》才能乘风破浪，扬帆远航。

《武侠与历史》创刊于20世纪60年代初，金庸服从于自己的武侠小说的构思，认为武侠和历史是不可分的，所以武侠小说和历史小说也有一定的关系，现在将两者结合起来，无疑是一个很好的创意。这份杂志主要刊登武侠小说，像金庸的《鸳鸯刀》《飞狐外传》，古龙的《绝代双骄》都在上面连载过，确曾风光一时，可惜后来因各方面的因素不得不停刊。

《新明日报》有新加坡版和马来西亚版，前者创刊于1967年3月8日，后者创刊于1967年4月8日，都是在"六七暴动"爆发之前。两份报纸都是金庸和当地商人以合股的方式合办的，只不过金庸所占股份最多。刚开始两份报纸用同一版面，同样的内容，后来新加坡独立，两国政府的政策不同了，两家报纸的内容和版面随即也不得不区别开来，但小说和副刊采用的内容继续和香港《明报》相同。这两家报纸发展得非常快，不几年就跻身于当地三大销量最多的几家报纸之列。后来当地政府对报纸采取限制政策，金庸就把自己的股份卖掉了。时至今日，这两份报纸的销量仍为当地报纸的翘楚，只是在风格和内容上和以前大不相同了。

《明报晚报》的前身是《华人夜报》，创办于20世纪60年代后期，由王世瑜任总编辑。王世瑜是金庸一手提拔起来的一员干将。初进《明报》时，王世瑜只是一个信差，由于他办事勤快，脑子又灵活，金庸很喜欢他，就升他为校对，后来又很快升为助理编辑、编辑。金庸创办了《华人夜报》后，又把他提升为总编辑，升迁之快，一时无二，金庸知人善任，成为报界美谈。

《华人夜报》走的是娱乐路线，内容以吃喝玩乐为主，并有不少色情内容。报纸销路还不错，但不久却停刊了，其中原因，据说与金庸的太太朱玫有关。朱玫嫌这份报纸色情内容太多，就要求王世瑜改变一下，但王世瑜坚持自己的做法，两人一度为此争执起来。朱玫要求金庸辞掉王世瑜，金庸左右为难，他可不想辞掉自己的这员爱将，但又不好得罪自己的妻子，于是他想以折中的办法，让王世瑜改变一下报纸风格，谁知王世瑜一气之下，辞职不干了，转而投向《新报》，不久就创办了《新夜报》。

王世瑜走后，《华人夜报》才改名为《明报晚报》，改由林三木任总编辑。林三木原来只是《明报》资料室的一名普通职员，后受金庸的赏识，被保送到英国学习经济，回香港后先做《明报晚报》的副总编辑，升为总编辑。他办报很有特色，使《明报晚报》的销路一路上升。林三木是个很有头脑的人，他一上任，就把重点放在股市行情的预测方面，而且以预测准确著称。

香港股市最容易受两种因素的影响，一是国际形势，二是股票大户，而国际形势并不是天天变，所以大户的作用就显得很大。林三木是潮州人，香港的股票大户里有很多是潮州人，与林三木是同乡，林三木经常请他们吃饭聊天，饭桌上，茶桌旁自然会谈起大家共同感兴趣的话题，林三木牢记在心，第二天一早赶到报社写成股市预测文章发表。《明报晚报》下午一点多出版，股民看到林三木的文章后还来得及去做下午的交易。有一段时间，林三木的股评文章甚至被视为股民们的投股指南。

《财经日报》原先并不属于《明报》系统，而是《明报》收购的一名记者创立的。林三木后来脱离《明报晚报》，自立门户，他走后，《明报晚报》的财经版改由黄扬烈负责，业绩也不错，与股市中的不少人也都很熟悉，后来他见办财经类报纸很赚钱，就跃跃欲试，不少股民也撺掇他与他们一起办报纸，于是黄扬烈也脱离《明报晚报》，创办了自己的《财经日报》，但报纸办下来后却成绩平平，许多股东一看结果非自己所料，就纷纷退股，黄扬烈一看支撑不住，只好硬着头皮去找金庸帮忙。金庸不计前嫌，同意入股支持《财经日报》。但尽管如此，《财经日报》仍然毫无起色，最后股东都退股而去，只剩下黄扬烈一个人在苦苦支撑，最后实在力不从心，他就再硬着头皮去请求金庸买下《财经日报》，条件是金庸把以前借给他的钱一笔勾销，再还清一些工人的工资和所欠的稿费。金庸都答应了。就这样，《财经日报》成了《明报》家族的一员。

除了《明报》，《明报周刊》是《明报》家族内最赚钱的一份刊物。"周刊"创刊于"六七暴动"之后，其前身是《明报》的星期日副刊《东南亚周刊》，这份副刊内容以报道娱乐圈内的人物和新闻为主，是免费随报附送的。后来金庸见读者很欢迎，就正式创办了《明报周刊》，将原来的旧版改成16开的周刊，内容还是以娱乐圈新闻为主，但不再免费赠送，而是单独出售，定价5角。对这个定价，报社内外都直摇头，因为当时香港的中文报纸每份只卖1角，5角可是个高价钱，况且这份报纸一向是附报赠送的，现在改成出售，会失去一部分读者，现在定价又这么高，未必能成功。但金庸自有主意，他认为，只要把杂志的内容办得更生动活泼些，并且多增加一些彩页，多刊载一些适合家庭妇女看的软性文章，销路应该不成问题。后来证明金庸的估计是正确的，很多人看到《明报周刊》不但创刊了，而且不久后销路还很好，不禁惊呼："想不到！想不到！"《明报周刊》对香港人来说还有一层特殊的意义：在它之前，香港没有娱乐周刊，香港现在铺天盖地的娱乐周刊，原来都要以他为源头。

《明报周刊》的功臣是雷炜坡，说到雷炜坡，在香港几乎是妇孺皆知，名头响得很。他是香港娱乐新闻的祖师爷。《明报》初创时，他以柳鸣莺的笔名写"伶星专栏";后来又主持《明报》的娱乐版,且具体负责采写娱乐专栏"偎红楼主",名噪一时。《明报周刊》以娱乐为主,金庸放手让他去主持可谓知人善任。接受"周刊"后,雷炜坡首先对编辑队伍进行大换血,大量起用女记者、女编辑,因为"周刊"的大部分读者是妇女,而了解女人的莫过于女人;此外,他还抓住时机,精心炮制了"香港小姐何秀汶情书"事件,在香港产生了爆炸性的轰动效应,使《明报周刊》的销量一下子增加了好几万份。何秀汶是当时的香港影星陈百祥的女友,而陈百祥则是一个标准的花花公子,到处拈花惹草,何秀汶只是其女朋友之一。何秀汶写这些信时陈百祥还未成名,而这些信在"周刊"上发表时陈百祥已成名,人们只知道他用情不专,但具体如何不专,并不了解,所以这些情书的发表正好满足了人们的好奇心。

1973年,香港功夫巨星李小龙暴死,但对他的死因,人们却有很多猜疑,雷炜坡抓住时机,紧急出动各路人马,寻奇探幽,精心策划了一个"李小龙专辑",马上又引起轰动,一版再版。至此,《明报周刊》已稳坐香港娱乐类周刊的头把交椅。其销量一度达到过三十万份。

除了报纸,《明报》家族1987年还创立了"翠明假期",专门经营美国、加拿大、澳洲及欧洲的旅游业务。后来,《明报》家族又添新成员,即三家出版社,包括明河、明窗、明远,这三家出版社除了出版金庸的小说外,还出版过卫斯理的科幻小说、克里斯蒂的侦探小说,温瑞安的武侠小说,此外还有各种各样的诗歌、散文、小说、评论。读者对象不但包括香港人,还包括台湾读者,中国内地读者,而且还出版了海外版,成为人们了解世界的一个窗口。

由金庸一手创办的《明报》家族至此已经扩展成为一个集出版、印刷、旅游,甚至包括房地产在内的一家综合性的集团。《明报》的队伍,刚开始时只不过三五个人白手起家,现在则兵多将广,兵强马壮。至20世纪90年代,《明报》集团年盈利已高达七千万元,一九九一年达到了一亿元,而金庸个人的财产估计已超过六亿元。在1991年《资本》杂志的"九十年代香港华人亿万富豪榜"中,金庸名列第六十四,他的合伙人沈宝新则名列第一百一十二位。

所以,倪匡又羡又"妒"地称赞道:"查良镛是中国五千年来第一个致富的知识分子。除了传说中的陶朱公外,能够同时成为大儒和富翁实在绝无仅有。做生意当然会惟利是图，但这不一定会与良知发生冲突，因为赚钱不是坏事，做好事也可以赚钱。查良镛是一个有知识和商业才能的人。"

而金庸唯《明报》成功的原因，用王世瑜的话说则是："《明报》的成功，可归功于查良镛个人的远见。由早期以武侠小说的金庸作号召，迈向六十年代以政论闻名的查良镛年代，以至目前上市以企业手法经营《明报》，查良镛成功地将《明报》塑造成了一份备受知识分子尊敬的报纸，可见他的高瞻远瞩。"

金庸自己的说法则是："一个人一生所做的事业，不论大小，总应该能令自己回想起来感到欣慰。当然这是一个目标，做不做得到是另一回事，不过总得尽力去做就是了。所以，办报纸也应该办一份最好的报纸。这当然也是每个人的理想。"

事实证明，金庸按自己的理想去做了，并且成功了！

"吝啬鬼"逸事

金庸在《明报》内部一直有"抠门"的雅称，他对《明报》的记者一直实行"微薪制"，对作者也决不宽容，这一点倪匡体会最深。

但金庸又绝对是个老少咸宜的朋友，当你真的需要帮助时，他决不吝啬。

金庸曾这样说过："办报纸，不能过分浪漫。"办报不等于写武侠小说，可以无限发挥自己的想象力，而是切切实实的实际事业，是必须"斤斤计较"的，实际上，金庸在《明报》内部一直有"抠门"的雅称。他对《明报》的记者一直实行"微薪制"，但他自有自己的办法补偿，一旦有年轻记者表示不满时，他就会语重心长地对他们说："在《明报》工作是你们的光荣，别看就这么一点工资，还有人排队想进来！"此话属实，因为不论是谁，只要在《明报》干过，立刻就身价倍增，以后的前途就无需发愁。

金庸给作者的稿费也不高，但《明报》的专栏极有江湖地位，不少名作家都是在《明报》上出的名，所以虽然报酬不高，但仍趋之若鹜，因为若有机会在《明报》开专栏，别人立刻会对你另眼相看，以后还怕拿不到高稿费？但也有作家对金庸谈稿费，如林燕妮，当初也为《明报》写稿，但她花钱太厉害，所以常常感到入不敷出，于是就想叫金庸加稿费，但金庸一听就拒绝了："你那么爱花钱，加了也是花掉，不加！"而当不爱花钱的亦舒也叫他加稿费时，他的回答是："你又不爱花钱，加稿费干什么？"亦舒为此在专栏里写文章骂他，金庸看了一笑了之："骂我可以，稿费还是不加！"真令人深感无可奈何。

对金庸的这种抠门，最有切身体会的是倪匡，倪匡与金庸可算资深的老朋友，但金庸照样不客气。倪匡算是《明报》的老作者了，从《明报》一创刊，金庸就约他写稿，但因《明报》属于初创期，资金不足，给他的稿酬也不高，倪匡是把每个字都和钱联系起来的职业作家，但也很讲义气，金庸约稿，倪匡并不吝啬。可后来《明报》发展得越来越好，倪匡就动了让金庸加稿酬的念头。在一次朋友聚会上，他就趁着酒劲，斗胆向金庸提出了增加稿酬的要求。他说话历来是大呼小叫，不分场合的，他直呼其名："查良镛，过去你给我低稿费，我体谅你，但现在你的《明报》那么赚钱，你该大方点了吧！给我加稿费！"没想到金庸竟温和地一笑，答应了！倪匡大喜！不久，金庸果然给倪匡加了稿酬，不过低得倪匡可以忽略不计，倪匡这才知道上了金庸的当。原来金庸深知倪匡的脾气，当时若当面拒绝的话，倪匡一定会大叫大嚷、吵闹不休的。所以他当时就施了个缓兵之计，先稳住倪匡，然后再伺机摆平他，倪匡果然上了当，他立刻打电话给金庸大骂，论计谋，倪匡不如金庸，但论口才，金庸却不敌倪匡，一听倪匡那激动得语无伦次的声音，金庸马上又直击倪匡的要害，温和地对他说："好了好了，别吵了。我写信给你。"这句话就如一颗炸弹落到倪匡头上，他只觉得脑袋"嗡"的一声，在心里叫道："完了，这下又完了！"因为论写信说理，十个倪匡也不是金庸的对手。另外，倪匡是把每个字都与钱挂钩的人，所以他把写信看作是浪费钱，是只有傻瓜才愿意做的蠢事，可没想到金庸就愿做这样的傻瓜。他大惑不解地的说："我从来不曾遇见过一个人像查良镛那么喜欢写信的"。于是他忐忑不安地等金庸的信，当他接到金庸的信打开一看，就知道自己这次又败局已定。金庸不厌其烦地在信里列了十几条不能加稿费的理由，其中一条说：报馆现在仍处于艰难创业时期，节衣缩食才能勉强维持，若给你加了稿费，其他作者势必也会提出相同的要求,这样报馆就无法收拾了……倪匡没看完,就不耐烦了,只得缴械投降,以后再也不敢提加稿费的事了。

但倪匡并不认为金庸对自己不够朋友,在他眼里,金庸非常慷慨大方,因为当他急着用钱时,金庸总会提前预支给他稿费,而且每次数目都不小,但金庸每次给他钱时总要加上一句话:"倪匡,钱不要乱花呀!"也颇令倪匡难为情。金庸知道倪匡花钱如流水,所以特地这样叮咛他,他也知道倪匡一定会把自己的话当作耳旁风,可每次都还这样说。

在倪匡看来,金庸不但慷慨,而且非常可爱。他曾这样写自己眼中的金庸:

> 金庸本性极活泼,是老幼咸宜的朋友,可以容忍朋友的胡闹,甚至委屈自己,纵容坏脾气的朋友,为了不使朋友败兴,可以唱时代曲《你不要走》来挽留朋友。
>
> 金庸的头极大,笔者有三个大头的朋友:金庸、张彻、古龙。这三个大头朋友,头都大得异乎常人,事业上也各有成就。和这三个大头朋友在一起,常有一种极度安全感:就是天塌下来,也有他们顶着!十余年前,金庸嗜玩"少蟹","蟹技"段数甚高,查府之中,朋辈齐聚,通宵达旦,筹码大多集中在他面前。笔者赌品甚差,有一次输极了,拍桌而去。回家之后,兀自生气,金庸立时打电话来,当哄小孩一样哄,令笔者为之汗颜。又有一次也是输极了,说输的钱本来是准备买相机的,金庸立时以名牌相机回赠。其对朋友大抵类此,堪称一流朋友。
>
> 金庸在年轻时曾学过芭蕾,对古典音乐的造诣极高,随便拣一张古典音乐唱片放出来唱上片刻,他便能说出这是什么音乐。
>
> 金庸十分喜欢驾车,更喜欢驾跑车。最早,用过凯旋牌小跑车,后来,换了保时捷。保时捷跑车性能之佳,世界知名,到了金庸手中,平均驾驶时速略微提高,大约是三十里。曾有人问金庸:"你驾跑车超不超车?"金庸答:"当然超车,逢电车,必超车!"其性格中的"稳"字,由此可见。
>
> 金庸不嗜酒,号称"从未醉过"。根本喝得少,当然不会醉。他吸烟、戒烟,次数极多,如今一样在大吸特吸,并且相信了中年人不能戒烟的理论。

金庸也略藏书画。如今书房中所悬的，有史可法的书法残片；曾在他处看到过不知是真是假的仇英《文姬归汉图》；也曾见过四幅极大的（超过五公尺长）齐白石精品、吴昌硕的大件等。

金庸也集过邮，不过他集的是花花绿绿的纸而已。

金庸对吃不讲究，穿亦然，衣料自然是最好的，但款式我行我素，不受潮流影响。

看来，金庸很会生活，也很重视生活品位。在倪匡看来，金庸属于雍容大度、镇定自若、胸有丘壑的大智者，但金庸的脾气并非一直都很好，倪匡曾记载了这样两件事：

金庸是属于慢性子的人，涵养极好，多少年来，只见过他发过两个半次脾气。此话怎讲？因为两次都不是盛怒，只不过表示了他心中的不高兴，而且这两个半次脾气，都发得十分有理。一次，是笔者为了一己之利向他作一个要求，时在汽车之中，金庸"哼"了一声："除非《明报》破产，不然万万不能！"吓得笔者和同车人噤若寒蝉，连大气儿都不敢透着好几分钟。另半次是对一个行为十分恶劣的小人，该小人颠倒黑白，造谣生事，金庸当众宣布不与这种人同席——很多人，可能只看到过查先生这半次脾气而已。

需要补充的是：第一个半次生气之后不到一小时，金庸就打电话来："如果你真觉得这样子对你有好处，就照你的意思办吧！"笔者忙曰："不必了！不必了！"屈己从人，照顾朋友，这是金庸做人的豪侠之处。金庸事业大成，自然比一般摇笔杆子的朋友富很多，向他有所求的朋友，很少受到拒绝。我曾问过他："你手上的钱如何处理？"他的回答是："放在哪里都不记得了！"

金庸这样说并不表示他的钱多得自己都记不清了，而是说他对钱看得很轻。这就是金庸，该抠门时抠门，该大方时大方，也就因此，才有了今天的《明报》。

金庸不但可爱，而且有趣。这也使倪匡体会最深。倪匡家里珍藏着金庸亲笔题写的一副对联，这副对联对倪匡来说简单易懂，但对倪匡之外的人来说，却是高深莫测，用倪匡自己的话说，非他自己亲自注释才可。这副对联是这样写的：

> 年逾不惑，不文不武，文中有武，不饥不寒，老而不死，不亦快哉；
> 品到无求，无迂无争，迂则必争，无灾无难，远于无常，无量寿也。

我与君俱以武侠小说为人知，文中有武，并驾当时。人之喜祷善颂者。恒以"大宝贵亦寿考"为祝。寿考是美事，大宝贵则非大争求不可得，或求而无成，或既得而复之，终日营营，忧心忡忡，人生百年，何愚而为此苦事。君少年时多历忧患，当深知不饥不寒之至乐。

> 女俏子灵斯谓好，谷重穗，不搞不震非好汉；
> 贝富才捷信为财，果珍李，无忧无虑作财婆。

匡兄四十初度，摆联自寿，有"年逾不惑，不文不武"。

暨"无欲无求"语。以"不"、"无"二字为对，惟有句洒脱，匡嫂不之喜也。谨师其意，以拙笔书二联无量寿。举世贝壳藏家，或雄于资，或邃于学，抑或为王公贵胄，似君以俊才鸣者，未之或闻。

匡兄华诞之喜

弟：金庸

乙卯六月

这也许是有史以来著名的长联之一吧。金庸写这一副长联是有感而发，当然与倪匡有关。原来倪匡在四十岁时自撰了一副对联：

> 年逾不惑，不文不武，不知算什么；
> 时已无多，无欲无求，无非是这样。

倪匡写完，左看右看，喜不自胜，就拿到报上发表了，结果有人骂他是"自撰挽联式的对联，倚老卖老"。倪匡的妻子见对联中有"时已无多"四字，也很不愉快。金庸知道后，就写了这副对联送来。

这副对联用典很多。倪匡的妻子叫李果珍，女儿叫穗，儿子叫震，所以这副对联实为嵌名联。"搞搞震"是粤语，意思是胡捣蛋，因为倪匡的宝贝儿子以胡捣蛋出名，所以金庸才有此语。

金庸既写武侠小说，又写社评，倪匡则是既写武侠小说，也写科幻小说，也算志同道合，所以在文字上也有过几次合作，其中最著名的要数倪匡代写《天龙八部》了。可这次代写，对金庸和倪匡来说，都有战战兢兢、如履薄冰之感。

倪匡的紧张来自他的一种"恐金症"，他一向认为，在这个世界上谁也没能力代写金庸的小说："如果有人可以代写，写出来的东西如此之好，这个人为什么要代金庸写，自己不写？道理很简单，偏有人不肯去想一想，真怪！"

金庸的紧张则因为他怕在倪匡那里吃闭门羹，这并非杞人忧天，而是他有过一次被倪匡拒绝的体验。当初金庸以写武侠小说出名后，一时稿约如雪，即使金庸有四只手，也难以应付。在《倚天屠龙记》连载完后，新加坡的一位报馆编辑来找金庸，希望他能续写《倚天屠龙记》，但金庸此时已开始动手写《天龙八部》，实在分身乏术，于是他就向新加坡的编辑推荐了倪匡，并专门约了倪匡在一家酒店见面。趁着几分酒意，金庸正式请倪匡续写《倚天屠龙记》，倪匡一听，"脑中嗡的一声，几乎飘然欲仙"。金庸和编辑接着又诚恳地解释为什么请他续写《倚天屠龙记》。在这期间，倪匡一言不发，只是大口喝酒，过了好久他才金口微启，神色严肃地回答说："今天是我有生以来最高兴的日子，因为金庸认为我可以续他的小说，真的太高兴了。其高兴的程度，大抵达到一辈子都不会忘记。可是我这个人有一个好处，就是极有自知之明。而且，我可以大胆讲一句，世界上没有人可以续写金庸的小说。如果有一个人，胆敢答应：我来续写，那么这个人，一定是睡觉太多，将头睡偏了的。"

金庸一听，自然不好勉强。可这件事对倪匡则成了光辉的历史，他后来常常在各种场合谈到这件事，久而久之，坊间竟传说金庸的小说是倪匡代笔写的，喜得倪匡乐陶陶。

1965 年 5 月，英国伦敦邀请金庸去参加国际新闻协会主办的会议，金庸答应了，并计划趁此机会在欧洲作一次长途旅行，报社的事务自有手下大将打理，他不必担心，让他放心不下的是他正在写的武侠小说《天龙八部》，就此停笔不写吧，读者一定会不答应，甚至会影响到报纸的销量，可写吧，在欧洲旅游的诱惑又实在太大，最后他想到找人代笔，但从小说现在的情况看，那种非凡的结构和复杂的人物关系，又非一般人所能驾驭，想来想去，他又想到了倪匡，他觉得实在没有办法，他只能找人代笔，想来想去，他又想到了倪匡。倪匡下笔如神，文笔潇洒风流，想象奇特古怪，且是写武侠小说出身，确是最合适的人选，交给他代写，金庸是放心的，现在让他不放心的是倪匡会不会答应，以前在他那里碰到的钉子现在仍在隐隐作痛。权衡再三，金庸决定避开倪匡容易激动的地方，不提"续写"，只说是"代写"，给他成分发挥想象的自由，而且为确保万一，他还特地拉上名作家董千里（项庄）在座，作为旁证，使倪匡解除后顾之忧。

三人落座，倪匡一见金庸这个架势，就知道一定有求于自己，昔日加稿费被拒的"仇恨"顿时涌上心头，他决定拿拿架子，气气金庸。

金庸一脸诚恳，且婉转曲折："倪匡，我要去英国参加一个会，并想会议结束后顺便在欧洲旅游几天，你知道我正在写《天龙八部》，不能中断，我想来想去，觉由你代写最合适，所以想请你代写三四十天，是代写，不是续写，你不必拘束于原来的情节，可以自由发挥。"

倪匡是何等机敏，金庸刚一开口，他就明白金庸所求何事，刚想拒绝，听到金庸说是代写，而且可以让自己自由发挥，心才稍定。

金庸说完，倪匡心里说：这等于说：千万不可损及原著，你自管去写你自己的好了！换了别人，或许会生气，但我不会，高兴还来不及！若是连自己的作品和金庸的作品之间有好几百万光年距离这点都不明白，那是白痴了，幸好我还算聪明，所以一点不生气，而是连连点头答应。

金庸见倪匡答应了，心里的一块石头才算落了地，他接着说："老董的文字比较简练，简深而有力。文字的组织能力又高，你的稿子写好之后，我想请老董看一遍，改过之后再见报！"

倪匡心里说："这等于说：倪匡，你的文采不好，虽然任由你发挥，我还是不放心，要找人在旁监督，以防万一出毛病。"

换了别人，又可能会生气，但倪匡不会，因为董千里文字简练老辣，海内外闻名，自己平时苦于得不到他的教诲，现在正好借机学几手，何乐而不为？于是倪匡又痛快地答应了。

事情就这样定下了。金庸走了，倪匡开始了一段"战战兢兢"，"如履薄冰"代写《天龙八部》的日子，"思想负担之重，一时无两"。

金庸旅欧匆匆归来，他虽然对倪匡已经千叮咛万嘱咐，但他深知这位老朋友的性格，知道他若胡闹起来，连天王老子也管不住。果然，倪匡见到金庸的第一句话就是："对不起，我将阿紫的眼睛弄瞎了！"原来，倪匡早就讨厌阿紫的乖戾和狠毒，这次趁金庸在外旅行，约束不住，就把她的眼睛写瞎了。金庸听了，只有苦笑。

倪匡写了大约六万多字，金庸后来修改时，决定把这一段删去，事先特地去和倪匡商量。他诚恳地对倪匡说："倪匡啊，我在按我自己的思路重新修改我的小说，我想把你代我写的那一段删去，希望你不要见怪。"

"见怪，我会见怪，大大地见怪！"倪匡一听就大声嚷嚷起来。

金庸一听，面露为难之色，倪匡这时却哈哈大笑起来，说："你真是个正人君子，不了解我历来放荡不羁，喜欢正话反说吗？我见怪的是你我做了这么多年的朋友，却不知道我不会见怪。我不会见怪，不但不见怪，而且衷心赞成！"

"礼貌上总要问一问。"金庸更显扭捏。

"去他妈的礼貌！我有点担心，阿紫的眼睛瞎了，你怎么办？"倪匡知道，自己一时义愤，把阿紫的眼睛弄瞎，却给金庸出了一道难题。

"我自有办法。"金庸胸有成竹。

金庸确能妙手回春，他将阿紫的眼睛做了巧妙的处理，并且将她和游坦之的性格写得更透彻、更感人了。两个人，一个为了痴情相爱，宁愿将自己的眼睛送给爱人，而一个为了性格顽强，将已复明了的眼睛又挖出来，凄楚、偏激、浪漫，都因此一改而被发挥到了极致。

替金庸写小说的这段经历，又成了倪匡自夸的资本，他甚至喜滋滋地自撰了一副对联，上联是"屡替张彻编剧本"，下联是"曾代金庸写小说"。对《天龙八部》，他也是推崇备至，说："《天龙八部》是千百个滔天巨浪，而读者就浮在汪洋大海的一叶扁舟上。一个巨浪大过来，可以令读者下沉数十百丈，再一个巨浪掀起，又可以将读者抬高几百丈。"

谦谦君子

金庸的宽容有时让人觉得难以理解。《明报》培养了很多出色的人物，而当他们翅膀硬了之后，却又往往离开《明报》，另筑新巢，有些甚至成为金庸的对手，但金庸并不因此而对这些人有什么意见，或公开表示过什么不满，而总是从他们的角度考虑，为他们的成功而高兴。

金庸极重友情，他曾翻译过一篇美国短篇小说《圣诞老人》，故事是说一个善良的强盗偷了一批财宝，去放在他爱人老祖母的圣诞袜子里。这位老太太快要死了，她一生相信圣诞老人会在她的袜子里装进些写礼物，在临终之前，这个愿望终于实现了。这个强盗由于穿了圣诞老人的服装，埋伏着要打死他的敌人竟然没有认出他来，因而得以逃脱。生活在香港这样的商业社会里，钱无疑成了大多数人追求的目标，金庸认为这是合理的，但他同时认为，人在重视金钱的同时，也不要忘了友情和亲情。他在随笔《圣诞节杂感》中不禁感慨地说："我们生活在这个十分重视金钱和物质的社会里，友情和善意常常被利害关系和钞票的数字所破坏。许许多多人一早起床就陪着算盘、计算机、收银机、红色绿色的钞票；许许多多人觉得世界上最重要的是马票头奖。新年是很好的节日，但人们总爱把'恭喜发财'和它联系在一起，红封包裹包着的是'利是'；买花来插是图吉利，是为了卜占发财的兆头。发财当然不坏，金钱和物质也决不能轻视，但总得有一个日子，让个人多想到一些亲谊和友情，少计算一些利害和金钱吧！"若有人认为金庸这时是站着说话不腰疼，自己有钱才说不重视钱，那你想错了，金庸说这些话时，也不过是《大公报》的一个小编辑，而绝非腰缠万贯的《明报》总裁。实际上，重视友情是金庸一生信守的原则。

《明报周刊》的总编雷炜坡在香港报界有"遥控编辑"的美称，而这美称的得来，与金庸有关。原来，《明报周刊》由雷炜坡主持以后，成绩骄人，在众多对手中始终遥遥领先。单在七十年代，《明报周刊》一年盈利就有好几十万元，到了八十年代，它的盈利已达一两千万元。雷炜坡因此成为《明报》家族的一大功臣。后来，由于积劳成疾，他不得不离开《明报周刊》到台湾养了一年多的病，在这期间，金庸一分不少照发他的工资，等雷炜坡病好回到香港，金庸再次诚请他继续负责《明报周刊》的事务，并且为了照顾他的身体，特定不限制他的上班时间，并且给他大幅度加薪。这样，雷炜坡一周只需到报社两次，大多数时间只在家里用电话、传真遥控编务，所以得了个"遥控编辑"的雅号。金庸的宽容与大度，也在报界传为美谈。

金庸的宽容有时让人觉得难以理解。《明报》培养了很多出色的人物，而当他们翅膀硬了之后，却又往往离开《明报》，另筑新巢，有些甚至成为金庸的对手，但金庸并不因此而对这些人有什么意见，或公开表示过什么不满，而总是从他们的角度考虑，为他们的成功而高兴。

金庸不计前嫌，会识人，敢用人，能容人，肚量之大，令人敬佩。《明报晚报》的林三木，刚开始主持《明报晚报》，业绩很好，随后他就离开《明报》系统，自己办了一份《信报》，内容全以经济为主，也有副刊。由于他有经验，而且人缘也好，所以很快就使自己的报纸成为《明报晚报》最大的竞争对手。很多人为金庸愤愤不平，说"查良镛啊查良镛，这个人太不讲义气了！你一手把他培养出来，让他功成名就，现在他却过河拆桥，忘恩负义，真是'是可忍孰不可忍'！"说话的人见金庸仍是一脸笑，忍不住加了一句："你怎能咽下这口气？"金庸还是笑，说："人往高处走，水往低处流，人之常情嘛。"

在社交场合，金庸一看见林三木，往往主动上前与他握手，并且很客气地称他为林先生，完全不像一些人那样，见到自己昔日的部下仍习惯性地保持一种居高临下的态度。

王世瑜曾这样评价金庸："深懂用人之道，懂得放手让下属办事，三十多年来我从未见过他辞退一名员工，或骂过一名下属，公司的同事对他都很尊敬。"《明报》能有今天，与金庸"用人不疑，知人善任"的处事原则有直接的关系。金庸表面上不苟言笑，冷漠肃穆，加上一副不怒自威的尊容，报社的人见到他都难免紧张，所以大家背后都以"主上"称呼他。但时间一久，大家就都明白金庸实际上是个很和蔼可亲的长者。的确，金庸从来没斥骂过下属，平时对员工说话都是和颜悦色，轻风细雨。另外，他也很少炒属下的鱿鱼，他从不轻易请一个编辑，而一旦请了，只要这个人不出大错，多半会被一直聘用，并逐级提升，所以《明报》家族里有很多老将。金庸还很讲究与员工沟通，活跃报社气氛，有时间的话，他会请大家坐游艇去野餐，在家里举行派对，甚至在酒楼组织"啤局"，其乐融融。

金庸不轻易用人，而一旦点好将，就一般主张"将在外，君命有所不受"，让手下人有充分发挥自己才智和想象的机会，即使他们出了差错，金庸也不会大声斥责，而是找他们交谈，和言细语地把自己的办报方针讲给他们听，这样他们就慢慢了解了金庸的办报方针。

王世瑜就是金庸一手提拔的爱将之一，金庸让他负责《华人夜报》的编辑事务，后因与金庸的妻子在报纸的编辑方针上产生分歧，一气之下离开《华人夜报》，投奔了《新报》，不久又创办了《新夜报》，欲与《华人夜报》一试高低，而且因为义愤，时常在报纸上编造一些新闻嘲讽金庸，甚至语带侮辱，金庸的很多朋友都劝金庸去告他，但金庸只是一笑了之。

王世瑜后来由离开了《新报》的《新夜报》，自创了《新夜报》，由于经营有方，他的《新夜报》很快超过了《新报》的《新夜报》，为他赚了不少钱，不久王世瑜就把报纸卖掉，举家迁往加拿大。金庸听说之后，马上盛情相邀，请他回来重新加盟《明报》，任《明报晚报》和《财经日报》的社长。王世瑜后来成了《明报》的总编辑。

林三木事件，也是金庸这种大度的另一个很好的注脚。

另一个深悟金庸知人善任、侠骨柔肠、心胸开阔、不计前嫌之豪侠风度的是胡菊人。金庸创办《明报月刊》后，看其运行正常，就退出，并选择胡菊人接替自己负责《明报月刊》。胡菊人接手《明报月刊》的实际编辑工作之后，很快把《明报月刊》发展成一份高层次的杂志，在香港甚至在全世界都很有威望。金庸很欣赏他，两人也一直相处得很好，但没想到半路上杀出个程咬金，使得节外生枝。1980年，有一个台湾人携巨款来到香港，他声称要在香港办一份与《明报》一样好的报纸，他先由古龙介绍找到倪匡，倪匡一听要和金庸叫阵，当即就不干了，办得像《明报》一样好，就不干了。这个人于是又托人找到胡菊人，胡菊人在《明报月刊》工作了这么长时间，各方面的条件都很好，与金庸相处得也不错，但他是曾主持过《中国学生周报》的社长，办一份自己的报纸的愿望一直很强烈，现在金庸尽管让他放手去干，但他毕竟得服从于整个《明报》系统的办报方针。那个台湾人似乎知道胡菊人的心思，所以见了胡菊人后就大谈特谈独立与创业，最后胡菊人终于决定：脱离《明报月刊》，与这个台湾人合作。

看到胡菊人的辞呈，金庸大吃一惊，简直不相信自己的眼睛。他知道这些年两人这些年关系一直很好，若没有什么特别的原因，胡菊人一定不会做出这样的决定。胡菊人把自己的打算和盘托出，希望金庸能理解他。金庸听胡菊人要去办报，不禁将一份吃惊变成一份担心。他知道办报是什么滋味儿，真是酸甜苦辣，一言难尽。而胡菊人虽然有编辑报纸的经验，却从没有办报的经验，贸然去冒这个险，真是太草率了。将来一旦事情不成，不但他的生活出路会成问题，说不定还会因此而身败名裂。但胡菊人去意已决，金庸虽百般挽留，他仍不为所动。

金庸此时是真急了，他太爱才了。他想到了平时能说会道的倪匡，于是立即打电话给倪匡，要他去说服胡菊人，倪匡比金庸更早地知道胡菊人的决定，所以金庸这边心急如焚，他那边却一改平时的方式，显得慢条斯理，还劝金庸说"强扭的瓜不甜"，既然胡菊人去意已决，也就不用劝了。后来见金庸真急了，他才答应试试看，但一试既输。创造了那么多英雄豪杰的金庸此时即使有回天之力也无济于事，只好黯然神伤地在酒楼为胡菊人设宴送行，并将一块劳力士金表送给胡菊人做纪念。

胡菊人走后，金庸一直还抱着希望，希望胡菊人还能再回来，所以他暂且并没把《明报月刊》交给别人打理，而是亲自挂帅了一段时间，后来见胡菊人已无回归之意，才花重金邀请董桥主持《明报月刊》。

胡菊人离开《明报月刊》后，和那个台湾人合办了《中报》，不久，他又离开《中报》创办了《百姓》半月刊，虽然成绩还说得过去，但与在《明报月刊》时相比，论成就和名望都大大逊色了。金庸自胡菊人走后对他一直念念不忘，后听说胡菊人并非一帆风顺，感到十分难过，一再对人说胡菊人是个好编辑，只是一时选择错误，才不得其用，言辞间很是惋惜。有一年圣诞节，金庸宴请台湾女作家三毛，胡菊人此时恰巧也在附近的一个酒会上，金庸忙让人诚意邀请胡菊人过来攀谈，一番热情，让人感动。

金庸在小说里写了很多"忘年交"，像胡斐和赵半山，郭靖和周伯通，杨过和黄药师，那种无视年龄界限一见投缘的友情让人感慨。实际上，生活中的金庸也有很多这样的"忘年交"，其中最重要的一个是台湾武侠小说家温瑞安。温瑞安比金庸小了近三十岁，金庸对温瑞安的那种既像师长、又像朋友似的殷殷关怀之情，丝毫也不比他小说中的那些"忘年交"逊色。

温瑞安上小学时就读到了金庸的小说，只不过是《书剑恩仇录》的盗版，名为《红花十四侠》在小学四年级的时候，就模仿金庸小说中的人物，与几个小兄弟结拜；当时家里还有几册零星不全的《射雕英雄传》《神雕侠侣》，他都当作宝书一样地珍藏着。后来到台湾读大学，他狂读金庸的武侠小说。当时他完全不认识金庸，只知道他在香港办了一份《明报》，再就是他写武侠小说，如此而已。读完之后，他就屡次向人推荐，而他推荐的一定是他认为好的小说，因为若他认为写的不好，就是天王老子他也不会买他的账。后来他也写武侠小说了，并且经常向金庸请教，而金庸对自己这个从未谋面的小朋友总是有求必应，而且毫不客气地对他的小说进行批评，温瑞安也总能虚心接受。有一次，金庸收到温瑞安的一封长信，温瑞安在信中谈到自己与朋友办了一个"神州社"，后来朋友们却一个个离开了他，他很苦恼，对友谊感到怀疑。在信尾，他告诉金庸不要回信，因为他知道金庸太忙，若耽误了他写武侠小说，自己于心有愧。金庸确实很忙，但他并没听小朋友的话，而是很快就给温瑞安回了信，而且就在赴美前夕写的。他非常委婉、温和地对温瑞安说：

> 你办"神州社"，那是很难长期支持的一种友情理想，你必定极爱朋友，满腔热诚的待人，从你最近的文章中，得知有些兄弟姊妹离开了你。瑞安，天下没有不散的宴席，有的人厌倦了，转变了，心情不同了，那是必然的事。已经有过几年几个月，几天的相聚，还有什么不知足的？"一日夫妻百日恩，百夜夫妻海样深，"朋友之道亦当如是观。不要认为他们是"背叛"，那是太重的字眼。人生聚散匆匆，不必过分执着，千万不要把你的朋友当作敌人，那么你心里不会难过，朋友也不会难过。夫妻只是两人之间的事，要白头偕老也是极难，何况数十人的结社？如果有人离开，最好是设法当他是"神州社"的支部，如此不断扩充，亦美事也。我明晨赴美，约十日后回港。

在同一封信里，金庸还劝温瑞安以后写小说时要注意节制：

　　文学上，节制是很重要的，要将奔腾的感情约束在含蓄的文句之中。你的小说有很大的吸引力，然而往往放而不能收，给人一种过分的感觉。《四大名捕》很好，《今之侠者》中前几篇也很好。《神州》与《血河车》似乎写得太仓促、太快，自己特有的风格反而少了……

这些都是一针见血的评价，直指温瑞安小说的弊病，使温瑞安很感动与不安。

　　温瑞安第一次见到金庸前，非常紧张，他在心里早把金庸当作了老师，这次见面，他有一种从老师手里接受衣钵的感觉。但当金庸站在他面前时，他的种种紧张和不安就烟消云散了，因为他看到的金庸"亲切、熟悉、温和、敦厚，但从容淡定里俨然一派写师之风，而且反应十分快速，精明而锋利，在言谈间偶尔流露，但大部分时候都很平实。有一种人，完全没有摆什么姿态，但自有气派，这种武学境界里就叫做：'以无招破有招，'已臻化境，在鉴剑里可列为'大巧不工'"。
　　金庸邀请温瑞安一行到自己的游艇里闲谈。温瑞安看游艇装潢气派，就笑问金庸游艇叫什么名字，金庸笑着说："本来没有，要叫就叫做'金庸号'罢。"金庸谈到自己曾拍过电影，但拍得不好。温瑞安后来是这样回忆这次难忘的会面的：

　　这时已近下午，金庸邀我们到甲板上坐坐，晒晒太阳，他的太太和女儿却下去游泳，这时凉风送爽，海水很平静，连山也像画出来一样，静得像一棵树没有风吹的树顶，树干都泡在水里清凉。我跟他坐在一起，孺慕之情又升起来了，忽然很崇拜眼前这个人，觉得很亲近，但却不很了解他，也不想去了解他……在金庸面前……只觉得他悠闲从容、温和可亲。

几个人喝着咖啡，在游艇里闲谈起来。金庸一面抽烟，一面交谈，阳光透过透明窗，照了进来，一切都是安详宁静的。想到金庸小说中常有海上发生的故事，如洪七公与欧阳锋在海上的殊死作战、令狐冲在海上初遇蓝凤凰、殷素素和金毛狮王谢逊在海岛的钩心斗角，温瑞安不觉笑了起来，没想到自己和金庸初次见面，也是在海上，只不过此时风平浪静，与小说中的江湖世界相隔很远很远。

金庸笑着问温瑞安："你小说中的人物跟现实里的人有没有关系？"

温瑞安答："有。"

金庸笑了："是哪些人？"

温瑞安："有的是我喜欢的人，有的我不喜欢，改头换面，写在书中，有时冲动起来，一刀杀了。"

金庸又问："还有什么别的兴趣？"

温瑞安就把自己广泛的兴趣拣了几样说了，其中谈到电影，金庸温和地说："我以前也导演过几部片"，接着谦逊地说："拍得不好。"他眯起眼睛看了看温瑞安说："你的样子可以去拍电影。

谈着谈着，与温瑞安同行的一个朋友禁不住问金庸："查先生，你有没有过不开心的时候？"金庸听了觉得好玩，笑说答：'有啊。"那位朋友接着问到："那你不开心的时候怎么过呢？"金庸和蔼地说："睡个觉不就过去了？"

这时日近下午，金庸邀请大家到甲板上坐坐，晒晒太阳。这时凉风送爽，海水很安静，连山也像画出来的一样，静得像一棵没有风吹的树顶。这时温瑞安忽然又起了一种崇拜之情，他觉得金庸这个人很亲近，但却又不了解他，也不想去了解他。

不知不觉一天过去了，金庸下令回航。经过和金庸一天的相处，温瑞安对金庸谈出了自己对他的感觉：即"有容乃大"。金庸点点头，并告诉温瑞安说："这四个字下面本来还有四个字，就是"无欲则刚"，而这八个字就是《明报》办报的宗旨。"有容"，是一种开放的度量，"无欲"，是一种自抑的心态。要做到"有容"很不容易，因为它不是什么都容的意思，而是指要有心胸，有见识；而要做到"无欲"，则更难了，因为只有在基本的生存需求得到满足的情形下，人才比较可能坚持"无欲"的原则。

回航之后，金庸的司机来接大家一道去一家酒楼吃晚饭。金庸要了一壶绍兴酒，温热了慢慢喝。吃完晚餐，金庸付了账，起身要走，这时桌上的餐巾忽然掉到地上，温瑞安和侍应生见了都想去拾，金庸却敏捷地俯下身子，从桌子底下拾起了餐巾，摆回桌上。金庸身体已经发福，以他的身份和给的小费，掉了餐巾是根本不需要亲自弯身去拾的。温瑞安立刻想起《天龙八部》里用来形容身在高位但和气可亲的段正淳的一句话："大福大贵而不骄。"以后每当有朋友问起温瑞安对金庸的印象，他都用这句话回答。

第二天晚上，金庸邀请温瑞安一行到他家里去玩。金庸的家坐落在云景道，属半山区，风景优美。温瑞安一进门，不禁大吃震惊：只见金庸房子的前庭非常阔大，四周的壁橱装的都是书，精装的，平装的，线装的，套装的，厚厚薄薄全是书。金庸的办公桌在房子的中央，有落地长窗，可以从这个窗子望见整个维多利亚海港的夜景，香港的夜景天下闻名，想想到晚上从窗户往外看万家灯火的惬意，温瑞安真是嫉妒。金庸的房间给温瑞安留下的另一个难忘印象是：金庸房间里的洗手间大得像个会议厅，浴具高雅，且铺着名贵地毯，还有运动器材。后来有个朋友开玩笑说，他用望远镜可以看到金庸在家里做什么，并且有一次真的打电话过去说金庸在做什么，把金庸吓了一大跳。

温瑞安在香港时曾写了一篇小说《结局》，又名《杀人者唐斩》，其中用了很多现代文学的技巧与手法。金庸很快读完了，并特地邀温瑞安和夫人去听涛馆吃饭，而且亲自开车来接他们。吃饭的时候，金庸手里拿着温瑞安的小说，笑着说："《结局》写得很精彩，很好，《明报》要用，不过有些错漏，不妨拿回去再改一下，要是不改，《明报》也会用。"最后吃完饭往外走时，温瑞安竟然把小说稿子漏在了椅子上，侍者追了出来，把稿子交给金庸，金庸替温瑞安付了小费，并且笑着对温瑞安说："这么好的稿子，别丢了哦！"温瑞安双手接过稿子，心情显得非常沉重，他已知道自己不会忘记这份感情。温瑞安本来有意要改动，可惜这时他只有工夫写，没有时间改，就这样，这篇稿子一直没有交给金庸，使他至今一想起来就觉遗憾。

温瑞安在心里待金庸始终是亦师亦友。他这样说过：

我曾在很多寂寞、辉煌灿烂的日子里，跟朋友谈起他的人、他的小说、他的机构，都充满了敬意和诚意。有时候心里跟这位大我近三十岁的长者很亲近，就像我父亲一样，在苦难的岁月中我会在心里低诉，就像书里的作者跟自己早就相知一般，但有时候却又不怎么服他，觉得他太多的约制与距离，忍不住要跟他冲撞、顶撞一下。

也许这不仅仅是温瑞安一个人的感觉，许多与金庸交好者，恐怕都有同感。

第五章

挂印封刀

刺人刺鬼入骨三分

金庸将自己对政治的感悟都写进《笑傲江湖》，小说成功地写出了政治斗争中的一些普遍现象和普遍人性，让人寒心，让人警惕，有人说它影射了"文化大革命"，可实际上它包含的内容显然更多、更广、更深。

金庸写社评最多的时候，也是中国内地正"人妖不分"的动乱时代，他对中国的历史和现在思考了很多很多，这些思考的结晶，都被他写进了一部没有具体的历史背景的政治寓言小说《笑傲江湖》。这本小说 1967 年开始连载。关于这部小说，金庸说过这样两段话：

> 写《笑傲江湖》的那几年，大陆的"文化大革命"夺权斗争正进行得如火如荼，当权派和造反派为了争权夺利，无所不用其极，人性的卑污集中地呈现。我每天为《明报》写社评，对政治中龌龊行径的强烈反感，自然而然反映在每天撰写一段的武侠小说之中。

> 这部小说并非有意影射"文革"，而是通过书中的一些人物，企图刻画中国三千多年来政治生活中的若干普遍现象。影射性的小说并无多大意义，政治情况很快就会改变，只有刻画人性，才有较长期的价值。不顾一切地夺取权力，是古今中外政治生活的基本情况，过去几千年是这样，今后几千年，恐怕仍会是这样。任我行、东方不败、岳不群、左冷禅这些人，在我设想时主要不是武林高手，而是政治人物。林平之、向问天、方证大师、冲虚道人、定闲师太、莫大先生、余沧海等人也是政治人物。这种形形色色的人物，每一个时代中都有，每一个朝代中都有，大概在别的国家中也有。……因为想写的是一些普遍性格，是政治生活中的常见现象，所以本书没有时代背景，这表示，类似的情景可以发生在任何朝代。

显然，金庸并不想通过这部小说明确影射具体的人和事，若是那样，就难免将政治人物和政治事件简单化、概念化和公式化了，小说的成功之处在于写出了政治斗争中的一些普遍现象和普遍人性。

小说围绕着争夺五岳盟主的斗争，展开了以令狐冲为代表的"笑傲江湖"派和以任我行、岳不群为代表的"一统江湖"派的矛盾和对立。小说通篇讲的都是江湖上也即政治上你死我活的争权夺利的斗争，而小说中的每个人都或多或少地卷入这场斗争。连令狐冲也不例外，只不过有的是主动卷入，有的是被动卷入而已。岳不群、左冷禅、任我行等属于主动者，令狐冲、莫大先生、恒山派掌门人定闲师太、少林寺方丈方证大师、武当派掌门人冲虚道长等属于被动卷入。

金庸深刻地写出了政治权力对一个人的腐蚀作用。当任我行被囚在西湖底时他惹人怜悯，但他一旦夺取了教主之位，就比东方不败有过之而无不及，喜欢奉承，大搞个人崇拜，对兄弟也不像以前那样了，而且立刻策划一统江湖的"宏伟大业"。这些人，为自己心中的贪欲所左右，失去了正常的人性和生活，其实也是很可怜的，就如金庸在"后记"中所说的："那些热衷于政治和权力的人，受到自己心中权力欲的驱策，身不由己去做许许多多违背自己良心的事，其实却是很可怜的。"左冷禅、岳不群、东方不败、任我行……哪一个不是自己贪欲的牺牲品，哪一个有了好下场？这是人性的悲剧，也是古往今来中国政治的大悲剧。

在这样的大背景下，令狐冲的选择才更加令人赞赏和向往，实际上，金庸也是通过令狐冲来表现自己对自由自在、傲然独行的率性生活的向往。

小说最吸引人的地方是令狐冲如何卷入了江湖之争。令狐冲追求个性独立，他可以一手抱着自己心爱的女人，一手挥剑而战；他我行我素，任意而为，根本不管别人怎么评说；他高唱着《笑傲江湖》之曲，向往着没有斗争的平静生活，但又人在江湖，身不由己。就是这样一个人物，却逐渐成了直接决定着双方斗争成败的关键人物。这一方面是因为他武功奇高：独孤九剑奇妙无比，一身内功更是了得；另一方面是因为他社会关系复杂：他是华山派的门徒，却又和邪教的任我行、向问天称兄道弟，和任盈盈的情感纠葛使他备受各路邪道中人的爱戴，但他同时又是恒山派的掌门人……但他对江湖上的争权夺利毫无兴趣，甚至可以说感到恐惧、恶心。他向往真诚的爱情，但即使这种最本真的要求也笼罩上了政治的阴影，成为政治功利目的的砝码，让他更是绝望。岳不群在和他比剑时在剑招中暗含将女儿许配给他，而任我行在少林寺大殿上称令狐冲为爱婿，目的当然不是为令狐冲和自己女儿的幸福着想，而是想以此拴住令狐冲，为他们所用，这和孙权嫁妹一样，都是政治婚姻。

给令狐冲带来痛苦最大的是对岳灵珊的爱情，这是一种青梅竹马式的爱情，他们像是兄妹一样地一起长大，岳、宁二人把他当作儿子一样看待，令狐冲也把岳、宁二老当作父母；岳灵珊把他当作哥哥，但令狐冲却没有把岳灵珊当作妹妹，而是当成心中爱慕的对象，他只是在等待岳灵珊也跨出这一步，而且，这时候岳灵珊也正朝这个方向不自觉地变化着，岳、宁二人也看到了这一点，并且似乎也认可了这桩恋情。

但岳灵珊始终没有迈出这一步，岳不群需要女儿去笼络住林平之，需要靠女儿来获得权力，于是棒打鸳鸯，将岳灵珊对令狐冲的爱情扼杀在襁褓之中，岳灵珊似乎没怎么困难就服从了父亲的决定，她对令狐冲的爱情尚未定型，她潜意识里有一点恋父情结，她更加喜欢像父亲这种成熟稳重的男性，于是林平之替代了令狐冲，林平之因察觉了岳不群的打算而将计就计，尽力讨好、引导岳灵珊，最终与岳灵珊结了婚。这是一场悲剧，可岳灵珊和令狐冲都没有错。

这一场情变使令狐冲的心理失去平衡，他开始失魂落魄、自暴自弃、自怨自艾，但也就在这个过程中，他由男孩长成了男人，由幼稚走向了成熟。只不过变故来得太快，使他的这个蜕变过程过于痛苦。情变之后，他的厄运也接踵而至：先是被桃谷六仙误致绝症；接着是"误杀"陆大有，丢失"紫霞秘籍"，同时招致师父猜疑；接着以"独孤九剑"击退强敌，陡然招致师父的疑忌；接着是洛阳受辱，委屈重重；直到到了绿竹翁那里，得到认同的感觉才使他略微得到些慰藉，任盈盈温和的关注和爱护给予令狐冲未能完全自觉的滋养……在这一系列的痛苦、折磨之下，令狐冲的基本心态是感觉一切都"了无生趣"，而最使他痛苦的则是两件事：一是师父和师娘之间有了隔阂，一是对岳灵珊的爱情。男女之情和父子之情都是他无法割舍的，这是他生命中的两根主线，一直贯穿小说始终。

而任盈盈爱上令狐冲，是从令狐冲把她当作一个老婆婆倾诉自己心中苦恼的时候，令狐冲对小师妹那份刻骨铭心的爱，不但没有使她刻意拒绝令狐冲，反而觉得眼前这个男人用情极深，可以托付终身，于是暗许芳心。

任盈盈可说是金庸小说中女性的集大成者，她出身尊贵，掌握着天下众多人的生杀大权，但她从未以此自重，反而因此而隐居在绿竹巷；她拥有王语嫣的外貌，黄蓉的智慧，但却决不刁蛮，她宽容大度，善解人意。她很聪明，她并不是毫不在乎心爱的人心中还有别的女人，但他理解令狐冲，所以一直很耐心，为令狐冲做尽了所有可以做的事，岳灵珊被围攻，令狐冲伤重不能相救，任盈盈马上出手，并且为了顾全他的名声出手之前自报姓名；岳灵珊自杀身亡，令狐冲急痛攻心而昏迷，任盈盈不但亲自殡葬岳灵珊，而且为她修了最精制的墓。任盈盈所做的一切都是为了令狐冲，她爱他，也尊敬他的感情。她做这些都是心甘情愿的，但也一定黯然神伤，只是她的理智告诉她，只有尊重令狐冲的感情，以及他所爱的人，她才有机会得到他。

　　金庸最后终于让任盈盈的牺牲得到了回报，但至于她是否会因此而完全得到令狐冲的爱情，却难免使人怀疑。虽然令狐冲最后与任盈盈有了一个完满的结局，但谁都能看出来，他心中爱的始终都是小师妹。他对岳灵珊的感情是强烈而冲动的，是一种锥心刺骨的爱；而他对任盈盈的感情则更多是一种敬重和感激。任盈盈为他做了太多，也付出了太多。为了救他，她可以放弃自己的生命。他们之间是有很深的感情的，但因为这种感情中夹杂着敬重，所以缺乏爱情的那种冲动和浓烈。任盈盈确实是爱令狐冲爱得无法自持，所以才能为他牺牲一切。她也确实十分大度，所以才可以耐心等待令狐冲的感情。但是她同时也是个极有尊严的女子，并且心思缜密。她不可能永远忍受令狐冲心中还有这另一个女子，若是岳灵珊结局幸福，那么或许令狐冲还能渐渐忘情于她，但最后她是以惨死收场，令狐冲必然终其一生都会怀念她。而以任盈盈的自尊，自傲，她可以忍耐多久呢？

　　金庸在"后记"中感叹：任盈盈虽然和令狐冲结合了，但令狐冲的自由却从此被"锁住"了。这话极有道理。任盈盈太完美了，她的完美使令狐冲不敢有丝毫的得罪。在仪琳面前，令狐冲可以说"见到尼姑，逢赌必输"，在田伯光面前，令狐冲可以豪饮。但是在任盈盈面前，令狐冲只能是个乖小孩，虽说这说明了他对任盈盈的尊重，他对任盈盈的在乎，但这又何尝不是说明他的天性被扼制了。在任盈盈面前，他无法做真正的自己。既然如此，又谈何幸福，谈何快乐呢？

　　令狐冲和任盈盈都是极优秀的人，但都优秀未必就是佳侣，如果任盈盈真的舍令狐冲而去，令狐冲倒真会像对待小师妹那样，终生难忘她的。

也许是为了弥补令狐冲和任盈盈、岳灵珊感情上的不完美，金庸还特地安排了另一个补充人物，即小尼姑仪琳。令狐冲是一片痴心全在岳灵珊身上，仪琳和任盈盈是一片痴心全在令狐冲身上，只不过任盈盈可以大胆去追求自己的爱情，而仪琳却不行，她即使想一想也会触痛她内心对于神佛的承诺，这是一个极其纯洁的灵魂，她对令狐冲的爱也是纯洁无私的，是一种极其纯洁的爱，可惜她的身份不允许她去爱，而更遗憾的是，令狐冲的心也不在她身上，所以对于仪琳的痛苦，他也不负什么责任。金庸在处理这个矛盾时似乎太残忍了些：他因仪琳纯洁、善良而让仪琳独自承担痛苦去了，她既然爱令狐冲，而且是最纯洁的爱，那就要为令狐冲的幸福着想，至于是否嫁给令狐冲，就无关紧要了。也许，对金庸而言，仪琳的作用，只是一种感情的补充：生活剥夺了令狐冲的初恋，又没有给予他一个完美的补偿，那么就用仪琳纯洁的爱来稍微补足一下吧。不过这样太委屈了仪琳！

金盆洗手

金庸"善变"，若不善变，他的小说不会有千变万化的情节，《明报》决不会有今天的辉煌成功，但当他宣布自《鹿鼎记》后将金盆洗手时，读者不相信自己的耳朵了。

《笑傲江湖》似乎已经蕴涵了金庸思想上的一个重大变化。他似乎已经深深地领悟了即使再伟大的英雄也无法逃脱历史的困境，任何英雄在这种困境中都只能无能为力；在对江湖社会的思考上，他也对判然分明、却于理不通的江湖是非产生了怀疑，开始塑造正道中口是心非的伪君子，邪道中古道热肠、舍生取义的正人君子。这是一种认识上的大变化，也预示了金庸以后的人生道路的选择，是他归隐之前的心灵外现。

这种思想的突变，到了其最后一篇武侠小说《鹿鼎记》，则达到登峰造极的地步，昔日的侠之大者如今让位给一个不学无术的小滑头韦小宝。韦小宝成了金庸小说的一道分水岭：在他之前是儒家英雄横空出世的英雄时代，在他之后，将是一个无原则、无道义、无是非的世界，侠义英雄尽成前朝故事。

金庸小说中的人物，从陈家洛发端，到韦小宝收场，恰构成鲜明的对照。金庸本想把陈家洛写成一个"丰满俊朗，文武全才"的完美英雄，结果却是一个软弱无力、甚至矫揉造作的"伪"英雄。这之后，金庸笔下的人物逐渐复杂起来，并且常有"正""邪"混杂的人物，而到了韦小宝，竟是邪乎其邪，人物本身却由是格外地鲜活灵性，不惹人讨厌。金庸一方面说他"胆小、贪污、受贿、说谎、阿谀、不尊重女性，另一方面却又交代韦小宝的这些毛病多是顺势取巧而不怎么害人；虽然他的良心只有一点点，却总在关键时刻能发挥作用，令他在油滑胆小中为别人不能为之事，事情做得慷慨又漂亮。韦小宝的存在好像证明了这样一个道理：在污浊黑暗的世界里，坏人固然做不得，做好人也是自讨麻烦；而只有既浑水摸鱼而又于人无害，既救人于难而又于己无害，那才是最佳选择。"

再说武，韦小宝也只会逃跑的功夫，而且学艺不精，但下三滥的手段倒学了不少。韦小宝的形象是完全反武侠小说的，因为即使从"武"这个角度讲，人们也很容易得出这个结论。武侠小说自诞生以来，虽千变万化，但基本上都脱不了"武"和"侠"这两条线，即使到了新派小说家这里，也是这样，如梁羽生主张"宁可无武，不可无侠"；而古龙主张"宁可无侠，不可无武"。但在他们的小说中实际上不可能只有"武"没有"侠"，或只有"侠"没有"武"的，但发展到金庸的《鹿鼎记》，读者却看到一部"非武非侠，亦史亦奇"的"武侠小说"，看到了一个亦正亦邪、不正不邪的"怪胎"。难怪小说连载后金庸接到很多读者的来信，这些信问的几乎是同一个问题：这部小说到底是不是金庸写的？

当然是金庸写的，关键是金庸为什么要这样写？他在1981年6月22日写的"后记"中是这样解释的："《鹿鼎记》和我以前的武侠小说有很大的不同，那是故意的。一个作者不应当总是重复自己的风格与形式，要尽可能地尝试一些新的创造。"然而《鹿鼎记》已经不太像武侠小说，毋宁说它是历史小说。"

韦小宝使金庸遇到前所未有的麻烦，使他不知从何说起。倪匡说起韦小宝不禁赞不绝口，说这位韦爵爷是个"绝顶人物"，是个"有真性情的男子汉"，但金庸本人谈到这个人物时却是语焉不详，含糊其辞。有时他喜滋滋地说韦小宝是个可爱的小家伙：

> 我比较喜欢最后的一部《鹿鼎记》。书中男主角韦小宝完全是一个叛逆的角色，说谎、整人，唯一会的功夫就是挨打时就逃，谁都没有他溜得快。我的目的是希望写得现实一点，在某种程度上反映中国人性格上好的一面和坏的一面，有一些自省的意义。我的一些对文学有兴趣的朋友，多数也比较喜欢这一部。

在《韦小宝这小家伙》中，他甚至为韦小宝的所作所为进行辩护：

> 重视友情当然是好事。中华民族所以历数千年而不断壮大，在生存竞争中始终保持活力，给外族压倒之后一次又一次地站起来，或许与我们重视情义有重大关系……所谓"在家靠父母，出门靠朋友"……一个人群和谐团结，互相爱护，是环境发生变化时尽量采取合理的方式来与之适应，这样的一个人群，在与别的人群斗争之时，自然无往而不利，历久而长胜。

但更多时候则说韦小宝"不是个正面人物"，说他写韦小宝的用意是为了批判中华民族的劣根性，就如他在答内地一位记者问时所强调的：

> 写作这部书时，我经常想起鲁迅的《阿Q正传》所强调的中国人的精神胜利法。精神胜利的意念在中国的确相当悠久而且普遍，但是却不是中国人所独有的。有时走访国外，我也常发现，几乎每个地方的人民都有他们精神胜利的方式。所以我试图从另一个角度去探索中国人所特有的一面性格。
>
> 在传统的说法里，道德总是被强调着：忠孝仁爱或者礼仪廉耻云云。我不想刻意地把善或恶从人性中孤立出来，再单纯的去一一拴套。就事实来说，中国人口众多，土地有限，中国人一向在艰苦的环境里进行着异常的生存竞争，为了活命和繁衍，会用尽各种可能的手段，而往往是和道德教训相左的。

韦小宝这个人物容纳了历史感很强的中国人性格，一方面他重义气——重义气这一点恐怕也跟生存环境的艰苦有关；另一方面，他吃喝嫖赌，时时也玩弄一些阴谋诡计。诸如此类，也算是中国人的一种特殊典型，他是"反英雄"的，却也相当真实而普遍。

说出了金庸的真心话，我一直表示怀疑。我一直相信，《鹿鼎记》是金庸最引以为自豪的小说，韦小宝也是他最喜欢的人物之一，而且在写这部小说之前，他就已经知道这部作品对自己来说意味着什么，那就是借此"金盆洗手"，退出武林。但他自述其得意之作和得意人物时却没有《鹿鼎记》和韦小宝，我以为这是金庸高明的策略，金庸一贯高明，在这件事上也自然处理得天衣无缝，八面玲珑。他不可能像率性而为的倪匡那样直言不讳。他既是个极富有想象力的作家，也是个热心政治和社会活动的社会贤达，他有责任将人往正道上引导，所以在解释这部小说和韦小宝这个人物时，只能往大道理上扯，而一扯就俗，可也无可奈何。

《鹿鼎记》1972年底连载完毕，可对这部小说及其人物的争论却一直在延续着，可就当大家还在议论纷纷的时候，金庸又公开宣布了一个让人震惊的决定："如果没有什么意外，《鹿鼎记》是我最后的一部武侠小说了。"

读者、朋友纷纷询问：为什么风头正劲时退出武林？

也有很多热心读者纷纷做出各种猜测：金庸年纪大了，没有想象力了；想从政了；想集中精力办《明报》托拉斯；江郎才尽了；感情出现了危机……

倪匡曾这样调侃金庸：我看你是再也写不出来了！

金庸自己的解释也是各种各样的：

任何事物，皆有一个尽头，理论上来说，甚至宇宙也有尽头。小说创作也不能例外，到了尽头，再想前进，实在非不为也，是不能也。再写出来，还是在尽头边缘徘徊，何如不写？

我第一部写的是《书剑恩仇录》，还算成功，就一直写下去，写到最好一部《鹿鼎记》，那是在1971年、1972年间就写完了，觉得没有多大兴趣了，就不写了。

我开始写武侠小说的时候，娱乐自己的成分很大，后来一部就写两三年，这些人物天天出现，就像自己的朋友一样。如果时常重复，自己都不想看了，读者也不会被吸引。

有两种情况，一方面是自己感觉困难，另一方面是写小说的欲望现在很淡了；写小说本身是相当辛苦的事。

目前情况下，如果我的生活没有太大改变，可能就不再写了。一来我不希望自己写过的风格、人物再重复；过去我写了相当多，要突破比较困难。再者武侠小说出自浪漫想象，年纪大了，心境自然不同了。

我现在写是为了娱乐，但是几十部写下来，娱乐性也很差了。也许要停写几年，才再继续写下去也说不定。现在娱乐自己的成分是越来越少了，主要都是娱乐读者。

一些本来纯粹只是娱乐自己、娱乐读者的东西，让一部分朋友推崇过高，这的确是不敢当了。我觉得继续写下去，很困难。虽然为了报纸，有这个必要。有些读者看惯了，很想每天一段看下去。但是我每多写一部书，就越觉得困难，很难再想出与以前不重复的人物、情节，等等。我想试试看是否可以再走一些新的路线。

金庸一生都在不断尝试着走别人没有走过的新路：外交官、《大公报》《新晚报》长城电影制片公司、创办《明报》等一系列报纸、参政议政、出卖《明报》、任职新浙江大学……他一生一直在变换着不同的工作方式；写武侠小说、写社评、写随笔、写棋话……他不停地在改变着写作方式；"变"，而且是"善变"可以说就是金庸的生活方式。他若不善变，《明报》决不会有今天的辉煌成功，《明报》能走到今天，就是因为金庸总能抓住不同的机会适时地扩大《明报》的影响和实力，如20世纪60年代初期《明报》的经济情况刚稍有好转，他就眼光极准地买下了香港北角的南康大厦，结果现在的房价已是当时的数十倍。在金庸的一生中这样成功的例子不胜枚举。

封笔后他有一次在谈到围棋时是这样说的:

> 但是围棋的训练对我却有另外的启示。其一是"变",沈君山先生曾告诉我:目前的电脑还不能处理围棋中所包涵的广变多数。这使我想起佛家、道家都曾揭示过的:人世间变化多端,周流不居。其二是"慢",这和当前的西方文明社会中的人生态度是相冲突的,慢的妙处在于沉思和品味。如果围棋能在西方社会里成为普遍的娱乐,可能会帮助许多人更深刻地体悟人生。

他的武侠小说之所以吸引着一代代读者,跟他的善变也大有关系,就是因为他的善变,才使他的每一部小说都给人一个惊喜,才使人对他的小说总怀有一种阅读期待,而常有意料之外的收获。关于这一点,他这样说过:

> 我喜欢不断地尝试和变化,希望情节不同,人物个性不同,笔法文字不同,设法尝试新的写法,要求不可重复已经写过的小说。

我们对人、事的道德判断一般摆脱不了"狼和小羊"的模式,金庸却在自己的小说中表达了迥异的看法:何谓正、何谓邪,何谓好、何谓坏,在现实生活中有时是很难区分的。不一定全世界都认为好的就是好的,同样,全世界都认为坏的也并不一定坏。就拿《倚天屠龙记》来说,刚开始金庸本来是将明教当做一个魔教来写的,但写到后来,却越来越同情他们,而所谓正派中人,却不一定真的很正派,其用意是:

> 我想写的跟其他武侠小说有点不同的就是:所谓邪正分明,有时不一定那么容易分。人生之中,好坏也不一定容易分。同时,一个人由于环境的影响,也可以本来是好的,后来慢慢变坏了,譬如周芷若。而赵敏,则是反过来,本来是坏的,由于环境,后来却变好了。

的确如此,读者一直以为赵敏是反派人物,最后才发现是正派的,而人们一直以为是正派人物的周芷若，结果却证明是个可怕的反派人物。还有《神雕侠侣》，这部小说连载完后，有很多人对杨过和小龙女的命运感到不理解：杨过武功高强却成了残废；小龙女冰清玉洁却偏偏失贞，难道金庸非这样写不足以表达两人之间的爱情？金庸当然也不想让自己的这两位主人公遇到这样的挫折，但作为小说又必须给读者一些新的东西，所以他就那样写，而且写得很成功。关于这一点，他曾这样说过：

> 我当初决定这样写，也许是为了写武侠小说的人很多，已有作品也很多，自己写的时候，最好避免写一些别人已经写过的。一般武侠小说的男女主角差不多总是完美的，所以我就试着写男女主角双方都有缺憾，看看是否可以。另外我还有一个尝试，就是《天龙八部》的乔峰却好像天生武功便是这样好。有些读者来信问为什么。我的回答是：求变。就是不想每一部小说男主角的发展过程都是一样。所以关于乔峰的武功来源，也就不讲了，就让他好像生来便是如此。

为了"变"，为了与众不同，金庸可谓是殚精竭虑，用心良苦。据说他在构思小说情节时，往往要邀几位见多识广、职业不同的朋友相聚，他先将小说的情节构思说出来，然后要每一个人拟个出人意料的结局。可以设想，四个见多识广的人设想出的四个结局，一定是奇妙无比，一般的作者可能会把这些结局拿来丰富自己的小说，但金庸的做法正相反：他完全抛弃别人想出来的这些结局，而另辟新路，他的理由是：既然别人已经想到了这些结局，自己就决不应雷同。可见金庸不但"善变"，而且"变"得匪夷所思，可若他想到的你都能想到，那你还愿意读他的小说吗？除非你是傻瓜！

金庸的"善变"，还表现在他的武侠小说既继承了中国传统小说，特别是传统武侠小说的描写手法和技巧，而且综合了各种艺术技巧，也吸取了西方文学、电影的经验。

金庸封笔，无疑受到佛法的启示。他毫不讳言佛教对自己的影响：

在最基本是理论上，佛家经常讲"变"，所谓一刹那，是比一秒钟还要快些，而且是无从度量的，刹那间即是一变，这当然是象征性的讲法了。透过了"变"，佛家不认为人生在任何方面是单向圆满的。悲亦不久悲、不止于悲；喜亦不常喜、不止于喜。

看碌碌人世，忙是什么？争的什么？什么功名利禄，什么恩恩怨怨，什么江湖，什么世界，最后莫不都如东逝之水，一去不回，而只有回归本真，回归生命自身，才能如细水长流般享受自己的生命，才能一心沉思生命和世界的价值。看慕容复一生奔波，但奔到了什么？不但世俗的感情没有享受到，连所谓的复国大业也付诸东流，金庸显然是否定这种生活方式的，而他最后的封笔，也就是对慕容复人生道路的反面证明。

所以说，金庸封刀停笔也是他很自然的一种选择，是他善变的一颗"果"，是他对佛法禅理感悟的一种"变"。沈君山是金庸多年的棋友，他似乎把金庸从佛学角度对自己停笔不写武侠小说的理由进行了更为详细的解释：

金庸小说的意境，创造的人物的演变，可以用一首蒋捷的《虞美人》来描写："少年听雨歌楼上，红烛昏罗帐；中年听雨客舟中，江阔云低断雁叫西风；而今听雨僧庐下，鬓已星星也；悲欢离合总无情，一任阶前点滴到天明。"就如禅宗"云门三唱"有三个层次，一是涵该盖乾坤，二是截断众流，三是随波逐浪。我觉得金庸先生的小说，"书剑江山"时期陈家洛潇洒出众才气挥洒是涵盖乾坤；到了郭靖、杨过那一类型独立独行是截断众流；到了韦小宝，武功什么都不会，乌七八糟，偷抢摸都来，但他能从心所欲，他不会武功最后一刀却把人杀掉，自己也搞不清喜欢哪个女朋友，但最后最漂亮的七个一把就抓过来了，所谓随波逐浪，令人羡慕不已。韦小宝以后就很难写了，到佛家所谓无相的随波逐浪，人已到至境，无可无不可了，那以后怎样再写呢？

十年磨一剑

封笔之后，金庸把近 20 年来所写的武侠小说逐字逐句进行了修改，前后花了 10 年，他将自己小说首字连成两句诗："飞雪连天射白鹿，笑书神侠倚碧鸳。"但修订后小说的优劣，却是见仁见智。

金庸挂印封刀之后最重要的工作就是要修订自己的全部小说。他深深地知道，由于自己的武侠小说以前都是在报纸上连载的，每天写一段，一个故事往往连载数年，而在这个过程中，作者的思想、社会生活都会发生很大的变化，结果就会使小说的人物和情节前后有很大的改变和出入。另外，金庸写武侠小说时总是先构思几个主要的人物，然后再把故事配上去，如果在发展故事前先把人物的性格想清楚，再每天一段一段地写下去，这样，有时故事在一个月之前和之后，会有很大的改变，倘若故事一路发展下去，觉得与人物的个性相配起来不大合理，就只好改一改。而金庸总希望能把人物性格写得统一一点、完整一点。另外，金庸在开始写作时并没有丝毫的写作经验，所以早期的作品模仿的痕迹很重，不但模仿中国的传统小说，而且也受到很多外国小说的影响，有时写着写着不知怎样写了，就不知不觉地模仿了别人，甚至照抄别的小说，像《书剑恩仇录》中陈家洛的丫头喂他吃东西那　段，就是抄《红楼梦》里面的，而且抄得很粗糙。这些弊病，都是一向严谨的金庸所不能容忍的，所以他要认真地将自己的作品修改一遍，才能放心。

至于为什么要修改自己的小说，金庸说过这样两段话：

> 至于小说，我并不认为我写得很成功，很多时拖拖拉拉的，拖得太长了。不必要的东西太多了，出来没有修饰过。本来，即使最粗糙的艺术品，完成之后，也要修饰的，我这样每天写一段，从不修饰，这其实很不应该。就是一个工匠，造成一件手工品，出卖的时候，也要好好修改一番。

我从 1970 年开始修改小说……删改这些小说，第一，这些小说是过去在报上连载的，每天写一小段，有的写了两三年，前后一定有些不连贯，有漏洞，这是一定要补足的。第二，报上连载总是比较啰嗦，出版单行本就把不必要的、冗长部分删掉很多。情节方面也是如此，删除不需要的，或者再补充一些进去。像《天龙八部》的前面两本等于是重新写。

金庸修改小说的时间绝对不亚于写作时的辛苦。他逐字逐句地推敲、斟酌，不厌其烦地改动，有些人物和情节几乎等于重写了一遍，有些小说成为了新小说。经过修改，他的小说的结构确实是更严谨了，句子也几乎无懈可击，人物也更加完整和丰满。但是，当不少读者将报纸上连载的小说和修改后看起来更完美的小说一对照，才发现自己对金庸付出的这么艰辛的劳动并不感激。对金庸来说，修改后的武侠小说确实去掉了很多毛病，但对不少读者来看，金庸小说初载时的那份偶然涌发的激情却也随之而逝，而武侠小说尽管可以不严整，但一定要有激情和冲动，要获得一种压抑不住的快感。而修改之后，读者的阅读快感就被金庸比较严格地限制在某些特定的轨道里了。用比喻的说法：这样一改，就如把一棵虬髯的老树刀砍斧凿成一件件华美的家具，漂亮是漂亮了，但老树原有的那种自然和沧桑，以及因此而才有的那种力度和厚重感也就荡然无存了。

金庸是按照小说写作的顺序修订的，修改完一篇出版一篇，每出版一篇，就有读者写信给他，对他大幅度修改小说表示不满，也有人在报纸上写文章，希望金庸适可而止，不要把小说修改得面目全非，失去固有的感情色彩。反对金庸修改小说最激烈的，当数那个快人快语的倪匡，他认为金庸逐字逐句的修改，虽然辛苦，实际上却起了反效果。他一改以往的调侃态度，非常严肃地谈道：

经过修订之后，小说中的每一个句子，几乎都无懈可击，合乎语法，但小说文字、激情比合文法重要。在创作过程中，作者和笔下的人物、故事，在感情上融为一体，是一种直接的感情上的结合，下笔之际，所使用的文字，有时甚至是欠通的，但是却充满了感情。

等到若干年之后，当时的创作狂热，必然消退，只是以一种平心静气的旁观者立场来看自己的作品，固然可以看出许多缺点来，但这些缺点，在创作时既然写出来，在当时就有它一定的理由，一一修改，结果是通顺了，合乎语法了，结构更严谨了，但是在小说的感情注入方面，就大大打了折扣。

所以，当时在看了几部修订作品之后，就在报上写了不少短文，以读者身份，去提抗议，并且指出，其他作品，还勉强可以这样做，《鹿鼎记》万万不可，一这样做，味道全失。金庸对拙见，有一半表示同意，结果《鹿鼎记》改动最少，幸得保全原貌。当时还有一个比喻，说一个美女，由得狂风将她的头发吹乱，有时比梳洗整齐，还要动人！

当然，修订本比起原本总体上来说是更好一些，但也难免出现一些新的遗憾，金庸的老友董千里从没错过金庸的任何一部小说，既有连载本，也有修订本，他曾认真对比了修订前后的《书剑恩仇录》《雪山飞狐》和《飞狐外传》，之后有一番肺腑之言，不妨一听，以为佐证。他说：

大体而言，修正后自然较佳，此亦为衡量一切事物的定律。但仍然要看"修正的意图"如何，有时立意稍偏，也可能因修正而修反。就上述三书而言，后两书修正得正，《书剑》恐怕是修反了。

《书剑》最初在报上连载时，我从头到尾均未错过，深佩作者之才，由此结识，又由此成为金庸小说的"拥趸"。但后来比较之下，以为此书并非金庸的杰作，其原因说来话长，主要则是不喜欢陈家洛这个主角的气派，觉得不但不如文泰来，而且不如金笛秀才余鱼同。甚至霍青桐和香香公主这两个女主角也嫌弱，反而骆冰、周绮和李沅芷更为生动可爱。

作者于书后自跋有云，在文字上改得极多，几乎每一句都改了。个人从不作对证古本之类的工作，仅凭阅后所获的印象，以为这方面是"修反"了。作者大抵是要把文字改得老妪都解，要多浅白有多浅白。这个原则本来无可厚非，然而"古本"的文字原就相当通俗，记忆中虽然夹文夹白，却比"今本"有力。所以这一改并不见得能够扩大接受的程度，却降低了欣赏的水准，事后看来是手段的错误，然而也可说是作者一念之差。

新版小说确实失去了旧版小说的许多韵味，许多人物一改也失去了原有的性格。且以《倚天屠龙记》为例。在旧版里，童年的张无忌流落到冰火岛上时，有一只玉面火猴与他为伴，这只猴子极通人性，与张无忌相处颇欢。但在新版里，金庸为了不落入俗套，硬硬删去了这只可爱的小猴子，倪匡对此很不以为然，其他很多人也对此不以为然。因为不管别人的小说中是否出现过这样的小猴子，从整部小说的情节来看，这只猴子非常必要。这时张无忌身处远离人烟的冰火岛上，所能见到的人只有谢逊和父母，但在这三个人之间又有错综复杂的关系，彼此互相提防，根本没有时间和精力照看张无忌，这对童年的张无忌来说是很残酷的，因为孩子最渴望的就是和小伙伴们一起游戏，猴子的出现，恰好满足了张无忌的感情渴求。从这个角度讲，旧版时的金庸显然很懂得童年感情的需要，所以才安排这只猴子陪伴自己的小主人公，而当金庸修改这部作品的时候，他却是以成熟的感情来看待这只猴子的，所以就觉得这只猴子有没有无所谓，结果就把它删去了，这样一改，反而使张无忌的童年感情显得空白了许多。后来他意识到了这一点，所以语重心长地说："所以，不宜在长大之后，改动童年的作品，因为长大后，和童年时感情是不同的，尽量保留原状，才是最好的办法。"

新版不如旧版的例子，在对《笑傲江湖》里的向问天的描写上也很明显。旧版中有一段叫"天王老子逃了"，写的是向问天为救一个素不相识的少年而第一次逃亡，这段情节突出了他的血性义烈，肝胆相照，使他在性情上与令狐冲有了一致之处，因为令狐冲也曾为了一个毫无关系的人抛头颅洒热血而在所不惜，按说这一段是不应该删的，但金庸后来在修改这部小说时，为了不美化向问天这类邪教中人，就把许多这样光彩照人的段落删去了，只不过这样一来反而破坏了人物性格的完整性。想想看，称向问天为"天王老子"是多么豪气干云！但金庸修改他，也自有道理，想想看，在他头上还有一个任我行，他怎敢自称"天王老子"！在朝阳峰之会，他当着任我行的面向令狐冲敬酒，在场的群雄也学他的样子向令狐冲敬酒，这时向问天才猛然醒悟，自己一时冲动，无意间犯了一个大忌："向问天追随任我行多年，深知他的为人，自己一时激于义气，向令狐冲敬酒，此事定为他不喜，自己倒罢了，其余众人也跟着敬酒，势不免有杀身之祸。"能因别人的一时冲动而杀掉很多人，在这样的主人面前，向问天当然不应该、也不敢自称"天王老子"。从这个角度讲，对向问天这个人物进行一些修改也是有必要的。让人痛惜的是这样一改，就把许多精彩的篇章归于虚无了。

比较一下金庸小说的连载本和修订本，会发现两者的区别很大。金庸这样做，也被很多文学研究者认为他的小说缺乏原创力，所以才下那么大功夫进行修改。如台湾的叶洪生就认为很多研究者只从修订本评价金庸小说，并且以此贬低其他武侠小说家的艺术成就在立足点上即不公平，因为评论者看到的其他作家的武侠小说都是原汁原味的，即使有修改，也决不是像金庸那样逐字逐句地推敲，大段大段地增删，几乎可以说是脱胎换骨，重新改造。为此，他特意写了一篇文章《"偷天换日"的是与非》，对比了《射雕英雄传》修订前后的不同，指出金庸的弊端和修改的良苦用心，并在文末发出号召："世有'不虞之誉'，仅有'求全之毁'。现在是打破'金庸迷信'的时候了！"

但不管对金庸修改小说是褒是贬，一个谁也无法否认的事实是：若没有十年的修订，金庸小说就不能很好地完成从商业到文学的角色转换。

从 1972 年到 1982 年，金庸用了整整 10 年时间把自己的 15 部武侠小说全部修改完毕。至此，15 部 36 册的"金庸武侠小说全集"终于出齐了。为了便于读者识记，他还把除短篇小说《越女剑》外的其他 14 部小说的书名写了一副对联："飞雪连天射白鹿，笑书神侠倚碧鸳。"

附表一：金庸小说报刊连载与修订版时间表

长中篇小说	最初写作时间	所登刊物	修订年份
《书剑恩仇录》	1955—1956	《新晚报》	1975
《碧血剑》	1956—1957	《香港商报》	1975
《射雕英雄传》	1957	《香港商报》	1976
《雪山飞狐》（包括《鸳鸯刀》、《白马啸西风》）	1957	《新晚报》	1974
《神雕侠侣》	1959	《明报》	1976

长中篇小说	最初写作时间	所登刊物	修订年份
《飞狐外传》	1959	《武侠与历史》	1977
《倚天屠龙记》	1961	《明报》	1976
《白马啸西风》	1961	《明报》	1977
《鸳鸯刀》	1961	《明报》	1974
《天龙八部》	1963	《明报》	1978
《连城诀》	1963	《东南亚周刊》（《明报副刊》）	1977
《侠客行》	1965	《东南亚周刊》（《明报副刊）》	1977
《笑傲江湖》	1967	《明报》	1980
《鹿鼎记》	1969	《明报》	1981
《越女剑》	1970	《明报晚报》	

第六章

"真命天子"的神话

天下谁人不识君

从来没有哪一位作家的作品像金庸的小说那样流行：从大学教授到贩夫走卒，从金发碧眼的洋人到黄土高原的中国农民。到处都有金庸的小说，都有"金庸迷"。

因此有人说，金庸及其小说一如"007"，都是后工业时代的神话。

也有人称金庸为武侠小说的"真命天子"。

金庸小说以其博大精深而使一代代的读者在它们构建的世界里流连忘返，乐不思蜀，这是武侠小说界的一个奇迹，是一个不可颠覆的神话。谁也不会否认武侠小说属于通俗文学范畴，谁也不会否认通俗文学一直被视作不登大雅之堂的末技小道，但金庸却使这个历史上备受歧视的小说形式堂而皇之地成为千百万人的精神食粮，这不能不说是武侠小说界的奇迹，也是整个小说界、文学界的奇迹！

金庸是个梦！他的武侠小说虽然是通俗小说，但这些小说的思想境界和艺术技巧又超越了一般意义上的通俗文学；这些小说在香港写成，却和香港文学的总体风格有所不同，风靡中国内地但又不同于内地的主流文学；在浪漫让位于实利的今天，他的小说却又兢兢业业地维护着古典的浪漫之梦；论身份，他是小说家，却又是的成功的报人、社会活动家；他连大学都没读完，却又先后获得香港大学、牛津大学、剑桥大学、北京大学的荣誉院士和荣誉教授，现在还在新的浙江大学任人文学院的院长……这些扑朔迷离的角色变换，使他及他的小说越来越令人觉得难以定位，使千千万万个金庸迷通宵达旦读金庸，却又通宵达旦捉摸不透这位金大侠，每当喜形于色，自以为有所妙悟时，蓦然回首却发现自己所看到的仍然只不过是如水中月、镜中花而已，这不是一个人的经验，而是一种普遍的阅读感受。这种定位的艰难，恰如梁燕城吐露的苦衷：

> 若说之是一般通俗流行小说，则其又具有独特的文学特色，其气魄之大，描述技巧之奇，反映人性之深，均可登文学的门墙，不能只谓之为通俗流行小说；但若说之是纯文学作品，则其又具有某些通俗和吸引大众的因素，如

怪异的情节和惊险离奇故事等；说之是民间传说和神话故事，却又不纯是民间流传故事的结集，而具有作者独创的人物、故事和现代文学表现特色。

金庸带给人的另一个困惑是：新派武侠小说为什么没有出现在中国内地和台湾，而偏偏出现在保留中国文化传统相对最薄弱的香港？事实上，这个问题的答案就隐含在这个问题之中。

既写通俗文学也写纯文学的香港著名作家刘以鬯在分析 20 世纪 50 年代香港文学的精神状况时说："当大批文化人离开香港返回内地的时候，另一批文化人为了追求旧的生活方式进入香港。这批新来的文化人多数不能将克服险阻的力量集中起来，空虚、失落、精神苦闷到极点。"这批文化人不但精神上苦闷，在经济上也都属于赤贫阶级，于是在商业化的香港，他们别无选择，便纷纷转向写赚钱的流行小说。

另一位名叫郑树森的研究者则从作家的写作自由寻找答案："如果将香港的文学成长放在大英帝国在全世界殖民的漫长历史来观察，香港的状况相信是独一无二的。香港虽然被英国统治了一个半世纪，但和非洲、印度、加勒比海等地不同，并没有发展出一个英语的文学创作传统。不仅如此，在这么长的殖民统治过程，港英当局一直对上层建筑的文学及文化领域，采取相当被动甚至是不闻不问的态度（或政策）。除了早年的金文泰总统大力标榜旧文化，港英统治集团的冷淡和漠然，使得这个空间一直能由中文及中文创作继续占领，在一种似乎较为自由，但实际上'自生自灭'的状况下薪火相传。"

在香港的作家可以获得更大的写作自由，有更大的精神空间，而香港现代化和商业化的文化媒介和传播方式，又使他们的作品获得了迅速的流通途径。存在决定意识，新派武侠小说所需的土壤此时只有在香港存在而且肥沃，于是它就在香港发芽并逐渐茁壮成长起来。

金庸神话就在这块特殊的土壤上形成了，"金庸热"也成为了读书界一个奇异的文化现象。金庸的小说不但热，而且耐热、持久，从小说一开始连载就热，一直到现在还经久不衰，估计还将长久地热下去；金庸的小说不但香港人爱看，台湾人、中国内地的读者也爱看，不但印度尼西亚的华人喜欢看，世界各地的华人都爱看；不但华人爱看，韩国人、日本人、美国人……也爱看；金庸的小说好造就了一种特殊的阅读队伍，其中不但有广大市民、青年学生和粗懂文字的农民，也有文化程度很高的政府官员、大学教授、科学院士，如杨振宁、李政道、陈省身；金庸的小说不但使人爱读，而且还激发了专业人员的研究兴趣，像美国的华人学者陈世骧、夏济安、夏志清、余英时、李欧梵、刘绍铭；像中国的著名学者程千帆、冯其庸、张培恒、严家炎、钱理群、陈平原等。"金庸热"还造成了出版界的一个奇迹，它不但使出版这些武侠小说的正规出版社获得很高的实际利益和社会声誉，而且极大地促进了盗版业的繁荣……

金庸奇迹实际上从1955年2月8日《新晚报》开始连载《书剑恩仇录》就开始了，此后就长江后浪推前浪，一波一波奔涌向前。这时虽然只是连载，而且连载还很多缺陷，但读者却好像浑然不觉，只是一路追着看下去，看过一遍不过瘾，还要看第二遍、第三遍；看过连载，又看每回一本的小册子，最后还要看出版成书的全本。为什么要这样？董千里的解释可能很有代表性："追阅报上的连载小说是一种感受，一口气读单行本时又是一种感受。大抵于阅读连载时容易为若干悬疑所眩惑，忽略了情节和人物性格这两条主线。到了阅读单行本的时候，尤其可能已经是再读三读，大小悬疑均已不复重要，那两条主线的分量便大为突出。"

金庸还被人视作武侠小说的"真命天子"，说这话的是夏济安，一个非常喜欢看武侠小说的美籍华人学者。五十年代初，金庸和梁羽生还没冲进"江湖"时，他就对一个朋友说："武侠小说这门东西，大有可为，因为从来没有人好好写过。将来要是实在没有其他办法，一定想法子写武侠小说。"后来他看到金庸的《射雕英雄传》，就不如遗憾地对朋友说："真命天子已经出现，我只好到扶余国去了。"

武侠小说能登上文学的大雅之堂已是奇事，写武侠小说的人被当做"真命天子"一样崇拜着，就更是古今未有的奇迹了！

金庸小说的魅力不但令香港人为之着迷，而且使世界上所有的华人着迷，这其中就包括华人聚居的印度尼西亚。由于政治和历史的原因，金庸的小说很晚才影响到中国台湾，最后才是读者群最大的中国内地。我们不妨依照金庸小说流传的先后顺序，简单梳理一下它们在印度尼西亚、中国台湾和中国内地的流传情况。

印度尼西亚华人一直很喜欢读武侠小说，而且全都是翻译的中国演义小说和战前旧派的作品，如平江不肖生、白羽、还珠楼主的武侠小说，这些华人往往是土著华人；而后来的移民华人也喜欢看，只不过看的是原著。

金庸的小说是于20世纪50年代末60年代初流传到印度尼西亚的，当时也是新派武侠小说在印度尼西亚大行其道的时候，这些小说主要以单行本和小册子的方式被出售和出租，也有一些作品在印文的报纸上连载，如50年代末《新报》连载过《神雕侠侣》；《明星周刊》连载过《碧血剑》。金庸的重要小说几乎都是在这一时期被翻译介绍到印度尼西亚的，除了上面所说的那两部外，其他还有《射雕英雄传》（1960）、《倚天屠龙记》（1961—1962）、《飞狐外传》（1961）、《白马啸西风》（1963）和《天龙八部》（1963—1965）。这些译作多是直译，书名有时也和原作品有出入，例如《碧血剑》译成印度尼西亚文时变成了《金蛇剑》，《天龙八部》变成了《大理国的英雄》，《笑傲江湖》变成了《低微的浪子》，而且这些翻译小说都没有署上金庸的名字，但译文都相当精彩。另一个遗憾是书的印刷质量太差，因为这些小说销路好，书店就拼命赶时间出书，书的印刷质量自然就难以保障。

武侠小说在印度尼西亚的流行，与港台武侠片的影响也大有关系。根据印度尼西亚《时代》杂志的统计，印度尼西亚许多官员都是武侠小说迷和武侠片迷。有些出版商看准这是个赚钱的好机会，有时就特意采取电影海报作为武侠小说的封面，像重版的《射雕英雄传》和《神雕侠侣》，销路倒真因此增加了不少。从20世纪60年代末至80年代初，金庸的小说被译成印度尼西亚文的还有《笑傲江湖》（1966—1967）、《侠客行》（1967）、《素心剑》（1970）和《鹿鼎记》（1982）。此间金庸那些最早被翻译过来的小说已渐渐成为经典之作，被多次重版。

印度尼西亚人为什么那么喜欢金庸的武侠小说？曾翻译过《射雕英雄传》的燕·威查雅是这样解释的："金庸是个武侠小说之王。在他10余部闻名全球的小说中，很难说出哪一部是他最好的作品。也许《神雕侠侣》是最热闹的一部，《倚天屠龙记》最为紧张，《天龙八部》最为复杂，《雪山飞狐》最为感人，而最美丽且最富有浪漫色彩的要算是《射雕英雄传》了。"据此来看，印度尼西亚人不但爱读金庸的小说，而且已学有所得，深得其中三昧。这也算得上比较早的金庸研究吧。

由于政治方面的原因，金庸小说登陆台湾不但时间晚，而且经历了一场持久战、攻坚战。20世纪50年代初，台湾当局以戒严法的名义查禁一切"有碍民心士气"的作品，武侠小说也包括在内；50年代末，台湾当局又以"暴雨专案"全面取缔包括中国内地、香港出版的新旧武侠小说，总共有500多部。尽管在这个过程中武侠小说的创作从未中断过，甚至还有过不大不小的高潮，而且因迫于形势、也是为了拉拢知识分子，蒋经国在1973年的"国建会"上还明确表态他也很喜欢看《射雕英雄传》，但对金庸小说的解禁却并没因此而出现转机。虽然期间坊间偶尔能见到金庸小说的盗版本，但正式出版机构却无缘问鼎金庸小说。真正促成金庸武侠小说在台湾被广泛接受和流行的，是台湾远景出版社的一个叫沈登恩的出版人。

对沈登恩来说，与金庸小说"相恋"实出偶然，但也堪称一件奇遇。1975年初，沈登恩刚办远景出版社不久，一个从香港来的朋友给他带来一套旧版的《射雕英雄传》，他刚开始倒没太在意，但一读就无法停止，于是通宵达旦，用不到一天一夜的时间，就把这部小说读完了，当他从书页上抬起头时，他似乎有点茫然地往四周看了看，一个疑问涌上心头："世上怎么竟有这么好看的小说？怎么台湾竟然没有出版？"百思不得其解的他找到台湾当局颁布的"查禁书目"一看，立刻发现金庸的每一部小说都"荣登榜首"。这更激起了他的兴趣，马上又想方设法找来《神雕侠侣》《天龙八部》，一看又是欲罢不能，看完之后，他逢人便推荐金庸的小说，并且还动员在《中国时报》编副刊的高信疆在报纸上连载金庸的小说，高信疆也很感兴趣，只是环境所限，他们心有余而力不足，并不敢贸然　试。

有一天，沈登恩正在出版社看稿，突然接到台大教授唐文标的电话，告诉他金庸现在正在台湾，而且马上就要回香港，他很想去见见金庸，希望沈登恩陪他一起去，沈登恩当然正求之不得。就这样，他见到了心仪已久的金庸，而金庸对他们的突然来访没有丝毫不高兴的样子，他向沈登恩要了远景出的两套书，并且邀请他到香港去玩。后来沈登恩每次到香港都要去看金庸。在这期间，他多次向金庸谈到想在台湾出版"金庸小说集"的想法，金庸表示同意，答应若台湾允许，就把台湾的版权授予给他。这更坚定了他的决心。

不知不觉到了1976年、1977年之际，台湾的政治气候逐渐开明起来。沈登恩认为时机到了，就向有关当局诚恳地解释应该解禁金庸的武侠小说，应该合法出版金庸的小说。经过不断地交涉和不懈地努力，到 1979 年 9 月 6 日，"台湾新闻局"终于给了他一纸公文，上写：金庸小说"尚未发现不妥之处"，同意远景出版社出版金庸的小说。

1979 年 9 月 5 日，远景出版社出版的该社宣传刊物《出版与读书》杂志报道了这样一则消息：

> （本刊讯）远景出版社社长沈登恩今天说，他已经得到金庸的授权，《金庸作品集》第一部《侠客行》将于 9 月 10 日出版，和台湾读者见面。
>
> 金庸，浙江海宁人。《金庸作品集》含《侠客行》《书剑恩仇录》《鹿鼎记》等数十部。
>
> 沈先生说，远景出版社已经成立了一个编辑小组，专门负责《金庸作品集》的出版工作。
>
> 在策划出版这套中国武侠名著的过程中，沈先生说，他曾访问过无数的武侠小说读者、作家、教授、编辑、出版家……一般认为，金庸的武侠小说，不仅文笔流畅，有浓厚的文学气息，而且布局奇巧，人物塑造独具匠心。深信这套武侠小说的出版，将开拓中国武侠小说的新境界，为出版界树立一块新的里程碑。

这则消息，成为金庸小说登陆台湾的信号，一时间，为出版和连载金庸的小说，台湾各大报纸展开了一场争夺战。

在这之前，台湾的出版界和报界都虎视眈眈地关注着金庸小说的解禁情况，他们知道沈登恩最有希望做成此事，所以都要求沈登恩一旦成功，就把消息先通知自己，但沈登恩因为最先答应的是《联合报》的总编辑张作锦，所以，在得到解禁公文的当天一日，他就打电话通知了张作锦，张作锦一听，非常兴奋，立刻叫沈登恩到《联合报》一趟，还和金庸打长途电话，商量先连载哪一部小说，最后决定先让《连城诀》登场。

9 月 7 日，《联合报》副刊辟出十一栏篇幅开始连载附有插图的《连城诀》，同时还刊出思谦的《侠骨柔肠话金庸》和《金庸论武侠小说（语片）》。报前配以"编者按":《金庸：武侠文坛的奇人》，大张旗鼓地宣传金庸的小说：

> 在源远流长的中国文学巨流中，武侠小说是一条很特殊的支流。知识分子对它的态度相当暧昧，往往是既喜欢，又不愿承认，只能在那儿"暗恋"。在"子不语怪力乱神"的传统观念下，武侠小说常被摒除于文学的庙堂之外。而事实上，武侠小说却拥有广大的读者，上至达官显儒，下迄贩夫走卒，乐此不疲者不乏其人。而衡诸武侠文艺，固然有许多无聊之作，但既有消遣读者之效果，又能与正统文艺相颉颃之精彩作品，也不在少数。金庸先生就是武侠小说的奇人，其作品不但具备永久趣味，更具备永久之价值。于消遣之余，更为我们的文坛，增添了崭新的财富。

> 最近，金庸先生的武侠作品将由远景出版社正式在台湾发行，本刊征得金庸先生的同意，将他的一些力作交由副刊转载，首先推出的是《连城诀》，并自今日起开始刊登，这是台湾报刊首次公开发表金庸的作品，除向作者致谢外，并请读者拭目共赏佳作。

这份"编者按"还介绍了金庸的生平和主要作品。需要特别指出的是，多年来《联合报》的副刊有一个传统，就是什么都可以登，就是不刊载武侠小说，这次为金庸打破惯例，在台湾引起震动也就不奇怪了。

但授权《联合报》却给沈登恩惹了"麻烦"。《联合报》连载《连城诀》的第一天上午十点还不到，远景出版社的编辑部闯进来一个人，他就是高信疆，他一见到沈登恩就气急败坏地大骂沈登恩不够朋友。他说沈登恩最早曾怂恿他连载金庸的小说，现在怎么好事来了就把他忘了。沈登恩连忙解释，高信疆的火气才逐渐小下来，但他口气还是依然没有丝毫放松，他一定让沈登恩答应把金庸的全部小说都让《中国时报》的"人间副刊"连载，他软硬兼施，几乎要绑架沈登恩，还说如果他输掉了这一仗，老板一定会炒他的鱿鱼。沈登恩和高信疆是多年的好朋友，更重要的是，能让金庸的作品快一点和台湾读者见面，也未尝不是好事，所以沈登恩就答应了高信疆的要求。直到这时，高信疆的脸上才有了笑容，并问先刊哪一部最好，沈登恩说当然应先刊《神雕侠侣》，高信疆立刻通知正在编辑部待命的美术主任画刊头。后来又改变主意，先刊登《倚天屠龙记》，但《神雕侠侣》的刊头这时已经画好了。

《中国时报》的宣传攻势比《联合报》更大。9月8日，该报副刊专门辟出十八栏的篇幅，除"编者按"外，还同时刊登了闻镛的《结客四方知己遍——倚天屠龙记金庸》、罗龙治的《记侠之泰斗金庸》及孟子的《金庸的"人性尊严"》三篇文章进行配套宣传。一时整个台湾大有"天下谁人不识金庸"的气势。

在"编者按"中有这样一段说明文字：

> 为中国近代武侠小说开创新境界的"武林泰斗"金庸，不久前，正式授权本报及《工商时报》副刊连载其一系列成名巨著。
>
> 本日起，我们首先推出轰动海外的长篇巨构《倚天屠龙记》，同时由《工商时报》一并推出金庸的武侠中篇《白马啸西风》，敬请读者先睹为快！
>
> 金庸也是海内外知名的报人，对文学、艺术、佛学、政治、法律等多有知见。他的武侠小说并曾翻译成英文，在美国报刊上连载。截至目前，他共写了十四部武侠著作，大半皆已授权本报陆续发表，其中《侠客行》一书，日内将在台北出版。

金庸作品在台湾被禁，对金庸和台湾的读者来说都是很大的损失，所以，当金庸获悉自己的作品终于在台湾出版后，他非常高兴，马上给沈登恩写了一封信，兴奋之情，溢于言表：

> 我的小说能在台湾出版，我当然也很高兴。台湾读书风气盛，文化水准很高。任何作者，都希望他的作品能接触文化水准很高的读者群，能受到欣赏，受到高层次的反应，希望有更多的人了解，我的武侠小说并非只是打打杀杀而已。

然而，出版金庸的小说在台湾并非一帆风顺。有关部门认为《射雕英雄传》的书名有影射之嫌，金庸听说此事，特让自己手下的一员大将孙淡宁女士飞来台北交涉，同意更名为《大漠英雄传》出版，不料刚一出版，警察总署就来了一份查禁公文，理由是"与《射雕英雄传》雷同"，并且还到处查扣已经出版的《大漠英雄传》，金庸和沈登恩都深感遗憾。

但《射雕英雄传》已出版二十多年，在海内外发行颇广，影响甚巨。所以虽然台湾政府明文查禁《射雕英雄传》，但这部书并没因此而在台湾销声匿迹，而是以"地下"的方式广为流行，不论是大学教授还是青年读者，不论是普通民众还是政府官员，都有很多人以各种方式读过这部书，并且认为查禁这部书实在不可思议。另外一件让人奇怪的事是：台湾当局只查禁远景出版社出版的金庸小说，而对根据金庸小说拍成的电影、电视却并不查禁，如由香港无线电视台根据《射雕英雄传》拍成的三部连续剧《铁血丹心》《东邪西毒》和《华山论剑》在台湾就可以公开发行，并且销路非常好。

沈登恩不仅是将金庸小说正式在台湾推广的第一人，也堪称对金庸小说进行较为系统研究的台湾第一人。1980年10月12日，香港《明报》刊出这样一则广告：

等待大师

倪匡执笔，"金学研究"第一集《我看金庸小说》是中国第一部有系统地研究金庸小说的专书，初版早已售出，再版已经运到，港九各大书店在出售中。

《明报》评论这本书说："倪匡以他妙趣横生的笔调，写了心得，因而没有给人沉闷的感觉，吸引你一口气把它读完，这是本书最大的特色。"

"金学研究"预定出版十集，除邀约名家执笔外，特别欢迎读者投稿，出版《我们看金庸小说》，稿酬优厚，本月底截稿。

这是一则广告，实际上也是金庸研究的倡议书。沈登恩不只是倡议，而且真的出版了十余本《金学研究丛书》。此后不久，他又编辑出版了《诸子百家看金庸》，计划分四册出版，请金庸好友或至交董千里、林燕妮、三毛、叶维廉、柏杨、温瑞安、罗龙治执笔助阵，但四册出完，大家欲罢不能，于是就五看、六看、七看……一直到十看，仍有意犹未尽之感。这些评论家从各个角度、针对金庸小说的不同现象和人物，用生花妙笔点点洒洒，妙不可言，这不但开辟了金庸小说研究的新园地，而且给整个评论界带来一阵和煦的春风，为整个文学研究领域提供了一种新的研究方法。在这些评述者中，最活跃、行文最生动的是倪匡，他以科幻小说家和金庸好友的双重身份，接连撰写一看、二看、三看，一直到五看金庸小说，成为这套丛书的经典之作。有些书一版再版，仍然供不应求，如第九本温瑞安所著的《谈〈笑傲江湖〉》1980年初版，到1994年就已经印行了九版。

几乎与《诸子百家看金庸》同时，香港的明窗出版社又出版了文字清新幽默的"金庸小说评论系列"和"文学文化"系列，前一系列最活跃的叫吴蔼仪，她曾做过《明报》的副总编辑、后来又做了督印人，这一系列中包括她四部书，即《金庸小说中的男子》《金庸小说中的女子》《金庸小说的情》《金庸小说看人生》，金庸亲自为《金庸小说中的男子》作序，对自己小说中的男人形象进行褒扬：

> 在武侠世界中，男子的责任和感情是"仁义为先"。仁是对大众的疾苦怨屈充分关怀，义是竭尽全力做份所当为之事。引申出去便是"为国为民，侠之大者"。中国的传统思想是儒家与墨家，两者教人尽力为人，追求世事的公平合理，其极致是"杀身成仁，舍生取义"。武侠小说的基本传统也就是表达这种哲学思想。

书写得好，金庸的序更是使这些著作身价百倍，锦上添花。这些书先是在《明报》上连载，已经引起轰动，待出版之后，即迅速成为畅销书。

"文学文化"系列则包括自封为金学研究"二十世纪天下第二"的潘国森所著的《五论金庸》《杂论金庸》，也包括金庸的好友项庄（董千里）所著的《金庸小说评弹》。其他还有杨兴安的《金庸笔下世界》《金庸小说十谈》以及对金庸小说喝倒彩但也同样精彩的霍惊觉的《金学大沉淀》。

1987年，台湾远流出版社出版了36册的《金庸作品集》，与此同时，出版社还配套出版了"金学研究集"系列丛书，丛书发行人王荣文为这套丛书写了《金庸研究的新起点——金庸研究集》，认为对金庸的研究和三百年前明朝的金圣叹把《水浒传》和《庄子》《史记》进对比研究有异曲同工之妙。

由于特殊的政治原因，中国内地接触金庸比较晚。在20世纪50—70年代，除了中共的一些高层领导人能看到金庸的小说外，如邓小平在 70 年代后期自江西返回北京时，就托人从境外买到一套金庸小说，并且很喜欢看，一般老百姓根本不知道金庸是何人，即使知道，也决不允许看。这种对武侠小说的拒绝，既与传统的偏见有关，也和中国当时特殊的政治气氛有关。

在漫长的中国封建社会，武侠小说一直被以"以武犯禁"的罪名被打入地狱，即使到"五四"新文学运动时期，这种偏见也没有得到彻底的纠正。到了 20 世纪 30 年代，因为革命的需要，武侠小说的地位越发沦落，甚至被视作革命的敌人而被打入另册。一些革命文艺理论家从思想的高度历数武侠小说的罪行，如"妨碍群众觉悟"、"阻挡革命发展"，而武侠小说之所以能起到这么大的坏作用，就有因为它"制造幻想"麻痹革命群众，消磨群众的斗志，如瞿秋白 1932 年在《文学月报》上发表《大众文艺的问题》中指出："青天大老爷的崇拜，武侠和剑仙的梦想"，"无形之中对于革命的阶级意识的生长，发生极顽固的抵抗力。"随后他又写了一篇文章《唐吉诃德的时代》，继续对武侠小说进行攻击："相信武侠的他们是各不相问、各不相顾的。虽然他们是很多，可是多得像沙尘一样，每一粒都是分离的，这不仅是一盘的散沙，而且是一片戈壁沙漠似的散沙。他们各自等待着英雄，他们各自坐着，垂下一双手。为什么? 因为：'济贫自有飞仙剑，尔且安心做奴才'。"瞿秋白的观点得到了许多革命作家的赞同，他们也纷纷撰文批判武侠小说，使武侠小说如过街老鼠，无安身之地。

1949 年以后，统一了的中国政权对武侠小说的态度没有发生什么可喜的变化，反而是变本加厉，而集中的权力也使武侠小说更容易受到集中性的、全面的围剿，所以处境比三十年代更加艰难。1955 年 7 月 27 日，"人民日报"发表社论《坚决地处理反动、淫秽、荒诞的图书》，武侠小说"荣登"被"坚决处理"之列，其中与武侠小说有关的文字有："凡渲染荒淫生活的色情图书和宣扬寻仙修道、飞剑吐气、采阴补阳、宗派仇杀的荒诞武侠图书，应予收换"；"这类反动的、淫秽的、荒诞的图书，事实上已经起了并正在起着帝国主义和蒋介石匪帮的'第五纵队'的作用。"这种态度一直延续着。导致在新中国成立后三十年间，原先的武侠小说作家不敢写武侠小说，出版社不敢出版武侠小说，图书馆要么不藏要么不外借武侠小说，真是一片白茫茫大地真干净，但社会风气并没因此而好多少，相反，倒有每况愈下之势。

存在决定意识，人为的压制和扼杀虽然能成功一时，却无法阻挡大众对武侠小说的渴望。20世纪70年代末，大陆思想进一步解放，已经可以允许非正统的思想和作品在中国传播，以金庸为主的新派武侠小说趁此良机开始以盗版的方式悄悄流入内地。但直到1980年，金庸小说才被"明媒正娶"到中国内地，堂而皇之地与大陆读者见面，最先吃这个"螃蟹"的广州的《武林》杂志，最先出现在这个杂志上的金庸小说是《射雕英雄传》，随后电视连续剧《射雕英雄传》也开始在黄金时间段播出，一时万人空巷，金庸，成为街头巷尾津津乐道的热门话题。

金庸小说虽然在中国内地出现较晚，但发展的势头却汹涌澎湃，大有一发不可收之势。刚刚经历了"文化大革命"的中国人，就像在沙漠中长久跋涉的旅人突然发现了一块绿洲一样，精神的饥渴在金庸的小说中获得了适宜的滋润。占了天时、地利、人和优势的金庸小说，乘着中国内地思想解放的东风，很快由星星之火而成燎原之势。

金庸小说传入内地及在内地的流通方式是个很有趣的话题，粗略来说，主要有这样几种方式：1.通过海关口岸带入的港台原版书，70年代后期开始这种流通，范围极其狭窄。2.借助非公开出版物。3.借助公开出版物，国家、省、地、市出版社数量庞大的印刷，带来1985年前后武侠小说流行的高峰。4.以赢利为目的，粗制滥造的非法出版物，虽然扩大了金庸小说的传播，但其负面效应在于造成书刊市场混乱，伪作与重复出版等现象。

内地最早出版的金庸小说是《书剑恩仇录》，1981年由广东科技出版社出版。此后，由于盗版书的出现，无形中刺激了杂志社和出版社的神经，使他们有些迫不得已地加快了出版速度，促进了金庸小说的流通。例如，仅《笑傲江湖》一书，1987年就有《中华文学》《精武》《武林》《传奇文学选刊》《传奇·传记文学选刊》《通俗文艺选刊》《说古道今》《神州传奇》《黄河传奇》《今古传奇》《中华传奇》等杂志先后推出单行本。但即使如此似乎也不足以满足读者的需要，意识出现了任何一个名作家都会遇到的尴尬：小说被大量盗印、续写、冒名顶替。续写者有的光明正大，如诸葛青云在80年代先后推出《鹿鼎记》的续集《大宝传奇》，以及《笑傲江湖》的续集《大侠令狐冲》；但大多数续写者却是欺世盗名，或直接以金庸之名，或化用金庸之名如什么"金庸巨"、"金庸新"、"全庸"，粗制滥造大量伪作，如什么《色春令》《血煞星》《狂龙傲凤》《神箭金雕》《勾魂女侠》《逍遥浪子》《江湖英雄风流情》等等。更有甚者，某些出版社干脆直接翻印港台其他作家的作品而署以金庸之名。随着金庸热的升温，盗版行为也逐年升级。1985年以前，只有《书剑恩仇录》、《射雕英雄传》、《神雕侠侣》三部小说在1981年和1984年被中国正式出版社公开盗印，而在1985年这一年，金庸小说几乎无一幸免，都被盗印，而且有的小说还不止一种盗版本，如《天龙八部》有三种版本，《射雕英雄传》《倚天屠龙记》《飞狐外传》《碧血剑》也都有两种版本。据中国国家出版局局长亲口对金庸说：这一年金庸小说在内地总共销售了4000万册！这还不包括大量非出版社出版的各种粗糙的盗版。以80年代文学作品的平均印数来计算，金庸的一套书（数册）往往印二三百万册，如百花文艺出版社的《书剑恩仇录》印了50万套，时代文艺出版社的《神雕侠侣》印了20万套，宝文堂的《倚天屠龙记》印了30万套，即使如此，仍然是供不应求。

至今金庸的小说已在中国内地印刷了多少册？恐怕这就永远是一个迷了！因为不但正版的已难以统计，若加上盗版的数量，更会是一个匪夷所思的数字。人们只知道，金庸无处不在！

附表二：金庸小说在中国内地出版情况表

金庸作品名	出版时间	出版社	页数、定价
《书剑恩仇录》	1981年	科学普及出版社广州分社	2册，834页，2.80元
	1985年4月	天津：百花文艺出版社	2册，834页，4.00元
	1987年12月	石家庄：河北人民出版社	3册，891页，7.20元

金庸作品名	出版时间	出版社	页数、定价
《碧血剑》	1985 年 2 月	福州：海峡文艺出版社	2 册
	1985 年 8 月	哈尔滨：北方文艺出版社	2 册，848 页，4.95 元
《射雕英雄传》	1984 年 1 月	长春：吉林人民出版社	4 册，1488 页，7.25 元
	1985 年 1 月	厦门：鹭江人民出版社	3 册，1423 页，7.00 元
	1985 年 4 月	扬州：江苏广陵古籍出版社	3 册，576 页，5.20 页
	1993 年	拉萨：西藏人民出版社	3 册，1276 页，31.80 元
《神雕侠侣》	1984 年 11 月	长春：时代文艺出版社	4 册，共 7.15 元
	1985 年 2 月	西安：陕西人民出版社	3 册，1532 页，8.14 元
《雪山飞狐》（附《鸳鸯刀》、《白马啸西风》）	1985 年 6 月	北京：中国文联出版公司	1 册，376 页，2.50 元
《飞狐外传》	1985 年 1 月	厦门：鹭江出版社（附《雪山飞狐》）	2 册
	1985 年 2 月	沈阳：春风文艺出版社	3 册，829 页，5.07 元
	1985 年 3 月	杭州：浙江文艺出版社	2 册，746 页，3.85 元

《倚天屠龙记》	1985 年 6—8 月	北京：宝文堂书店	4 册，1840 页，9.80 元
	1985 年 8 月	长沙：湖南人民出版社	2 册，1595 页，6.50 元
《连城诀》	1985 年 3 月	福州：海峡文艺出版社	1 册，445 页，2.15 元
《天龙八部》	1985 年 3 月	西安：陕西人民出版社	5 册，1891 页，9.50 元
	1985 年 4 月	合肥：安徽文艺出版社	5 册，12.00 元
	1985 年 10 月	北京：宝文堂书店	5 册，2387 页，12.70 元
	1986 年 7 月	南昌：江西人民出版社	5 册，1955 页，10.50 元
	1993 年	拉萨：西藏人民出版社	4 册，1728 页，43.80 页
《侠客行》	1985 年 2 月	南昌：江西人民出版社	1 册，596 页，3.00 元
《笑傲江湖》	1985 年 10 月	济南：山东文艺出版社	4 册，1421 页，7.95 元
《鹿鼎记》	1985 年 9 月	北京：宝文堂书店	5 册，13.05 元
	1988 年 6 月	成都：四川文艺出版社	5 册，16 元
《金庸作品集》	1994 年 5 月	三联书店	全部小说

再续"影"缘

金庸不赞成将自己的小说改编成电影、电视，但也不反对，事实是：若没有影视的推波助澜，金庸的小说也许不会这么流行。

金庸显然深知这一点。

金庸小说的广为流传，与现代传播媒介的推波助澜也有很大的关系。从 20 世纪 60 年代开始，金庸的小说就不断被拍成电影、电视连续剧，甚至还被改编成话剧、京剧、粤剧。

金庸小说中最早被改编成电影的是《书剑恩仇录》，时间是 1960 年，由李晨风导演。随后，电影天然具有的娱乐功能和吸引力，再加上大众偶像的个人魅力，以及电影、电视公司的刻意宣传，使得金庸小说被大量改编成电影、电视。

对自己的小说被改编成电影、电视，金庸似乎喜忧参半，既不赞成，也不反对。他曾这样说过：

> 电影拍了很多，但因为只有 100 分钟，又想表达整个故事，交代了半天故事都交代不清，细节更没法描写，我总劝他们取其中的一小段，情节短、人物少，就能拍得好。电视时间长，倒是好点，不过也有先天的限制……看小说和读者的欣赏能力绝对有关，小说中描写一个人，读者如何去看他，和他个人的经历、想法、理解力都有关系，其间弹性很大。像杨过，虽然大家说他是小人，可是个人的看法出入却很大。电视、电影一拍就把它固定，就是这样子了，杨过这样、谁那样，每个读者感觉却不一样。

除了电影、电视外，香港戏剧界也陆续将金庸的《雪山飞狐》《天龙八部》《笑傲江湖》改编成话剧。如 1981 年 11 月由卢景文取《天龙八部》中一节排演成粤剧《乔峰》上演，金庸对此非常赞赏，并亲自观看了这出话剧，观后还专门写了一篇文章《深挚热烈的演出》，文章一开始就这样写道：

> 最近在一次友人的聚会中，大家玩一个游戏，各人述说"今年最开心的一分钟是什么时候"，必须诚实坦白，不准说谎。轮到我说的时候，我说："十月十二日晚上十一点多钟，在大会堂剧院，演完了话剧'乔峰'，台上演员介绍：'金庸先生也在这里。'观众热烈鼓掌，长达一分钟之久，我开心得好像

飘在云雾里一样。"

在 1989 年的香港艺术节上，香港话剧团公演了根据金庸小说改编的话剧《笑傲江湖》，引起轰动，以后该剧竟成了该剧团的代表节目之一。香港话剧团历来是香港高雅艺术的象征，金庸小说被他们看中，代表了香港官方高级艺术审定机构对金庸小说的认同！

金庸小说的精彩情节和妙趣横生的打斗也为它们进入电脑三维世界奠定了坚实的基础。最早将金庸小说开发成游戏软件的是台湾软件世界智冠科技有限公司，它先后推出《笑傲江湖》《倚天屠龙记》《金庸快打》以及《神雕侠侣》《鹿鼎记》等游戏软件，《软件世界》杂志也大力介绍《天龙八部》和《金庸群侠传》两套大型游戏软件，使金庸小说与高科技得到了完美融合。

漫画界也不甘示弱，《如来神拳》取材于《倚天屠龙记》，《醉拳》取材于《射雕英雄传》，只是将张无忌改成了王无忌，将东邪、西毒、南帝、北丐、中神通改换成东毒、西魔、南僧、北丐、中神通。其他还有《龙虎斗》《风云》，它们或渲染绝世武功、或展现江湖儿女的侠义之举和儿女私情。这其中最为重要、也很忠实于原作的漫画是黄展鸣 1995 年所作的《神雕侠侣》，当时该书刚出版了前两册就迅速风靡中国香港、中国台湾、日本、新加坡，至今仍然畅销不衰。

笔者将金庸小说被拍成电影、电视的情况简单列一表格，虽有一斑之嫌，但也可有助于读者窥其全貌：

附表三：金庸小说被改编成电影情况表

小说原作名	电影名	拍摄时间	导演	主要演员
《书剑恩仇录》	《书剑恩仇录》	1960	李晨风	张瑛、陈锦棠、石燕子
	《书剑恩仇录》	1981	楚源	狄龙、白彪
	《清朝皇帝》	1987	许鞍华	张多福、达式常

小说原作名	电影名	拍摄时间	导演	主要演员
《碧血剑》	《碧血剑》	1958	李晨风	曹达华、容小意
	《碧血剑》	1981	张彻	井莉、郭追
	《金蛇郎君》	1994	张海靖	元彪、张敏、李修贤、李美凤、袁咏仪
《射雕英雄传》	《射雕英雄传》	1958	胡鹏	曹达华、容小意
	《射雕英雄传》	1977	张彻	傅声、恬妞
	《东成西就》	1993	刘镇伟	钟镇涛、刘嘉玲、梁家辉、张曼玉、张国荣、林青霞、梁朝伟、王祖贤、张学友、叶玉卿
	《东邪西毒》	1994	王家卫	张国荣、梁家辉、林青霞、梁朝伟、张学友、刘嘉玲
《神雕侠侣》	《神雕侠侣》	1960	李化	谢贤、南红
	《神雕侠侣》	1982	张彻	傅声、郭追
	《杨过与小龙女》	1983	华山	张国荣、翁静晶
	《九一神雕侠侣》（与金庸作品脱离）	1992	元奎、黎大炜	刘德华、梅艳芳、郭富城
《雪山飞狐》	《雪山飞狐》	1964	李化	江汉
《飞狐外传》	《飞狐外传》	1980	张彻	钱小豪、郭追
	《新飞狐外传》	1984	刘士裕	黄日华、万梓良
	《飞狐外传》	1993	潘文杰	黎明、张敏、李嘉欣

小说原作名	电影名	拍摄时间	导演	主要演员
《倚天屠龙记》	《倚天屠龙记》	1963	张瑛等	张瑛、白燕
	《金毛狮王》	1975	何梦华	李菁、赵雄
	《倚天屠龙记》	1978	楚源	尔东升、余安安
	《倚天屠龙记》	1983	楚源	尔东升、刘雪华
	《倚天屠龙记之魔教教主》	1994	王晶	李连杰、张敏、邱淑贞、洪金宝
《天龙八部》	《天龙八部》	1977	鲍学礼	李修贤、恬妞
	《天龙八部之天山童姥》	1994	钱永强	林青霞、张敏、巩俐
《连城诀》	《连城诀》	1980	牟敦芾	曹达华
《侠客行》	《侠客行》	1980	张彻	郭追、唐菁
《笑傲江湖》	《笑傲江湖》	1978	孙仲	汪禹、陈惠敏
	《东方不败一》	1990	胡金铨	许冠杰、张学友、叶童、张敏
	《东方不败二》	1992	程小东	李连杰、林青霞
	《东方不败三》	1993	程小东等	李连杰、王祖贤
《鹿鼎记》	《鹿鼎记》	1983	华山	汪禹、梁家辉
	《鹿鼎记》	1991	王晶	周星驰、张敏、吴孟达、邱淑贞
	《鹿鼎记（神龙教）》	1992	王晶	周星驰、林青霞、李嘉欣

小说原作名	电影名	拍摄时间	导演	主要演员
《鸳鸯刀》	《鸳鸯刀》	1961	不明	周听、林风

附表四：金庸小说被拍成电视剧情况表

拍摄时间	原作名	电视剧名	主要演员
1973	《越女剑》	《越女剑》	不祥
1975	《射雕英雄传》	《射雕英雄传》	白彪、米雪
	《神雕侠侣》	《神雕侠侣》	不祥
	《碧血剑》	《碧血剑》	陈强、文雪儿
	《雪山飞狐》	《雪山飞狐》	卫子云、米雪、李通明、文雪儿
	《鹿鼎记》	《鹿鼎记》	不祥
1976	《书剑恩仇录》	《书剑恩仇录》	郑少秋、汪明荃
1978	《倚天屠龙记》	《倚天屠龙记》	夏雨、黄淑仪、市坚
1982	《天龙八部》	《天龙八部（上）》《六脉神剑(下)》、《虚竹传奇》	汤镇业、梁家仁、黄日华
1983	射雕英雄传	《射雕英雄传》：《（上）铁血丹心》《（中）东邪西毒》《（下）华山论剑》	黄日华、翁美玲
		《神雕侠侣》	刘德华、陈玉莲
1984	《鹿鼎记》	《鹿鼎记》	刘德华、梁朝伟、刘嘉玲
	《笑傲江湖》	《笑傲江湖》	周润发、陈秀珠

拍摄时间	原作名	电视剧名	主要演员
1985	《雪山飞狐》 《碧血剑》	《雪山飞狐》 《碧血剑》	吕良伟、赵雅芝 黄日华、庄静仪
1986	《倚天屠龙记》	《倚天屠龙记》	任达华、郑裕玲、曾江
1987	《书剑恩仇录》	《书剑恩仇录》	彭文坚、梁佩玲
1992	《碧血剑》	《金蛇郎君》	郑伊健、罗惠娟
1993	《雪山飞狐》 《倚天屠龙记》 《射雕英雄传》	《雪山飞狐》 《金毛狮王》 《射雕英雄传之九阴真经》 《射雕英雄传之南帝北丐》	伍宇娟、李嘉欣 尹杨名、李婉华、伍卫国、张凤妮 姜大卫、梁佩玲 郑伊健、魏俊杰
1994	《射雕英雄传》	《射雕英雄传》	张智霖、朱茵
1995	《神雕侠侣》	《神雕侠侣》	古天乐、李若彤
1996	《笑傲江湖》	《笑傲江湖》	吕颂贤、梁佩玲
1997	《天龙八部》	《天龙八部》	黄日华、李若彤、樊少皇、陈浩民
1998	《鹿鼎记》	《鹿鼎记》	陈小春、梁小冰、马浚伟、陈少霞
1999	《雪山飞狐》	《雪山飞狐》	黄日华、陈锦鸿、邵美琪、佘诗曼

一场静悄悄的文学革命

金庸小说也引起了学术界的极大兴趣，对其的研究也经历了从不成熟到正规化的过程。以至有人说：不读金庸小说怎么叫文学批评家？

金庸的小说，发动了一场静悄悄的文学革命。

金庸小说热进而导致了对其小说的学术研究热。最早的金庸小说研究出现在中国香港和海外，如历史学家余英时在 20 世纪 50 年代看到金庸的小说后就盛赞其是"为万千读者争赞，笔触有千军万马之力"；南洋的大学学者在六七十年代提出"雕学"一说，专门研究《射雕英雄传》和《神雕侠侣》。而身在美国的华裔古典文学学者陈世骧与金庸就《天龙八部》的两封情深义重的信，更是成为武侠小说界的佳话。1966 年 4 月 22 日，陈世骧在给金庸的第一封信中谈了自己以及自己身边的人读《天龙八部》的情况：

> 《天龙八部》必乘闲断续读之，同人知交，欣嗜各大著奇文者自多，杨莲生、陈省身诸兄常相聚谈，辄喜道钦悦……青年朋友诸生中，每来必谈及，必欢。间有以《天龙八部》稍松散，而人物个性及情节太离奇为词者，然亦为喜笑之批评，少酸腐蹙眉者。弟亦笑语，"然实一悲天悯人之作也……书中的人物情节，可谓无人年冤，有情皆孽，要写到尽致非把常人常情都写成离奇不可。"书中的世界是朗朗世界到处藏着魑魅与鬼蜮，随时予以惊奇的揭发与讽刺，要供出这样一个可怜芸芸众生的世界，如何能不教结构松散？这样的人物情节和世界，背后笼罩着佛法的无边大超脱，时而透露出来。而在每逢动人处，我们会感到希腊悲剧理论中所谓恐怖与怜悯，再说句更陈腐的话，所谓"离奇与松散"，大概可叫做"形式与内容的统一"吧。

1970 年 11 月 20 日，陈世骧又给金庸写了一封信，给金庸小说以极高的评价：

> 弟为同学竟夕讲论金庸小说事，弟尝以为其精英之出，可与元剧之异军突起相比。既表天才，亦关世运。是不同者今世犹只见此一人而已。此意亟与同学析言之，使深为考察，不徒以消闲为事。谈及鉴赏，亦借先贤论元剧之名言立意秘籍王静安先生所谓"一言以蔽之，有意境而已"。

当然这些评价都还只是感性的，而且是个人式的，还谈不上是学术研究。最早的比较有学术性的金庸研究是梁羽生化名如伧硕之于1966年1月至3月在《海光文艺》上发表的《金庸梁羽生合论》，"合论"对金庸小说有褒有贬，颇有功力，可惜当时这样的研究纯属凤毛麟角。标志着金庸及新派武侠小说家真正进入学术研究视野的，是1987年12月香港中文大学中国文化研究所在香港召开的武侠小说研讨会，与会者包括余英时、刘绍铭、叶洪生、许倬云、侯健、郑树森、黄维梁、梁燕城等港、台、中国内地和海外的专家学者，这是武侠小说的盛会，也是武侠小说研究的一个高潮，也是金庸研究的一个高潮，其中一些文章就是专论金庸及其小说的，如刘绍铭的文章《平心静气读金庸》，既总结了以前金庸研究的不足，又倡议更理智地阅读金庸小说。这篇文章后来经修改先在《信报》上连载了六天，1988年2月又在《明报月刊》全文刊出，同期发表的还有梁燕城的论文《从金庸作品看武侠小说的思想结构》。

与金庸小说进入中国内地落后与港台一样，中国内地的金庸研究也比较滞后，最早高度评价金庸小说的是两位学界权威。1984年华罗庚在《光明日报》上撰文评价武侠小说是"成年人的童话"，一语道破了武侠小说具有经久魅力的原因；接着，红学家冯其庸在1986年第八期《中国》杂志上发表了《读金庸》一文，对金庸小说盛赞不已。文章开头是一首七言诗"赠金庸"：

千奇百怪集君肠，巨笔如椽挟雪霜。

世路崎岖难走马，人情反复易亡羊。

英雄事业春千斛，烈士豪情剑一双。

谁谓穷途无侠笔，青史依旧要评量。

文章先谈到他1981年赴美讲学期间到处遇见金庸迷的盛况，以及自己初读金庸小说感受：

我认为金庸小说所包含的历史的、社会的内容太广泛了，也就是说金庸小说所包含的学问太广泛了，没有一定的历史的、社会的知识，不认真地当作学问来读他的书，当作学问来评价他的书，仅仅从传奇性强烈的故事情节来读他的书和评论他的书，恐怕是很难中肯的。或者，企图简单地搬用几条文艺学的理论来评论他的书，合乎条文的就认为好，不合条文的就不好，那也很难对金庸的小说作出中肯的评价。

接着他从五个方面谈了自己对金庸小说的印象：

1. 金庸小说所包含的历史的、社会的内容的深度和广度，在当代的侠义小说作家中，是极为突出极为罕见的。

2. 金庸小说所涉及的思想，可以说是诸子百家、九流三教，几乎包罗一切，而在文学方面，则诗、词、歌、赋、对联、谜语、小曲应有尽有，而且都十分妥帖得体，毫无勉强做作或捉襟见肘之感，相反却使人感到游刃有余，长才未尽。

3. 从艺术上来看，金庸所创造的一些人物，就其主要者来说，并不乏有血有肉的成功的形象。

4. 感到印象深刻的是金庸小说的文学性，它与一般旧式的和时兴的侠义小说有显著的不同，它不仅是小说的语言雅洁、文学性高、行文流畅婉转；也不仅是有诗有词，而且都不是凑数之作，而是相当令人耐读的，更重要的事实作品中时时展现出一种诗的境界，一种特别美好的境界。

5. 金庸小说情节的柳暗花明、绝处逢生，或天外奇峰飞来，这种拍案叫绝的地方，往往随处可见。

在文章的最后，他不无期待地说："我赞成应该对他的小说作认真的研究，很好地来分析他的作品，引导人们来理解他的小说的积极的思想内容和艺术成就。"他同意把关于研究金庸小说的学问称为"金学"。此话出自一个"红学家"之口，对学术界的影响自然不可小视。

此后不久，中国内地的金庸研究就开始慢慢走上规模化、正规化。1987年，沈阳的春风文艺出版社翻印了台湾远景版的《诸子百家看金庸》第一辑，以《金庸百家谈》为名出版。1988年，《读书》《上海文论》等文艺期刊分别刊登了柳苏的《金色的金庸》，章巽的《台湾"金学"一瞥》、裘小龙、张文江、陆灏的《金庸武侠小说三人谈》。1989年，章培恒在《书林》杂志停刊前的最后一期上发表了《金庸武侠小说与姚雪垠的〈李自成〉》，指出：被视为"纯文学"、"新文学"的《李自成》，其实包含着很多封建意识和出于现代教条观念的胡编乱造，其文学价值还不如被归于"旧"文学——"通俗文学"系列而人物性格更具真实性的金庸武侠小说。虽然该文主要针对《李自成》而发，但在文学观上，已表现出新式意识。之后在1991年3月的《上海文论》上，他又发表了《从武侠小说的发展看大众文学的前景》一文，认为以娱乐为主要目的的"大众文学"在一定前提下同样可以具有较高的文学价值。这标志着中国内地学者对金庸小说的认识已达到了一个新的境界。

随后，大陆学界对金庸的研究越来越多元化、系统化。1990年，陈平原开设了以金庸小说为重要研究对象的专题课，并写出了专著《千古文人侠客梦》。他指出金庸小说一个突出特点是在武侠小说的打斗故事中，掺入浓厚的文化因素："他把儒释道、琴棋书画等中国传统文化通俗化了，所以金庸小说可以作为中国文化的入门书来读。"他还在金庸研究界第一次指出：七十年代之后的金庸受到了西方存在主义思潮的影响："他把现代人的孤独感和古代大侠浪迹天涯的漂泊情怀融合在一起，有意突出'大侠精神'，使在现实生活中感到渺小、无助的个人，可以借助武侠小说在幻想中驰骋。这些可能是包括北大教师在内的许多高级知识分子喜读金庸小说的一个重要原因。"他并不认为金庸小说达到了"传世之作"的水平，但他很有洞见地指出："金庸小说未达到最理想的境界，并非由于金庸才力不够，而主要受制于'畅销书机制'的限制，如制作上的重复、对市场的依赖等。"

陈平原上面提到的"北大教师"包括钱理群和严家炎。就像许多学者一样，钱理群对金庸小说的阅读刚开始是很被动的。他曾这样说过：

　　说起来我对金庸小说的阅读是相当被动的，可以说是学生影响的结果。那时我正在给1981届北京大学中文系的学生讲"中国现代文学史"。有一天一个和我经常来往的学生跑来问我："老师，有一个作家叫金庸，你知道吗？"我确实是第一次听说这个名字。于是这位学生半开玩笑、半挑战性地对我说："你不读金庸的作品你就不能说完全了解了现代文学。"并且告诉我，几乎全班同学（特别是男同学）都迷上了金庸，轮流到海淀一个书摊用高价租金庸的小说看，而且一致公认，金庸的作品比我在课堂上介绍的许多现代作品要有意思得多。这是第一次有人（而且是我的学生）向我提出金庸这样一个像我这样的专业研究者都不知道的作家的文学史地位问题，我确实大吃了一惊。

于是他赶忙补课，找来金庸的小说来看，一看就爱不释手。他后来和吴晓东主编了《彩色插图中国文学史》，在书中，他们甚至将金庸小说看作"现代通俗小说"成熟的标志，给予很高的评价：

金庸的武侠小说的划时代意义与价值正在于它的"现代性"，江湖世界、大侠形象无不传达出一种"现代信息"，反映了人类古老的英雄梦在工业社会的延续，又是羁縻于世俗社会中的现代人试图超越具体时空限制的替代性投射。而虚拟的超现实的江湖世界，则是人类永恒的乌托邦幻象的本能在现代文明中的体现，它满足的是人性中固有的好奇心和幻想力。金庸的武侠小说作为"成年人的童话"，在这个意义上象征了汉文学在新世纪的艺术想象力的极致。

北大中文系前系主任、博士生导师严家炎教授也是在学生的推动下于20世纪80年代初开始接触金庸作品的，也是一读就放不下来，此后他就开始了自己的"金庸之旅"。1994年10月25日，北京大学授予金庸"名誉教授"称号，严家炎在受聘仪式上发表"一场静悄悄的文学革命"的贺词，称金庸小说是"武侠小说的高层次升华"，是"以精英文化改造通俗文化的'全能冠军'"，他预言：金庸小说将引发一场"新的文学革命"：

文学历来是在高雅和通俗两部分相互对峙、相互冲击又相互推动的机制中向前发展的；高雅和通俗是相互制约又相互影响，是文学发展的内在动力……七十多年前的"五四"文学革命，终于打破上千年的偏见，使小说登上文学这个大雅之堂。这是当时那场文学革命的巨大历史功绩。然而，这场革命又是不完全的。"五四"先驱者只把新文学中的小说抬了进去，对当时流行的通俗小说而持否定的态度，通俗文学几十年来只能转入社会底层，成为文坛底下的一股潜流……金庸小说的出现，标志着运用中国新文学和西方近代文学的经验来改造通俗文学的努力获得了巨大的成功。如果说"五四"文学革命使小说由受人轻视的"闲书"而登上文学的神圣殿堂，那么，金庸的艺术实践又使近代武侠小说第一次进入文学的宫殿。这是另一场文学革命，是一场静悄悄地进行着的革命，金庸小说作为20世纪中华文化的一个奇迹，自当成为文学史上光彩的篇章。

从 1995 年春开始，严家炎先生又"出于文学研究者的责任感"在北京大学中文系开设了"金庸小说研究"课，并在此基础上整理出版了《金庸小说论稿》一书（1999 年 1 月由北京大学出版社出版），同时他表示，如果主客观条件许可，他将继续对金庸小说艺术想象的特点、金庸小说对中国传统现实形式和语言的传承与创新、金庸与大仲马的比较等方面进行研究。

1994 年 8 月，北京师大的王一川教授和一批年轻的学者在编选《二十世纪中国文学大师文库·小说卷》时把金庸排在了第四位，紧随鲁迅、沈从文、巴金之后，而在老舍、郁达夫、王蒙、张爱玲、贾平凹之前。王一川在序言中这样说道："长期以来，我们仅以'现实主义'这一标准衡量文学创作，这未免失之偏颇。金庸作品的特点是，用通俗手法表现深刻内涵，情节和细节虽然荒诞，但写出了中国古代文化的魅力。""文坛长期不谈金庸是不公平的，他的作品丰富了中国小说的类型，有推崇、肯定的内在价值。"他希望通过这种新奇的为文学大师排位的方式，为文学界带来一种新颖的眼光。

第七章

海峡两岸谈文论政

台湾之行

应国民党之邀，1973年春金庸去了台湾，与蒋经国会面。

他对蒋经国的管理方式持保留态度。

当金庸的小说为他赢得世界的读者的同时，他那独立、公正的社评也引起了国共两党高层人物的注意，只不过最初金庸身份复杂：他在"左派"的《大公报》工作过，但又对海峡两岸的高层人物和政策批评过，所以海峡两岸对他的态度也复杂多变的，他的小说在台湾被禁、在中国内地也无法出版就是一个最明显的例子。到20世纪70年代末、80年代初，这种情况得到了改变，两岸关系渐渐趋于缓和，双方都实行了比较开明的文化政策，金庸的影响和地位，也使他成为共产党和国民党都想争取的对象。只不过中国内地由于此时社会矛盾还有些复杂，加上金庸在这之前一直是以"对立派"的身份出现在大陆的视野，所以对金庸的态度并没发生什么实质性的变化。

最早迈出邀请金庸访问步履的是台湾。在这之前，虽然台湾的很多朋友都邀请金庸去台湾，但台湾直到1973年才正式邀请金庸访台。于是金庸以《明报》记者身份第一次赴台访问。

在台湾的十天里，金庸广泛接触了台湾的各种人物，并与当时负责台湾政务的蒋经国、严家淦、中央党部秘书长张宝树等国民党要员会谈，使他对台湾的现状和将来的前途有了切身的体会。

与蒋经国的会谈是在蒋经国的会客厅里进行的。金庸简单地问过蒋介石的身体状况后，就单刀直入地问到了最敏感的海峡两岸关系问题。当时北京已经向台湾发出呼吁，希望双方能平心静气地进行谈判。金庸很想知道台湾当局对中国共产党的呼吁抱什么态度。

金庸内心对蒋经国的"人治"管理方式是抱保留态度的，因为这和蒋介石的管理方式没有多大的区别，而台湾要想真正发展，就必须废除这种家长式的管理方式，以法治台。但他也看到这一年台湾发生的显著变化。

严家淦本是一位经济学教授，此时专抓经济。金庸在与他交谈时印象最深的是严家淦始终只谈台湾经济上存在的缺点。他对金庸说："我们的"国防"费用负担很重，预料美国的军援不久就会停止。但我们要尽快提高人民的生活水准。关于国民收入，有很多种解释，如果一个国家的国民平均收入很高，但军费开支、政费开支用去了一大部分，老百姓的真正收入就不太多。我们要使老百姓的真正收入增加得更快。"

　　严家淦告诉金庸，一次他到美国，遇到了几个美国朋友，他们一见他就惊奇地问："你怎么还在这里？我（们）以为台湾早完蛋了。"讲完这个故事，他自自言自语式地说："如果我们勤勤恳恳地为老百姓做事，我们是不会完蛋的。"

　　台湾普遍存在的这种务实态度使金庸很有感触，他一直希望海峡两岸的中国人都能结束长期对峙局面，致力发展经济，使老百姓都能过上幸福的生活，而他接触到的台湾政要都比较能正视现实，而又能从大多数民众的现实生活利益出发，这使金庸看到了台湾的希望，就如他在回到香港后写的一篇文章里所说的："这次我到台北，印象最深刻的事，不是经济繁荣，也不是治安良好，而是台北领导层正视现实的心理状态，大多数设计和措施，显然都着眼于当前的具体环境。"

　　金庸在台湾还尽可能广泛地走访了台湾的各个地方和普通人民。他向台湾有关方面提出要求，说想去金门看看，台湾方面同意了。

　　金门离大陆最近，也是最敏感的地方，而自1949年以来，中国内地的军队一直在炮轰着金门，现在虽然两岸关系渐趋缓和，但这个岛上丝毫看不出一点缓和的样子。金庸看到，在这个小岛上，到处是炮位和机枪阵地，大卡车和坦克车通行无阻，完全是一副战备状态。

　　驻守金门的副司令接待了金庸一行，并带着他到处看看。金庸一边留心看着，一边问那位副司令："共产党会不会打金门？如果打，能不能打下来？"

　　"这个问题很难回答，也很好回答，"那位副司令说："说难回答，是因为共产党到底打不打金门现在谁也不知道，所以也很难说共产党能不能打金门；说好回答，是因为世上根本不存在打不下来的要塞，关键是为此付出的代价，共产党愿不愿意为此付出这样的代价。"他接着告诉金庸，由于现在海峡两岸都在忙着搞经济建设，人民也都渴望能安居乐业，不希望再有什么战争，所以，从目前的情况看，共产党打金门的可能性很小，现在中国内地军队的炮轰金门只是形式上的，只是用炮弹送一些宣传品过来，不再像过去那样剑拔弩张，连共产党军队常用的心理战、喊话、广播、空飘和海飘也都明显降级了。

在台湾，金庸看到人民的生活水平虽然不如香港，但也可称得上是安居乐业。他随意去几户农民家里看了看，发现家里的摆设也都不错。在台湾，金庸另一个感触是台湾人都很讲礼貌，不论是开电梯的，还是商店的职员，餐厅的侍者，对人总是笑脸相迎，这比香港好；但他同时也觉得在台湾人的雍容大度里有一种懒散的东西，如做事不讲效率，做任何事都讲究交情，而政府部门的一些职员动不动总摆出一副官架子，明明责任在自己，却总要推到别人头上。而在金庸的印象中，好像只有旧社会的官僚才这样。

台湾之行使金庸想了很多，思了很多，回到香港后不到两个月，他就写出了旅台散记《在台所见·所闻·所思》，从 1973 年 6 月 7 日起在《明报》连载，引起了很大轰动，不久又应读者要求，出了单行本，结果仍是供不应求，最后又在《明报月刊》上分期刊出，才平息了读者的呼声。

会见邓小平

邓小平复出后，金庸接到了中共的邀请，金庸提出一个要求：见邓小平。

与邓小平的会见，使金庸再一次印证了自己的观点：即 1978 年以后，中国如果没有邓小平，全体中国人都会不幸得多。

自 1948 年身无分文南下香港，金庸一刻也没有忘掉自己的家乡，当他在自己的小说中充满感情地描写那一片片茫茫荒野、巍峨的群山、大漠的如血落日、江南的软语曼歌、北疆的千里冰雪、中原的沃野嵩山……他思乡的情绪也同时越来越浓厚，随着年龄的增加，这种"想回家看看"的情绪也更加强烈。当然，到香港后他并不是没有回过中国内地，他在 1953 年去过上海、杭州，1962 年还去过广东的广州、佛山、从化、新会、深圳等地，但他当时正为生计奔波，况且年齡尚小，离家不久。后来由于他在《明报》上对"文化大革命"进行批评，又使他即使想回也不可能了。但因为他一贯坚持正义的立场，决不愿为政治潮流而改变自己的立场，所以，就在他对江青、林彪进行批评的同时，他对被"四人帮"打倒、迫害的一批老干部却表示了由衷的同情和道义上的支持，其中包括对当时正受到打击的邓小平的支持，而邓小平也可能因此对金庸也不陌生，他爱读金庸小说就是一个证明。金庸对邓小平的人格精神非常佩服，他直截了当地说，在中共的高层领导中，他最想见的就是邓小平，理由是"我一直很钦佩他的风骨。这样刚强不屈的性格，就像是我武侠小说中描写的英雄人物。"他还在《明报》上预言：邓小平不久将"东山再起"！

金庸的这个预言终于实现了。1977年，在千呼万唤中，邓小平终于又走上了中国共产党的实际领导岗位上来，他提出"实践是检验真理的唯一标准"，重新以历史的眼光和实事求是的态度，一分为二地评价了毛泽东的是非功过。在1978年底召开，1979年初结束的党的十一届三中全会上，邓小平又决定把全党的工作重点转移到经济建设上来，推行改革开放政策；解放了全党、全国人民的思想，从此领导中国人民走上了发展经济、提高生活水平的道路上来，使已经满目疮痍的中国重新焕发了生机和活力。

金庸欣喜地注意着中国内地发生的这一系列翻天覆地的变化，《明报》专门辟出大量的篇幅，金庸亲自执笔，撰写了一系列的社评支持邓小平的改革开放政策，支持中国内地发展经济建设，支持邓小平在用人上的务实，并极力赞成邓小平出任国家主席。对于《明报》在"文革"前后对中国内地的不同态度，官方当然也注意到了，于是在1981年正式向金庸发出邀请，希望他来中国内地访问、讲学。

金庸欣然接受了邀请，但也提出了一些要求，其中一条是要见邓小平。

邓小平听完官员的汇报，幽默地说："我又不是什么神仙老爷，见我有什么难的？"

1981年7月16日，在国务院港澳办公室、新华社香港分社和中国旅行社等机构的安排下，金庸和妻子及一对儿女坐上了飞往北京的飞机。

很快，飞机飞到了祖国大陆的上空，俯瞰着那片伟大而神奇的土地，金庸想了很多很多……

7月18日，即金庸一家到达北京的第三天，邓小平在人民大会堂福建厅接见了他们。

在时任全国人大副委员长、港澳办主任廖承志的陪同下，金庸一家一起向福建厅走去，还没到门口，他就看到邓小平已经微笑着站在门口迎接他了。金庸加快了步子。邓小平走上前一步，握住金庸的手热情地说："欢迎，欢迎，欢迎查先生回来看看。你的小说我读过，我们已经是老朋友了。"

"我对先生也是仰慕已久了。今天有机会拜见，深感荣幸。"金庸发自内心地说。

金庸随后向邓小平介绍了自己的夫人和孩子，邓小平连说欢迎，并亲切地问孩子们多大了，叫什么名字，在什么地方读书。孩子们一一做了回答。

然后金庸一家与邓小平、廖承志一起合影留念。

见邓小平这样平易近人，金庸紧张的心情才稍微平息了些。

等大家都落座后，邓小平从桌子上的一包熊猫牌香烟中抽出一根递给金庸，自己也用火柴点了一根烟，像老朋友聊天似的谈起来。

两人首先谈到霸权主义和中美关系问题。邓小平向金庸说，中国在国际上，一切从全球性的大战略原则考虑，并不单只顾到本国的利益。美国以为中国有求于美国，其实中国无求于人，而只是期望各国通力合作，维护世界和平。当今世界上最大的危险，是霸权主义的侵略扩张，美国和苏联如果能够合作，不去干涉和侵略别的国家，那世界就和平得很。中国愿意与外国发展贸易，发展平等互利的关系很荣幸，但中国基本上是自给自足的，不过在现代的世界上，不能再关起门来做人了。中国希望中美关系向前发展，不向后退，但这也不是片面的。美国如果看法错了，制定的政策也会错误。美国如果真的搞得中美关系后退，也没有什么大不了的，就算倒退到1972年以前的情形，中国也不会垮，那时候没有垮，现在更加不会垮了。中国人是有志气的，决不卑躬屈膝，向人哀求。

金：在反对霸权主义一事上，中国是很坚持的，现在世界各国对于霸权主义侵略者的危险性，越来越有更明确的认识了。

邓：中国在国际上，一切从全球性的大战略原则考虑，并不单只顾到本国的利益。

美国以为中国有求于美国，其实中国无求于人，只是期望各国通力合作，维护世界和平。马六甲海峡如果被切断了，受到损失最大的是谁？

金：首先是日本，其次是美国。

邓：是了，中国愿意与外国发展贸易，发展平等互利的关系，但中国基本上是自给自足的，不过在现代的世界上，不能关起门来做人。自从鸦片战争以来，中国人所得到的教训难道还不够？为了全世界的利益，中美两国人民的利益，中美平等合作是很好的。但如果美国搞得太不像话，硬要中国吞，那吞不下去，也没有理由要吞。

随后话题自然转到刚刚结束的中共十一届六中全会上。邓小平简单介绍了这次会议召开前后的一些情况。这次会议一度推迟，结果引起外界的种种猜测，邓小平对金庸说：

外界以为这次推迟是因为派系斗争，实际上完全不是，真正的原因是写"决议"用去了太长时间。我们深知这次决议对中国的历史命运将会有重大的影响，是对我们全党工作的一次实事求是的总结，也是为我党以后的工作确立一个基本的方向，特别是"文化大革命"和毛泽东思想这两个问题，必须对全体中国人民做出明确的交代，而毛泽东思想不仅对中国有影响，对全世界，尤其是第三世界有很大影响，所以如何评价它，丝毫马虎不得。所以，在起草这个决议的过程中，我们多次召开了各种各样的座谈会反复进行讨论，最大的一次讨论会有4000人参加，其他还有1000人的，几百人的，几十人的，直到大家都基本满意，这才通过。外界的一些议论，根本不了解其中的原因而进行各种猜测，是很不负责任的行为。

关于毛泽东思想，金庸也表示了自己的看法："马列主义和毛泽东思想，是一些原则与理论，在实际应用上，我想应当适合国情，适合各国不同的具体情况。"

顿了一下，邓小平忽然问金庸："查先生，我考你一下，世界上有多少种社会主义？"

金庸也顿了一下，想了一下，老老实实地回答："对不起，我说不上来……邓副主席，请你指教。"

邓小平哈哈大笑起来："你说不上不要紧，哈哈，我也说不上来。一共多少种，数不清吧？"

金庸点头表示赞同："是。我想苏联的社会主义，与东德、波兰、匈牙利的不同，与阿尔巴尼亚的恐怕也不同。我去过英国、南斯拉夫、澳洲、新加坡，北欧的瑞典、挪威、丹麦这些国家，它们都说实行社会主义，但我看情形各不相同。"

"是啊，"邓小平深有感触地说，他从烟盒里又拿出一根烟，递给金庸说："来，再抽一根烟。"

"现在世界上的社会主义有多少种？总有一百多种吧。中国建设社会主义，要采用符合中国国情的方法。"

他还告诉金庸。在党的十一届六中全会之后，中国人还要做三件事情，第一，在国际上继续反对霸权主义，维护世界和平；第二，实现台湾回归祖国，完成祖国统一大业；第三，搞好经济建设。

金庸去过台湾，他对台湾人民渴望和平的心情有过切身的体会。台湾的高层领导虽然在祖国统一的方法上和中国内地有根本的分歧，但在发展经济，提高人民的生活水平这一点上，双方的观点却是一致的。金庸感到很高兴：

"我觉得，在国家统一这件事上，中国内地的经济发展，提高人民的生活水平，是最基本的因素，比之军事行动、统战活动等更加重要。"他非常坦诚地对邓小平说。

邓小平点头表示赞同："你说得对。三件大事之中，国家的经济建设最重要，我们的经济建设发展得好，其他两件大事就有了基础。经济建设是根本关键。"他还告诉金庸，现在中国的经济建设的重点是调整经济工作，而且要慢慢地调整，时间可以长一点，步子可以慢一点，但一定要稳，欲速则不达。

金庸对此表示赞成："只要每年有进步，没有倒退，进步的速度是比较次要的。"

邓小平告诉金庸，有一年，日本首相大平正芳问他：中国要建设四个现代化，到底现代化的目标是什么？这个问题很难回答，连他当时都愣了一下，想了一下，他才回答说："目标是，到本世纪末，中国人民每年平均收入1000美元。"他告诉金庸，自己当时并不是随口这样说的，而是有根据的："目前中国人民的平均收入每年大约是250美元。十年翻一番便是500美元，再过十年又翻一番便是1000美元……我们的想法要实际一些，如果目标不能全部完成，打个八折，是800美元，那时中国的人口是12亿，那么全国的总产值是1万亿美元。"他充满信心地对金庸说，若能实现这个目标，人民的生活水平就会得到很大的提高，中国政府就有能力做很多很多事情，就可以把教育经费提高2%~5%，就可以大办学校，提高人民的教育水平，使大多数人成为有学识的人。不但要搞好物质文明，而且要搞好精神文明。

这次会见16年之后，金庸对邓小平当时的精确估计仍然记忆犹新，并深表佩服，他对池田大作说：

> 今天回顾，邓先生当年的估计已精确到令全世界经济学家咋舌的程度。中国当时的统计制度与机构都还相当落后，他的计算是掌握大要而符合发展的实际，他并不提出过高的目标，宁可将目标打个八折计算，这才是务实的大领导的真正天才作风。现在如请美国克林顿总统随口估计十六年后美国的全国国内总生产值和人平均值，如请桥本龙太郎首相随口估计二〇一三年日本的全国总产值和人均产值，不要说决计估不到十六年之后，就是明年的数字，相信他们二位就是集合了全国顶级经济学家开会，恐怕也答不出吧。

邓小平很诚恳地请金庸谈谈海外对中国内地的改革开放政策有什么反应，金庸也不客气。他说，由于中国过去的政策总是变来变去，所以现在也有很多人担心大陆目前的政策也会像过去那样经常变化，他们希望能将目前这种政策始终不变地执行下去。邓小平表示同意，他告诉金庸：

> 国内人民的主要意见也是这样，要保证我国政策的连续性。要建设四个现代化，我们现在的干部政策也要四个化——知识化、专业化、年轻化、制

度化。这是陈云同志提出来的，那好得很，应当这样，是不是？但不是说干部老了就没有用，老干部有经验、有见解，还是宝贵的，但实际工作就可以少做或不做。我们担任领导的人，也不能太忙，往往越忙越坏事。

然后两人谈到中国政府的人事制度方面，金庸不无好奇地问道："邓副主席本来可以当主席，但你坚持自己不做，这样不重视个人名位的事，在中国历史上，以及世界历史上，都是十分罕有的。这令人十分敬佩。"

邓小平微微地笑了一下，接着又点上一根烟，深深吸了一口，对金庸说："名气嘛，已经有了，还要什么更多的名？一切要看得远些，看近了不好。我身体还不错，没有什么病，但毕竟年纪大了，现在每天只能工作 8 小时，再长了就会疲倦。胡耀邦 66 岁，不算很年轻，但他身体好，精力充沛可以工作十二三个小时，再长期工作一段时间没有问题……我们担任领导工作的人，也不能太忙，往往越忙越坏事。"

接着邓小平的话，金庸说："中国的传统政治哲学，是盼望国家领导人'清净无为'。共产党人当然不能'无为'，要'有为'。但领导人心境清静一些、工作清静一些，还是好的。"

邓小平："担任领导的人，不能出太多的主意。如果考虑没有成熟，不断有新的主意出来，往往会全国大乱。政治家主意太多是要坏事的。领导人宁静和平，对国家有好处，对人民有好处。

你们《明报》要我当国家主席。当国家主席，资格嘛，不是没有。不过我还想多活几年，多为国家人民办点事，当上国家主席，恐怕要缩短寿命。现在和中国建立外交关系的国家有一百二十多个，每年有许多国家的元首到中国访问，国家主席就要迎送、接待、设宴，这许多应酬要花很多时间和精力，搞得多了就很累。"

金庸："是的。许多年前，在'文革'期间，我写过几篇社评，希望周恩来总理节省精力，注重健康，例如西哈努克到北京来，周恩来总理总是去机场欢迎，举行宴会，敬酒，就不大必要。"

邓小平："现在机场是不去了。不过必要的礼节是不能避免的，否则人家就会怪我们失礼。"

邓小平接着向金庸介绍了中国目前的政策和将来的发展方向，金庸听后由衷地说：

金："现在的政策和工作，'文革'和'四人帮'时期固然万万不能相比，比之'文革'以前，各方面也开明得多。例如投考大学，现在不论阶级、出身，都可投考，只凭考试成绩录取，这是一个很重大的改革，希望长期坚持下去。"

邓："'文革'使得全国人民思想混乱，十年动乱，影响了整整一代人的成长。'文革'之前，每年有十几万青年从大学毕业，中学毕业生至少几十万。'文革'十年，就是一批红卫兵瞎捣乱。"

金："十年'文革'，使国家少了几百万名人才。"

邓："粉碎'四人帮'之后，这情形一时还扭转不过来。培养人才是长期性的事，破坏十年，恢复至少要二十年。娃娃们习惯了'文革'时瞎捣乱的风气。无政府主义猖獗，大家不守纪律，以为标新立异、我行我素就是英雄，谁也不能拿我怎样，说这是民主、自由。其实不守纪律、没有节制的民主，正是破坏民主。'文革'之前，党有很大的威信，大家信党，听党的话，很守纪律。那时也搞经济调整，下放二千多万名青年下乡，根本没有问题，党发出号召，大家就都上山下乡，只有极少数人例外。但十年'文革'，不但没有党的领导，甚至没有了党。现在娃娃们都心读书，情况好了。也不是没有问题，但要用诱导教育的方法，根据法律处理。"

金："国家这么大，人口这样多，经济建设是很艰巨的工作。为了调动全国一切积极因素投入经济建设，在启用人才、提拔人才之时，似乎应当重视才能、知识、品德，不是共产党员也应当有同样的机会。"

邓："每一方面都需要有才能的人作出贡献。不但要启用全国人才，外国的科学技术，外国专家我们也欢迎。共产党是做领导。四个坚持是坚持社会主义道路，坚持无产阶级专政，坚持共产党的领导，坚持马列主义与毛泽东思想。四个坚持之中，以坚持共产党的领导为主。中共过去犯了重大错误，现在我们自我批评，自己纠正错误。自己承认错误，纠正错误，是非常重要的事。'自我批评'是列宁所提的原则，马克思对此说得不多。毛主席发展三大原则：联系实际，联系群众。自我批评。不是'批评与自我批评'，重点是'自我批评'。批评别人是很容易的，谁都会，自我批评就不容易了。列宁去世得早，斯大林和赫鲁晓夫都办不到。自我吹嘘，有什么意思？一个女人明明不美，硬要扮美，硬要说自己是大美人，那丑怪得很。人贵在有自知之明嘛，不过那是不容易的。"

　　……

　　不知不觉会谈到了结束的时间，邓小平站起身，送金庸一家到大门口。陪金庸来北京的新华社香港分社的韩先生正在门外等候金庸，他没想到邓小平会亲自送金庸出来，所以看见邓小平不禁一愣，随后急忙走向前去，向邓小平致敬，说："邓副主席，你好！当年去朝鲜慰劳志愿军，我见过你老人家。"邓小平一愣，连连说："对不起，记不起了！"等那位韩先生自报了姓名后邓小平笑笑和他握手，半是自嘲地打起了戏腔："记性不好，啊哟，老朽昏庸，不中用了！"大家哈哈大笑。邓公随即问起他的工作与生活情况，那种亲切随和，使人感动。

　　与邓小平的会见，使金庸再一次印证了自己的观点：即1978年以后，中国如果没有邓小平，全体中国人都会不幸得多。他在以后所写的文章和谈话中多次强调这一点，盛赞邓小平是"一身而系天下安危"。他在自己的文章中还把邓小平比喻成一位"大旗手"，举起改革开放的大旗，带领中国前进，但后来听说邓小平并不喜欢这个比喻，原因是："江青才自称大旗手。我不做大旗手"。金庸后来才深刻地领悟了邓小平这句话的含义：大旗手摇旗呐喊，带领人马冲锋陷阵，即不合统帅的身份，同时过于鲁莽激进，缺乏稳扎稳打、战则必胜的名将风度。而"总工程师"的比喻就好得多，他就像建造一座大楼的工程师，事先进行了精密的构思和计算，画出了整个大建筑的内外面貌、建构式样，规定了所用材料、施工程序和计划等；设计完成之后，自己缜密检查修改，再和大家讨论，在接受了各方面的意见之后，把所有缺点和不安全的因素全部除去，直到尽善尽美。设计方案定好之后，就交给自己亲自推荐的营造者去执行，总设计师则监督和检查工程进行的程序和规格、标准。这个大建筑，就是中国的改革开放路线，现在的事实已经表明，这个建筑是坚不可摧的，并且已经得到了"广厦千万间，使全中国人尽开颜"。

在金庸的心目中，邓小平是中国历史上、世界历史上一位伟大的人物，是一位极可尊敬的大英雄、政治家，是中国历史上一位罕见的伟人。他真诚地希望邓小平能够顶住各方面的压力，将自己开拓的这条利国利民的路线一直走下去。金庸也始终以《明报》为阵地，为邓小平摇旗呐喊，喝彩助威。比如在1989年"六四事件"后不久，金庸就在《明报》上写了一篇社评，题目叫《大家斗命长，仍盼邓能赢》。在这篇社评中，金庸明确地指出在中共内部仍有不少思想保守的当权者不赞成改革开放，但这些人年纪都很大了，只要邓先生坚持改革开放，只要他身体健康，头脑清楚，比反对派们活得长久，反对派就不能危害国家，就能把中国领上一条光明的大路。

中国官方通讯社新华社和中新社迅速将邓小平接见金庸的情况作了报道，世界各地的报纸和其他新闻媒体也都刊登或报道了这个消息，中国内地和香港、澳门的报纸更是作为头条新闻刊登这个消息的。北京中央电视台还在当晚的新闻节目中比较详细地播出了二人会见的情景。

实际上，在大陆的这段时间内，金庸接触的人没有一个不向他谈到邓小平，没有一个人不向他称赞邓小平的风骨和气节，金庸对此也深有同感，他说："当年大陆上批邓批得最激烈的时候，我听到有人说，邓小平的反应是：'聋子不怕天雷打，死狗不怕滚水淋'。意思是说，任由你们批判，我也不理睬。邓小平如此刚强不屈，真令人敬佩！"

但金庸对邓小平的观点和看法并非无原则地支持，而是对其中的某些观点持保留态度，如他回到香港后，在接受一个记者采访时就明确表示了自己的这种态度。他说："比如邓小平说：'文革'前党很有威信，大家都听党的话，很守纪律，党发出一个号召，就有成千上万青年上山下乡；除了极少数例外，基本上没有问题。我却并不这样认为。我想这件事中，多多少少会有强迫的成分……我认为最好用物质鼓励、优惠条件等来使人心甘情愿去做任何事。当然，这不是容易的事，需要相当丰厚的物质条件。"

也许，这是香港人金庸和中国内地人难以沟通的地方。

昔日的"反共派"如今成了热情的"亲共派"，金庸一下又成了万人瞩目的焦点，而他与中国内地的关系，也由此揭开了新的一页，他的人生之旅，也由此发生了重要的转折。

意犹未尽话衷肠

《明报》和金庸本人在访问中国内地之后都发生了很大的变化，因而有人说金庸和《明报》被"赤化"了。

中共官方最后决定：允许《明报》在大陆限量发行。过去一向以"反共"面孔出现在人们面前的《明报》，开始以正常渠道进入了改革开放后的中国。

金庸这次在中国内地一共待了33天，对他来说这三十多天太短了。除了与邓小平以及一些中共高层人物会面外，他还携妻挈子回了杭州、回了老家，看到家乡发生的巨大变化，看到家人们兴奋的面孔，金庸由衷地感到中国内地的经济改革给普通人民带来的幸福。

金庸在自己的武侠小说里写过很多中国奇异的地方，但那大多出于他的想象，这次回来，他终于有机会亲临诞生了他笔下英雄的地方：一望无际的内蒙古大草原，巍峨雄浑的长城，陈家洛为喀丝丽采雪莲的天山，此外还去了成都、重庆，坐船经三峡到宜昌，又从武汉到上海、杭州，从南到北，从西到东，足迹到了十三座城市，但他仍然意犹未尽。

回到香港，金庸激动的心久久不能平复。祖国大陆发生的一切令他浮想联翩，他觉得自己对中国内地和中国共产党的政策有了更深的理解，他对中国内地的热情也因此再一次被调动起来。

回到香港不久，金庸就把自己和邓小平的谈话内容刊登在1981年《明报月刊》9月号上，并兴致勃勃地接受了《明报月刊》的独家采访。在谈到对邓小平的印象时，金庸这样告诉记者：

记者：你对他的主张与政策，主要有什么看法？

金庸：他十分重视"实事求是"。我想中国的困难很大很多，单是奉行什么主义和教条，那是无法克服的。他重视实际，不相信教条，这应当是克服各种困难的关键。他的"白猫黑猫论"是众所周知的。

记者：你认为邓小平目前所推行的政策，是解决中国各种问题的唯一道路吗？

金庸：邓小平的政策比之中共过去任何时期都好多得，比之苏联、波兰这些共产国家都好得多。我衷心希望，依着目前这条道路走下去，中国终于能将马列主义教条、无产阶级专政、各种各样的恐怖政治运动全部抛诸于脑后，以中国人务实的方式，建设中国人自己的社会主义，使中国人幸福而自由。

当记者问他这次内地之行对共产党的看法有什么变化时，金庸回答说：

第一，我相信中国内地上，目前没有别的政治力量足以取代中共的领导地位。第二，我相信中国在几十年内不可能实行西方式的民主，即使可能，也未必对国家人民有利。第三，我个人赞成中国实行开明的社会主义，总的说来，这比之香港式的完全放任的资本主义社会中的极度贫富不均，更加公平合理。不过大陆上个人自由大大不够，共产党搞经济缺乏效率，不能尽量解放人民的生产力，过去所积累的"左倾"思想和作风太严重。我个人赞成一步一步地不断改革，不相信天翻地覆的大革命能解决问题。

记者：中国内地目前是否经济繁荣，治安良好？

金庸："经济繁荣"还谈不上，和外界先进地区相比，那差得远，也比不上台湾，但和前几年相比，可繁荣得多了。治安如何我没有亲身体验，看情形也不见得很好，比之1953年时大概差得多；但比之香港的治安，当然不知好了多少倍。不过我总觉得内地的秩序不大好，到处有点乱糟糟的感觉，尤其是马路上的交通，汽车喇叭之响，实在令人感到厌烦。总的感觉是人实在太多。在各大城市里，街上行人的拥挤，与香港简直不相上下。

记者问他这次内地之行印象最深刻的是什么，金庸的回答是：

"我发觉中共从上到下，不再浮夸吹牛，多讲自己的缺点。很少讲成绩，这一点给我的印象最深刻。"他接着又谈到他所感觉到的大陆的最大变化。他说："最主要的是人们的恐惧感大大减少，在日常谈话中，人们对不满的事情毫无顾忌地说出口来。其次是各种令人讨厌的提防猜忌和政治措施极少存在。飞机场和火车站上不再见到荷枪实弹的解放军来回巡视。拍照毫无限制，也不必先冲印了才能带出来。在火车上，广播中不再长篇累牍地诵读《人民日报》社论或毛主席文章，而是播放轻音乐，包括台湾的《高山青》《橄榄树》等，甚至有 JINGLEBELL，JINGLEBELL 的圣诞音乐。

谈到大陆城乡人民的生活，金庸的看法是：

总的说来，内地人民的生活条件还相当艰苦，尤其是居住条件。我去了七八个老朋友和亲戚的家，他们都住得很差，令人心中很不安。食品供应是大大地改善了，粮票的作用已不大，多数食物都可以在自由市场上买到。国营菜场中买菜买肉还是要排队。衣着不成问题，交通大家都骑自行车，最大的困难似乎是住屋。一般人的收入当然还是很低，薪水25年来基本上没有调整，只每月加了5元副食津贴，还有一些奖金，不过数字不大。公教人员就没有什么奖金。

农民最高兴，实行生产责任制、包产到户之后，每一家的收入都增加很多，又可以自由建屋。因此最热诚拥护新政策的是农民和牧民。我在内蒙古见到一户牧民，他们这一家本来只准养8只羊，宰一只羊要得到批准。现在新政策下，国家以公价向他们每年收购8只羊，数字不变，但此外可以自由养羊，自由宰杀。现在这一家养了80只羊，还有几匹马。草原上牲口吃草根本不要本钱，政策一变，生产的改变可有多大！

知识分子也很兴奋，主要是没有政治运动，没有整肃、斗争、清算那一套，可以自由研究，当局鼓励读书。

工业中问题重重，工人似乎不怎么积极。干部的劲头好像也不怎么足。

相信主要是生活好得不到重大改善的缘故。说起来，大家都羡慕农民。我一个弟弟是煤矿工程师，他说到他矿上的一个困难。一到农忙时节，矿工缺勤的特别多，许多人回家去帮助家人在农地上耕作，因为农业上的增产都是自己的，矿上勤工所得的奖金却寥寥无几。

金庸这次和中共高层会面时，曾谈到香港人十分关心的香港回归问题，所以记者也希望金庸根据自己从中共上层得到的消息，谈一谈香港今后能不能长期维持现状。金庸的回答是：

> 我更加觉得，香港人如想长期维持现状，大有更加"好自为之"的必要。第一，要经济更加健全，大家拼命在地产上赚钱的行径终究是行不通的，因为这破坏香港经济。第二，香港人自己的所作所为，比之英国人的所作所为，影响更为重要。第三个问题较小，香港到中国内地的游客很多，大家的言行要多多检点。有一小部分的香港游客的作风，就好像第二次世界大战后初期去世界各地游玩的美国人，自恃有钱，气焰嚣张，令当地人大为反感。虽是个别情形，但反感的积累，对香港人会相当不利。

中国内地和台湾关系错综复杂，而金庸先后分别去过台湾和内地，记者问他对这两地有什么不同的看法，金庸回答说：

> 访问内地回来，我心里很乐观，对内地乐观，对台湾乐观，对香港乐观，也就是对整个中国乐观。我觉得中国内地目前发展经济的基本政策是对的，但应当逐步让人民有更多的自由、更多的机会。台湾发展经济的基本政策也是对的，但要努力缩小贫富之间的巨大差距……香港最宝贵的是生活自由、法制精神以及发展经济的效率与灵活性、广泛的机会，最糟的是极端自由资本主义下的不公道。

记者问："对于中国大陆和台湾，你短期内有什么希望？"

金庸答："希望邓小平健康长寿！希望蒋经国健康长寿！"

记者迷惑不解，金庸进一步解释说，他这样说并不是左右逢源，都不得罪，他不是这样的人，他这样说只是因为邓小平和蒋经国对他都很客气，而凡是对他客气的人，他都希望他们健康长寿。在中国内地、台湾、香港的许许多多的朋友，我都衷心希望他们健康长寿。我没有资格做邓小平或蒋经国的朋友，不过我深信他们所实施的改革，比之以前的政策是好得多，是进步而不是倒退。就算他们对我不客气，我还是要祝他们健康长寿。

从前中共和台湾的政策都不大好，甚至不好，我就两面不赞成，人家说我"左右不讨好"。现在我觉得双方的政策都在进步，有人就说我是"左右逢源"。其实男子汉大丈夫，既无求于人，又需要讨好什么、逢迎什么？

金庸和邓小平会见的一个结果是：中共官方最后决定由官方中新社负责编辑，每天向《明报》提供中国方面的报道，《明报》若采用，可改用"本报专讯"的报眉，这样可通过《明报》正面宣传共产党的政策和当前的发展情况，金庸代表《明报》同意了，而同意的原因，只是为了扩大《明报》在报道中国方面消息的特长和影响，并非要成为中共在香港的传声筒。而实际上，中新社发来的稿子《明报》并非全部采用，而是经过仔细选择才决定取舍的。

但金庸和《明报》对中共态度的变化还是引起外界的纷纷议论，有一家香港杂志竟发表文章说金庸因为害怕将来共产党收回香港后收回他的巨额财产，所以放弃独立立场，讨好中共。金庸轻易不动怒，但这次再也忍不住了，他毫不客气地写文章质问对方："那真是门缝里瞧人，把人看扁了。如果局势真的有变，难道'讨好'一下，就能保住自家吗？如果连这样简单的道理也不明白，我怎么好有资格来评论世事时局？"

他接着再次明确宣布了《明报》的立场：

  在我们所处的环境里，有条件在报刊内容上兼收并蓄，在意见上尽量欣赏任何一面的好处，尽量"与人为善"，可以有条件独立生存，无求于人。如果我们不这样做，未免辜负这些条件了。当然，我们的能力微薄得很，各种看法也很限于自己的修养学识，价值有限，总之是设法做到无愧于心，尽一个报人的责任就是了。

在庆祝《明报》出版 24 周年时，金庸又亲自执笔写了一篇名为《自由客观决不改变》的社评，再次向全世界重申《明报》的办报立场：

> 我们有一个斩钉截铁的态度：决不会对不起《明报》的老读者。如果环境变迁、条件变动，《明报》不可能再维持自由客观的风格，我们立即关门收档"士可杀，不可辱"这句话说起来容易，做起来很难，生死毕竟是大事。但放弃一件事业、停办一个企业，许多人一生之中往往会经历许多次，虽然可惜，也没有什么大不了"自由客观的风格决不改变"。这是《明报》出版 24 周年之日我们向老读者们的郑重声明。
>
> 我们不相信局势会变得很糟，中共目前有务实派的路线，对中国国家人民有利，长期来说，对香港也有利。北京目前的领导人基本上根据理性来决定政策路线，与 5 年以前 10 年以前大不相同。我们有充分理由可以假定，再过 5 年、10 年，比今天会更加好些。但世事往往有出乎意料之外的不幸事故。万一中共极"左"派复辟，香港人失却自由与法治，《明报》怎样？《明报》当然停刊不出，我们办报的人走得掉的就溜之大吉，走不掉就沉默偷生，活一天算一天。在此之前，我们出版一天，就一天为维持香港人的自由与法治而努力。

在金庸义正词严的抨击下，各种猜测渐渐归于平静。但没有多久，人们又旧话重提，且有愈演愈烈之势。事情的导火线《明报》上突然消失了一个专栏，叫"哈公怪论"，这个专栏由笔名为哈公的许国负责，上面所发表的政论主要是对中国内地进行嘲讽和批评的，当然其中有很多臆测、编造的"怪论"，人们因此认为金庸受中共影响，撤销了这个专栏。金庸对这个专栏里的文字并不是很赞成，但因为专栏吸引了不少读者，所以就一直将其保留了下来。不过这次专栏的消失却与金庸的这种态度毫无关系。

原来，按照《明报》的程序，许国的"怪论"都要经过总编辑潘粤生审批后才能见报，而这次潘粤生自作主张删掉了"哈公怪论"中的几行字，哈公不干了，坚持要保留这几行字，否则就要罢写。事情最后闹到金庸那里，金庸表示支持总编辑，哈公一听，也就真罢写了，无论谁劝都没用。金庸别无他法，只好停了这个专栏。

　　不过，《明报》和金庸本人在访问中国内地之后确实都发生了很大的变化，首先表现在《明报》不再像过去那样不停地揭露中共的内幕，批评中共的政策，但这并不表明金庸和《明报》被"赤化"了，而是因为自"文化大革命"之后中国内地内部的形势发生了根本的变化，像不再搞阶级斗争了，尊重人权了，将工作重点转移到经济建设上来了，《明报》这时仍还是客观介绍中国内地的情况，但在不了解中国内地发生变化的人看来，就好像金庸和《明报》对中国内地的态度变了。金庸和《明报》历来坚持客观、公正的原则，当然要客观反映这一切变化。这种变化则使中国内地进一步加强了和金庸及《明报》的合作与交流。中共官方最后决定：允许《明报》在大陆限量发行，读者对象主要是共产党的党政机关和宣传文化机构。过去一向以"反共"面孔出现在人们面前的《明报》，开始以正常渠道进入了改革开放后的中国，并开始对中国的经济和文化发生直接的影响。

第八章

香港回归风云

预测回归进程

对金庸来说，"收回香港"是天经地义的事；即使为此要他牺牲生命，也在所不惜。

回香港后，他尽自己的责任和义务通过《明报》为香港的平稳过渡尽了一份力。

令人惊奇的是：他对香港回归进程的预测竟和实际进程基本一致。

1981年金庸访问中国的时候，邓小平、廖承志等中共高层领导就和他谈到了香港的前途问题。在金庸访问内地前后，邓小平已经通过多种方式向外界宣布届时一定要收回香港的主权，但收回之后香港的制度不变，仍将按照香港现有的资本主义道路发展香港。中国政府将保证在收回香港后继续保持香港的繁荣和稳定。邓小平的声明引起全世界的广泛关注。金庸在和廖承志座谈时，廖承志也非常坦诚地向金庸解释了中国政府对香港问题的态度："继续保持香港的繁荣稳定，决不是什么权宜之计。大力发展经济，是中国的首要任务，而香港长期的繁荣、稳定，对中国经济的发展是非常有利的，"他说中国政府决不会像那些别有用心的人所说的那样，一旦收回香港，就要全面推行社会主义制度，香港就会被搞得一团糟，事实恰恰相反，中国政府不但不会把香港搞乱，反而会使香港变得越来越好，香港是中国的香港，也是香港人自己的香港，中国政府将会尊重香港人自己的选择，由香港人自己治理自己的家园，中国政府收回的只是主权。邓小平和廖承志等中共高层领导都希望金庸回香港后能充分发挥《明报》的优势，多宣传中国政府对香港的政策，稳定香港人的情绪，为将来的香港回归祖国做出自己应有的贡献。

和邓小平等的会谈，使金庸对中国政府对香港的态度有了比较全面的了解，他相信中国政府的诚心和收回香港的决心。而就他自己来说，香港是中国领土不可分割的一部分的观念早已在他内心根深蒂固。他至今都还清楚地记得上小学时历史老师讲到帝国主义欺压中国时失声痛哭，自己和全班同学跟着一起哭的情景。所以，对他来说，"收回香港"是天经地义的事；即使为此要他牺牲生命，也在所不惜，绝对不需要考虑。所以，他在回港之前向廖承志表示，回香港后，他将尽自己的责任和义务通过《明报》为香港的平稳过渡尽一份力。

金庸就像他笔下的英雄一样，已诺必诚。回香港之后，他就开始为此奔走呼吁，并且以极大的热情，投身到实现香港和平回归的实际工作中去，由此拉开了他又一段传奇人生。

随着香港回归日期的迫近，香港人开始浮躁起来，而回归进程的每一步，都同样激动着金庸。

英国政府同样很着急。早在1979年，港英政府就已经向中共试探这个问题了。就在这一年，港督麦理浩到北京访问，邓小平在接见他时说："请你回去转告香港人民，请他们放心，请香港的投资者放心。"

1981年，英国外交大臣卡灵顿访华，邓小平对他说："在6年内或16年后，即使香港的地位有变，投资者的利益也不会受到损害。"

1982年4月，前英国首相希思到北京进行试探性的访问，这一次，邓小平明确地对他说："无论将来香港政治地位如何，香港经济现状会保持不变，请投资者放心。"

香港人听出了邓小平话中的意思，一时谣言四起，人心惶惶，不少人又开始像"六七暴动"时一样，纷纷移民国外。

金庸也和很多香港人一样，在认真、客观地思考着香港的前途问题。实际上，早在中英双方就香港回归问题进行试探性接触的时候，金庸就已经发表社评，对这个问题进行分析和预测了。1981年2月19日，他在《明报》上发表一篇社评，则比较具体地提出了解决这一问题的方法和建议。他指出中国内地政府收回香港是合理合法的，他呼吁香港市民必须冷静地接受这个已经不可改变的事实，接着他提出了解决这一问题的具体方法。他说：

问题的关键之所在，是中英双方有必要在这两年内设想出一种妥善的方式，保障香港的长期安定。这种方式必须具备下列条件：

一、中国政府决不签署任何丧失领土主权的协定，一切安排不能影响中国作为一个大国、社会主义革命政权的体面，不能损害中国的荣誉和民族尊严。签署这项协议的中国领导人，在将来任何情况下，都不致被政敌、评论家、后世的历史学家指责为丧失国家民族的利益。这种安排能使中国政府和群众普遍视为的胜利和光荣，同时实际上的确对中国有利。

二、这项安排不能违反英国重视法治、自由、人权的原则，不致成为英国的负担。英国政府及领导人不会因签署这项协定，而在国会中受到强烈反对，英国公众与报刊的舆论，不会认为不符合英国的民主传统与人道主义精神。在政治、外交、战略、经济的考虑中，这项安排对英国有利。

三、新的安排不改变香港政治、社会与经济现状。香港居民普遍安心，外国的投资人得到保障，工商业的经营可以有较长时期的计划。香港经济繁荣，科技发展。香港各界人民的生活有长期性的健康发展。

四、要满足这三个条件，似乎不太容易，其实各方面既有善意和共同要求，总之有办法的。

随后，金庸又围绕这个问题发表一系列的文章，根据自己的法律知识和对中国共产党执政方针的理解，提出了许多真知灼见，甚至作了很多堪称高瞻远瞩的预测。1981年2月26日，他在《明报》上发表一篇题为《关于香港未来的一个建议》社评，他在文中毫不隐晦地谈到香港前途问题的实质，甚至对中共决定收回香港的时间都进行了大胆预测。他说：

关于香港的未来，中英双方的想法是相当一致的，维持香港的现状，对各方面都有利益。但采取怎样一种安排方式，使中英港三方面都感到满意，却颇不容易。相信在今后一两年中，北京、伦敦、香港的领导人都会郑重考虑这个问题，也会有各种方案提出来。我们试提一个建议，以供参考。

方式是由中英两国外交人员经过磋商和研究后，订立一个有关香港的条约或协议，或由两国外交部长发表一个联合公报。我们把这个协议暂称为"香港新约"。协定在北京、伦敦或香港签字都可以，那只是形式。

内容主要为三点：

一、香港是中国的领土。

二、香港现状不变。

三、中国如决定收回香港，应在 15 年之前通知英国。

这三个要点很简单，但相信已能充分满足中英当局以及香港居民三方面的要求。

金庸接着又谈到这份"香港新约"中应该包含的一些细则：

协议中当然应有各种详细规定，例如：说明鉴于历史上的原因、为了发展中英两国的友好关系、便于促进和平贸易，因此香港的现状不变；说明中国在收回香港之前，港英政府的职权和过去相同；规定中国正式提出收回的通知后，港英当局在 5 年后应作有秩序的移交，保持一切设施的完整；等等。

而使人惊奇的是，中英双方关于香港问题的谈判好像是按金庸的安排一步步进行着：

1981 年 9 月，英国首相撒切尔夫人访问北京，中英双方就香港主权问题正式举行会谈，中国政府郑重告诉撒切尔夫人：中国决定收回香港主权和政权。

撒切尔夫人在途经香港时，特地让港督麦理浩安排与金庸单独会见了 45 分钟，就即将到来的谈判征求金庸的意见。

1982 年 9 月，中英两国政府正式就香港前途问题进行谈判，随后中国政府通过新华社正式对全世界宣布：中国政府关于收回整个香港地区的主权的立场是明确的，众所周知的。中国政府决定于 1997 年 7 月 1 日正式收回香港！

此时，距 1997 年恰好是十五年！

金庸之所以能对香港回归进程作出准确的预测，是因为他理解中共当局对香港的政策，那就是："现状不变，长期利用；民族大义，利于国家。"

世事岂能尽如己意

金庸以绝对的理性和现实主义的态度向全香港人民指出：只有面对现实，并找出解决这一问题的切实可行的办法，才是正确解决这一问题的根本出路，任何幻想或想阻挡这一历史的必然趋势的人或企图都是不可能取得效果的。

香港回归决不会易如反掌，对此抱怀疑态度的人有，抱着敌意的人有，无所谓的人也有，幻想香港回归中国后仍由英国人管理香港的人也有。对中国收回香港，西方国家始终是充满敌意和反感的，英国如此，美国、西欧、澳洲、加拿大、日本也如此；不但政府当局如此，这些国家的新闻媒体、报纸、杂志、新闻记者、编辑、作家等也都如此，他们叫嚷：香港这个自由的城市一旦落到共产党手里，那无疑是西方资本主义世界的悲剧，他们还根据种种谣言，根据他们自己的价值判断和原则，对中共大肆污蔑，不断声称香港回归之后一定会大乱，呼吁香港人与共产党进行针锋相对的斗争，让这个东方明珠永远在自由资本主义的世界上空闪耀。他们还认为，香港人有权独立自主，是否归还中国，应当由香港人自己投票决定，而且强调这是近代世界的发展潮流。

在这个问题上，金庸自始至终的态度都是非常明确的，他一再坚持说香港归还中国是合情合理的，为什么呢？一个在地理上、种族上自成体系的殖民地当然完全可以根据居民的意愿而独立，但香港是中国的一部分，只有交还与否的问题，不存在独立与否的问题。在中国，同香港类似、过去是外国的殖民地、现在已经归还的地方很多，如在 1898 年，德国强迫中国租借山东的胶州湾，租期为 99 年；俄国租借旅顺、大连，为期 25 年；英国在这一年除了强迫中国签订香港新界租约外，还租借了山东的威海卫，为期 25 年；第二年，法国租借广州湾，即现在的湛江，为期 99 年；1905 年，中国承认租借给俄国的旅顺、大连转租给日本。而截止到目前，除了香港的九龙和新界之外，其余的租借地早就被中国政府收回了，而在收回这些租界地时，中国政府根本不需要征求当地居民的意愿，因为这些都是中国自己的领土。香港的情况按说也应该如此。中国如果不顾英国的反对，不顾香港人的反对，直接以一纸通知，说中国将于 1997 年 7 月 1 日或以前的任何日期宣布收回香港，也并没有什么不合理之处，事实上，青岛的租借期到 1997 年才期满，湛江的租借期要到 1998 年才到期，但在第二次世界大战结束后的 1945 年，"中华民国"政府便将这些地方收回了。可以说，从 1945 年至 1949 年，从 1949 年到今天，"中华民国"政府或中华人民共和国政府随时都有权收回香港，而这两个政府之所以没有收回，并不是没有能力收回，而是权衡利弊之后，认为不收回香港对中国政府来说利大于弊，香港保持繁荣对中国有利，而香港要保持繁荣，就必须有个稳定的环境，据此，金庸说，中国政府在1997年收回香港后应该不改变香港的社会制度和经济制度，应该主要是在主权上丝毫不让步，在其他方面，只要对香港的繁荣稳定有利，一定是可以从长计议，可以讨论解决的。而香港市民的意愿也是长期保持香港的稳定繁荣，不过，香港居民还特别强调：我们要求保持原有的自由生活方式、现有的法律与法治制度，否则，港式的繁荣和稳定只不过是一句空话。对于"长期保持香港的繁荣稳定，在数十年内生活方式及法律制度不变"这两大要求，香港居民不论是参与统治的上层人士、企业家与厂商，或专业人士、中产阶级，或小市民、职工、工人、小贩，或青年、学生、家庭主妇，政治上的极右派"反共"人士或左派工商界、工会，从未提出过异议，所以，香港居民中压倒多数的意愿是一致的，只有极少数人持不同意见。据说曾有一批思想激进的香港青年到北京献议，主张彻底改变香港的政治经济制度，实行社会主义，而中国政府的有关负责人则劝他们不要提出这种主张，中国当局也不会接受他们这样激进的主张，凡是不利于保持香港"繁荣稳定，自由法治"的主张或建议，中国政府都不会接受。

金庸根据自己对香港、对中国政策的了解以及与共产党当权者的交往所得的经验，知道一部分香港人和英国人的那种一相情愿的幻想是根本不可能变成现实的。1981年2月21日，他在《明报》上发表一篇题为《世事岂能尽如己意》的社评，对中英港三方提出忠告：

中国当局不能期望，香港居民能够眼见租借期只剩下9年、8年、7年……一天天地减少，而仍能心平气和、心安理得地和以前一样做生意，过日子。那时候社会上如有任何变动，都不是向着好的一方面发展。

中国当局不能期望，哪一天中国想收回香港了，在一年或半年前提出通知就可接收，如果有这种可能，在此情况出现之前，敏感的香港人早就能够走的就走了个干净，不能走的早已无法维持原来的生活，不能期望对港英政府作种种"喝令"或"影响"。英国的原则很明确，如果不能在这里进行绝对独立的自主的治理，那么就结束治理，和平而客气地离开，决不委曲求全，牺牲原则。

英国当局不可能期望中国能承认《南京条约》，同意香港本岛是属于英国的永久割地；不能期望北京当局会签订新的租借条约，将新界和北九龙自1997年起再续借99年；不能期望中国会长期承认香港是英国的殖民地。

香港居民不能期望，香港可以像新加坡那样独立，可以像瑞士那样成为一个政治上中立的纯经济区，可以由中英联合保证香港的现状永远不变……香港的现状将来总有一天会变的，但如事先能有15年的通知，一切就能有秩序地、损害最少地改变。

金庸的这篇文章，以绝对的理性和现实主义的态度向全香港人民指出：只有面对现实，并找出解决这一问题的切实可行的办法，才是正确解决这一问题的根本出路，任何幻想或想阻挡这一历史的必然趋势的人或企图都是不可能取得效果的。他呼吁：香港市民既不要感到恐慌和焦虑，认为末日来临，也不要静待命运的安排，而是应该积极行动起来，主动寻找恰当解决这一问题的方法和原则。金庸认为，这种解决办法必须以香港市民的生活不变为第一保证，同时又要顾及中国政府的立场和体面，保证实际上对中国有利。

但就在此时，英国政府和港英政府眼看继续租借香港的希望已经成为泡影，已不可能掌握香港的主权，于是又出想出一个新招，在以后的谈判中就要求以主权换政权，但此说一出，就遭到了中方的坚决反对。至1984年，连英国外相贺维都不得不向外界正式声明："要达成一份能使本港在1997年以后仍然由英国管治的协议，是不切实际的幻想。"但此时香港的一些行政、立法局的议员却打着香港"民意"的口号，在1984年2月公开提出了什么"罗保动议"，其中心意思是："任何有关香港前途问题之建议，在未达成最后协议之前，必须在本局辩论。"这种不切实际、独断专行的做法不但引起了中国官方的严正抗议，而且也引起了很多香港居民的不满。金庸对大陆官方对"罗保动议"的抨击持明确的支持态度。1984年3月7日，他针对此问题在《明报》发表一篇社评，题为《充分讨论对大局有益》，他在文中说：

> 到目前为止，香港人无权参与中英关于香港前途的会谈，无权获知会谈的内容，所知者不过会谈是"有益而有建设性的"而已。这正如旧式包办婚姻，双方家长为儿女谈婚嫁，不准儿女自己提意见甚至瞒得密不透风，不让儿女知道自己终身大事的前途。双方家长都肯定地认为："爹娘为你着想，是为了你好，决不会错。"其实，中英港三方面的要求是一致的。香港的"民意"并不可怕，未必与中方所提的各种建议有何重大歧异，中国所提"九七后50年三个不变"，事实上已超过了香港民意的要求。立法局对这些建议进行辩论，相信绝不至于反对中国保证"九七后50年三个不变"。
>
> 看来，问题的关键是在："对于中方所提的这种种建议，中国提供了什么具体保证，使香港人信得过将来必定会充分实现？"保证充分而具体，香港人信心大增，香港就能有长期稳定与繁荣。在法理上，香港可以无权参与谈判；为了会谈的顺利进行，香港人可以无权获知会谈内容。但信心、稳定、繁荣，终究不能从法理与权利中产生。香港人至少"有权缺乏信心"。

金庸接着说，通过立法局进行充分辩论本来是香港人讨论自己前途的方式之一，但立法局的辩论必须是公开的，应该在报纸和其他新闻媒体上公开刊登以供公众公开进行讨论，如果大家不同意，也应该被允许通过新闻媒体进行驳斥。通过这种讨论，就可以让香港人自己决定哪一方比较有理。这次香港的主权问题，也应该这样做，这样，北京和伦敦就可以知道香港人到底是怎么想的，这样作出的决定才会为大多数香港人所接受，也会让中国人和英国人所接受。他还接着说：

> 立法局辩论中的发言，很可能有些是北京（甚至伦敦）所不愿意听到的，然而毕竟值得考虑，或许由此而能使最后协议草拟得更加妥善些。在决定一件大事之前，与其听到的尽是一片喝彩叫好之声，不如也听一些逆耳之言。说不定这场辩论会使会谈受到某些阻延，和谐的气氛受到若干影响，港币币值有些波动，恒生指数下跌多少点。但从长远的观点来看，对于达成中英港

三方面所共同寻求的目标会有助益。对最后协议的内容有益而有建设性，就是对中英港三方面有益而有建设性。不一定赞成的意见才有益而有建设性，在极大多数情况下，反对意见往往更加有益而有建设性。

但在当时的局势下，尽管有很多像金庸这样的理智的香港人对"罗保动议"持冷静的反对态度，但在港英政府的极力支持下，这个"动议"最后还是通过了，但这种单方面的、一相情愿式的决议并不能阻止中国政府收回香港的步伐，中英政府又多次通过多种形式进行谈判。在中共的坚决要求下，1984 年 4 月，英国政府发表声明，宣布英国政府已经决定在 1997 年按期将香港的主权和政权交给中国共产党领导的中国政府，保证香港的社会制度和经济制度 50 年不变。这就是"一国两制"。

听到这个消息，金庸非常高兴，他特地在《人民日报》上发表一篇文章，盛赞"一国两制"的构想是天才的设想，是"一言而为天下法，一语而为百世师"，认为两种不同的社会制度、经济制度同时在一个国家中和睦相处，共同繁荣兴旺，互助合作，不但可以解决收回香港后保持基本现状的问题，也能解决与台湾和平统一问题。在更大的范围内，社会主义阵营与资本主义阵营也可以在这样的原则下和睦相处、互助合作，而不必像五六十年代那样，非拼个你死我活不可。

至此，香港回归问题基本尘埃落定，不管对此抱有什么态度的人都不得不接受这样的现实。

1984 年 4 月 22 日，金庸在《明报》发表一篇题为《唯一可能的结果》的社评，从而结束了自己关于香港前途问题的论争。在这篇文章里，金庸首先回顾了自己以前写的那两篇关于香港前途问题的文章，然后说：

我们重提三年之前的两篇文字，用意是在说明，从大局来观察，香港的前途只能这样发展，实在不可能有别的道路可走。那是在几年之前便可预见到的。因此，我们不能对目前的结局有什么抱怨，或者对哪一方面、哪一些人提出指责。

仍然以冷静的态度作理智判断，应当认为：中国和英国方面处理这件事所有的有关人员，都已尽了很大的努力，已在最大的可能的范围中尊重了香港人的基本愿望。

1984 年 9 月 26 日，中方代表周南和英方代表伊文思在北京草签了关于香港回归的"中英联合声明"。香港终于进入了回归祖国的倒计时阶段。

1984 年 12 月 9 日，中国总理赵紫阳和英国首相撒切尔夫人分别代表两国政府在北京人民大会堂正式签署了《关于香港问题的联合声明》，卫星把这个消息几乎同时传向了世界各地。

在香港回归前的这一段风风雨雨的日子里，金庸为香港的和平回归投入了极大的热情，这是他写社评最多、也最集中的一段时间，他几乎每隔两三天就发表一篇相关的社评。1984 年，他把自己在这期间所发表的文章精选两百多篇，以《香港的前途——〈明报〉社评之一》为名成书出版。

知恩图报

中国政府通过新华社香港分社正式通知金庸：中共决定邀请他参加中华人民共和国香港特别行政区基本法起草委员会的工作。经过一段时间的犹豫，金庸接受了，促使他做出这个决定的是一种"知恩图报"心理。

香港回归问题解决以后，中共立刻进入香港回归后的各项立法的准备起草工作。1985 年 4 月 10 日，第六届全国人大第三次会议通过决议，决定成立基本法起草委员会，负责起草香港回归后的各项法律制度。

中国政府通过新华社香港分社正式通知金庸：中共决定邀请金庸参加中华人民共和国香港特别行政区基本法起草委员会的工作。

金庸并没有立刻表明态度，他很犹豫，犹豫的原因，一是日常事务太忙：他此时是香港《明报》有限公司的董事会主席，全面负责报纸的行政和出版工作，还要亲自撰写社评；二是怕与《明报》一贯标榜的独立、自由原则相违背，若自己接受了共产党的邀请，参加《基本法》起草委员会，那不就等于和共产党站在一条线上了吗？这自然会影响《明报》作为一份独立报纸的形象。

但考虑再三，金庸最后下了决心，接受中共的邀请，参加《基本法》起草委员会。促使他做出这个决定的是一种"知恩图报"心理。知恩图报乃人间正道，何况金庸在日常生活中就是一个常常施恩于人的人。如有人在文章中说："金庸常常施恩于人，却不期待人家回报。可是，'不能忘恩负义'！那些受过金庸恩惠的人，每当向他表示发自内心的感激之时，他的脸上会露出喜悦的神色。"

金庸对于社会公益、文化事业历来是慷慨相助。有一次，他决定为香港大学捐赠一百万元，当他亲自将支票交给香港大学的校长黄丽松时，后者一边收下，一边开玩笑地说："你漏掉了一个零。"这可不是一般的零，而是整整九百万，换了别人，也许就当作玩笑过去了，但金庸却当了真，回去后马上又开了一张九百万元的支票送去。在金庸的一生中，这样的事情有很多，以他的名义的各种捐赠，已多得不可胜数。在金庸看来，这都是很正常的事，都是出于他"报答香港人"的动机。他说："我认为我应该为我所爱的香港出一份力。我于1948年3月来到香港，身无分文，此后在这里成家立业，过了几十年自由自在的生活，香港给予我的实在极多。我在香港社会中受到爱护尊敬，能有较好的物质生活，心中常自有感激之情，只觉得我比别人所得为多，而回报不足。这一次有机会为香港花五年心力，真正做一件重要的事，然后退休，心中会感到安慰。"他认为目前香港正面临着重大困难，它的前途是否光明顺利，在很大程度上与《基本法》如何制定有关。而自己在香港生活了这么长时间，对香港的一切都很熟悉，加上自己本就是学法律的，对国际法也很熟悉。另外，自己在香港有成千上万的读者、朋友和亲人，他们的苦乐忧喜自己也不能不深切关怀，何况其他参加起草委员会的，大部分也都是香港的知名人物，是社会上众所尊敬的人物，大家都是有了名誉、地位、财富、事业的，所以参加起草"基本法"纯粹是为了向社会做贡献而决不是为了自己的什么利益。

至于参加对于大家所关心的《明报》的立场会不会因为金庸参加"基本法"起草委员会而改变？这也是很多人关心的问题，金庸对此的回答是：

《明报》的立场，决不因我担任起草委员会而有丝毫改变，如果中共改变目前的立场，回头采取极"左"路线，《明报》一定会激烈批评反对。那时如果我不能再去北京开会，自然只好不去，在那样环境下，即使去开会也不会有什么用，北京也不会容许我们制订一部旨在保持香港稳定繁荣的基本法。香港的前途，毕竟取决于北京的政策路线。

1985 年 6 月 18 日，中华人民共和国香港特别行政区基本法起草委员会正式成立，委员会共由 59 人组成，其中内地委员 36 人，香港委员 23 人，主任由港澳办主任姬鹏飞担任，副主任则由香港南联实业公司董事安子介，香港环球航运集团主席包玉刚，香港大公报社社长费彝民，中国社会科学院院长胡绳，民盟中央副主席费孝通，全国人大秘书长王汉斌，香港东亚银行总经理李国宝等。金庸参加基本法起草委员会的身份是记者。

6 月 19 日，金庸在《明报》上发表社评：《目标是求"不变"》，指出即将起草的基本法的基本立足点应该是保持香港的现状不变。

6 月 30 日，金庸在一篇题为《对基本法的初步构想》的社评中又提出了自己对基本法的几点意见："实际重于理想，经济重于政治，自由重于民主，法治重于平等。"后来他又解释说，他提出这四个观点，并不是主张不要政治，不要民主，不要平等。所谓"重于"意思是说在重要性的比较上应优先考虑，而"不要"则是在根本上否定，两者完全不同。他还说：

孔子说："足食足兵，民信之矣，"三者都不可少，但"民信之矣"重于"足食"、"足食"重于"足兵"。他是强调建立人民信心的重要，并不是说人民可以不必吃饭，国家可以不要军备。将来写成的"基本法"，如果内容比较偏于保守，我相信总体上对香港会较有好处。毕竟，大多数香港人是怕变，是希望不变。将来社会上如果真有改变的需要，大势所趋，势不可当，一部"基本法"也万万阻挡不了。因为"基本法"通过之后，也不是永远不能修改的。

在不少人看来，金庸的这些观点无疑是带有保守色彩的，但金庸自有主张，一旦他决定了什么事，就一定要坚持到底，哪怕阻力再大，他都会不为所动。

1985 年 7 月 1 日，基本法起草委员会全体会议第一次会议在北京人民大会堂召开，金庸临行前特地让《明报》印刷了一百多本中英文对照的小册子《中英关于香港问题的联合声明》，里面还附有联合国颁布的《公民权利和政治权利国际公约》与《经济、社会、文化权利国际公约》，以及其他相关文件。一到北京，他就把这本小册子分给了与会的各方面的专家、学者和中共领导人。

7 月 4 日，金庸在起草委员会全体会议上作了题为《"一国两制"与自由人权》的长篇发言，把自己对香港将来的图景进行了比较详细的勾勒和憧憬。

金庸首先以一种世界的眼光，冷静、客观地高度评价了邓小平"一国两制"的伟大构想，说它是具有伟大的历史意义的主张。他说：

> "一国两制"的构想对于香港的将来固然具有决定性意义，对于台湾以及全中国也事关重大，中国和平统一大业的最后完成，极可能要以这构想作为基础。
>
> 眼光再看得远一些，这构想对全世界、全人类，以致整个人类的历史，都能产生深远无比的影响，主要的作用，在于这构想使得"全球战争的避免"成为可能……
>
> "一个国家，两种制度"的构想，很容易推演而成为"一个世界，两种制度"。"一国两制"如能成功，全球两制的和平共处、和平共存也成为并非不可企及的设想。这使得人类的文明不致被核战争所摧毁，人类的长期性进步不受阻碍。同时这也表示社会主义对自身制度的优越性深具信心，不怕竞争。这构思可以说是马克思主义的发展。马克思主义本来不是一成不变的，外界的条件改变了，革命的方针策略也相应改变。
>
> 如果从这构想发展出一系列的世事变动，人类终于能避免核大战。

接着他又谈到，由于这种天才的构想在世界上都属于首次实施，所以成功与否不但对香港和中国内地意义重大，而且对整个世界都有影响，因此，基本法的制定必须慎重，只能成功，不能失败：

"一国两制"的情况,在人类历史上并未长期而安定地出现过。一个国家中有两种不同的经济制度、社会制度并存,在社会发展的过程中当然常有,但那总是不安定的,两种制度总是以战争或武装斗争的方式来互争短长,过不多久,一种制度便吞并了、消灭了另一种制度。

"中英联合声明"是对"一国两制"构想的第一次国际性认可。中国领导人提出了一个完整的设计,英国领导人认为是可行的。双方同意之后,以国际条约的形式固定之。两个大国决心在香港长期施行。

这是第一次正式的有计划的具体实践。

实践是检验真理的唯一标准。然后科学理论的真假,都须用实验、试验、实践来检查考核。

在香港的试验不容许失败,这不单为了香港 500 多万同胞、中国 10 亿同胞,也为了全世界、整个人类。当然,香港的试验如果失败了,还可在别的地区再作试验。但如果香港一试而成,中华民族的兴旺发达便快速得多。我们香港人、中国内地人由此而对人类历史作出了永久性的贡献。

对将要出台的基本法应该坚持的基本原则,金庸明确地表明了自己的意见。他说:

保持香港资本主义体系的强大经济力量,应当是基本法的目标。基本法中要规定保障香港居民的自由和人权,这不但是符合中英联合声明中两国政府的承诺,也是保障自由经济的必要手段。因为以集体主义为主导的生活方式,与自由经济不能配合。

政治制度、社会制度总是为经济制度服务的。先进工业资本主义国家实施"一人一票"的直接选举,这并不是唯一的选举制度。香港的环境与社会目标不同,将来在基本法中如何规定,值得从长计议。中英联合声明中规定,要"保持香港原有的资本主义制度和生活方式,50 年不变。"其中"原有的"三个字值得注意。世界各国的资本主义制度和生活方式并非完全相同,我们的主要目标是"保持原有的"制度和生活方式，并不是大作改变而去照搬照抄别国的制度和生活方式。

金庸的发言持之有据，言之有物，一派踏踏实实的作风，赢得了与会者的热烈欢迎。会后，雷洁琼还拉住金庸的手，用英语连连说："你的发言真是太精彩了！"

这次基本法起草委员会全体会议的主要议题是讨论起草基本法的工作规划和步骤，以及在香港设立基本法咨询委员会等问题。金庸自始至终都以高度的热情参加整个会议议程，并且是发言最多的委员之一。

设立基本法，首先就必须解决香港特别行政区基本法和中华人民共和国宪法之间的关系问题。姬鹏飞、王汉斌等中共领导对这一问题的意见是：香港特别行政区实行的制度以基本法为准，可以根据香港的具体情况而自主决定自己的事情，可以不受宪法的规定。金庸对此的看法是：

　　一般法律条文中往往有但如何如何的规定，中国法律的术语称之为"但书"。"但书"的规定比本文优先。譬如说：某条马路不能泊车，但星期天不在此限。任何人星期天在该处泊车就不算违例，交通警察如要控诉，必定会输。香港基本法可说是中国宪法中的"但书"。法律如果规定某种特殊情况为例外，那么只要出现这种特殊情况，就须以"例外"来处理。比方说，犯某种罪要处某种刑罪，"但"如犯人是未成年人则从轻发落。只要犯人未成年则非从轻发落不可。如果不从轻处刑，法官就违法了。

7月9日，中共领导人邓小平、胡耀邦、李先念、彭真等来到人民大会堂，会见起草委员会全体委员，并和大家一起合影留念。

在北京的这段时间内，金庸一直以极高的热情参政议政，但是，由于常年生活在香港，在观念和思维方式上就与内地的一些委员产生了分歧。他看到，中共或香港的一些起草委员会委员并不敢或不愿说出自己的真实想法，还只是按照官场上那一套做法，人云亦云，不负责任，金庸对此很不适应，很是反感。会议结束后，金庸在接受记者采访时也谈到这个问题。他说，有些委员在发言时，不谈自己的看法，而只知道以姬鹏飞的一篇讲话作为理论根据，而姬鹏飞在讲话时就已经说得很明白，也很谦虚，说他只是讲点意见，供委员们参考，两次讲话最后都说"不当或不足之处，请批评指正"，在参加小组讨论会时也一再说自己的讲话只是想抛砖引玉，请大家多批评指正，但令金庸不满的是：

> 不少委员的发言态度，对姬主任的讲话未免过分重视强调，令人联想起当年人们引用《毛主席语录》。在内地讨论问题，引用权威人士的意见或许是一种方便，但对于我们习惯于西方民主社会中生活方式的人，总觉得人人都是平等，对于一种意见的评价，应当根据于意见本身，而不是提出这意见之人的身份地位。

这些委员动不动就引用姬鹏飞的话，以为一引姬鹏飞的讲话，就是真理，就绝对正确了，而且显得理直气壮。还有些人讲的不是自己的见解，而只是说在阐发姬鹏飞主任讲话的精义，也就是说对姬鹏飞的讲话加以发挥。金庸说他本人赞同姬鹏飞主任的讲话，但在讨论香港前途问题时，大家应该冷静、客观，不应过分突出主任委员，甚至副主任委员个人的重要性，因为每一个委员的发言，都应该有同等的重要性。

"查流"风波

如何决定香港未来的政制模式？这最敏感，争论也最激烈。金庸综合各方面意见，亲自草拟新政制协调方案，后又略作修改，便成为政制小组的"主流"方案。

与此同时，反对金庸和这一方案的声浪也铺天盖地而来，香港学生火烧《明报》，以示抗议。

1986 年 4 月 18 日至 22 日，基本法起草委员会第二次全体会议召开，经过讨论，最后决定起草委员会下设五个小组，包括"中央和香港特别行政区的关系"、"居民的基本权利和义务"、"政治体制"、"经济"、"教育、科学、技术、文化、体育和宗教"，每个小组有两个负责人，负责主持会议。金庸被任命为"政治体制小组"的港方负责人，与北京大学法律系的主任萧蔚云教授搭档。这一小组的成员包括李后先生、鲁平先生、毛钧年先生、雷洁琼（金庸称为大姐）、张友渔老先生、许崇德教授、李福善大法官、查济民（金庸的同族叔祖父）、郑伟荣先生、项淳一先生、邬维庸先生、黄保欣立法议员、廖瑶珠女士、谭惠珠立法议员端木正先生、李柱铭御用大律师、香港教师协会主席司徒华等。萧教授曾留学苏联，法学渊深，著述很多，他曾经参与过中华人民共和国宪法的修订工作，是中国地位很高的法学专家，而且为人和蔼，思想开明。金庸与这样的专家合作，心情一直是很愉快的。两人虽然立场不同，在某些问题的看法上也不同，但两人都能做到非常坦率真诚地交换意见，甚至可以进行公开的辩论。有一次，在许多香港记者面前，两人就中国内地法律在香港特别行政区的适用问题作了相当激烈的争论，连记者们都很吃惊，最后是萧教授作了让步，金庸过后感到很不好意思，自责态度不好。不打不成交，自此以后，两人成了好朋友，这对于他们两个所负责的这个小组的工作，当然是非常有利的。

对于自己小组的工作，金庸一开始态度就很明确，即基本法要基本保持"不变"和"保守"，他说："我个人的理解，政治体制是整个基本法的一部分，政治制度不能脱离经济制度、社会制度和生活方式而超然独立，不可能其他部分'继续保留''保持原来的体制'，独有政治体制却急剧大变。"

整个基本法的起草过程当然不会风平浪静，矛盾和问题很多，但矛盾最集中、争议最多的是政治体制方案的制定，而这一问题中最艰巨的工作又莫过于将来香港特别行政区行政长官和立法会议员的选举方式问题。围绕这个问题，出现了两种截然相反的观点，一种是香港激进派人士中的所谓"民主派"，他们强烈要求在"九七"之后，行政长官和立法议员全部由普及的"'一人一票'直接选举"产生，政治体制小组内的李柱铭和司徒华都持这种观点，主张在特区成立后立即实施"一人一票"的分区直接选举，并在特区成立前以全民投票普选方式先行选出行政长官；而金庸和其他小组成员则认为这种做法过于激进，是行不通的，即使英国、美国、法国、日本、加拿大、澳大利亚、新西兰等西方主要的民主国家，行政长官也都不是通过直接选举产生的，而国会通常都分为参议院或上、下议院，每个选民的投票权也不是绝对平均的，都照顾到社会上特殊阶层的利益。

这两派的争论在香港市民中间也引起了轰动。激进的"民主派"在小组内占少数，但在社会上的影响却不小，香港传媒和青年、学生基本上都支持他们，青年们不了解事情真相，只凭感情行事，一味认为"凡是和中国当局看法一致的，就是亲共、就是出卖香港人的利益"，结果给立法工作造成了很大的阻力。他们还经常组织群众性的游行示威和集体签名对小组施加压力。金庸和其他成员在理论上和这一派的学者和宣传家进行了激烈的争辩，他们所依赖的理论依据是："一人一票"的直选方式并不就是最民主的选举方式，例如日本首相的产生，就并不是由"一人一票"直接选举而产生的，而是由众院的多数党议员间接选出，英国、德国、澳大利亚、加拿大等国都是如此。

两派的冲突没有丝毫和解的迹象，所以，几乎政治体制小组的每一次讨论都充满着硝烟味，就这样过了半年多。

1986年1月，政治体制小组在深圳举行第一次小组会议，经过争论，最后终于达成了这样几点共识，即，第一，香港未来的政治体制必须有利于香港在回归之后能继续发展资本主义制度，有助于保持香港的繁荣稳定；第二，中国收回香港并不是就要对香港进行革命性的根本改造，而只是要收回主权，因此香港应保持原有体制的优点；第三，新的体制必须要保证香港大多数人的利益，逐步发展适合香港情况的民主参与。

在随后的几次会议上，政制小组又制定了有关行政与立法机关职权的基本原则，其中包括：行政长官是一个拥有实权的行政最高长官，在当地通过选举或协商产生，报中央任命，如有严重违法和渎职行为应受到弹劾；行政机关执行政策，编制财政预算案，提出法案及议案；立法机关通过法律。

这样，原则性的纲领算是出台了，但在具体的问题上，如行政机关、立法机关和行政长官如何产生，小组内却仍是群雄并立，光提交的方案就有四五十个。身为政制小组的负责人，金庸一看大家的意见实在是无法统一，就想设计出一种既能统一小组内的各种意见、也能让香港大多数居民感到满意的协调性方案，但想容易，做谈何容易？小组的每次会议都以争执结束，最后自然很难达成共识。可以说，自1986年4月专题小组成立以来，政治体制小组开的会最多，争论也最多，工作进程也最慢。到1987年8月，在起草委员会第五次全体会议上，其他小组基本上都提交了比较完整、统一的方案，而政治体制小组却只能把大家所提的几种方案一一陈列出来，其中只行政长官的产生办法就有五种，其中也包括金庸提出的"'一人一票'普选行政长官"的协调方案。一些起草委员会委员对政治体制小组的工作明确表示不满，但金庸认为：宁肯工作进程慢一点，也不可急躁从事，因为要制订一个既不会使中国当局失面子，而香港大多数人又能得到实际好处的方案确实不是一蹴而就的事，必须慎重行事。

1988年5月至9月，《基本法征求意见稿》公开在香港居民中间征求意见。在这期间，内地起草委员会委员到香港征询市民意见，金庸与他们广泛交换了意见，他发觉这些本来原则性很强的内地委员的态度发生了明显的改变，"他们在用心倾听各界的意见，尤其是第二次，好几位内地起草委员会委员都强调不能一面倒，要争取团结和睦，但保持稳定的目标当然不能放弃。我发现了转机，心中暗暗欢喜，似乎经过这次咨询，政制上有了打破僵局的可能。"之后，金庸就着手写新的"协调方案"，写好之后，他先在香港各界广泛征求意见，随后再根据这些意见进行修改、补充。

为了使自己小组的提案更全面、更公正，金庸还主持召开了一次轰动香港的"武林大会"，邀请香港有关人士一起讨论政制方案，参加会议的有各界代表70多人，大会的主席是金庸。在这次大会上，大家还是各执己见，意见难以统一。金庸最后作总结，他对大家前来开会表示感谢，并且向大家保证："将于本周末在广州举行的政制小组会议，一定要就行政长官、行政机关和立法会议的产生问题达成主流方案，而且一定会有新方案，然后交由香港市民咨询。"

召开"武林大会"的当天晚上，政制小组成员李柱铭大律师邀请金庸到他的办公室面谈，金庸去了，到了之后发现在场的还有司徒华等香港激进派代表人物。金庸一坐下来就对他们说："下午的会议对我很有启发。我觉得在我们决定政治体制方案时，不能纯以出席会议的人中多数赞成什么就看做是香港大多数人的意见。我们以往的讨论过多关注原则性的问题，而对一些很重要的细节问题却忽视了，这是很不应该的。"

李柱铭等继续向金庸推销激进的"民主派"主张，金庸明确表示拒绝接受。他非常坦率地对他们说：

李先生和司徒先生完全明白政制小组内的情形，你们的方案是不可能被接纳的，尤其是在 1997 年 7 月 1 日之前在香港普选行政长官的主张，绝无可能得到通过。政制小组只有 4 天会期，已无时间从头谈起。我准备提一个协调方案，只希望你退我让之后，有个较好的结果，民主普选的机会在 1997 年后 50 年内不会被完全封死，要在基本法中开一个口子，在适当时期通过全港选民投票的方式，能够得到实现。至于进展的步骤，恐怕是相当缓慢的。你们一定会认为十分保守。

李柱铭与司徒华见金庸不为所动，也当面明确向金庸表示：他们将一如既往地坚决反对金庸的方案，他们一定不放弃自己的原则，要和金庸斗争到底。

金庸见双方话不投机，难以达成共识，也就起身告辞了。这次不欢而散的谈话使金庸更感到肩上的担子更重、将来的工作更难做了。看来，要写出一个能使各方面都满意的协调方案，确实是难上加难了。但金庸的基本信念并没因各种反对派的意见而改变，他越来越坚定自己的想法：协调方案一定要走稍微保守一点的路子，尽量让大家都有商量的余地。

知道金庸在写一个新的协调方案，各种力量都在进行猜测，不少人怀疑这个方案一定非常保守，也常有记者就这个问题提问金庸，金庸的回答是：

新协调方案是"中间落墨"，既不过分保守，也不过分激进，我想这方案可能会被民主派和保守派批评为"非驴非马"。其实，非驴非马也无所谓，做骡子也不要紧，只要对香港居民有利，对大陆有个交代，能拉车，能用就行。

至于有人批评金庸的这个新方案过于保守，金庸毫不客气地回答："我的协调方案协调了港人的意见，并不保守。"

11 月 16 日，中港关系小组在广州举行会议，就在当天下午，金庸把自己的新协调方案分发给在香港的政治体制小组的成员。

11 月 18 日，金庸坐火车从港赴广州，参加起草委员会的讨论会。在政治体制小组会上，大家对金庸的方案进行了认真的讨论，最后决定，请金庸在综合大家意见的基础上再进行仔细的修改，若没有什么意外，就以此作为政治体制小组的"主流方案"。

随之，一场大风暴也翻卷着向金庸扑来。

当金庸还在开往广州的火车上时，李柱铭、廖瑶珠和谭惠珠等小组成员就已经在记者面前批判金庸的新方案太保守了。他们希望金庸在修改过程中会有所改变。但令他们大失所望的是，11 月 19 日上午，当他们从金庸手中接过修改过的新协调方案时，发现修改过的方案除了将行政长官和立法会议成员产生的过程由原先的"三个阶段"削减为"两个阶段"外，其他内容并没有什么大的变化。

金庸的新协调方案建议香港政制在 1997 年后分成两个阶段发展，在第一阶段，行政长官由 1000 人组成的选举委员会选出，立法机关直选议席的比例逐渐由 25% 增加到 50%。而在 2011 年，将在全港举行全民投票，以决定是否进入下一个阶段。

在第二个阶段，行政长官由"一人一票"产生。第一阶段中的千人委员会改变为提名委员会，并负责以民主方式推选五名候选人参加普选。这五名候选人的产生，先由不少于十分之一的提名委员会联署提名，再经委员"一人一票"选举，每名委员只能选举一人。以得票多少来确定当选者。

政制小组成员对金庸的新协调方案进行了激烈的争论，最后经过举手表决，委员们基本上同意在修改的基础上以金庸的方案为政治体制小组的基本方案。

在 12 月初的起草委员会主任扩大会议和第二年 1 月的起草委员会全体会议上，大家经过讨论决定：如果对政治体制小组的主流方案没有什么要修改的话，这个方案极有可能成为未来香港的政治体制蓝图。

就在政治体制小组内部为金庸的方案争论得热火朝天时，香港 19 日、20 日的报纸大多数都在批评金庸的新协调方案过于保守，甚至有报纸指责金庸这是在出卖香港人的利益。

11 月 22 日晚，金庸开完政治体制小组会议后坐火车回到香港，刚下火车就看到有 30 多名香港民促会的代表打着横幅在火车站等着他，抗议基本法政治体制小组通过的"主流方案"过于保守。当金庸走出火车站时，有更多的抗议者和记者包围了他，追着他严加质问："全世界民主国家的行政首长都是由'一人一票'普选产生的，为什么你要逆历史潮流提出如此保守的方案？"

"自古以来没有一个国家的行政长官是真正由'一人一票'选举出来的。"金庸边走边回答。

"查先生，有人说你们的方案实际上等于出卖了香港下一代人的政治权力，你是怎么看的？"又有记者毫不客气地发问。

"下一代的事自有他们自己去管，我们现在所需做的就是尽力维护现在香港这 600 万人的利益和权利。

金庸回到香港，发现原先热烈拥护他的读者有很多成为他的冤家，一时他有一种四面楚歌的感觉。他的新协调方案在香港广为传播，香港的报纸、杂志、电台、电视台也都纷纷展开讨论，而且社会舆论对金庸的方案普遍持反对态度，认为新方案过于保守。各种猜测四起：主流方案到底是怎样出台的？是否有什么背景？起草者想达到什么目的？查良镛是不是想通过出卖香港人的利益而达到个人的目的？他是不是自己想当政坛盟主，想做第一届行政长官或立法会主席……？

面对各种各样的议论，甚至一些恶意的人身攻击，金庸感到有必要出面为自己做出辩护，这不但是为自己，而且对将来基本法在香港的实施都是必要的。

11 月 24 日晚，他重新拿起已放了一段时间的笔，写了一篇社评《没有一国的行政首长是直选产生》，发表在第二天的《明报》上。

这是金庸自主流方案出台后的第一篇反驳文章，文章首先从最受大众指责的第一、第二、第三届行政长官的产生方式问题着手，他说：

这方案公布后，引起了一部分人士的批评，认为发展民主的脚步太慢。民主促进会等若干社团更表示不能接受，要求在 1997 年 7 月 1 日政权交接以前即举行选民普及的投票、直接选出行政长官。他们所持的主要理由是：今日世界上所有民主国家的行政长官都是通过普及的直接选举产生的，香港却要到 2012 年才有可能普选行政长官，未免太落后了，在 15 年中（九七以前由香港管治，与基本法无直接关系）抹杀了香港人的政治权利。……其实，以我们粗浅的历史知识与国际政治知识所知，古往今来，从无一个国家曾以普及的直接选举选出行政长官。

　　直接选举选出行政长官，在古希腊城邦政治时期，有些城邦曾实行过一段时候，不过那不是普选，因为只有自由民才有投票权，人数极多的奴隶没有投票资格。

　　在今日，有些国家的行政长官不是经由选举方式产生的，那不用说了。至于未用选举方式的，全部是间接选举，无一例外。（或许有极少例外）

金庸随后不厌其烦地罗列了中国、英国、日本、韩国、新加坡、法国、菲律宾、埃及、美国等国家的选举行政长官的方式，然后得出结论说：

　　古往今来，全世界似乎都没有出现该普及直选行政首长，香港要首先创始，为天下先，当然也不是绝对不可以。但决不能说各个民主国家的行政长官都是普及直选，所以香港也要在 1997 年普及直选。因为世界上恐怕没有那回事。

　　或许有人会说，各国的行政长官虽然皆非直选，而是全民普及而平等的投票选举，那总是事实。但我们说的是普及直选行政长官，而不是普及直选政党。即使对美国的选举政党而言，投票权也不是完全平等的。

　　或许又有人说，民主国家的最高行政长官固然都是间接选举产生，但香港特别行政区不是国家，只是一个地方政府，地方政府的行政长官许多地方都是普及选举的。这一点我们同意。不过各国地方政府非普及直选的也很多，美国的市长就是间接选举产生，美国的各州州长也是像总统一样，通过政党而选出，是间接选举。

金庸以为这篇社论发表以后会平息"主流方案"引发的风波，没想到结果适得其反，更大的反对浪潮向他席卷而来：

　　"谁不知道美国总统就是直选产生的，查良镛是想混淆视听？"

"《明报》这样做怎么算坚持公正原则？明明成了宣传中共意图的工具！"

"金庸在出卖香港人的利益，却还千方百计为自己狡辩，真无耻！"

"查良镛已被中共收买了，他不再能代表香港人了！"

这次因金庸"主流方案"引发的风波，被一个叫黄康显的人总结为"查流风波"。他在《香港时报》上写了一篇文章《从查良镛声明看查良镛现象》，他所说的查良镛现象，就是指自 1988 年 11 月底至 12 月，因为金庸所起草的政制方案而发生的所谓"查流风波"，也即"查良镛主流方案引起的风波"，这种风波实际上从金庸参加香港基本法起草委员会时就已经开始了，等他提出"协调方案"、"新协调方案"、"新新协调方案"（即后来经修改后的"主流方案"），遂在香港各界引起轩然大波。这个黄康显认为："查良镛现象"实际上表现出"草委协奏曲"的一种"无以名之，且志之彼"的事态过程，而所谓"草委协奏曲"，以十五言以标之，则是"精于捧、善于变、乐于吹、堕于乱、终于吓！"是为"接收样板戏"而奏的。而金庸就是这曲样板戏的击鼓者。

面对着如潮的批评，金庸始终镇定自如，他相信自己是真心为大多数香港人的利益考虑的，问心无愧。他以惯常的冷静和耐心，继续用自己的一支笔来说服怀疑自己的"主流方案"的香港民众抱怀疑态度的人。

《明报》第二天又刊登了他一篇社评，在文中，金庸先不厌其烦地列举了各个国家的元首和行政长官的选举办法，然后具体谈到了香港的行政长官应该采取什么样的选举方法：

> 香港不是独立国家，是否应当遵从其他民主国家的方式行事，姑且不论。至少，一般民主共和国的首脑极大多数是间接选举产生的，有大选举团方式，有议会间选方式，有混合的间选方式；直选产生的为数甚少。至于英国、日本、瑞典、丹麦、荷兰、卢森堡等君主国家元首乃是世袭，马来西亚、加拿大等国的元首或在君主轮流、或为委任，均勿庸多说。所以，要求直选行政长官者的主要立论是不成立的，因为他们所依据的并非事实。

金庸指出，不少香港人至今还没弄清楚什么是"直选"，什么是"普选"，甚至不少政治家都没弄清楚这两个概念，所以也就难免不理解自己所提出的行政长官的产生方式是切合香港当前的需要的。他再次强调说：

> 这次通过的政制主流方案，规定第一、第二、第三届的行政长官通过一个选举委员会选出，选举委员基本上由"一人一票"的直选产生，只容许少数的例外：香港的全国人大代表可能不是有直选产生（政协委员因为是委任，所以不列入）。极少数的功能界别或许只能由一成员一票的直选产生。
>
> 功能界别的议员或选举委员，性质与民主国家参议员或大选举团有些类似……
>
> 当然不能说，选举委员会的方式是十全十美的。不过有两点可以肯定：第一，民主国家的首脑和行政首长，由直选产生的少之又少。第二，西方民主共和国家中以大选举团或混合方式选出首脑的，为数殊不在少。

金庸的这篇文章又如火上浇油，反对他的声浪越发激荡，几乎整个香港的舆论界都把矛头对准了他，但他就像他笔下的乔峰，只要是为民众利益说话，那就"虽千万人吾往矣"。他顶住各种难以承受的压力，继续写社评为自己洗刷罪名。同月27日，他又以《民主国家如何选出行政首长？》为题在《明报》上发表一篇社评。在这篇社评里，金庸再一次罗列了英国、美国、加拿大、澳洲、新西兰、爱尔兰、印度、法国、意大利、德国、瑞士、瑞典、挪威、丹麦、日本、前苏联、中国等国家的行政长官选举模式，以此说明古往今来没有一个国家的行政长官是真正地由"一人一票"直选产生的，当然，他还补充说：

> 我们不可能查遍世界历史上一切国家的政制，因此或许会有一两个例外。

为什么会存在这样的情形呢？金庸最后分析说：

> 为什么所有民主国家都不采取"一人一票"直选行政首长的方式呢？显然这方式中含有重大缺点，以至任何国家都不愿采用。香港特别行政区不是独立国家，只是一个有高度自治权的地方政权。地方政府以普及直选方式选行政首长，危险性没有独立国家那么大。这一点我们同意，不过认为事先必须

通过慎重周详的候选人提名手续，例如法国的选举总统。如果只由十分之一立法机关成员提名即可交由全民直选，任何国家迄今为止都不敢冒这风险，恐怕也没有什么国家的省份或大城市的地方政府敢冒这风险。

果然不出金庸所料，这篇文章在已经熊熊燃烧的汽油上又加了一桶汽油，香港民众对他的抗议又上了一个新台阶。

11 月 30 日，岭南学院、理工学院、树仁学院的 20 名学生代表，在围观者的簇拥下，来到《明报》大厦门外，他们高举着两幅标语，上书："你有你的强词夺理的自由，我有火烧《明报》的道理"；"歪曲事实引得人人愤，断章取义必须引火烧，"将 26 日、27 日、28 日的《明报》和三篇放大的社评当众烧毁，同时还一遍遍地呼喊着"反对强词夺理""维护香港人利益""要公理""不许出卖香港利益"等口号，并在《明报》大厦前发表演说，指责金庸身为起草委员会政制小组的香港方的负责人，本来应该一切都从维护香港人的利益出发，不曾想他不但没有做到这一点，反而受中方"指使"，一味迎合中共的要求，不惜出卖香港人的利益以谋自己的私利。更令他们气愤的是，身为一向标榜遵循"自由、公正"原则的《明报》社长，金庸不但没有使《明报》在这次主流方案风波中站在公正的立场上为民请命，以中立客观的态度，实事求是地报道基本法的有关事宜，反而成了金庸个人狡辩的阵地，这样的报纸还有什么公正可言？这样的社长还会讲什么中立？因此，学生界认为金庸已经不能持公正的立场，应该辞去政治体制小组负责人之职，以泄香港之民愤……

对于学生火烧《明报》的抗议活动，金庸的回答是："学生们一时冲动总是这样的。他们实际上根本不懂政治，所以对他们来说最重要的不是动不动就抗议呀、谴责呀，而是回图书馆查查资料再说。"

至于为什么写这么多社评为自己辩护，金庸是这样回答的："自 1985 年出任基本法政治体制小组港方召集人后，已不在自己报章上撰写关于基本法的社评，并一直遵守着这诺言。但现在基本法差不多要提出来通过，却有很多对我不公平的言论，所以我要将事情说清楚。"他不无遗憾地说，现在很多抗议他的香港居民实际上连一些最基本的概念都还没搞清楚，例如在争论关于行政长官是普选还是直选这个最关键的问题时，好多人，包括"民主派"，都没搞清普选并不就等于是绝对的民主，间接选举也并不就是绝对的不民主，因为"普选"或"直选"与民主与否并没有直接对应的关系，它们只不过是两种不同的选举方式。他认为在这个问题上存在不同的认识是难免的，但他希望持不同意见者应该心平气和地坐下来一起讨论解决问题，而不是采取一些极端的方式，这样只会把事情搞糟，并不利于解决问题。

为什么在谈政治时要平心静气？金庸的回答是："所以说'平心静气'，因为我见到有些发表在报章上的文章颇有意气、情绪激动，我认为，尽管政见不同，仍应作理性的探讨，以辨明是非曲直。"

从 11 月 28 日起，他以《平心静气谈政制》为题，一连 12 天在《明报》上发表社评，详细地介绍了"新协调方案"和"主流方案"出台的前因后果，说明自己提出的这两个方案并不纯粹是个人的意见，而是综合了各方面的意见，尽可能顾及到了各方面的利益。金庸还道出自己不想自我辩护，但又迫不得已的苦衷："要为自己解释辩护，是最没趣的事，如是私人事务，你相信也罢，不信也罢，你怀疑我的人格，难道我的人格就会被你怀疑坏了？不过这是公众事务，又牵涉到旁人，有需要澄清一下。"

很多人认为金庸起草基本法政治体制主流方案是在中方授意下完成的，金庸真是一脸苦笑。1988 年 12 月 17 日，香港电台"事事如棋"节目"国际华人档案"采访他，其中也涉及这个问题，他的回答是：

> 我写了这么多武侠小说……遇到有必要时，就是要挺身而出，做些自己认为应该做的事。不同意见的人，误解我、攻击我，或许是我过分热心，不够圆滑吧！……我始终希望扮演一个协调者的角色。一直以来，我都希望在起草委员会大会内部，或者政制小组内部，保持民主的声音；希望这种声音能在基本法中得到反映。再说，现在的政制主流方案，其实也不单是我个人的意见，而是经过起草委员会小组通过的。

他并不否认政制主流方案不够民主，但他解释说这是为了循序渐进达到香港人所希望的民主而必须做出的妥协，主流方案只是这个将来的民主的起点，就目前来说，这个方案已经反映了现阶段各方面都可以接受的民主限度。

他语重心长地表示：

> 希望经过长时间之后，攻击我的人能够了解我的出发点，同意我的想法是对的。事实上，我们已经取得了一点成功，至低限度，主流方案接受了政制最终发展到普及而全面的民主，这个以前是不被接受的。

谈到"民主派"所主张的政制模式，金庸态度认真地说："假如我们过早地发展政党政治，过早地发展激烈的政治斗争，那么共产党就会被迫参加。相信大家都会同意，假如共产党参加实际的政治选举活动，他们一定赢；要是真的出现这个局面，我便不再留在香港了！"

谈到大学生在《明报》报社门外焚烧《明报》这件事，记者问这是不是他办报三十多年来经历的最大的一次风波，金庸回答说："不！印象最深刻的一次，还要算六七年共产党嚷着要烧死我的那个时候。当时真的危险非常，是我人生中比较大的一次考验。"他顿了顿又说："和那次相比，今次烧报纸，情况不大相同哩。"

一些人怀疑金庸他这样热心参加基本法的起草工作，一定是为了做第一任香港特别行政区行政长官，金庸听后一笑了之："认识金庸这个名字的人，较认识卫弈信的人还多，我实在没理由为出名而去做将来的特区首长。"

按照统一安排，12月6日将在广州举行基本法起草委员会主任扩大会议，会上将重点讨论政治体制小组提供的"主流方案"，对香港一些不满金庸提出的方案的团体和人士来说，这好像是最后一次挽回的机会，所以他们在金庸起行之前纷纷向他提交了8份有关政制方案的意见书，包括工联会、杰青协会、民主协会、政府华员会、大学毕业同学会和基本法咨询委员张家敏提出的方案。他们都希望主任扩大会议能够讨论自己的建议。金庸在临行前表示一定将大家的意见带到会上，也可能会根据这些意见对"主流方案"进行修改。然而主任会议对主流方案没有做任何修改，并且决定它原封不动地提交给第二年初举行的起草委员会第八次全体会议上进行表决。

消息传到香港，那些提交了意见书的团体和个人不禁大失所望，虽然他们仍然表示决不就此罢休，但他们谁都清楚事情看来只能是这样了。

金庸获胜了，不少人又纷纷推测：金庸下一步的工作就是要积极准备参加行政长官的竞选了！但就在这节骨眼上，金庸却又宣布了一项令人大吃一惊的决定：他辞退了在起草委员会中的职务！

虽然辞去了起草委员会中的职务，但金庸仍然关注着基本法的进展情况。1989年12月和1990年1月，起草委员会政治体制小组举行会议，讨论在第二次咨询期中收到的意见，并对《基本法草案》进行修改。在1990年1月的会议上，讨论一度陷入僵局，最后只能以表决的方式，对提交到会上的四个方案进行表决，结果，由许崇德提议，毛钧年附议的方案获多数赞成通过，被作为政制小组的"新主流方案"，将在起草委员会全体会议上提交给全体委员讨论。

1990年2月16日下午，在起草委员会第九次，也即是最后一次全体会议上，政制小组提交的"新主流方案"根据委员们的意见又进行了三次仔细的修改，最后获三分之二以上的赞成票通过。至此，关于未来香港的政治体制已经基本确定，而围绕这个问题爆发的各种争论也都渐渐尘埃落定。

金庸看到"基本法"中的政治体制方案时唯一的反应是：事情的结果也只能这样。实际上，最后获得通过的这个政治体制方案和金庸以前提出的"主流方案"在内容上基本上是一致的。如关于将来香港特别行政区行政长官的产生方式，"基本法"中的政治体制方案是这样规定的：行政长官由选举产生。即由一个具有广泛代表性的选举委员会根据基本法选出，由中央人民政府任命；选举委员会共800人，由工商、金融界、专业界、劳工、社会服务、宗教界及立法会议员、区域性组织代表、香港区全国人大代表和香港区全国政协委员的代表组成，任期五年；特别行政区根据民主、开放的原则制定选举法，规定各界别的划分、界别内名额产生的办法及其他有关选举的具体办法；不少于100名选举委员会委员可联合提名，每名委员只可提一名候选人。采取"一人一票"无记名投票方式选出行政长官；2007年后，行政长官的产生办法如需修改，须经立法会全体议员三分之二多数通过，行政长官同意，并报全国人大常委会批准。

关于这个新的政制方案，金庸一直持这样的看法："中方为了使香港人放心，在许多方面都作了重大让步。我认识到什么是中方让步的极限与底线，当时的所谓'主流方案'与'双查方案'，相信已到达了底线；而其中'取消大选举团'、'十年后公民投票'等几项，事实上已经超越了底线。"

对于"基本法"的顺利制定，对于中国和英国在香港回归问题上很快达成协议，金庸一再强调邓小平在其中所起到的核心作用。本来，在《中英联合声明》发表之前，英国非常担心共产党领导的中国政府在接管香港之后会像对上海、天津、广州那样来治理，会从北京派来"港督"和全部政府官吏，将香港的大小企业全部收归国有，由政府统一管理，并且会废除原有的全部英国法律，改用中国法律。法院、法官、律师等司法制度全部改为中国式的，还会宣布港币无效，改用人民币。英国人投资的汇丰银行、渣打银行等银行、怡和公司、太古公司、国泰航空公司等都归中国国家所有及经营，市场经济变为计划经济，居民的言论自由、出入境自由都将受到限制。哪知以邓小平为核心的中国政府却明确地提出在香港回归中国后将实行"一国两制"，港人治港，高度自治的原则，在香港继续实行资本主义制度，不实行社会主义制度，居民的生活方式不变，同时由本地居民自行选举而产生政府，政府享有高度的自治权。中国提出这样合情合理、顾全大局的各种原则，英国人听了不禁喜出望外，想不到对方的提议居然比自己可能期望的还要好，因为即使叫英国去提议，英国也不敢提出这样高的要求。所以，对邓小平提出的这些主张，英国几乎是毫不犹豫地接受了。后来两国就香港问题虽然谈判了很长时间，但主要是用在斟酌文件的字句、字眼等方面，而在基本的原则上，基本上是没有什么争议的。最后中国还提议将这些原则列入《中英联合声明》，这并不是双方谈判的结果，而只不过是中国政府希望将中国政府的政策明确地列入这项国际公约之中，好让香港人放心，也使全世界对香港的将来怀有信心。在《基本法》的制定过程中，邓小平始终关注着这一历史性的大事，在《基本法》起草委员会第一次在北京开会时，邓小平就和中央的其他领导人一起接见了全体委员并和大家一起合影留念，在《基本法》全部完成，起草委员会最后一次在北京开会时，邓小平不顾年事已高，又和其他中央领导人一起接见了出席会议的全体委员并和大家一起合影留念。可以说，《基本法》的形成也灌注着邓小平的心血，且不说《基本法》的基本框架是邓小平一手亲自制定的，起草委员会只不过是将他提出的基本原则写成法律条文，再加上一些具体内容和实施细则等补充条款，只要想一想，如果没有他以个人的威望、魄力和见识来将《基本法》加以充分推行，以至实现的话，那么到了1997年7月1日之后，香港会是一个什么样子，人们是完全可以想象得到的。事实上，根本不用等到这一天，在这之前的几年，香港早就已经乱成一团糟了，早就不是一个可以正常运作、平安居住的国际性大都市了。现在中国和香港的将来发展的宏图已经设计完成，适当而能干的营造师和工程人才也已经选好，只要大家稳定工作，按部就班，循序渐进地按照原计划施工，只要大家不自相争吵，任意改动方案和蓝图，香港和中国就会顺利发展，前途乐观。对于回归以后的香港如何与中国政府同步前进，金庸也有自己的看法："'九七'后香港回归中国，成为中国大家族的成员，香港的一切问题，除了本身的地方性问题之外，都要和中国一起来考虑。"这是香港稳定与繁荣的大前提，非此不可。对于回归之后的香港的前途，金庸始终相信，凭着香港人的能力、活力和积极努力的精神，香港的明天一定会更美好，就算不是更好，也一定不会比人们想象的更坏。他难抑兴奋之情地这样说道："一想到中国，立刻就出现'庞大'的概念。九百多万平方公里的面积，是香港的九千多倍；十二多亿人口，是香港人的两百倍。我们投入这样一个大家庭之中，真正是前途无限，什么事情都可以做，什么事业都有无穷无尽的可能性。对于一向精打细算、小眉小眼的香港人，真像是'小人国'的人物走进了'大人国'，岂仅是《红楼梦》中的乡下女人刘姥姥进入富丽豪华的大观园而已。"

能够参加起草《基本法》，是金庸一生难忘的经历，为了香港将来的和平与繁荣，金庸也尽了自己最大的努力。

2000年9月，金庸在湖南大学岳麓书院演讲后在接受记者采访时又一次谈到自己为什么参加"基本法"的起草，他说：

> 我不是政治家，也不参政。我跟你解释，我参加香港"基本法"的起草工作，是因为第一我懂法律，比较懂香港的社会，也知道外国的情况，所以他们邀请我参加"基本法"的起草。也就是结合法律工作，对香港的情况、

世界潮流比较了解，就参加起草。可以说我是为香港人民服务，为国家服务，不在作为政治家参加政治活动，要在政界争取一个地位继续为人民服务。我这个行为比较简单的，就是起草基本法，保持邓小平提出的"一国两制"的顺利实现……基本反的起草有很多人，不是我一个人，有几十个人，有中国内地的委员参加，有香港人参加，我是其中比较活跃的一个人。现在看起来，我们的目标就是要体现邓小平"一国两制"的构想，香港实行资本主义，内地实行社会主义，香港回归祖国后不要实行社会主义，社会结构、经济制度还要继续和从前一样。当时全世界包括美国说这是不可能的，中国是共产党统治的，香港回归中国之后，当然共产党去那边统治了，也实行社会主义了，实质上是共产主义了，没有什么"一国两制"的事情。我在起草基本法的同事中讲，无论如何，邓小平提出的这个构想不能失败，一定要使他老人家的想法成功。结果到现在香港回归三年多了，可以说我们这个目标达到了，所以我们这个基本法起草还是成功的，我这个努力也成功了，我自己在这方面很满意。但不是政治活动满意，只是邓小平先生他想了一个想法要"一国两制"，大家说这个不可能，这个做不到，我说做不到我们一定要努力把它做到，结果到现在为止我们做到了，所以这个也是满意的。作为个人，我做了整个大事件中一个很小的事情，至少我对得起邓小平先生。现在想起来，他老人家如果在天有灵会说："我这个想法你们帮我实现了"，我就觉得很满意，很高兴了。

激战彭定康

围绕着《基本法》的实施而产生的各种矛盾因香港新一任总督彭定康的到来而更加激化；

金庸奋笔直书，激战彭定康，捍卫《基本法》。

《基本法》的确定使金庸非常欣慰，他也非常珍惜这个结果，尽管为此他付出了很大的代价，但一想到一切努力最后有了结果，一切困窘和委屈都随之烟消云散。至于对想践踏《基本法》的人，不论是谁，他都毫不犹豫地予以痛击。

《基本法》的实施自然不可能一帆风顺，香港市民或各种政治力量之间也对此有不同的看法，甚至可以说矛盾和尖锐，这些矛盾因香港新一任总督彭定康的到来而更加激化。

彭定康来香港就任总督的时间是 1992 年 7 月，他是英国保守党主席，毕业于牛津大学历史系。来香港之前，他也准备有所振作，也花了几个月时间看了有关香港的书，研究香港问题，准备利用这个机会弥补一下自己在英国竞选失败中失去的面子。但这个新总督和前几任总督有个显著不同，前几任总督如麦理浩、尤德、卫奕信等都有长期的中国生活经验或是担任过驻华大使，都能直接阅读中文书报，甚至能流利地说中国话，但这位新总督不但对中国所知甚少，对香港的事务也是完全陌生的。他根本不了解中国的文化，不明白中国人的心理和行为方式，他的做法当然与中国人格格不入。

果然，他到香港不久，就在 10 月份的立法局会议上宣读了他的第一个施政报告《香港的未来：5 年大计展新猷》。在这份报告中，他自以为是地提出了一些香港政制改革方案，而这些方案的内容完全违反了中国和英国以往达成的协议，结果引起了轩然大波，造成了剧烈的政治动荡，甚至引起了一场国际性的争端。中方毫不客气地批评和指责他的所作所为，指责他是"香港的千古罪人"，中方高级官员也拒绝与他进行任何形式的会谈。中英双方过去长期形成了和谐相处的模式在短期内突然改变。

金庸历来主张香港的民主制度应该以比较稳健、比较缓慢的速度发展，所以他对彭定康提出的激进的民主改革方案很不满。他很想写社评驳斥，但因为他和彭定康算是牛津大学的校友，考虑再三，他决定先礼后兵。他去见彭定康，并恳切进言：这些方案不符合中国的既定政策，不符合香港的现实，所以是行不通的；即使他固执己见，一定要推行，在 1997 年 7 月 1 日之后也会被中国全部取消推翻的，这样不但对中国和香港不利，对英国、对保守党和他本人也很不利。但彭定康仍一意孤行，他不相信中国会推翻已成为既成事实的政治制度，他认为一种比较民主的制度在香港推行以后，一定会得到多数香港人的喜爱和支持，这样时间一长，就会变成一种传统，将来中国接管香港以后，就不可能违反民意而取消这种制度。金庸则毫不客气地指出，这是彭定康的一个思想误区：他以为中国和香港的政治局势和英国是一样的，即政府和政治领袖必须服从民众的大多数意见，不可能违反民意，否则就会垮台，就是在这样的思想误导下，他满怀信心地推行他的政治改革方案。他当然也明白共产党的施政方式与英国这种西方资产阶级民主国家不同，但他长期在英国的政治气氛中生活与活动，"依赖民意"就和喝威士忌酒、吃牛排一样，是他生活中不必思索的一部分，其实，这种直觉的政治信念用在香港是大错特错了。他完全不了解，马列主义者相信，资本主义社会中的所谓"民意"全是资产阶级的宣传工具，例如报纸、电视、电台、广播、杂志、政治领袖、政论家、文人、花钱买来的广告等制造出来的，根本不是人民群众的真正民意，所以不需要重视。而事实是，英国在香港施行殖民地统治，历来是把欧美式的民主主义作为殖民地必须遵守的大义加以推行的，从来没有征求过什么民意。港督是香港的最高统治者，有决定一切的大权，也从来不需要听取什么民意。在香港，可以说一百五十年来也从来没有什么民主制度。另外，由于苏联和东欧国家的共产党政权在这几年间纷纷崩溃，这在客观上也使英国的政客们产生了一种错觉，以为中国的共产党政权也会在西方国家民主的压力下垮台，即使不垮台，至少也会作出让步。但事实证明，这些认识和估计完全错误。

金庸见自己的劝说无效，就开始写社评捍卫《基本法》了。1992年10月19日、20日，他在《明报》上发表了两篇社评，先冷静、客观地介绍了香港的各种实际情况，然后向彭定康指出："事实是这样，你喜欢也好，不喜欢也好，这是必须面对的事实。"针对彭定康的政治改革方案，金庸在其中一篇题为《功能选举的突变》的社评中，一针见血地指出：彭定康关于功能选举的主张，说到底就是将以往功能团体的选举变成分职业界别的直接选举。自中世纪以来即已形成传统的功能代表政治，突然被彭定康创造性地改变了全新的形式，成为分职业界别的直选，这是很令人难以接受的。他不无揶揄地说：

> 这样的改变，是任何人所想象不到的。即使是民主激进派的领袖李柱铭先生和司徒华先生，在基本法起草委员会议的讨论中，或是在其他任何场合，

也从未提过这样大胆而想象丰富的创见。以我之孤陋寡闻，也从来没有在任何书籍、报刊上读到过，没有听任何人谈起过……我初次听到（彭定康）时，只觉新奇无比，过得两个多月，仍觉得十分新颖而奇特。

在这一段时间内，《明报》除了发表金庸批评港督的激进政改方案的文章外，还发表了与此相关的社评，如《殖民地上没有民主，如有民主非殖民地》等尖锐的批评文章，这些社评表达了香港大多数市民的共同心愿：希望香港和平过渡，不希望再出现什么动荡。

自金庸和彭定康"开战"以来，他一时又成为香港市民和媒体关注的焦点人物，他在接受记者采访时，也毫不隐瞒地表达了自己对彭定康提出的方案的不满，而对一些别有用心的记者的提问，他也毫不客气地进行了驳斥。

曾有一个英国记者问他："回归之后，如果中共限制香港的言论自由，那你怎么办？"

金庸反问道："两三个月后，如果英国限制言论自由，那你怎么办？"

记者答："这是不可能的，英国宪法保障人民的言论自由。"

金庸说："香港'基本法'也保障香港居民的言论自由。"

那位记者又问："你相信吗？"

金庸反问："相信什么？"

记者说："相信香港'基本法'吗？"

金庸回答："我是香港'基本法'的起草人之一，当然相信。"

那位记者可能不知道金大侠的厉害，所以此时虽然有点窘，但仍不愿意就这样轻易败下阵来，想了一会儿，他接着又说："我相信英国宪法，但对香港'基本法'没有信心。"金庸毫不客气地说："必须遵守'基本法'的条款，列在中英联合声明之中，那是两国正式签订的国际协议。中共执政的北京政府没有任何违反国际协议的记录，迄今为止，我对此有信心。但英国政府派来的港督彭定康先生，却公然违反中英两国有关 1995 年立法局选举的协议，英国政府仍然支持他的违反。你说应该对谁更有信心？"

金庸在接受这位英国记者采访之前，曾向他提出一个条件，即访问内容不可删改剪接而歪曲自己谈话的原意，播放后应送给他一份录像带，当时他全部接受了，但一直到 1997 年 10 月，金庸仍然没有收到那位记者的录像带。金庸真想对那位英国记者说："做事如此不守信用，不知道应该对谁没有信心。"

香港回归后还能否保证言论自由？对此不少人表示怀疑，金庸对这一问题的看法是：

> 所谓"言论的自由"，即人民可以发表各种各样的意见，但政府不能对此横加干涉或予以惩罚。
>
> 任何自由都有界限，言论的自由受到法律的约束，正如任何自由都有其限度。最通常的限制是：任何人行使其自由的权利时，不能妨碍旁人的自由。
>
> 传播媒介不得侮辱、诽谤、歪曲事实：这损害旁人的权益或人身的尊严。

"为民众说话"，"是否符合民众的利益"始终是金庸社评的基础，也是他的社评始终能坚持公正的原因。他一贯认为，真正为民说话的言论，应该是在权势的压迫下保护人民的权利和自由，这就需要言论者必须有强烈的责任感，而这种责任感一旦与中国传统知识分子所坚信和自觉传承的对国家和人民的使命感结合起来，就会化作一种不惮任何外部的压力，为民请命、虽死无憾的行动。就像中国历史上著名的不惜以身殉真实的齐国史官。史载齐国的大臣崔杼杀了君主庄公，齐国史官这样记载：崔杼弑庄公。崔杼一见大怒，就杀了这个史官，史官的弟弟听说后来找崔杼，但仍像他哥哥那样照实记录，崔杼又把他杀了，史官最小的弟弟也象哥哥一样照实记录了这件事，崔杼又把他杀了。这件事传遍了整个齐国，全国的史官都齐集京城，说：史官的兄弟全部被杀之后，我们就继承他们的遗愿，把这真实的历史记录下来。至此，气焰嚣张的崔杼也束手无策，这段历史就这样记录下来了。

金庸认为，中国的知识分子往往是把立言以传诸于世当作最伟大的使命，因此保持历史的真实和正义对他们来说就显得尤其重要。金庸批评彭定康就是要为整个香港、为所有香港的居民说句公道话，为历史保留下香港在这个时期的发展中所经过的曲折和反复，让后代人了解这段真实的历史。

实际上，自辞掉"起草委员会"的职务之后，金庸就计划彻底退出政治上的是是非非，从此过上平静、安淡的归隐生活。就金庸来说，为民众说话的责任感又驱使他不得不拿起笔。与彭定康笔战，这对他来说实在有点迫不得已。但金庸毕竟不再像过去那样"恋战"，他写了两篇文章足以表明自己的立场之后就掷笔不再。这几年他太累了，他想找个地方好好放松一下。

与彭定康的笔战一结束，金庸就兴冲冲、急冲冲地携妻子重新回到了中国内地，回到了浙江海宁。

故乡永远是那么温厚、宽容，对归来的游子永远是那么笑脸相迎。

又听到了熟悉的乡音，又看到了故乡熟悉的小桥，又看到了熟悉的祖屋，金庸忘记了香港的不愉快，只感受到一种从未有过的轻松和满足。

在故乡的这段时间内，他去了硖石西山，因为这里埋着他的一位表亲，现代文学史上英年早逝的天才诗人徐志摩。金庸夫妇在徐志摩墓前默默地鞠躬，志哀，并敬献了鲜花。

1992年12月3日上午，金庸还去看了自己中学时的一位数学老师，他就是三十年代的著名文人章克标，当时已经93岁。一见面，金庸就毕恭毕敬地对老师说："章老师，五十年没来看你了，实在有失弟子之礼啊！"章先生看着眼前这个已功成名就的学生，也感到很高兴。师生一起愉快地回忆起当年师徒之间发生的趣事。金庸笑着对章先生说："记得有一次，我们故意问老师'阴格里西'这个词，而老师你却故意逗我们回答说是'阳格里西'，把我们逗得捧腹大笑。"

想起这件事，师徒二人又都情不自禁地哈哈大笑起来。

当天下午，金庸又来到了自己的母校：袁花镇天仙河畔的镇中心小学。金庸对这所学校感情很深。几年前，当地政府为他父亲的冤案平反，并将查家一些当年被没收的房产折合成钱还给金庸，金庸把这笔钱捐给了这所小学。这所小学的校长邢祖康请金庸为学校题字留念，金庸没有推脱，挥笔写下："重游母校，深感当年教诲恩德。袁小旧生查良镛（金庸），1992年12月3日。"

金庸还参观了自己曾读过的嘉兴市中学，最后决定捐献三百万元人民币在嘉兴市建造一座图书馆，以报答家乡对自己的哺育之恩和款款深情厚谊。

金庸趁此机会还重游了家乡的风景名胜，山山水水，他再一次深深地感到：

无论身在何方，故乡都是自己最后的感情归宿。

1993年3月19日下午3时半，金庸在张浚生的陪同下来到中南海。刚走进会客厅，金庸就看到江泽民已走到门口迎接他。他握着金庸的手热情地说："查先生久仰了，今日初次相见，我们十分欢迎。你的小说在内地有很多读者，许多领导人也很爱看。我没有仔细读过，但翻阅时，知道你的小说中包含了丰富的历史知识、地理背景、中国文化传统、人情风俗等。"

金庸谦逊了一番后客气地说："这次来北京，人大、政协正在开会，各位都很忙碌，前来打扰，很过意不去。"

会客厅里陪同江泽民接见金庸的中共领导还有政治局委员、中共宣传部部长丁关根、港澳办主任鲁平、新闻办公室主任曾建徽、新华社香港分社社长周南。

江泽民和金庸等一起落座，寒暄了几句后，进行了亲切友好的交谈。

第九章

风景这边独好

闲云野鹤自逍遥

金庸最羡慕历史上的范蠡、张良，视功名富贵如粪土，向往闲云野鹤式潇洒自由的生活，这是他做人做事的一贯准则。

但当他决定出卖《明报》时，仍然让人大吃一惊。

金庸的权力欲极淡，他所做的一切，并不是为了自己的什么仕途或博取什么身前身后名，他洞察了人生的万千变化，参透了世事百态，超越了人间的喜怒哀乐。他创办《明报》是为了在世事嘈杂中保留一点正义之声；他能够在武侠小说创作的顶峰宣布封笔，悄然引退；他能在参与了起草《基本法》政制方案，并且自己的方案被确定为主流方案时宣布退出起草委员会，令许多猜疑他热情地参与香港未来蓝图的设计是为了当香港的行政长官的谣言不攻自破。金庸做事，历来只求对得起自己的良心，然而就悄然身退，这是金庸的做人做事的一贯准则。就在他宣布辞去起草委员会职务的十多天后，《明报》职员吴蔼仪写的一本书《金庸小说中的男子》出版，金庸应邀为之作序《男主角的两种类型》，其中的几句话或许能够从某个角度解释他为什么功成身退：

> 汉唐之后佛法和道家思想盛行，中国人的是学习也为之 变，佛道的出世和儒墨的入世并行。中国一般知识分子年轻时积极关心事务和大众，以天下为己任，当在现实环境中碰得头破血流之后，有的仍然衣带渐宽终不悔，有的不免趋于遁世与消极……
>
> 我在三十岁稍过后开始写武侠小说，所描写的男主角为数众多，个性和遭遇颇为繁复。但写到最后，男主角的结局通常不出于两途：或鞠躬尽瘁，死而后已；或飘然而去，遁世隐居。大概由于我从小就对范蠡、张良一类高人十分钦仰，而少年时代的颠沛流离使我一直渴望恬淡安泰的生活，所以不知不觉之间，我笔下的郭靖、乔峰、康熙一类的人物写得较少，多数以另一类的归宿为结局。从《书剑》的陈家洛、《碧血剑》的袁承志，以至《射雕》

的王重阳、《倚天》的张无忌、《神雕》的杨过、《笑傲》的令狐冲、《天龙》的虚竹、段誉（他虽然做了大理国的皇帝，后来还是出家为僧），直到最后一部《鹿鼎记》仍是如此。韦小宝贵为公爵，深得皇帝宠幸，还是选择了隐居。

　　结局如何，主要是根据人物的基本个性而发展出来。重视责任和社会规范之人大致走的是第一条路；追求个性解放之人多半会走第二条路……从社会观点来看，置身事外未免是逃避责任。但即令是"知其不可为而为之"的孔子，也主张"道不行则乘桴浮于海"。孟子说："穷则独善其身，达则兼善天下"，以兼善天下为目标的是我小说中的第一类男主角，第二类男主角则在努力一番之后遭到挫败，意兴阑珊，就独善其身了。"且自逍遥没人管"（《天龙八部》里的一个回目。）是道家的理想，追求个性解放、自由洒脱，似乎另有一番积极意义。儒家的"独善其身"则有较强的道德内涵。

　　中国历史上的知识分子一般选择两条道路，一是学而优则仕，二是像陶渊明一样"归园田居"，过着"采菊东篱下，悠然见南山"的放旷飘逸的归隐生活，但后一种生活方式又可分两种，一是被迫归隐，官场失意或受人排挤，不得已而归隐；一是看透官场黑暗，或功成名就之后志在江湖生活，所以归隐。金庸小说中的人物也基本上可以按照这个规律来看，在他的小说中，那些英雄盖世的武林豪杰，不管人生遭际和性格多么不同，但最终都只有两个结局：要么是在人生大拼搏场上劳碌奔波、筋疲力尽、一事无成或功成名就之后看破人生而飘然归隐田园，要么是以"兼善天下"为己任，鞠躬尽瘁，为国为民，死而后已。前者如《书剑恩仇录》中的陈家洛，《碧血剑》中的袁承志，《射雕英雄传》里的王重阳，《神雕侠侣》中的杨过，《笑傲江湖》中的令狐冲，甚至深受皇帝宠爱但志向不在仕途而只在妓院的韦小宝，等等，他们都是在江湖上成就一番事业后舍弃诱人的美好前景而不顾，毅然回归自然；后者最典型的代表如《射雕英雄传》里的郭靖、《天龙八部》里的乔峰，一生兢兢业业，为国为民。虽历经艰险，仍一往无前，虽千万人而往。文如其人，性格决定命运，金庸塑造了这些主人公，并通过这些主人公表现了自己的人生选择。他的功成身退，也是像他笔下那些功成名就之后的悄然归隐一样，都是发自性情的，而他归隐前忍受着别人难以忍受的精神孤独，兢兢业业勾画事关香港前途的政治蓝图，并且终有所成，也算成就了一番事业吧。至于高官厚禄，金庸的回答是：他最欣赏历史上的范蠡、张良！

范蠡助越王勾践卧薪尝胆，十年磨剑，最终打败了吴王夫差，雪了国耻，但就在万民称颂声中他却携西施悄然离去，泛舟西湖，过着渔翁、渔婆的平淡生活，终其一生；张良辅佐汉高祖刘邦打败项羽取得天下，成就一番事业之后也飘然而去。对很多人来说，作出这种选择，当然难以理解，但也就是金庸之所以是金庸的原因。

促使金庸走上归隐之途的，还有另一个原因，那就是佛教。

促使金庸一心向佛的，是他内心的向善，是他一直对精神生活的向往和追求，对生活在香港的他来说，做到这一点尤其显得艰难。自从只身来到香港，金庸越来越能感受到在香港钱对人的重要性，认识到在这样的金钱社会要保持一个人内心精神世界的完整是多么重要，也多么困难。香港地少人多，竞争激烈，对物质追求的欲望尤其强烈。在这里，衡量一个人成功与否的根本标准就是看他是否"过上好的生活"，是否"发财了"，是否"有社会地位"，结果使人们对于文化、艺术这些精神上的需求，也习惯性地以商业性的观点来衡量。对这种拜金主义的流行，金庸深表担心：

> 现在社会的大多数人被物质的丰富所目眩，重视的是商品的拥有和消费价值，却不重视精神的价值。与以前相比，我们的物质生活确实有很大的进步，但是却未必一定会生活得更富足。
>
> 人的幸福和不幸是不能以金钱或物质的多寡来计算的，须以内心的满足程度与精神价值来衡量。真正的近代文明必须这样重视精神和人格。倘若人人都将商品或物质作为追求的目标的话，由于物质有限而人的欲望无限，就会演变为争夺、掠夺、斗争、战争，更有可能引发世界大战！为了回避这种大灾难，就要发展、创造精神和人格的价值，对之日益重视，除此之外别无他途。
>
> 如果人类的精神和人格渐趋崇高，则会有越来越多的人否定掠夺行为，这难道不就是产生恒久和平反对根源吗？

金庸在各种场合不断呼吁：现代人最重要的工作应该是克服每个人内心里那种可以无限膨胀、永远无法满足的欲望，这是使世界回归和平与合乎人性的根本，只有从自我革新开始，才能最终实现世界和平的目标。而这种自我革新的途径，金庸向人们指出：就是佛教。佛教并不能取代其他途径，如儒家的自我修养原则，他只是说佛教更容易使人领悟做人的道理。人们可以在学习佛教的基本教导中努力成为善人、进而形成不只为自己，而是"为他人贡献"的心。

金庸将自己对佛学的研究和信仰与自己写小说、写社评相提并论："我写社评，那是写真，写小说，那是写美，而佛学，是揭示善的。真善美，才是一个完整的精神追求。"

若论金庸的佛缘，那最早应追溯到他的幼年时期，他的催眠曲就是佛教。因为他的祖母信佛，经常在他的摇篮边念《般若波罗多蜜多心经》、《金刚经》、《妙法莲花经》，幼年的金庸当然不会懂得佛法精义，他只是觉得祖母的声音很好听，于是他就像听到催眠曲一样不知不觉沉入甜蜜的梦乡。后来金庸慢慢长大成人，成功立业的激情使他无心再回味祖母的念经声。这样一直过了六十多年，他才真正理解了什么是佛教，起因是他大儿子的突然自杀。

金庸的大儿子叫查传侠，是他和朱玫所生的儿子。金庸非常疼爱这个长子，常带他一起玩，还带他经常去看他的母亲朱玫，遗憾的是查传侠和母亲关系一直不太好。查传侠早慧，十一二岁就写过一篇文章，说人生很苦，没什么意思，好像已经看透了人生，但金庸并没有在意，以为是小孩子故作深沉。当时也有朋友看到查传侠的这篇文章，以为如此小的年龄就如此消沉，不是好事，就劝金庸注意引导，但金庸却觉得儿子是对的，因为人生本来就如他想的那样，因此他夸奖了儿子。后来他送查传侠到美国哥伦比亚大学读书，一年级还未毕业，就在校园里自杀了，这时是 1976 年 10 月，他才十九岁，据说自杀的原因是因为失恋，他的女朋友在旧金山，他们在电话里吵了几句，查传侠就感到人生没有意义，一冲动就选择了自缢。噩耗传来，金庸还在写社论，虽伤心欲绝，但还是坚持把社论写完，毕竟还有几十万读者等着看他的社评，天大的变故都不能停笔，但他的内心却悲痛到极点，他甚至想和儿子一起离开这个世界。他当时就有一个强烈的疑问:"他为什么要自杀？为什么他突然厌弃了生命？"他想到儿子所去的那个世界，去向儿子问清楚。金庸此时正在修订《倚天屠龙记》，在该书的"后记"中他不无伤感地说:

> 事实上，这部书情感的重点不在男女之间的爱情，而是男子与男子间的情义，武当七侠兄弟般的感情，张三丰对张翠山、谢逊对张无忌父子般的挚爱。
>
> 然而，张三丰见到张翠山自刎时的悲痛，谢逊听到张无忌死讯时的伤心，书中写得太过肤浅了，真实人生中不是这样的。
>
> 因为那时候我还不明白。

是啊！已有了丧子之痛的金庸此时在写这几句话时，才真正体会到失子之痛是什么滋味儿，那是一种任何形容词都无法表达的痛苦啊！那时，金庸拼命用《格林童话》中的一个故事安慰自己：有一个妈妈，死了儿子，她非常伤心，从早哭到晚。她去问神父，为什么她的儿子会死，她能否让儿子复活？神父说："可以，你拿一只碗，一家一家去乞。如果有一家没死过人，就让他们给你一粒米，你乞够十粒米，你的儿子就会复活。"那个女人很开心，就去乞讨，但一路乞讨，竟发觉没有一家没死过人，到最后，一粒米都没乞到。她觉悟了：亲人过世原来是任何一家都避免不了的啊！于是她才开始感到安慰。

此后的一年中，金庸阅读了无数的书籍，希望能揭开"生与死"的奥秘。他先详详细细地研究了英国出版的一本《对死亡的关怀》，这本书很精彩，有不少精辟的见解，但却不能解答他心中对"人之生死"的大疑问。接着他又回忆自己在高中时从头到尾精读过的基督教的"新旧约全书"中的精义，反复思考，最后肯定基督教的教义不符合自己的想法，直到这时他才突然想到亡灵不灭的情况，于是就到佛教书籍中寻找答案。

中国的佛经浩如烟海，有数万卷之多，金庸刚开始只读了几本入门书，只是觉得其中迷信与虚妄的成分太重，不符合他对现实世界的认识，但即使这样，他仍强迫自己读下去，后来读到《杂阿含经》《中阿含经》《长阿含经》，几个月内废寝忘食、苦苦研读、潜心思索，突然之间有了会心："真理是在这里了。

一定是这样。"但由于中文的佛经太艰涩难懂，而且有很多连翻译者都弄不明白的地方，金庸就向伦敦的巴利文学会订阅了全套《原始佛经》的英文译本，这套书非常容易读，与真实的人生非常接近，金庸觉得自己很容易接受和理解，从此金庸就有了信仰，相信佛陀的的确确是觉悟了人生的真实道理，并且将这道理、也将佛法传给世人。经过长时间的思索、查考、质疑、继续研读之后，金庸终于诚心诚意、全心全意地接受了佛教。金庸内心喜悦不尽："原来如此，终于明白了！"

从失子之痛到精神终于得到解脱，之间大约经过了一年半时间。随后，金庸就开始研读各种大乘佛经，如《维摩诘经》《楞严经》《般若经》，一路读下来，他在精神上获得了一种新的超越。但金庸对佛教的理解自有其原则，他只是将佛教作为一种个人的宗教信仰，主张将佛教当作自己内心的自然追求，主张根据个人内心的需要自动去了解，最后不要像天主教、基督教那样积极地去做宗教宣传。他认为，在当前的社会情况下，佛法的作用应当主要是鼓励人们提高道德修养，克制过分的贪心和欲望，为社会及别人的福利作出贡献。金庸并不否认佛教有消极性，但他认为，若从它所起的社会效果来看，人们似乎更应该看重它慈悲、息争和爱的一面，以促进人类社会的和谐合作。

总之，金庸认为自己倾心佛教主要有三个原因：一是佛教重视自力修为，不靠外力恩赐；二是原始佛教教义着重降低自己的欲望，以求解脱：三是佛教主张全人类一律平等，主张慈爱。人生于世，任何人都有生活需要，也就必然有欲望。衣食住行的需要首先必须满足，然后人就会要求传宗接代，结婚生子。生活在香港，金庸知道钱的重要性，所以他并不反对人们去赚钱。他说自己办报办了几十年，对于一磅白报纸的价格、一方英寸广告的收费、一位职工的薪金和退休金、一篇文章的字数和稿费等，长期以来他都精打细算，决不随便放松，而只有这样，企业才能成功。但他强烈反对"拜金主义"损害人性。他坦率地说：

> 我曾有过努力赚钱的阶段，然而也曾觉悟到，一个人在世几十年，最后终究要死，一死就什么都没有了。几十年的光阴，如果全部花在以多得一万、两万、十万、八万元的金钱为目标，心灵中充满了贪婪、空虚、疑虑、

寂寞、挫败、恐惧、忧愁、失落、嗔恨、烦恼……是不是十分不值得呢?

　　大乘佛教普渡众生的大慈大悲十分伟大,儒家"修身、齐家、治国、平天下"的理想也是崇高之至,我们大部分普通人是做不到的。香港作为一个国际贸易中心、金融中心、运输中心,加上本地的商业活动也非常繁荣,在这样的环境里生活的人,将整个生活集中于商业活动,也是情理之中的事。金庸通过修学佛经,想告诉给这样生活的人:在努力赚钱之余,也应该想一想人生的意义,花在赚钱上的时间决不会是白花的,自己终究会为此付出代价。他说:《老子》中有这样的一句话:"知足不辱,知止不殆",虽然这句话的出发点是自私自利的,但却是十分高明的自私自利:

　　　　一个人能克制欲望,能够知足,能够适可而止,做事不太过分,就不会受到羞辱,不会垮台,倒也合乎自私自利的原则,终究对己对人都大有好处。如果虽然少赚了一万两万元的金钱,却多赚了内心的平安喜乐以及别人对你的尊敬与爱心,恐怕还是大大占了便宜吧?

1996 年 4 月,金庸在日本创价学会讲学,其中说过这样一段话:

　　　　今日世界的科学技术和生产能力,比之两千五百年前当然不知进步了多少。但是,人和人和谐相处的道理,各国领袖的智慧和见识,不见得能超过两千年前的释迦牟尼、孔子、苏格拉底、柏拉图、耶稣;不要说超过,连这些圣贤先哲所指出的基本道理,他们也完全不了解,不信服。这就像把一挺机关枪、几颗手榴弹交给一个八九岁的孩子去玩弄一样危险。我们现在一谈到"价值",多数人立刻联想:"那值多少钱?""买这件东西要付多少钱?"他们所了解的价值,基本上是商品价值。不能以肉眼看到的"精神价值"是"灵性的价值",那是不能以金钱或数量来计算的,形势的现状如此,稍微清醒的人都应该知道我们这个时代所缺少的是什么。

是啊！清醒者应该知道我们这个时代缺少的是什么，但即使知道了，又有几人愿意做到呢？金庸却做到了，而且做得干净利落，彻底明快：他决定退出自己一手创办、培养出来的《明报》！

石破天惊卖《明报》

1993 年 4 月 1 日，金庸宣布辞去《明报》企业董事局主席之职，消息传出，如石破天惊。

多年来已在一步步淡出江湖的金大侠这次是一退到底了。

金庸要退出《明报》的消息真如石破天惊，使读者和朋友都大感意外，《明报》发展势头正好，况且《明报》离不开他，他为何要离开自己倾注了几乎一辈子心血的杂志呢？

金庸历来不会匆忙做出任何决定，而一旦他做出某个决定，那一定是他经过反复考虑的，所以他宣布退出《明报》，也经过了长时间的准备，实际上早在 20 世纪 80 年代中期就已经在开始安排这件事了。这种安排，实际上也有点迫不得已的味道，自然规律谁都无法改变。随着年龄的增大，金庸越来越感到自己既要写武侠小说，又要写社评，还要操持《明报》等刊物的具体事宜，实在有点力不从心，所以，从 80 年代起，他有意识地减少写社评的数量，《明报》初创时期，上面刊登的社评基本上是金庸一手写的，但从这时期起，他开始培养接班人，让吴蔼仪、徐东滨和自己三人负责社评，而主要由前两人轮流执笔。

显然，离开《明报》对金庸来说实在是件痛苦的事，这里毕竟倾注了他太多的心血，《明报》的每一成长毕竟记载了金庸生命中的某一段灿烂或暗淡的时光，可以说金庸和《明报》已是不可分割的一个整体，金庸就是《明报》，《明报》就是金庸，但尽管这样痛苦，金庸还是毅然决然决定退出《明报》的具体事务，淡出江湖。此时他已深研佛学数年，他深深地领悟了人世无常的道理，主张凡事都应知足而退，不可过于贪恋红尘。

1989 年 5 月 20 日，《明报》举行创刊 30 周年庆祝大会，老将新兵，汇聚一堂，金庸和手下欢乐无间，整个会场充满着一派朝气。可当金庸致祝酒词时，他却出人意外地当着所有《明报》系统的员工宣布：自六月一日起，他不再担任《明报》社长的职务，而只担任明报集团有限公司董事长，在大的方针和政策上进行指挥。

此言一出，会场上陡然安静下来，大家似乎不相信自己的耳朵，不禁将信将疑地看着金庸，金庸明白大家的意思，就把自己的决定又重复了一遍。

这下大家听明白了，有很多员工在感情上接受不了，纷纷要求金庸收回自己的决定，金庸微笑着向他们解释说："我年事已高，今年已 65 岁了，已超过香港一般退休年龄十年，不胜剧繁，退休之念早就有了，何况世事的发展总是往前进的，总是长江后浪推前浪。我希望能让公司里一批年轻人接班，把我这种家长式的管理方式改变一下，改成制度化的管理，这样更有利于明报集团的发展。"

金庸退出《明报》家族的实际管理机构后，明报集团重新调整了领导机构，组成了一个四人领导小组，组员包括《明报月刊》总编辑雷炜坡、《明报》总编辑董桥、《明报》督印人吴蔼仪、明报集团副总经理许孝栋，主席由雷炜坡担任。

金庸看这个新的领导机构精明强干，自己大可放心，所以，没过多久，他又卸掉了社长一职，改由雷炜坡担任。

但金庸好像还不满意，他决定与《明报》完全脱离关系！让《明报》集团成为一个现代化的报业集团，获得更大的发展机遇。而要实现这一个目标，自己首先要完全放弃管理，把《明报》推向市场，推向社会。

《明报》此时在香港乃至在世界上都已经很有社会影响和地位，可以说是名副其实的大报了，每天发行量达 20 万份，读者估计有 40 万人，占了全香港读者人数的 9%，每年盈利达 1 亿港元。但在管理方式上，明报集团仍然还是个家族式的企业，与刚创办时几乎没有什么本质的区别。《明报》初创时是由金庸和沈宝新以合股的方式组成的，但发展到现在，股东仍然还是他们两个，还是金庸占八成股份，沈宝新占两成股份。这样赚钱是赚了，但金庸也明显觉到家长式的管理方式限制了企业的发展，而且因此自己就必须投入大部分精力，对此时已近七十的金庸来说，实际上这已经成了一种压力，令他不堪重负。为《明报》、为自己，金庸考虑再三，最后决定出售《明报》。

他先去找自己的忠实伙伴、合伙人沈宝新，把自己的意思一五一十地说出，并表示希望和沈宝新一起退休，完全脱离《明报》。他在这之前还以为沈宝新会需要一段时间考虑一下，没想到听金庸说完，沈宝新竟有心有灵犀之感：原来他也早就考虑这个问题了，只是怕金庸有别的想法，一直没对他谈。他颇动感情地对金庸说：这三十多年来，你关于《明报》的任何大小决定，我从来没有反对过一件，这最后一个决定我自然也欣然同意。我和你初中同学时，你是级长。我打篮球，是级队选手。我只求比赛赢球，至于要我做前锋还是后备，毫无问题。我办《明报》大赢，年纪大了，自然要退居后备。《明报》现在还是大赢特赢啊。

1993 年 4 月 1 日，香港报界传出一则惊人消息：查良镛先生辞去了《明报》企业有限公司董事局主席之职，改任《明报》名誉主席！

随后又有消息传出：金庸有意出卖《明报》！

就这样，在大家还没明白过来是怎么一回事时，金庸就要彻底退出江湖了！

金庸要出卖《明报》的消息刚一传出，慕名而来的财团和个人就纷纷找上门来。

金庸前后洽谈过的比较大的财团有这样几个：

一是投资专家、百富勤证券的负责人梁伯韬和创办了《资本》和《资本家》杂志的出版商郑经翰，他们联手想买下《明报》，金庸和他们前后共谈了四五次，差不多连价钱都谈好了，但金庸最后还是没有下决心把《明报》卖给他们，因为金庸不想把《明报》这份具有较高文化品位的报纸让人变成纯粹的商业性报纸，那样的话，他一世的清明，他创办《明报》的初衷和宗旨也就会荡然无存，若这样的话，即使能卖再高的价钱，他也不会考虑的，而人在交谈中，他发现梁伯韬和郑经翰显然只从商业角度考虑《明报》的前途，这正犯了金庸的大忌，所以最后拒绝了。

二是被称为"传媒大王"的梅铎，他当时实际上控制着也很有影响的英文报纸《南华早报》，并且正积极筹备着上市，他购买《明报》的如意打算是：一旦控制了《明报》，就让《明报》和《南华早报》一起上市，这样无疑会增加自己的盈利率。但双方谈判下来，金庸总觉得不应该把《明报》卖给外国人，因为《明报》遵循的是"一切从中国利益、香港利益出发"的原则，而一旦卖给外国人，这种原则就很难保持了，所以金庸最后还是拒绝了。

除了上面两个大财团外，英国报业大亨麦士维、新加坡《联合早报》集团等公司和个人也都积极和金庸接洽，但最后都被金庸拒绝了，原因还是金庸觉得他们都是从商业的角度考虑《明报》的前途，与他自己对《明报》前途的设想丝毫也不吻合，所以他也提不起兴趣和这些公司谈。

但就在踏破金庸家门的谈判者中，也有一个人让金庸产生了兴趣，他叫于品海，当时才三十多岁，时任智才顾问管理公司总经理，他代表日本德间书局集团（包括《东京时报》）来和金庸谈判，谈判下来，金庸觉得于品海这个人很有魄力，但因为他代表的是日本，金庸一直不准备把《明报》卖给外国人，所以事情最后也没有成功。

金庸意识到，要按自己的理想出售《明报》短期内看来很难做到，经过慎重考虑，金庸最后决定让《明报》上市。

1991 年 2 月 30 日，金庸举行记者招待会，正式宣布《明报》企业将在 3 月 22 日挂牌买卖。《明报》企业这次上市的主要业务包括出版《明报》、《明报月刊》、《明报周刊》以及经营明报出版社和翠明假期旅行社。

在招待会上，有很多记者以为上市的还有金庸的小说，但金庸解释说：自己的武侠小说牵涉到非常复杂的版权问题，所以难以作价上市。听者无不深感遗憾。

1991 年 3 月 22 日上午 9 点 45 分，《明报》企业上市酒会在香港联交所二楼访客廊举行。

上午 10 点正，《明报》企业正式挂牌交易。这次上市，《明报》企业共公开发售 7500 万股新股，每股认购价是 2.9 元。

与《明报》企业上市同时，金庸和《明报》企业签定了为期三年的服务合约，即金庸最后还要为《明报》企业服务三年，这是《明报》企业新领导集体对金庸的款款挽留之意，金庸心领了，也就接受了。

金庸此时所持有的《明报》企业的股票已经从原先的 80% 下降到 60%，但即使如此，金庸还是觉得这些股份太多了，他的如意打算是彻底退出《明报》企业，完全过逍遥自在的日子。

许多人猜测金庸把《明报》企业推上股市是想借机再大赚一把，这样想的人一定是不了解金庸的人，因为对金庸来说，此时钱已多得花不完，无须再费尽心机去赚钱了，而且后来也有人指出：一向精明的金庸把《明报》推向市场是犯了个不可饶恕的商业性错误，所以这样只会大大减少他的利益，持这种看法的人还不止一个，其中不乏市场上的佼佼者和理财专家。金庸并没犯傻，他心如明镜一样透亮，他这样做，并不为赢利，他只是想逐渐减少对《明报》的控制和责任，获得晚年身心的自由和畅快，钱与自由两者相较，他认为此时还是后者对自己最重要。

《明报》上市后，金庸对《明报》的参与大大减少了，他平时就待在家里潜心研读佛经。但他内心并非如他表面那样安静，他正运筹帷幄，决胜将来。他脑子里此时正涌起滔天巨浪，永无停息：他必须考虑《明报》的接班人了。

他首先征求了子女们的意见，他有三个孩子，一个儿子，两个女儿，此时都结婚了，而且都住在香港，大女婿在商业电台，以前在《明报晚报》任副总编辑，后来在《明报》经济版干过。但他们都表示对经营报纸不感兴趣。这时金庸实际上还有一个选择，那就是保持住自己在《明报》企业的股份，然后当作遗产留给子女们。但金庸害怕在自己死后子女们会把股权出售，那样无疑是宣布了《明报》的破产和解体，这是金庸所无法预测的，因此他最后决定不这样做。

金庸知道，自己手下也有一些得力干将：潘粤生是《明报》的老功臣，当初与金庸、沈宝新一起创办《明报》，并且渡过最初的难关，迄今为止，他在《明报》已经干了三十多年，一度当过《明报》的总编辑和副社长，可惜他在1989年移民加拿大了；雷炜坡也是金庸一度考虑过的接班人人选，他也跟着金庸干了三十多年了，他曾长期负责《明报周刊》，是香港娱乐周刊的开山鼻祖，金庸卸掉明报社长一职后，就是由他继任的。但金庸最后也没确定让他做接班人。

正在金庸有点焦虑的时候，一个年轻人找上门来，他就是曾代表日本一家公司与金庸洽谈过购买《明报》企业一事的于品海，不过这次他不是别人的代表，而是以个人身份来与金庸谈的，他想说服金庸由他管理的智才顾问公司购买《明报》企业的控制性股权。

金庸很欣赏于品海的人品和才华，但出于慎重，他没有明确表示意见，只是明确表示希望再进一步谈下去。之后，金庸就通过各种关系对于品海进行了比较全面的了解。想想看，金庸这是要把自己一生的事业交付于人，万一有所不慎重，将后患无穷，所以，若不把于品海的背景弄清楚，金庸是不会做出决定的。

调查的结果使金庸满意。于品海在中国香港读的中学，中学毕业后到了日本，教过英语、中文、做过餐厅的侍应生。此后不久就去了美国，先是在加州圣地亚哥大学读电视新闻系，但因交不起学费，就又辗转到加拿大读大学。1979年回港，先是和几个朋友合伙办了一份论政的杂志，但只出了四五期就停刊了，此后他就加入了《财经日报》做翻译和编辑，1981年底离开《财经日报》加入中华总商会任助理秘书。1985年，于品海自立门户，创办智才管理顾问公司，注册资金是200万元，于品海的资金共占20万元，基本上可以说是白手起家打天下。由于他精明能干，善于借鸡生蛋，所以公司成立后不久他就通过一家日本银行的介绍开展了自己的第一项业务：在大陆的桂林发展了一家酒店：漓苑酒店。与此同时智才公司还成立了包括室内设计、酒店管理和房地产的公司，并且业务也从中国内地扩展到中国香港、泰国、菲律宾等地。到1991年初，智才公司全面收购上市公司南海纺织，至此，智才公司的资产已由刚开时的200万元一跃而增长到6.7亿元。

根据这些调查得来的材料，金庸大胆断定：这是个有丰富的经营经验，对传媒有高度的热情，而且有很高的文化品位的年轻人，正适合做《明报》的接班人。金庸进一步调查后，发现于品海也没有什么政治和经济背景，这样完全可以保证将《明报》交给他后不会出现改变品位的遗憾。于是金庸主动约于品海进行谈判。

谈判的顺利使两人都感觉有点奇怪，据于品海说，二人在《明报》转让问题上所花的时间只占整个谈判时间的5%，其他时间都花在了具体细节上。据说促使金庸做出最后决定的是于品海说的一句话："只要查先生愿意卖《明报》，就是要我等上8年，我也会等！"金庸不禁有点感动：在如今商品社会，已经很难再碰到对传媒抱有如此真挚热情的人了！

但坊间也有另一种说法：说金庸之所以把《明报》卖给于品海，是因为于品海长得像他死去的儿子，记者问金庸对这种说法的看法，金庸回答说："理性上我没这样想，但他跟我儿子同岁，都属猴，相貌也的确有点像，潜意识上不知不觉有点亲近，也是可能的。"但金庸将《明报》卖给于品海。显然不是以此为主要依据的，若是那样，金庸也就不是金庸了。《明报》的发展前途，才是金庸真正关心的。

1991 年 11 月，两人最终达成了购和卖《明报》的初步协议。

在正式宣布由于品海接管《明报》企业之前，金庸在深水湾乡村俱乐部设宴招待《明报》编辑部的高级工作人员。金庸以前也常在这里宴请自己的部下，并且每次都是有说有笑的，但这次他却感到心情沉重，大家的心情也都一样，所以整个会场的气氛也是黯淡的。大家都意识到金庸这次召自己来的真正用意，他们都意识到金庸将要宣布的消息是大家都不愿意听到的，可由知道一旦金庸做出决定是任谁也无法阻止的，大家都沉默着，谁也不愿意第一个打破宁静，谁也不愿意因自己的话而引出那个谁也不愿意听到的话题。最后还是金庸首先打破了沉寂，他以略带感伤的语调告诉大家他将退出《明报》企业，由于品海接管。随后他又简单地介绍了于品海的一些基本情况，让大家相信《明报》企业在大家的共同努力下会越来越兴旺发达，自己虽然不再具体经管《明报》企业的事务，但自己仍将一如既往地关心和支持《明报》企业，仍会给《明报》写稿。他最后充满感情地说：

> 自然规律是不能违反的，我已经 77 岁了，再过几个月就 78 岁了，早已到了退休年龄。我精力渐渐衰退，如继续掌管大权，企业和报馆都会老化的，所以应当趁我头脑还清醒的时候，为公司作长期的策划。要使《明报》《明报月刊》《明报周刊》的生命比我个人的生命长得多，老实说，离开总是舍不得的。《明报》由我一手创办，我一直看着他成长，就像我的儿女一样，在感情上我怎么舍得交给别人？但要《明报》能成功地办下去，我则只能放手……

说到这里，金庸嗓音略带呜咽，就再也说不下去了，大家也都很感伤，在他们的心里，金庸和《明报》已经融为一体，是永远不可分割的，现在骤然知道金庸就要和《明报》分开，大家在感情上无论如何也转不过弯。整个酒会的气氛是悲伤的，谁也不愿意表示同意金庸的这个决定，但谁都知道自己最后只得同意，因为这是金庸自己做出的决定。

1991 年 12 月 12 日，金庸和于品海分别代表《明报》企业和智才管理顾问公司联合宣布:《明报》企业由智才管理顾问公司技术性收购。具体的收购办法是:于品海和金庸先合组"明智"控股公司,智才占 60% 股权,金庸则占 40%。然后,由"明智"以 3.025 元一股的价格购进金庸所持的《明报》企业的 4500 万股,购入沈宝新所持的《明报》企业的 4500 万股,凑成"明智"的 60%,加上金庸的 40%,股权恰好略超过 50%。收购工作完成后,虽然金庸仍然拥有《明报》企业的 5% 股权,但和于品海相比,已是小股东了,这样"明智"的主动权和决定权自然就交给了于品海。

新成立的"明智控股公司"仍由金庸任主席,但实际工作都是于品海去做了。

"老谋深算"的金庸这次怎么犯傻了?竟把自己一手创办的《明报》集团交给了一个和自己毫无关系的年轻人了?种种议论就像一股股台风,在香港的大街小巷呼呼刮过。议论最热闹的是新闻界和出版界。

金庸对舆论界的反应早有准备,在和于品海宣布改组《明报》的当天,金庸就对《明报》记者一五一十地讲出了自己为什么偏偏选中论资力和财力都算不上很好的于品海和他的公司:

> 自从我公开表示要退休之后,连智才在内,一共有 11 个机构向《明报》探询过收购或参股的可能,众所周知有梅铎先生的《南华早报》、麦士维的镜报集团,新加坡的联合早报集团、日本德间书局的东京时报集团,此外本港有好几个财团。我一个个郑重研究,有时还请获多利等著名财务公司分析对方的提议条件。但第一,我不想将《明报》卖给外国公司;第二,我不希望收购《明报》的机构纯粹从生意出发,而不是对新闻事业有一种奉献精神与责任感。至于某些我怀疑具有政治目的的操盘者,根本没有对之作任何回应。
>
> 经过相当长时期的交往了解,我觉得于品海先生的经营管理才能令我十分佩服,正是巩固与发展《明报》企业的理想人才,同时他对新闻事业具有热诚,那是非常难得的性格。他出的价钱明显不是最高的,连第二、第三高也不是。但我乐意将明报的控制权交在他手里,正如日本的伊藤忠集团、西武集团、南海纺织的唐骥千先生等著名商界人士投了他一票一样,我也投了

他一票。那是长期性的选择，而不是一时性的"价高者得"，我只盼望他不可过分急进，必须未虑胜，先虑败，以稳健手法来经营《明报》。明报集团今后有重大发展，那我是有充分信心的，我们其他同仁的责任，倒是在不断研究各种行动中"失败的可能性"，以及"万一失败，如何善后"。

另外，不少财经界人士认为金庸这次出让股权并没有得到多少现款，但控制权却出让了，所以此举未必算得上聪明。金庸对此的回答是：

那是观点与目标的问题。《明报》是我一生的事业与名誉，是我对社会、对朋友、对同事的责任……如果从利益的观点来看，《明报》企业上市对我个人的经济利益明显是不利的，本来我有80%股权，一下子变成65%，我自己一毫子也没有收到，收到的股款全部放在公司，一时不能作十分有效的运用。但为什么要上市？我要使《明报》公众化，让许许多多人来参与，否则我一旦死了（人总是要死的），《明报》四分五裂，就此垮台。我要吸引可能得到的最好的人才来办《明报》。我赚到的钱虽不算多，但一生总之是够用了，妻子、子女的生活也不会成问题了，再要更多的钱做什么？《明报》是我毕生的事业和荣誉，是我对社会、对朋友、对同事的责任，应当努力做对《明报》最有利的事。何况这并不是牺牲，对《明报》有利，即使在金钱上，对我自己也最有利。不能只看一两年的短期利益。

至于控制权的问题，金庸的回答是：这是他和于品海商量后自己自愿放弃的。况且他对权力本来就不热衷，若按他自己的打算，他早就想彻底退出《明报》的具体事务，只是因为同事们一再挽留，盛情难却，他才又答应再干几年。这次能找到一个满意的接班人接手自己的事业，实在可以说是他求之不得的好事。至于于品海接手《明报》后《明报》的编辑方针和品位是否会改变，金庸很有信心地说：虽然《明报》的股权有变，但报纸、杂志的编辑权仍由自己负责，所以这方面不会有什么变化。而且于品海已经向自己保证过，决不干预《明报》企业的报纸杂志的编辑事务，因为他也认识到，《明报》企业最大的资产应该是《明报》和《明报周刊》的经济效益和社会效益，是编辑这些刊物的一批文化界的精英，他不会愚蠢到来干涉这样的刊物和这样的人才。

就在《明报》改组的当天，于品海也公开表示：他收购《明报》企业纯粹是商业活动，是一项长期投资，不涉及政治，更不会涉及《明报》一贯的编辑方针。他甚至这样假设：现在《明报》企业市价每股约 3 元，此时即使有人愿意出价 20 元，他也不会转让。

牛津大学老学生

1993 年 4 月，卸掉《明报》企业一切职务的金庸轻轻松松到牛津做了访问学者，半年下来，他发现自己的个性不适合做学术工作。他很坦然地说：我还是比较适宜做创作的工作，我没有积极的抱负，但求平平淡淡，生活自由自在就最好。

说此时的金庸去英国求学，可能大家会觉得不相信，甚至觉得很可笑：以金庸此时的身份和地位、学识，还求什么学？可金庸退出《明报》后的主要打算之一便是要摆脱尘世的喧嚣好好读读书，若有可能，就再安安心心做点学问。1991 年 12 月他卸掉《明报》企业的重担，1992 年 2 月他就到英国牛津大学做访问学者去了，时间是半年。

实际上，早在 1991 年 10 月 30 日和 12 月 5 日，牛津大学的圣安东学院和现代中国研究所就已经通过投票选择金庸做他们的访问学者了，只是当时金庸正忙着交接《明报》企业的事务，不便对外公布。金庸一直遗憾年轻时没有机会好好读书，后来到香港后，又因生计而不得不在拼搏奋斗，也很少有闲暇读读自己喜欢读的书，没想到老了老了，又有机会去做学生，老学生金庸很有聊发少年狂的兴奋，当接到牛津大学的录取通知时，他禁不住高兴地说：

事先我担心不被牛津大学选上，选上之后觉得很光荣。我在中学就梦想能到牛津或剑桥去读书，这个梦想不能实现，常常觉得乃终生遗憾。现在能以相当于教授的资格去讲学、研究，高兴得很，觉得这个机会不能放弃。如果可能的话，后年我还想到剑桥做些研究。学术上要真的做出点成绩出来才行。

从喧嚣的香港来到牛津大学，就好像陡然从闹市走到幽静的深谷，浓厚的学术气氛使金庸犹如在精神上获得了一次新生。可金庸毕竟是金庸，他可能还不知道学校图书馆里的"金庸小说"不知已被多少学生借阅过，只看看"借书日期"、"还书日期"栏内密密麻麻的戳印，就知道金庸想真正安安静静看书治学的理想，恐怕很难完美实现。果然，金庸刚到牛津大学，就有很多慕名而来的崇拜者求他签名，也有不少人来和他切磋"武艺"。

在这里，金庸是既做老师，又做学生，除了进行学术研究外，他还应邀在一些大学和机构讲学，主要讲中国历史和文学。但对英国的新闻媒体来说，金庸的价值除了是武侠小说家外，更主要的他还是个"政治人物"：他曾经参加过香港特别行政区"基本法"的起草工作，而且负责的是最敏感的政制问题小组，与彭定康也有过笔战，而对英国人来说，香港问题一直是个敏感的神经区，香港回到中国共产党的手中就好像使香港由天堂坠入了地狱一样，大英帝国的荣誉使一般的英国人在心理上很难适应这一不可避免、也不可回避的问题，过去逮不住谁出气，现在终于来了一个，而且是与香港回归直接有关的一个，憋着的一肚子气准备向金庸发泄，所以听说金庸来牛津，知道的英国人都觉得机会来了，正好可以与金大侠来一番"牛津论剑"了。

应有关机构的邀请，金庸在牛津大学开了一系列的讲座，既讲小说、历史，也讲香港问题，其中最受欢迎、也最引起轰动的是关于香港回归前后的命运问题。金庸对英国人的这种心理当然心知肚明，早在起草基本法的过程中，他就已多次领教过英国人的这种论调，所以，这次有机会当面向这么多的英国人"传道、释疑、解惑"，也是他求之不得的事，于是在讲座中他就实事求是地从香港的历史和现状，从中英关系、从香港和中国内地的关系，侃侃而谈香港的未来和前途。他根据自己亲身参与起草基本法的经历，谈到中英关于香港问题的谈判，谈到中共对香港的基本政策，和已经采取的政策，谈到中国内地目前正在进行的改革开放给古老的中华大地带来的生机和活力，最后，他充满自信地对香港回归中国中国内地之后的前景进行了这样的预测：

> 对大部分老百姓来说，对从事经济活动的人来说，对店东、银行家、售货员、经理、制造商、会计师、秘书、地产发展商、商人和投资者来说，无论他们是亿万巨富还是街头小贩，在 1997 年之后的香港，都可以生意照做，工作如常。由于香港的自由经济符合中国的最佳利益，符合共产党的最佳利益，符合中上层官员和他们的子女的最佳利益，所以，他们在经济上，会很乐意、很合作的让香港人一切不变，以符合香港人的最佳利益。

上面这一段话出自他在牛津近代中国研究中心的一次演讲，他演讲的题目是《香港和中国：1997 年及其后 5 年》，金庸是用英语演讲的。当时中心里座无虚席，气氛非常热烈，金庸演讲之后还有很多听众向金庸提问题，有些问题还很尖锐，金庸都从中英关系、从中国的整体利益和香港大多数人的利益出发，友好但有原则地回答了这些问题。

金庸虽然远在英国，但并非两耳不闻窗外事，在他离开香港赴英国之前，《明报》企业的新掌权人于品海就请求他到英国后继续用电话和传真机与《明报》保持联系，领导编辑部的工作。但在英国的这段时间内，真正使他关心的是中国内地发生的又一次翻天覆地的大变化。

1992 年 2 月，邓小平到中国南方城市广州、深圳考察时明确提出中国改革开放的步子要再大一些，史称"邓小平南方谈话"，自此之后，中国的社会生活和精神生活都发生了很大的变化。但剧变的背后实际上还隐含着很多矛盾，有些人赞成，有些人反对，国外的各种力量也纷纷根据自己的立场作出反应。金庸对邓小平一直很崇拜，英国人也记得他曾被邓小平接见过，敏感的英国传媒自然不会放过采访金庸的机会。有一次，在伦敦市中心武士桥的旅馆里，一位英国记者采访金庸，其间就谈到了这个问题。金庸的看法是：邓小平这次发表"南方谈话"，表明中国共产党内部还有人在主张推行计划经济模式，压制市场经济模式。邓小平在讲话中说：中国目前的主要任务是全力促进经济发展，不管它是姓"社"还是姓"资"。这句话实际上等于给因姓"社"还是姓"资"而引起的争论画上了句号，为中国今后的市场经济建设扫清了道路。金庸对记者说，邓小平这句话透露出来的信息就像莎士比亚的一句名言那样清楚："名字是什么？我们称为玫瑰的花儿，换了一个名字，也同样芬芳。"金庸还向那位记者推测，在这次讲话之后，中国内地应该不会再出现什么大的动乱和倒退，因为市场经济的浪潮已经成为滚滚洪流，势不可当。中国最早的经济改革开始于农村的土地承包责任制，现在这种政策给中国农村带来的变化是有目共睹的，而中国军队的兵员大多来自农村，他们已经受惠于邓小平的改革开放政策，所以军队的利益实际是与改革的利益一致的，军队支持改革，是毋庸置疑的。在这样的情况下，中国内地的改革无疑会是顺利的，中国无疑会越来越强大。在这样的背景下，香港回归中国也会更加顺利，香港的前途也会像大陆一样越来越好。

金庸的小说中贯穿着悲天悯人的慈悲胸怀，他写武的目的就是希望将来无武，人们都自由幸福，都健康活泼，在牛津大学，他的这种胸怀也一度受到震动。到牛津大学不久，他就发现在牛津大学和剑桥大学的一些著名学院进门处都挂着一块块铜牌或木牌，上面刻着一行行名字，多得数不清，下面注明"本学院下列教师或学生，于1914—1918年，或1939—1945年战争中殉国。"看到这些小牌子，金庸不由得想起战争的可怖、和平的可贵。他无限痛惜地说道：

> 这些人都是英国的精英，如果不是年纪轻轻就在战争中牺牲，他们都是牛津或剑桥的教授、讲师、博士生、硕士生、大学生，这一排排的人名中，不知要出多少位优秀的政治家、大学者、科学家、艺术家……可是这些生命忽然无端端地化为尘土，那真是莫大的浪费。越是历史悠久、规模宏大的学院，殉国名录中的姓名越多。每次见到，我都怃然伤怀，感叹良久。

虽然金庸在自己的小说中写了很多激烈的流血战争场面，但他写流血的目的是为了说明战争的残酷和不合理，只是为了说明战争只是手段，决不是目的。他从骨子里是不喜欢战争的。

不知不觉，金庸在牛津大学已经待了半年了，在金庸的一生中，这半年是难得的休息和调整，也是他心境最平静的一段时光，而牛津大学浓厚的学术气氛和优美的环境也使他这位老学生获得一种知识上的丰厚和扩展，不过半年学下来，金庸也发现了一个小小的遗憾，那就是他把时间都花在办报和写小说上了，没有好好做学问。他曾谈到："别人（指他在英国接触到的一些外国学者）精通希腊文、拉丁文，德文又好，法文又好，谈到法国时就背一段法文出来，真是不同的，我拍马都追不上了。"说到这里，他又不无幽默地加上一句："不过没关系，我背一段《论语》、《孟子》、《史记》，他们就不会。"

他事先从没想到自己不适合从事学术研究，这次发现，也算是牛津大学半年学习的收获之一吧！但金庸历来拿得起放得下，发现这个遗憾也没给他带来多大的打击，毕竟尺有所长，寸有所短，所以，回到香港后谈到这个问题时，他没有像一些人那样百般遮掩，而是坦诚地公之于众。香港有记者采访他这半年在英国的感受，当记者问及"你这半年还有什么抱负，希望在余生中达到"时，金庸老老实实地回答：

> 我在牛津时，是希望能够做些学术工作，但我的个性不适合，学术的基础也不好，现在才开始，已做不成世界第一流的学者了。我还是比较适宜做创作的工作，我没有积极的抱负，但求平平淡淡，生活自由自在就最好。

重出江湖

《中国青年报》赫然发表一篇题为"金庸复出"的文章，眉批为"结束隐居生活，日前推出新作"。

金庸迷奔走相告，但后来知道这不过是某个金庸迷开的玩笑。

关于自己还写不写武侠小说，金庸的回答很干脆：不写了，说不写就不写了，但可能写一部历史小说。

谁都不愿意一颗带给人很多鲜艳的星星从天空里悄然滑落，金庸的退出江湖就给人一种天空也会因此暗淡许多的感觉，大家在心理上总觉得金庸神话才刚刚开始，金庸还会为人们写出更多优秀的小说，金庸还会活跃在报界、甚至政界。期待产生希望，也自然会产生迷信，而迷信自然会失去正常的判断力。这种颠扑不灭的真理，也在金庸身上得到了证明。

话说正当香港报界纷纷传言金庸将永远退出江湖时，中国内地的《中国青年报》却发表了一篇让金庸迷大为振动的报道，文章署名是于仁杰，题目赫然写着"金庸复出"，眉批为"结束隐居生活，日前推出新作"，并且宣称这是海内外的"独家"新闻，其文曰：

> 据悉，著名武侠小说家金庸先生将结束他隐居多年的生活，携带他的武侠新著复出。
>
> 记者近日采访了金庸先生。当谈及他的作品时，他说现在许多武侠小说冠以他的名义出版是十分不道德的。但言语中并无多少愤怒，只是觉得遗憾。大概潜心研究佛学的金庸对此已看得很淡了吧。在此笔者想提请武侠迷们注意，金庸的武侠作品只有15部，概括起来是："飞雪连天射白鹿，笑书神侠倚碧鸳"——各取头一字。外加短篇《越女剑》。
>
> 金庸复出的这部名为《冰比冰水冰》的书是他和港台作家倪匡（古龙好友）、丁情（古龙徒亦友）三人合著。这部书是缘由英年早逝的古龙的作品《陆小凤》中，古龙曾想出的上联"冰比冰水冰"而著。金庸、古龙、倪匡约定如有人对出下联三人将合著一书赠于其人。现古龙逝世只有他的弟子丁情来代笔了。据悉有人现已对出下联并对仗工整，所以金庸为践前约并为纪念好友古龙而著此书。此书不日将在大陆公开发行。

看了这则说得有鼻子有眼的报道，若有谁怀疑，那么这人要么是大智者，要么不是金庸迷。毕竟，自1972年金庸宣布封笔之后，已经整整20年了，金庸迷们一直盼望着金大侠重出江湖，现在金庸终于又写了，能不开心？即使有人怀疑，也宁愿放弃自己的怀疑而愿意冒被欺骗的危险。可痴心的金庸迷左等右等，却一直没有等到这部小说，他们还不知道自己已被人利用，开了金庸和金庸迷们一个大玩笑。

对于自己以后还写不写武侠小说，最清楚的莫过于金庸，而他对此的回答是断然否定：不！

但不写武侠小说并不等于什么都不写，他肯定自己以后还会写，但写什么？他有不同的说法。1989年他在接受美国《纽约时报》的记者采访时这样说过：他不久可能也会应读者要求再创新作，不过读者将会发现，他的新著与他们过去所着迷的那一类侠骨柔情风格的作品不同了。他还表示，他现在年龄大了，想象力已经大不如以前了，所以即使写，也会是尝试新的风格。他还坦率地说："我不能毫无保留地把自己的生命奉献给读者，毕竟已经出版的三十部作品已够他们看的了。"

实际上，金庸一贯坚持的原则就是：如果写不出与众不同的作品，那就不写。金庸写作的一个最基本的原则就是要时时有新意，决不勉强为写而写，为了商业利益而不惜粗制滥造。他决不愿重复自己，抄袭旧作。这是金庸作品虽然没有其他武侠小说家多，但却比他们的小说精的主要原因。

也许，金庸迷们的一番期盼最终可能是一场空，但期待带来的焦灼的幸福却使金庸和他的小说越发魅力无穷。

就在金庸彻底辞去《明报》企业董事局主席一职的第二天，他在《明报》上刊出短文《第三个和第四个理想》，表明了自己彻底退隐的原因。金庸在文章中开门见山谈自己一生中的理想：

> 每个人的理想各有不同。对于我，第一个理想是，少年和青年时期努力学习，得到相当知识和技能。第二个理想是，进入社会后辛勤发奋，做几件对自己、对别人、对社会都有利的事。第三个理想是，衰老时不必再工作，能有适当的物质条件、健康、平静、愉快的心情和余暇来安度晚年，逍遥自在。第四个理想是，我创办了《明报》，确信这事业对社会有益，希望它今后能长期存在、继续发展，对大众做出贡献。

他不无骄傲地说，在自己的一生中，自己定下的这四个理想基本上都实现了。对于自己用一生的心血创办但现在又"拱手"送给别人的《明报》，金庸也并没有表示出什么遗憾和伤感，而是豁达大度地说："什么叫'拥有'？你能永远拥有你的一切吗？二三十年之后，我人都不在了，还能拥有什么？古诗：'人生不满百，常怀千岁忧，昼短苦夜长，何不秉烛游？'你能拥有一件事物100年、90年吗？"

退出江湖的金庸曾说过今后还要写，但不是写武侠小说。写什么？他的回答是"要写也可能只写一部其他类型的小说。事实上，我倒想写一本浅显易懂的历史书给年轻人看。"

可能谁也没想到，这部"浅显易懂的历史书"就是他计划已久的"新三国演义"。

金庸是自少年时期就开始读《三国演义》的。在中国的古典小说里，《三国演义》享有崇高的地位，近三百年来，始终被视为"第一才子书"，或"第一奇书"，金庸深有体会，用他自己的说法是："没有任何一部小说比得上"。金庸读这部小说，不仅仅的关注人物、情节，而是侧重于其思想，因为在他看来，《三国演义》虽然在人物塑造方面属于一流，在布局和气氛安排上也很高明，如刘备的"三顾茅庐"，诸葛亮的"草船借箭"，对后代的中国作家产生了很大的影响，包括对他自己的影响，但它的社会影响远远超出了它的文学影响。

他在和池田大作对话时就一再谈到这部中国古典名著。他告诉池田大作：现在"三国"故事已经成了中国大众精神生活的一部分，人们从中接受道德教育和价值标准教育，即应当像刘备、关羽那样重视对朋友的义气，要爱护人民，决不可像曹操那样忘恩负义，为了自己的利益而做奸诈毒辣的事。刘备和关羽的道德模范比孔子、孟子更加普及，有效而重要，比如在香港，警察和黑社会都要设神坛拜关羽，决不拜孔子，也不拜耶稣和如来佛。小说人物成为大众宗教式崇拜的对象，这是全世界任何文学作品都做不到的，实际上，按金庸的说法，历史上的关羽并没有什么了不起。个人勇力不过和张飞、赵云、马超差不多，曹操部下勇将张辽、徐晃、许褚等大概都可以和关羽打个平手，吕布还强过他。说到带兵打仗，关羽肯定不如曹操、诸葛亮、司马懿、周瑜、吕蒙、陆逊、赵云、张辽。关羽受中国人的敬重，全是因为《三国演义》夸张了他的重义。中国人民间最重视的道德，第一是孝，第二就是义。以刘备、诸葛亮为代表的"王道"力量和以曹操为代表的"霸道"力量的争斗，实际上也代表了中国人道德情感和政治理想的两种不同的追求。这实际上也是政治理想主义和人们虽然不愿意接受和承认但又无法躲避的残酷的现实主义争斗。中国人历来把自己的命运寄托在一个开明的君主身上,希望有一个安居乐业、其乐融融的世外桃源式的美好生活环境,刘备所代表的政治前景就满足了人们的这种渴求,所以在情感上金庸对《三国演义》真是推崇备至,他称这部小说对中国历史产生了重大的影响。他举例说,当女真族向明朝进攻时,还只是一个无知无识的关外野蛮民族,自然不会阅读《孙子兵法》之类的艰深书籍。他们的将领带兵打仗,方法和技术全靠从《三国演义》中学习。据说清代第二代君主皇太极还照搬周瑜骗曹操杀水军都督蔡瑁、张允的"反间计"使得明朝的崇祯皇帝杀了大将袁崇焕。而如果袁崇焕不死的话,吴三桂就不会把守山海关,清军就不会那么容易打进北京,若是这样的话,中国的历史可能就会重写了。这个"三国"故事和这个故事导致的历史上的许多遗憾想必让金庸思考了很多,他的小说《碧血剑》就是根据这个历史事实铺展而成的。

《三国演义》中描写的人物也让金庸赞叹不已,他称赞其中的人物"面目清楚,忠就忠得义薄云天,奸就奸得狠毒绝顶。读者一翻开书几见到每一个人物立场分明,爱憎清楚。"在金庸的小说里,不难看到《三国演义》在刻画人物方面的影响。

在众多丰富多彩的"三国"人物里,金庸最喜欢的是赵云,他觉得赵云远远胜过关羽、张飞,特别是赵云在长坂坡曹军中七进七出,勇不可当,比之关羽斩颜良、诛文丑,过五关、斩六将难得多,也精彩得多。同时赵云人品很好,精细而有智谋。赵云之外,金庸最崇拜的是马超和吕布。

金庸初读这本书时还是个孩子,他对其中人物的好恶,纯粹是根据人物的战斗力和武艺的高强。常言道"三岁定八十","三岁看老",这种少年时的阅读体验对金庸后来成为优秀的小说家无疑起了很大的影响。这种影响当然并不全是乐观昂扬的影响,等他年纪大了之后,这种隐藏着的不满才渐渐浮出水面。他这才发觉《三国演义》的作者对蜀汉的偏袒实在是过分了。作者罗贯中因为是山西太原人,所以就特别偏袒他的同乡山西的关羽,而对代表了历史的发展方向的曹操大加贬斥,甚至连同是曹操的手下败将的东吴孙权也一并贬低,这就让孙权的浙江同乡金庸感到有点不舒服,久而久之,金庸就在自己脑子里构思了一部以孙权为正面主人公的"新三国演义"。其中的主角是周瑜和陆逊、陆抗,次主角是孙策、孙权、顾雍以及美人大乔、小乔。其中金庸尤为关注的是周瑜这个人物，他有时自己喜欢空想一番"小乔初嫁了"之时周瑜是如何"雄姿英发"，如何"曲有误，周郎顾"，如何"与周公瑾交，若饮醇醪，不觉自醉"，越想越觉得奇妙无穷。另外，他计划还要在小说里重点写写自己非常佩服的文武全才、忍辱负重的陆逊，再写写其他江南人物与风光，也就怡然自得了。

可惜的是，金庸的这部以东吴为主体的"新三国演义"只停留在他脑子里，他也只在自己脑子里玩一玩这部小说的文字游戏而已，用他自己的话说：玩玩这种文字游戏，"自逞想象，已足够过瘾，真的笔之于文，未免辛苦，亦无必要"，而且他也知道这种写法必然和全中国民间根深蒂固的传统思想作对，绝对是出力不讨好的事，所以想想也就放弃了这个意图。

第十章

硝烟骤起

金庸热席卷北大

1994 年 8 月，《20 世纪中国文学大师文库·小说卷》把金庸列为大师之一，名列鲁迅、沈从文、巴金之后，位列第四。

1994 年 10 月 25 日，北京大学授予金庸北京大学名誉教授称号。会上金庸为北大师生做了关于中国历史的演讲，当时的热闹景象是北大多年来少见的，真的是到了人山人海、水泄不通的程度。主持会议的北大副校长打趣说："今天这形势，金大侠武功再高也不好办了！"

按照金庸和于品海的约定，金庸任《明报》名誉主席的最后期限是 1994 年 2 月底，但金庸好像连这个日子都等不及，就在这一年的 1 月 1 日，他迫不及待地把位于明报大厦的办公室里的所有东西都搬走了。

似乎以此为标志，金庸在世界各地、特别是中国内地引发了一场新的热潮。

就在这一年的一月，香港中文大学出版了金庸武侠小说的第一部英译本《雪山飞狐》，同时他的压轴之作《鹿鼎记》也在由英国的两个汉学家翻译成英文，他们分别是前纽西兰奥克兰大学中文系主任约翰·明福德和牛津大学教授大卫·霍克思。他们曾翻译过《红楼梦》，并且被公认为是最好的英译本。明福德在《鹿鼎记》英译版的前言中说："我确信这些作品当属世界精心创作的文学之列，它们完全可以同司各特、大仲马、史蒂文森以及其他名作家的佳作并列。"

3 月，中国内地三联书店正式出版简体字的《金庸作品集》。

8 月，由当时三十五岁的北京师范大学中文系教授、曾赴英国牛津大学作过博士后研究的王一川教授组织策划的《20 世纪中国文学大师文库·小说卷》，把金庸列为大师之一，名列鲁迅、沈从文、巴金之后，位列第四，其后才是老舍、郁达夫、王蒙。

1994 年 10 月 3 日至 29 日，金庸赴北京大学访问。10 月 25 日，北京大学授予金庸北京大学名誉教授称号。会上金庸为北大师生做了关于中国历史的演讲，雷洁琼、新华社的周南社长在座。

金庸非常高兴地说："现在我是北京大学的一分子了，可以称大家为同学了。我衷心感谢北京大学给了我很高的荣誉，授予我名誉教授的称号。北大是我从小就很仰慕的大学。我的亲伯父就是北大的毕业生，故乡人大多不知道他的学问如何，但听说他是北大毕业生，便都肃然起敬。我念初中时候的班主任也是北大毕业生，他学识渊博，品格崇高，对我很爱护。虽然现在时隔五六十年了，我还常常想念他。"

北京大学在"五四运动"中起了领导作用，整个近代中国社会的进步与发展是与北大师生的重大贡献分不开的。每当我们想到北大，就会想到开明、开放的蔡元培校长，想到眼光远大的马寅初校长，想到许许多多的大思想家、科学家、作家、学者、教授以及跟北大有关系的大学问家们。北京大学有许多优良的传统，其中最重要的，一是对国家、社会的深切关怀；二是有容乃大的自由的学术氛围。最近几年我在牛津大学住了很长一段时间，我感到，牛津大学自由开放的学术氛围和博大精深的学术研究是世界一流的，但牛津大学的老师、学生对于国家、对于社会、对于人民的关怀和牺牲，目前却大大不及北京大学的师生。抗战时期，我考大学，第一志愿就是报考西南联大，西南联大是由北大、清华和南开三所大学合办的。我有幸被录取了。或许可以说，我早已是北大的一分子了。不过那时因为我没有钱，西南联大又在昆明，路途遥远，没法子去，所以我不能较早地与北大同学结缘。今天我已作为北大的一分子，跟大家是一家人了，因此感到莫大的荣幸。

金庸接着说，他一生主要从事新闻工作。作为新闻工作者，对每一门学问都须懂得一点，但所知都是些皮毛，很肤浅。专家、教授则不同了，他们对某一门学问有钻研，懂得很深。这是两种不同的接触知识的方式。他谦虚地说自己是新闻工作者，全然没有资格当教授，但幸亏他是"名誉教授"。名誉教授就没有关系了，话讲错了也无所谓。因为北大有最好的老师，正好借这个机会进行请教。他说今年春天他去过绍兴，到王羲之以前写字的地方。那里的人要他写字，他说在王羲之的地方怎么可以写字呢？但当地人非要他写不可，无奈之下，他只好写了八个字："班门弄斧，兰亭挥毫。"班门弄斧很狂妄，在兰亭挥毫就更加狂妄了。这次到北大，说好要做两次演讲，他自己也写了十六个字："班门弄斧，兰亭挥毫，草堂题诗（在大诗人杜甫家里题诗）"，第四句是："北大讲学。"

接着他从两个方面进行自己的演讲。

第一个方面：中国文明不断消长。看到听众一脸惊诧，金庸微笑着解释说："我知道大家希望听我讲的是小说，其实写小说并没有什么学问，大家喜欢看也就过去了。我对历史倒是有点兴趣。他说他只想简单地讲一个问题，就是中华民族如此长期地、不断地发展壮大，到底有何道理，有哪些规律？"

金庸接着从中国和英国文明的对比中进行解释。他说自己对英国文学、英国历史和中国历史很有兴趣。他告诉大家，英国对二十世纪影响最大的一位历史学家名叫汤因比，他写了一部很长很长的《历史研究》。他在这部书中分析了很多世界上的文明，说明世界上的很多文明都在历史进程中衰退或消亡了，直到现在仍真正兴旺发达的文明只有两个，一个是西方的欧美文明，一个是东方的中国文明。而中国文明历史悠久且连续不断，则又是世界唯一的。虽然古代有的文明历史比中国早，有的文明范围比中国大，如巴比伦的文明、埃及的文明、古希腊和古罗马的文明，但这些文明却因遇到外力的打击，或者自己腐化而逐渐衰退、消亡了。汤因比说：一种文明总会遇到外来的挑战，如果该文明能很好地应付这些挑战，就能继续发展；如果不能很好地应付挑战，就会衰退，甚至消亡。这里也有多种情况：一种是遇到强大外族的打击，整个民族被杀光杀尽，消灭了；一种是民族内部长期僵化，没有改革，没有进化，像活的木乃伊，结果衰落了；有的则因自己的腐化而垮台；还有一种就是分裂，国家内战不休。

金庸引经据典，谈古论今。他引用《中华人民共和国国歌》中的一句话："中华民族到了最危险的时候"，接着说：这句话是在抗战前后写的，它表示了一种忧患意识。那时候我国遭受外族敌人的侵略，处境确实非常危险。就我看来，我国历史上遭受外族侵略的危险时期有七个：第一是西周末年到春秋战国时期东西南北受到的外族进攻；第二是秦汉时期匈奴的进攻，时间长达四百年之久；第三是魏晋时鲜卑等五胡的进犯，时间也有四百年；第四是隋唐时期突厥和吐蕃的侵犯，时间约三百年；第五是五代、南北宋时期契丹、女真及夏的侵犯，时间大概也是四百年；第六是元、明、清时期蒙古族、满族的侵犯；第七是近代西方帝国主义和日本帝国主义的侵略。

金庸演讲的第二个方面是：中国历史发展规律。他说：纵观中国历史，大概可以看到这样一个规律，我们的民族先是统一强盛，后来慢慢腐化，组织力量衰退。此时如果出现一些改革，那么就会中兴。如果改革失败了，或者自己腐化了，那么外族敌人就会入侵。在外族入侵的时候，我们民族有个很特殊的现象，就是外族的入侵常常是我们民族的转机。以上所讲的我们民族七次大的危机，又都是七次大的转机。历史上常常是外族人来了之后，我们华夏民族就跟它同化、融合，一旦同化、融合了，我们华夏民族就壮大起来，统一起来。之后可能又腐化了，衰退了，或者分裂了，外族人来了，我们民族再融合，又壮大，如此循环往复。其他国家民族遇到外族入侵，要么打赢，要是打不赢，这个国家或民族就会垮台。我们中华民族遇到外族入侵时，常常能把外族打退，打不退的情况也很多，但却很难被征服。这是因为一方面我们有一股韧力，一股很顽强的抵抗力量；另一方面我们又很开放，在文化上同它们融合在一起，经过一段时间，大家变成一个民族，我们的民族从此又壮大起来。

金庸说自己在温哥华英属哥伦比亚大学获颁名誉教授时也曾讲到这个问题，以及其他一些中国的历史问题。加拿大的一些教授觉得他的这些观念比较新，并讨论为什么中国可以融合外族，而西方就融合不了。金庸认为其中第一个原因是我国一开始就是农业社会，生产力比较高、技术比较先进，有强大的经济力量可以发展文化；第二个原因是从西周开始，中国已有了一个严密的宗法社会制度，后世讲到中国封建社会，总认为封建的宗法制度很束缚人的思想，很束缚人的行为，其实这种宗法制度也有它的历史作用，我们民族由于有了严密的继承制度，从而避免了内部的争斗和战争。一些游牧民族本来很强盛，但往往在关键的时候闹分裂。父亲死后，他的两个儿子或者三个儿子抢父亲的位子坐，罗马也有这种情况。一抢位子，就要打架，就要内乱。本来很强盛的部落、部族或者民族，一分裂，就要自己打自己。我们民族从西周开始，虽然自己内部斗争也不断有，但基本上还是遵循世袭制度，即父亲死了，嫡长子继位，这是当时中华民族发展的一个重要制度。一个社会的基本法律制度固定了，社会就会很稳定，内部斗争就会大大减少，这也是民族强盛的重要环节。还有一个重要环节，就是我们对外族是很开放的。从历史上看，中国很长很长的时候是外族统治的，如北魏。其实隋唐也有多的少数民族的成分，主要是鲜卑人。他说自己曾在小说中写过一个人叫"独孤求败"，独孤求败很骄傲，他一生与人比剑比武从没有输过，所以他改个名叫求败，希望失败一次，但却总没有败过。这个"独孤"就是鲜卑人。"鲜卑"这两个字，有些学者说"西伯利亚"就是"鲜卑利亚"，鲜卑人原本住在西伯利亚那一带。但这不是很一致的意见。北周的时候，有个人叫独孤信，他有很多女儿，其中大女儿嫁给了北周的皇帝，第四个女儿嫁给了唐高祖的父亲，第七个女儿嫁给了隋文帝。所以唐高祖和隋炀帝是表兄弟，唐太宗李世民则应叫隋炀帝为表叔。他们都有鲜卑人的血统。唐太宗李世民的妈妈姓窦，是鲜卑人。唐太宗的皇后姓长孙，长孙和窦都是鲜卑人的姓。皇后的哥哥长孙无忌是唐朝很有名的宰相，他也是鲜卑人了。据我初步统计，唐朝宰相至少有 23 人是胡人，其中主要是鲜卑人。那时候说"胡人"就像我们现在说"洋人"一样，没有歧视的意思。在唐朝，有23 个外国人当"国务院总理"，可见唐朝对外国人一点儿也不歧视。再说汉朝，汉武帝与匈奴交战，匈奴分裂投降了。其中一个匈奴王子叫金日石单，很受汉武帝重用。汉武帝死后，他的身后大事交给两个人，一个是霍光，一个就是金日石单。由此可见，我们民族壮大的重要原因就是非常开放。

　　金庸说自己在武侠小说里写了中国武术怎样厉害，实际上是有些夸张了。中国人不太擅长打仗，与外国人打仗时，输的多，赢的少，但是我们有耐力，这次打不赢没关系，我们长期跟你干，打到后来，外国人会分裂的。如匈奴很厉害，我们打他不过。汉高祖曾在山西大同附近被匈奴人围困，无法脱身。他的手下便献了一条妙计，去向匈奴皇后说，汉人漂亮的女子多，你如果把汉朝皇帝抓来，把汉人打垮了，俘虏了大批汉人中的漂亮女人，你这个皇后就要糟糕了。匈奴皇后中了这个诡计，便退兵了。匈奴后来分为南北，南匈奴投降了汉朝，北匈奴则向西走，一部分到了英国，以至灭亡了整个西罗马帝国。有意思的是，匈奴的一半被中国抵抗住了，投降了，另外一半却把整个欧洲打垮了。隋唐时期的突厥也是如此，他们分为东突厥和西突厥。东突厥向隋唐王朝投降了。慢慢地被华夏民族所融合。西突厥则向西行。来到了土耳其。后来土耳其把东罗马帝国打垮了，把整个君士坦丁堡占了下来，直到现在。所以我们不要一提起历史就认为我们民族不行，其实我们民族真正不行，只是 16 世纪以后的三四百年的事情。

金庸告诉听众：他最近在牛津大学的一次聚餐会上遇到一位很有名的研究东亚经济的学者，这位学者和金庸谈到中国经济的发展前途时说，中国的经济自古以来就很发达，人均收入一直是全世界第一，只是到了 16 世纪以后才慢慢被英国赶上去。而国民总收入却是到了 1820 年才被英国超过。中国国力居世界领先的地位竟保持了两三千年之久。那位学者对中国经济前途非常乐观，他说大概到 2020 年时，中国的国民经济收入又会是全世界第一，并能长期保持下去，恐怕至少在那之后的四五十年内没有任何国家能够赶得上。金庸听了之后很兴奋，问他是否有数据。他列举了很多统计数字。金庸知道眼前这位专家不会随口乱说，所以听了之后大受鼓舞，觉得他的分析是很有道理的。他讲道：中国古代实际上在科学技术方面一直是很先进的，到宋朝尤其先进，大大超过了欧洲。那时我们的科技发明，欧洲是远远赶不上的。如造纸、印刷、火药、罗盘等在宋朝已经非常兴旺发达了。现在全世界都用的钞票也是中国发明的，在宋朝时代就已经开始使用了。那时中国的金融制度相当先进，货币的运用相当成熟。那么欧洲人什么时候才开始转机呢？应该说是到了中国的明朝，从那时起，中国开始落后了。

至于中国落后的原因，金庸认为有两个方面：一个是政治上的专制，对人民的思想控制很严，一点也不自由开放，动不动满门抄斩，株连九族，吓得人们不敢乱说乱动，全部权力控制在皇帝一人手里。

另一个原因就是明朝对付不了日本倭寇的入侵，便异想天开，实行所谓海禁，把航海的船只全部烧掉，以为如此一来就能断绝与倭寇的来往，饿死倭寇。这是对日本完全不了解。这种愚蠢的禁令，当然是永乐皇帝之后、郑和下西洋之后的事情了。明朝实行封锁，整个国力便开始衰退。与此同时，西方科学却开始发展，工业革命也开始了。

金庸让大家注意一个有趣的时间，即 16 世纪初的 1517 年，他说这个时候德国的马丁·路德公然否定教皇的权威，反对神权控制，就在这个时候，中国明朝的正德皇帝下江南。正德皇帝是个很无聊、很腐化的昏君，他下江南干了许多荒淫无耻的勾当。在隋朝、唐朝，中国很富强，到了宋朝、元朝也还可以，那时候科学发达交通方便、对外开放。而欧洲正是封闭的时候，一切都由教廷控制，学术思想不自由。你说地球围绕太阳转，他却要你坐牢，一切都是封闭的。到了 16

世纪，欧洲自由开放了，科学发明开始了，可中国反而长期封锁起来了。金庸认为这是中国最大的历史教训。

最后，金庸总结了当天的演讲，他说自己讲了那么多，无非是要大家明确两个观念，那就是改革和开放。中华民族之所以这样壮大，靠的就是改革和开放。当我们遇到困难的时候，内部要积极进行改革，努力克服困难，改革成功了，我们的民族就会中兴。同时我们还要对外开放，这点更为重要，因为中国人有自信，我们自信自己的民族很强大，外来的武力或外来的文化我们都不害怕。金庸认为另一个观念也很重要，那就是过去的历史家都说蛮夷戎狄、五胡乱华、蒙古人、满洲人侵略中华，大好山河沦亡于异族等，这个观念要改一改。我想写几篇历史文章，说少数民族也是中华民族的一分子，北魏、元朝、清朝只是少数派执政，谈不上中华亡于异族，只是"轮流坐庄"。满洲人建立清朝执政，肯定比明朝好得多。金庸说自己在小说中将这种观念发挥得很多。同时他表示将来有机会一定将这些观念写成学术性文字。

金庸对中国在二十一世纪的地位充满信心。他说汤因比虽然在《历史研究》中没有非常重视中国，但到他快去世的时候，他得出一个结论：世界的希望寄托于中国文明和西方文明的结合。他认为西方文明的优点在于不断地发明、创造、追求、向外扩张，是"动"的文化。中国文明的优点在于和平，就好像长城，处于守势，平稳、调和，是"静"的文化。现在许多西方学者都认为，地球就这样大了，无止境地追求、扩充，是不可能的，也是不可取的。今后只能接受中国的哲学，要平衡、要和谐，民族与民族之间要相互协作，避免战争。由于科学的发展，核武器的出现，今后的世界大战将不可思议。一些疯狂的人也许执意要打核战争，殊不知道这种战争的结局将是人类的同归于尽。这种可能性不能说没有，我所接触到的西方学者目前对打核战争都不太担心，他们最担心的是三个问题：第一是自然资源不断地被浪费；第二是环境污染；第三是人口爆炸。这三个问题将关系到人类的前途。所以，现在许多西方人把希望寄托于中国，他们希望了解中国，了解中国的哲学。他们认为中国的平衡、和谐、团结的哲学思想、心理状态可能是解决整个人类问题的关键。

金庸最后讲到他最近在牛津参加了一个十分盛大的宴会，在会上他遇到伦敦

《泰晤士报》前总编辑李斯·莫格勋爵。这位勋爵也对金庸预言：十九世纪世界的经济中心在伦敦，二十世纪初转到了纽约，到了战后七十年代、八十年代则转到了东京，而二十一世纪肯定要转到中国。但至于这个中心是在北京还是在上海，他没有说，但金庸认为这没多大关系，因为只要是在中国就很好。

  说实话，金庸的演讲并没给听众带来多少意料之外的惊喜，大家本来以为可以从金大侠口里听到一些武林"九阴真经"，起码会谈谈他的小说，没想到金大侠却天南地北，古今中外地大谈历史，在北大谈历史的确需要勇气。金庸小说之所以长盛不衰，主要还不在文化知识的丰富，而在于他对中国历史的整体把握能力，金庸对自己的这一优势也很明白，这次在北大不讲小说而讲历史，正是这种心态的最佳表现。但他讲的历史实际上并无多少新奇之处，如他将外族入侵与民族复兴联系起来，称中国历史上七次大的危机，同时也是七次大的转机，这一观点在国外大获好评，但在北大演讲时则未见大的反响，主要原因是：关注种族冲突与文化融合，是历史学家陈寅恪一以贯之的学术思路，他的很多弟子也都对此有很好的发挥，所以，当金庸讲到说他将这些观念写成学术性的文章时，也并没有博得满堂掌声。但作为小说家，金庸突破严守华夷之辨的正统观念，确实十分难得，但金庸与接受正统教育形成的历史观不一样，他是在自己的阅读和思考中逐渐形成自己独立的"中国历史观"的，更重要的是，这些观念在小说中发挥得非常出色，就如他在《金庸作品集》"三联版"序中自述的："我初期所写的小说，汉人王朝的正统观念很强。到了后期，中华民族各族一视同仁的观念成为基调，那是我的历史观比较有了进步之故。这在《天龙八部》《白马啸西风》《鹿鼎记》中特别明显。"金庸小说的大背景，大多是易代之际，这种思路表明作者关注的是家国兴亡，其中既有政论家的人生感慨，也有悲天悯人的现实考虑，而激烈的民族矛盾，正是作者驰骋学识与才情的广阔疆场。

  当然，金庸毕竟是小说家，而不是历史学家，所以，对他的史学修养也不应估计或希望太高，只不过对历史的强调使金庸眼小说取得成功的一大关键，可以说，金庸能有年今天的辉煌，是因为在他身上体现了政论家是见识、史学家的学养以及小说家的想象力的完美融合。

  但金庸演讲时的热闹景象却是北大多年来少见的，听他演讲的，请他签名的，真是到了人山人海、水泄不通的程度。刚开始主办者已经预计到了这一点，所以特用发入场券的方式控制人数，但人们对金庸的热情是无论如何也控制不住的，结果所发入场券实际上等于无用，当时主持会议的北大副校长打趣说："今天这形势，金大侠武功再高也不好办了！"

南北"交火"

1994 年，就在新"大师座次"排定和北京大学隆重授予金庸名誉教授之后不久，《南方周末》于 12 月 2 日发表了鄢烈山的一篇文章《拒绝金庸》，"顽固地排斥金庸（以及古龙、梁羽生之辈）"，严家炎、童志刚接招，从此引发了中国内地第一次关于金庸小说地位和价值的争论。

与此同时，中国内地的研究者也从各种角度探讨金庸小说的价值，极力主张将金庸小说经典化，像"面对可能来临的波澜壮阔的金庸研究，如果拿《射雕英雄传》与《水浒传》相比，我们不能不说金庸先生是位幸运的作家，因为他极有可能在他有生之年，看到自己的作品'经典化'的完成"；甚至有人断言："金庸小说的思想的广度和深度，在艺术上的成功，已经超越了《红楼梦》而成为中国文学史的新经典"；而著名的"红学"专家冯其庸也一再说："金庸小说的情节结构，是非常具有创造性的。我敢说，在古往今来的小说结构上，金庸达到了登峰造极的境界。"金庸小说的影响力还被夸张到无以复加的地步，如有一篇文章说：某名牌大学中文系的一位教授，腿部摔伤之后，一度悲观，后来读到金庸的小说，从中获得了重新站起来的力量；还有报载，有的大学生失恋后，因为读金庸的小说，所以对生活重新恢复了信心；还有学者认为中国社会治安之所以日益败坏，与中国政府 1949 年后禁止武侠小说的流行有关……金庸作为小说家是身份在被人为地淡化，他似乎成了一尊神，一座难以仰视的高峰。

物极必反，中国内地迎接金庸的并非都是美酒和鲜花，还有尖利刺人的荆棘。1994 年，就在新"大师座次"排定和北京大学隆重授予金庸名誉教授之后不久，《南方周末》于12月2日发表了鄢烈山的一篇文章《拒绝金庸》，该文从"历史认知"、"价值取向"、"文化娱乐"三个方面"顽固地排斥金庸（以及古龙、梁羽生之辈）"。从此引发了中国内地第一次关于金庸小说地位和价值的争论。

鄢烈山在自己的文章中说：

我的理智和学养顽固地拒绝金庸（以及梁羽生、古龙之辈），一向无惑又无惭。有几位欣赏武侠小说的文友曾极力向我推荐金庸梁羽生，我也曾怀着"一物不知，君子所耻"的心理借来《鹿鼎记》《射雕英雄传》，最终却只是帮儿子跑了一趟腿。我固执地认为，武侠先天就是一种头足倒置的怪物，无论什么文学天才用生花妙笔把一个用头走路的英雄或圣人写得活灵活现，我都根本无法接受。

从历史认知的角度讲，武侠对于中国社会的发展无足轻重。无论是刘邦、朱元璋这些成则为王的，还是黄巢、李自成这些败则为寇的，都不曾倚曾重什么武侠。孙子的"攻心为上，攻城为下"论，魏征的载舟覆舟谏，重的是人心向背；孙吴的训练宫女，韩信的驱市人为军，靠的是军事家的章法。从刺秦王的荆轲到刺清廷摄政王的汪精卫，没有靠个人的拳脚功夫、靠阴谋和侥幸成大事的。

从价值趋向的角度讲，无论把武侠的武德描绘得多么超凡入圣，总改变不了他们"以武犯禁"的反社会本质。鲁迅在《流氓的变迁》中，把流氓的祖宗追溯到武侠，这是很有道理的。流氓即蔑视社会公德和社会规范的反社会分子；武侠迷信的是个人或团伙的武功，鄙弃的也是社会的秩序和运作程序。在追求法制和社会正义的现代社会里，这绝对不是一种应该继承的优秀传统文化。

从文化娱乐的角度讲，同样是消遣性的东西，武侠小说比起《福尔摩斯探案集》等侦探小说来，也要低一个档次。看侦探小说是一种启人心智的游戏，而武侠小说呢，从根本上说犹如鸦片，使人在兴奋中滑向孱弱。

然而，令我一向崇拜的北大却崇拜金庸！

10月26日，"刚被聘为北大名誉教授的金庸第一次登台授课。数百名没能拿到入场券的学生抱着一丝侥幸守候在办公楼（电教中心）前，一部分老师也只能望楼兴叹。"（10月28日《中国青年报》头版）据说，北大中文系教授严家炎先生盛称金庸的武侠小说"带来了一场文学革命"。此誉可谓无以复加了！

当年"文学革命"的发起人之一、北大的教授胡适，曾对武侠小说不屑一顾，呸之曰"下流"。（转引自李敖的《"三毛式伪善"和"金庸式伪善"》）而今，"下流"变成"上流"，流到了北大，诚所谓"三十年河东，三十年河西"。但不知两种"文学革命"哪个更伟大光关荣？

鲁迅先生曾称赞"北大的校格"，赞赏北大"那向上的精神还是始终一贯，不见得驰懈"。（《华盖集》：《我观北大》）莫非崇拜武侠小说，正是北大从善如流，追求真知，为真理马首是瞻的新表现？

我无法接受金庸，更无法接受北大对金庸的推崇。是我冥顽不灵，还是历来被教育界、学术界视为"盟主"的北大自贬身份而媚俗？

感谢金庸先生，他清醒的表白解除了我的迷惑与尴尬。

在聘任仪式上，校方要求他做一番有关武侠小说的演讲，他表示"在这著名的高等学府讲武侠似有欠庄严"，因而他只结合着他的武侠故事，讲演了一通中国历史，被聘为北大名誉教授，金先生并不想掩饰他的欢欣，他说："从小就仰慕北大这座学府，今天终于成为北大的一分子，很高兴。"是啊，"岂不受拥戴？颂歌盈耳神仙乐。"（陈毅诗句）既然北大要赠他名誉教授的名誉，这名誉一非行骗窃取，二非利用权位捞来，不得白不得。金先生虽然为此"沉浸而欢娱"，却并没有得意忘形，真的把写作通俗的武侠小说，当作一场什么"文学革命！"

那么，有金先生的支持，我且不管北大是在领导学术界的新潮流还是"欠庄严"，仍然坚持我的立场：武侠小说不是罪恶，萝卜白菜各有所爱，谁爱看谁就去看，我拒绝它们！

看了鄢烈山的批评文章，严家炎一腔怒火，随即在《南方周末》（1995年1月13日）发表一篇反批评文章，题为《答"拒绝金庸"——兼论金庸小说的文学史地位》。他说自己历来留心阅读《拒绝××》的文章，因为文题威严醒目，但看了鄢烈山的文章后，结果却很出他的意外，而且"不仅感到失望，简直是惊诧莫名。这倒不是因为文章批评了北大，批评了我，而是因为作者洋洋洒洒地评论金庸小说，却从未读过金庸小说……既然未曾读过，却又要指手画脚，岂不怪哉！鄢先生完全混同新旧武侠小说，将前人对旧武侠作品的印象安到金庸头上。他警告世人：看侦探小说是一种启人心智的游戏，而武侠小说呢？从根本上说有如鸦片，使人在兴奋中滑向孱弱。既然是'鸦片'，按逻辑推理，当然应该取缔才对。然而，文章结尾，鄢先生忽然又无端地大发慈悲起来，说：'武侠小说不是罪恶，萝卜白菜各有所爱，谁爱看谁就去看。''鸦片'居然又'不是罪恶'，成了'萝卜白菜'，何以前后凿枘如此！如果我不怕陷于想入非非，真要怀疑鄢先生是否文章写到一半，从贩毒集团那里得到了什么好处。"

针对严家炎的反批评，鄢烈山又展开反击，发表了《再拒金庸》（《贵阳晚报》，1995 年 4 月 5 日）一文，其中有这样一段话：

说武侠小说"从根本上有如鸦片"，你岂不是要当局查禁它们？且慢这么推定。马克思主义的"老祖宗"说宗教是毒害人民的精神鸦片，但我们的宪法仍然保障宗教信仰自由。你要信教便信教，要传教便传教，但也不能因此不让人反宗教反有神论。说"武侠小说有如鸦片"不过是一个比喻，并非物质的毒品。物质是否毒品可以用物质方法测定，往往是不容商榷，处理起来就以物质的手段。精神文化的东西，见仁见智的，或好或恶的，本当容许不同态度。我极言其害说它们是"鸦片"，你可以坚持说它们是十全大补嘛。多年的"革命大批判"，使人们把严厉的批评与政治格杀相联系，连"点名"都使人敏感。其实若非检察官的"朱批"，我辈的文字批评无论怎么尖锐，都只应与读者的选择而不应与批评对象政治上的"生死存亡"相联系。我们的文化界之所以热销吹捧而缺少一针见血的批评和"面红耳赤"的争鸣，我们的大学教授一听到"鸦片"的比喻就"逻辑推理"想到政治取缔，恐怕与长期以来形成的"大批判"的思维定式不无关系。

言归正传，对于文学史教授"论金庸小说的文学史地位"，我不想置评。

等金庸发起的"一场静悄悄的文学革命"不再静悄悄，而像"五四"文学革命一样对中国文坛、思想文化界乃至整个社会生活产生不可拒绝的影响时（在我们这个流行"流行"的时代，读者众多并不等于影响深刻），我再来认真对待不迟。

我没有读金庸，居然大言不惭地"拒绝金庸"，使严家炎先生"惊诧莫名"。对于教授的惊诧莫名，我莫名惊诧。那么，我没有受洗，就不能拒绝上帝？

此时童志刚在《今日名流》（1995 年第 2 期）上发表《且慢拒绝金庸》，为严家炎助阵。他称鄢烈山是"因经常唱反调而有些名气的杂文家"，他说将金庸列为"20 世纪中国文学大师"和北京大学授予金庸名誉教授激怒了不少人，而鄢烈山只不过其中之一。他语带讽刺地说：

> 以烈山先生一贯的为文方式和立场来看，他要"拒绝"并不奇怪，奇怪的是他既不对读武侠更不看金庸，因而不过是一个根本不知道"梨子的滋味"的典型的门外汉，却凭着什么理论、根据何种感受来大谈拒绝呢？他既然不读金庸，由怎么知道在亲近了"为国为民，侠之大者"的郭靖之后就会"滑向孱弱"就呢？
> ……
> 北京大学的严家炎教授有一说法："你还可以拒绝吃饭嘛。"是啊，假如你练气功"辟谷"了或者肠胃功能紊乱，你当然可以粒迷不进。而且你还可以拒绝《红楼梦》、拒绝《×××选集》、拒绝托尔斯泰先生等，但别人没有辟谷的功夫却叫人家拒绝进餐或者你根本不知道金庸是个什么含义却指斥人家是"下流变上流"云云，就有点心态不太那个健康了吧！你听人说"武侠小说是鸦片"，也就盲目地认为金庸是毒品，若果真如此，那么金庸小说流行了40 年，影响所及，读者何止数亿，这个世界岂不早已是国将不国人将不人了？"

作者在文章最后"语重心长"地告戒鄢烈山：

务请烈山先生平心静气地排除功利地把金庸（甚至还包括梁羽生、古龙之辈）读完，并参阅红学家冯其庸先生 1985 年写的《读金庸》和二十三集的"金学"丛书以及陈墨先生五卷本的《金庸小说之谜》等书，悟一悟金庸先生是不是浪得虚名，成万上亿的读者的选择是不是自贬身份的媚俗，然后再来对话不迟。

鄢烈山在《今日名流》1995 年第 4 期发表《门外谈金庸》一文，对童志刚、金庸反驳，他在文中说：

童先生让我务必读一大堆金庸小说及有关研究论著，"然后再来对话不迟"。我看没必要。正如不必读了《圣经》和《教义问答》，更不必进神学院或受洗之后，再来拒绝上帝，凭现代人的理性就足够了。也正如马克思说宗教是毒害人民的精神鸦片，但宪法仍赋予公民宗教信仰自由，你有信教传教自由，我有宣传无神论的自由。我说武侠小说是"鸦片"，我拒绝它们，并不妨碍别人比如童先生推崇它们，说它们如吃饭一样必不可少。文史典籍浩如烟海，我们能阅读几许？那么多诺贝尔文学奖获得者的作品我都没工夫读呢，哪有时间读什么金庸！我们必然因此"失去多少学习机会"，那也是没办法的事。即使有闲暇，各人有各人的消遣方式，我是宁可蹲在地上看蚂蚁打架，也不乐意读武侠小说的。

鄢烈山引发的这场"金庸之战"不但激怒了严家炎这样的大学者，而且引起了众多金庸迷的愤怒，他们纷纷致函鄢烈山，历数几内亚在英国、法国、中国香港及内地得过哪些荣誉，还说"牛津在国际上的地位绝不低于北大"；他们高叫着"杀鸡焉用宰牛刀，自有弟子效其劳"，把鄢烈山称为"腐儒""学究"，说要为捍卫金庸奋力一搏；另外还有金庸迷给鄢烈山寄来关于浙江省政府和杭州市政府在西湖边上特批给金庸四五亩地建房的报道材料，并且用武侠小说那种文白夹杂的笔调批道："鄢生：做文人做到如此！复无求也！无憾也！"鄢烈山对此的回答是："假如真有地方长官厚爱金庸，我们当然不必责备小金迷们不维护法律的尊严，而侠客也正是向来蔑视法纪的。只是，中国的侠义传统原本是崇尚天马行空、独往独来，既不投靠豪门，也不结交官府，讲的是不贪不吝，仗义疏财。怎么这些"新武侠小说"迷，情操这般恶俗不堪？金庸标榜淡泊，以佛教徒自居；台湾作家李敖曾当面问他：既聚积财富，言行不一，岂非伪善？金庸顾左右而言他。假如他真的接受了西湖边的法外施惠，怕应羞见富春江上垂钓的严子陵和西湖孤山梅妻鹤子的林逋先生？"

实际上，鄢烈山也并非孤军奋战，如林焕平认为国内出现的"金庸热"的确应该高度重视，但不应将金庸小说的地位提得过高；王春渝认为：金庸无疑是武侠小说的大师级的作家，然而推他为"五四"新文学运动以来的大师，未免强金庸所难；朱国华则提出"金学"概念华而不实，他认为金庸小说不能跻身于一流文学作品之列，其小说最好的价值是为我们提供了一个大众文化批判的绝好范本，应客观、公允地评价金庸，不能褒者无限拔高，贬者又不屑置评；李国文则更为刻薄，他称"推崇武侠小说作家金庸先生"，册封"谁是经典，谁不是经典，"皆属于"嗜痂之癖"。在这些"反金庸派"中，比较有代表性的是南京的王彬彬，他发表《红学·李学·金学》一文，称"说到底，金庸小说仍然是一种'高级通俗小说'，仍然是一种'高级文化快餐'，仍然深深打上商业文化的印迹"，他认为企图造就"金学"，是"日夜不分后的一种昏话。"此文一出，立刻就有重量级对手出来应战，陈骏涛写了一篇《为"金学"一辩》，对王彬彬进行了反驳，他说自己虽不研究"金学"，但却乐于为"金学"和"年轻的金学家"摇旗呐喊。而更有意思的是，陈骏涛先生的这篇文章被一群中学生看到了，这些学生义愤填膺，就联名给王彬彬写了满满两页纸的信，信的开头写着："亲爱的王彬彬君：我们是一群中学生，金庸迷，凡贬'金著'，我们皆要与之一辩。我和××、××动笔，其他文学水平较弱者则当跑腿、头邮件和出钱，分工合作，不亦快哉！读了陈骏涛先生《为'金学'一辩》一文，才知道先生故伎重施。"在信的末尾，他们还给王彬彬讲了一个笑话："有一则笑话：一喜欢咬文嚼字秀才，一晚给蚊子咬了一下，该秀才即摇头晃脑曰：'娘子，速燃银盏，尔夫为毒虫所袭。'其乡下娘子茫然不知所措，秀才急了，大叫：'老婆，快点灯，我蜈蚣虫咬我屁股。'

本人邻居养有一狗。每当深夜，它就要对月狂吠，不知是否和月亮先生有仇。本人当然无秀才先生那么好的涵养：狗先生没，如此良宵，正是安眠之佳境，休要喧哗，扰人清梦。只要一听到吠声。当即'呼'一声跳下床。猛地推开窗，对准狗头就是一砖头。"王彬彬从这些小金庸迷的信，想到三个问题：一、这封信文白夹杂，无疑深受金庸的影响。而金庸小说的语言，作为一种文学语言，实在乏善可陈，绝对不配充当中学的语言教科书，但确确实实在充当着中学的语言教科书。这无疑是令人悲哀的。二、这些中学生为捍卫金庸结成团伙，不知是否说明他们对拉帮结派有强烈兴趣？如果真是这样，那也一定与金庸小说的"教化"有直接关系。同别的武侠小说一样，金庸小说中充满了帮派之争，而帮派之争也永远是武力决胜负，近十多年来，中国宗法组织和黑社会的复兴，与包括金庸在内的武侠小说的盛行，不知是否有些关系。三、中学生与大学生对金庸如此迷恋，也是我们现行的文学教育的悲哀。

其实批评的调子早就有了，只不过主要出现在香港和台湾，如香港霍惊觉的专著《金学大沉淀》，从金庸小说的结构、人物等方面分析了金庸小说的不足；金庸的朋友许希哲专门发表《忙里偷闲话武侠——读金庸的〈滇天龙八部〉与〈倚天屠龙记〉，指出了《天龙八部》与《倚天屠龙记》两部小说情节上的多处错误；其中最厉害的当数台湾的李敖，这位敢骂天骂地的仁兄，当六十年代以后新派武侠小说在台湾流行时，就写了一篇《"武侠小说"，着镖！》的妙文，对武侠小说的价值进行了批判；他在文中先分析了武侠小说的发展史，然后总结出：武侠小说进入民国后，已经完完全全跟现时代脱节了，他接着说道：

如果武侠小说的罪状只跟时代脱节，那我绝不责备它，至少我还承认它起码有点娱乐性的价值。但是事实却不这样简单。武侠小说降至今日，它的最大罪状，乃是它助长了并反射了一种"集体的挫败情绪"。这种挫败情绪，正好从武侠小说中，得到手淫式的发泄，给逃避现实者机会，给弱者满足。
……
"新剑侠派"的特色不是"旧剑侠派"的多年练功苦修得道，而是投机取巧霍然成侠。它的格局多是一群妇人、孺子、跛子、瞎子，一些弱者或有缺陷的人物，在一个偶然的机会，得"秘笈"或"天书"一部，然后突然剑身侠骨起来，任何好汉也打他们不过。因此在"新剑侠派"的产品中，它的结局多是"弱胜强"、"小胜大"、"偶然胜长久"、"变数胜常数"的套子，正好适合挫败者的口味，正好满足逃避现实者和弱者的自卑心灵。

所以，今日的武侠小说，它不但使人沉醉里面，导致追求真正知识的懒惰，并且还败坏群众斗志，造成意志上面的懒惰。这种危机，在台湾，能清楚地看出来并写出来的，只有"先知"李敖一个人，所以我不得不写出来，同时提出警告。

1981年，李敖还写了篇《从"三毛式伪善"到"金庸式伪善"》，其中谈到金庸来台湾访问时曾到他家座谈，两人就武侠小说问题交换了意见，李敖直截了当地说金庸伪善，金庸却顾左右而言他，他说：

三毛式伪善比起另一种伪善来，还算是小焉者也。另一种伪善是金庸式的，金庸到台湾来，有一天晚上到我家，一谈八小时。谈到他写的武侠，我说胡适之说武侠小说"下流"，我有同感。我是不看武侠小说的，以我所受的理智训练、认知训练、文字训练、中学训练，无法接受这种荒谬的内容，虽然我知道你在这方面有着空前的大成绩，并发了大财。金庸风度极好，对我的话，不以为忤。很谦虚地解释他的观点。他特别提到他儿子死后，他精研佛学，他已是很虔诚的佛教徒了。我说："佛经……大体上无不以舍弃财产为要件，你有这么多财产在身边，你说你是虔诚的佛教徒，你怎么解释你的财产呢？"……金庸所谓信佛，其实是一种"选择法"，凡是对他有利的，他就信；对他不利的，他就佯装不见……这种伪善，自成一家，可叫做"金庸式伪善"。看了三毛的例子和金庸的例子，我不得不说：那位基督徒和这位佛教徒，其实都是伪君子。

实际上，不论是鼓吹者还是反对者，大多只是直陈己见，却不肯深究其所以然，综合起来，鼓吹者的理由有三条：一是水平高，包括艺术手法、思想观念及文化内涵等；二是影响大，主要是雅俗共赏，经久不衰；三是武侠小说达到如此水平，堪与文学史上的经典名著如《三国演义》《水浒传》相媲美；反对者的理由也主要有三条：一是武侠小说毕竟是武侠小说，属于通俗小说之列，历来难登大雅之堂；二是武侠小说虽然读者众多，但毕竟水平不高，毛病不少；三是未经时间考验，很可能成为过眼烟云。

然而，争论尽管激烈，尽管谁也说服不了谁，但争论的结果却进一步确定了金庸作为通俗小说大师的地位，金庸因其在小说、社评方面的出色成就，而屡屡得到世界著名学府的荣誉称号和其他荣誉，到目前为止，金庸先后获得过北京大学、浙江大学、日本创价大学、香港大学（中国）、加拿大英属哥伦比亚大学、香港理工大学（中国）等学府授予的名誉教授、名誉博士等荣誉头衔。英国牛津大学的圣安东尼学院及剑桥大学的罗宾森和李约瑟学院分别选他为荣誉院士，英国及法国政府分别授予金庸勋衔，奖励他对文学和新闻事业的贡献。中国香港海外文学艺术协会于 1998 年颁受"当代文豪金龙奖"，巴金、冰心、金庸获此殊荣。2000 年 10 月 14 日，中国香港特别行政区政府颁授勋章给 303 位对社会有贡献及知名人士，由特区行政长官董建华主持，其中获颁授最高荣誉"大紫荆勋章"的有五人，即查良镛、饶宗颐、列显伦、沈澄、毛均年。

1998：金色的金庸

1998 年，对金庸小说的研究和争论再度升温，在世界范围内纷纷召开了各种形式的研讨会，报纸、杂志也开设专栏，使 1998 年成为金色的"金庸年"，而金庸则使这一年金光闪闪。

1998 年至今还被人称作"金庸年"，在这一年，对金庸及其小说的研究再度升温，大陆的重要报纸如《中华读书报》《文艺报》纷纷"推波助澜"，使这一热潮久久无法平息。

1998 年 9 月，文化艺术出版社推出了《金庸小说全集评点本》，这是第一个中国现代作家的全集评点本，它的出版，不仅是内地学者金庸研究的集大成，而且代表了大陆金庸研究的最新成就，同时又是中国的一种传统的小说批评方法与形式的最新展现，这不但有利于一般读者更好地阅读金庸小说，而且对评论界和收藏界也都产生了积极影响。

1998年第5期，大陆享有盛名的当代文学批评杂志《当代作家评论》刊出一组"金庸评论小辑"文章，包括刘再复的《金庸小说在二十世纪中国文学史上的地位》、陈平原的《超越"雅俗"——金庸的武功及武侠小说的出路》、陈墨的《金庸小说与二十世纪中国文学》。刘再复认为，尽管人们对金庸的小说有各种各样的评价，但人们都必须承认这样一个事实：金庸小说拥有最多的读者，而且至今仍流行不衰，他说："我们虽然不能仅仅据此论定金庸作品的质量，也不能仅仅据此论定他对二十世纪中国文学的贡献，这样做有失文学研究的严谨。但是我们必须面对这个现象，作出学术上的解释。因为由读者广泛喜爱和支持的金庸作品在文学上的重要性，是任何试图重写二十世纪中国文学史的人不得不重视的。我们有理由相信，缺少充分评说金庸作品的二十世纪中国文学史是残缺不全的文学史。如果我们能够在二十世纪中国文学变迁的大背景下看金庸的作品，如果我们不囿于对二十世纪中国文学史的一般解释去看金庸，如果我们能够不带偏见看问题，就会看到金庸对二十世纪中国文学作出了独特的贡献。他真正继承并光大了文学剧变时代的本土文学传统；在一个僵硬的意识形态教条的无孔不入的时代保持了文学的自由精神；在民族语文被欧化倾向严重侵蚀的情形下创造了不失时代韵味又深具中国风格和气派的白话文，从而将源远流长的武侠小说传统带进了一个全新的世界。"陈平原主要从金庸小说与新文学的联系和矛盾的角度，指出金庸小说的成功，对于二十世纪末的中国文坛和学界，都是个极大的刺激。他说围绕金庸小说出现的雅俗之争、大／小传统之别、高等／大众文化的分野，因《笑傲江湖》等小说的出现而变得更为复杂，而其中争论最激烈、边界最模糊的是"雅俗"概念。他说自己之所以选择相对含糊的"雅俗"作为文章论述的主线，是因为金庸对中国传统文化一直很迷恋，也因为金庸小说对二十世纪中国文学的演进具有特殊的价值。他说："时至今日，称金庸的贡献在于其以特有的方式超越了'雅俗'之争与'古今'之争，不难被学界认可，难以说清的是，金庸的武功，到底是不可重复的奇迹，还是能够转化为一种新的文学传统？若是后者，敢问路在何方？大作家的出现，可以提升一个文学类型的品格，这点早被中外文学史所证实，追问金庸是否提升了武侠小说的品格，或者设想武侠小说到底还能走多远，主要不是为了预测未来，而是从另一侧面理解这一小说类型的潜力，并进而破译金庸获得巨大成功的秘诀。"陈墨是大陆研究金庸的专家，近年来出版了十几部金庸研究专著，并且一直在鼓吹"金学"的确立与发展，他的文章从金庸与二十世纪中国文学的关系角度，分析了金庸小说的语言、情节、人物艺术，最后得出结论说："金庸小说与二十世纪文学关系密切。真正的文学史家都无法回避。武侠小说及其他通俗文学类型，虽非主流与正宗，却是民族文学的根本。而金庸以此为起点，天才出世，匠心独具，对此文学类型进行了成功改造，取得了如此惊人的成就，自应成为二十世纪中国文学史的重要篇章。"当然，这一年研究金庸小说的论文还有很多，只不过这是比较集中而且级别较重的一次，所以颇为引人关注。

1998 年 5 月，在日本东京正式出版了金庸与池田大作的对话录，之后不久，北京大学出版社及中国香港、台湾的两家出版社先后推出对话录的中文版。实际上，这场对话始于 1995 年 11 月 16 日，历时两年有余；1997 年 2 月在日本的《潮》月刊连载，中文版则于同一时间在中国香港《明报月刊》连载，北京的《生活》双周刊也曾转载过其中的一部分，但只在 1998 年才出版对话录的全部，金庸与池田大作的对话涉及香港回归、言论自由、佛学禅理、文学爱好、少年往事等，不仅揭露了金庸许多鲜为人知的宝贵材料，而且可以使人对金庸的精神世界有更深的了解，这不能不说是金庸研究史上的一件大事。

同年 11 月，上海的《新民晚报》还在"读书乐"专栏举办"金庸世界读者问答"，对金庸小说中第一大侠、第一武林高手、第一男主角、第一女主角、第一反面角色进行调查，一时群情激愤。

与此同时，中国内地和台湾、香港以及海外相继开设多家"金庸网站"；出版了多种以金庸小说为蓝本的游戏软件。

当然，这一年也出现了不少令金庸迷无法接受的不谐和之音，如内地出版了一本专门挑金庸小说中的刺的书《班门弄斧》，其中有不少有的放矢的地方，但多为意气用事，让金庸迷不喜。

不过，真正使 1998 年赢得"金庸年"称号的，还是这一年在中国内地、中国台湾和美国等地召开了几次规模大、质量高的金庸作品研讨会，而且金庸都亲自参加了这些学术研讨会，更确定了这些研讨会的地位，提升了它们的知名度。

实际上，为金庸小说开学术研讨会并非始自这一年，就在 1997 年 6 月，杭州大学就召开了首届金庸学术研讨会，与会者就金庸新武侠小说创作的现实主义精神、生命意识、人文关怀、爱国主义与民族观、历史观、道德观、爱情观、女性观及武侠小说的文本创作方面展开了热烈的讨论，提出一系列诸如"把金庸还给文学史"、"把金庸还给武侠小说"、"把金庸还给金庸"等很有意思的话题，希望从中国新文学史、从通俗小说和武侠小说的本题、从金庸本身寻找金庸极其创作的应有位置。北京大学教授钱理群在会上指出："正是因为有了金庸——有了他所创造的现代通俗小说的经典作品，有了他的作品的巨大影响，才使得今天有可能来认识结构本世纪的文学史的历史叙述。"

1998 年的金庸学术研讨会具有继往开来的意义，一方面对以前的金庸研究不断拓展，另一方面也继承了以前金庸研究的既有成果。这一年首开研讨会记录的是 4 月在云南大理州政府与中国作家协会外联部联合召开的"金庸小说与大理"学术研讨会，严家炎、陈墨等国内外知名金庸研究学者到会，会上共提交了几十篇论文，对金庸小说中的云南大理国的历史、宗教、民俗、地理、人物形象以及金庸小说创作的想象力、创造性、知识修养、语言成就等方面进行了探讨。金庸在会上接受了大理州政府授予的"大理荣誉市民"的金钥匙。

1998 年 10 月，在金庸的故乡浙江海宁召开了"'98 金庸论坛"，借'98 钱塘江国际观潮节之机，邀请了一批学者与会，也吸引了国内外学者的关注。除了学术交流外，与会者还参观了海宁市金庸学会主办的"金庸图片及金庸小说版本展"，并访问了金庸故乡袁花镇及金庸的父老兄弟；观看了金庸小小说中描写过的钱塘江潮、海塘、海神娘娘庙以及海宁陈阁老故居；听金庸家乡的古老传说、民间故事等。

当然，难以否认的是，这两次金庸学术研讨会实际上走的是"文化搭台，经济唱戏"，与会者虽然提交了很多论文，但真正称得上有学术水平的则少之又少。相比之下，倒是在美国和中国台湾召开的两次金庸学术会更有分量些。

1998 年 5 月，在美国科罗拉多大学召开"金庸小说于 20 世纪中国文学"国际学术研讨会，出席这次会议的除了来自中国台湾、中国香港、美国、英国、日本、加拿大的二十多位金庸小说研究专家外，还有旅美的中国学者李泽厚、刘再复以及来自中国内地的十多位知名学者和作家，这意味着金庸小说开始进入国际汉学界的较高层面的视野。

与会者聚会在春意盎然的洛矶山下圣彼德市，纵论金庸现象，会议的主人公金庸也偕夫人到会，并作了引人深思的发言。科罗拉多大学研究生院副院长 Rodney Taylor 致欢迎辞，他热情洋溢地说："对于我们来说，春天本来就是一个美丽的季节，而今年的鲜花和绿树又格外生机勃勃，繁盛迷人，我们希望如画的风景和美妙的春天将成为你们会议成功的赞美。"

会议由科罗拉多大学原东亚系主任、著名汉学家葛浩文主持，他在"开幕词"中说："金庸小说是一个巨大的文学之谜，我相信，这个谜已构成一个挑战，所有中国当代文学研究者已经不能拒绝面对这一极其重要的文学现象。而我们这次会议就是要阐释、解读这个大谜"。这次会议的主旨是把金庸小说放在中国现代文学的语境中来作研究，从金庸小说与中国文学的关系视角出发，侧重探讨金庸作品在中国现代文学中的地位与作用；探讨金庸作品在现代汉语写作中提供的叙述经验，金庸作品对于打破俗文学与雅文学界限所做的尝试及贡献，以及金庸作品提供的新的文学视野与想象方式，金庸作品与中国传统文化的关系极其现代性等。

与会者主要围绕四个层面展开论述：

一是在武侠小说层次上论金庸。论者认为，金庸小说一方面继承了武侠小说的基本规范和叙述框架，另一方面又改造并超越了传统武侠小说，将武侠小说提升到一个全新的高度，使本来奄奄一息的武侠小说重获生机。可以说，金庸是武侠小说的集大成者。

二是在文学审美层次上论金庸。很多论者认为，金庸的小说是以通俗文学的形式表现了高雅文学的旨趣，进入了"抒写世间悲欢，表达人性感受"的个性化的艺术层次。在审美内涵上，它突破了中国现代文学单一的国家、社会、历史的维度，增添了超验世界和内宇宙的维度，将历史视野、江湖传奇和人生故事融为一体，因而具有深厚的审美韵味。

三是在汉语写作层次上论金庸。论者认为，不能仅仅把金庸当作一个出色的小说家，而且要把他当作在现代汉语发展中占有特殊位置，使现代汉语出现新气象的人，他以自己的写作，继承并改造了旧式白话文，使现代汉语的另一股潮流死而复生，使人们看到现代汉语发展的另一种可能性。

四是在文化层次上论金庸。论者认为，金庸小说不仅是一些生动有趣的武侠传奇的故事，而且是有关世界（历史／文化）及人性（人性／生活）的深刻寓言。金庸始终用批判性的眼光讲述历史，用现代意识对传统文化进行审视、改造和重构，在小说中表达对中国历史和文化的深刻领悟，因而金庸小说蕴涵着丰厚的文化隐喻。

这次会议学术层次很高，结果也是很成功的，它对探讨金庸小说在二十世纪中国文学史的地位以及促进金庸小说进入西方文学批评视野产生了积极作用。这正如科罗拉多大学图书馆馆长在欢迎词中所说的："从这里发出的智慧的声音将传遍关注中国文化的所有地方，成为文化历史的一部分。"

同年11月，中国台湾由台湾汉学研究中心、《中国时报》、远流出版公司联合召开"金庸小说国际学术探讨会"，参加者除中国台湾、中国香港和中国内地的学者外，还有来自美国、法国、澳大利亚、英国、越南、以色列等国家的汉学家、翻译家、金庸小说研究者。这次会议准备充分，规范严谨，学术水准较高。会议上共提交了二十七篇论文，分别就金庸小说与宗教、历史、科学、世界文学、女性主义以及与汉语言文学的现代化的关系等进行了探讨。这次会议还有一个独特收获，就是对金庸小说的版本和金庸小说的翻译研究情况进行了讨论，引起了与会者的极大兴趣。

金庸不但每一场会议都一定要参加，而且还打破常规进行了十余次的发言、应答、插话，解释了他小说创作中的一些问题，解决研究者提出的疑难，这在其他的金庸学术研究会上是不常见的。另外，为专心与会，他还特别交代主办者，除事先敲定的一两个活动外，其他任何走访或活动一概不做安排。

但此话说着容易做着难，实际上，从金庸到达台湾的那一刻起，四面八方的采访邀约就蜂拥而至，结果全部被挡在门外，但只有一个例外，就是当金庸当听说让他与女演员萧蔷对谈构想后，他几乎是不假思索地答应了，原因是：在这之前，金庸曾和萧蔷私下有过交谈，他觉得萧蔷对自己的小说还是颇有心得的，所以才准许了这一活动安排。

萧蔷从十五岁就开始读金庸的小说，这次为了会谈，早就又抱着一大摞金庸小说拼命"练功"。她一见金庸就说："帮主的书陪伴我度过了充满联考压力的青春岁月"。称金庸为帮主始自倪匡，而只有"金庸功"深厚的人才敢如此称呼，看来萧蔷早已把自己看作金派中人了。

对话开始，萧蔷先发挥自己背剧本的特长，哗啦哗啦先背了金庸小说中的句子，使金庸赞叹不已。萧蔷见金庸高兴，立刻趁机请金庸用一句话来形容她，金庸说话本来就慢，被美人一逼，就更慢了，一直到谈话结束也没想出来。

当谈到"女人的话是否可信"这一话题时，金庸借用《倚天屠龙记》这殷素素的话说："漂亮女人说的话不可相信"，"越美丽的女人就越会骗人"，萧蔷立即问道："帮主，那你觉得我的话有多不可信呢？"她内心还是很希望金庸评价一下她的美丽。金庸笑而不答，但对萧蔷说："虽然漂亮女人的话都不可信"，但"美人骗我，我都相信，所以不管你说什么，我都会相信，都会相信"。

在谈到爱情时，金庸说："其实跟一个人交往，感觉很深刻，也不一定要天长地久。虽说爱情重恩义，但闪电式的爱情也有很惊心动魄的。两三天也可抵二十年。"

"问世间情为何物，直教人生死相许"，这是金庸小说中令人回肠荡气的爱情表白，萧蔷则用广东话唱起这首词的后半阕："欢乐趣，离别苦，就中更有痴儿女"，令劳累了一天的金庸精神一振，决定如果以后还写武侠小说就将萧蔷写进去，而且写成一个"空前绝后"的美人，激动得萧蔷直喊："帮主封笔二十七年为我重出江湖。"

下面一段对话摘自台湾一家媒体，从中可以了解金庸对爱情的一些个人看法，不可不看（萧蔷简称萧，金庸简称金，记者简称记）：

萧：我是金庸小说的业余读者，虽然没有像学者那样去分析讨论，不过我觉得金庸小说对我的影响很大，尤其是它们对女人的描写，非常细腻。

金：谢谢，不过我到美国开会时，却有人觉得我不懂女人。

萧：怎么会？我觉得像《天龙八部》当中，乔峰偷听段正淳和马夫人说话，描写马夫人的声音"腻中带涩，软绵绵的，说不尽的婉转缠绵，令人神为之夺，魂为之销"。我都把它背下来，如果我说话有她一半的功力就好了！

金：美女在你面前说话，令人"视为之夺，魂为之销"的可能性比较大，像这样在隔壁听到就这样厉害，可见马夫人是真的美极了。

萧：除了声音，还有在外貌方面的形容，像郭靖第一次看到黄蓉穿女装的描写："肌肤胜雪，绝色容光，不可逼视。"您觉得美人都是漂亮到令人不可直视吗？

金：这是因为郭靖一直住在沙漠，蒙古族女子大概不太美，不像江南的美女，所以月光之下第一次看见黄蓉就惊呆了，他是因所见不多，才有这种感觉。

萧：您书中对女性角色的形容，赵敏是着墨最多的一个，像"艳丽不可方物"，我一直在想，只有夕阳才会给我艳丽不可方物的感觉，您这么写赵敏，真令我羡慕。

金：赵敏是我比较喜欢的角色，因为她的个性比较复杂，不像有的女孩个性很简单，像双儿就是。

记：您笔下这么多美女，个性很多样化，您是从何处取材？是来自身边的朋友吗？

金：我没有这么多美丽的朋友，有的话运气就太好了。其实都是自己想出来的。

萧：书中还有很多小细节，像赵敏在客栈店见张无忌，在小杯子上留下胭脂令张无忌痴痴难忘。我也试过很多次在喝东西时留下口红印，却没有一个人注意我！我从此就愤而喝完就把它擦掉。您是如何注意到这些细节的？

金：是想象的，如果对这个女生没感觉，她做什么都还是没感觉呀！有感觉，什么细节都会注意到了。

记：《倚天屠龙记》中，殷素素死时对张无忌说"漂亮女人说的话不可相信"，倪匡评说金庸留下了一个谜团，您为什么说漂亮女人说的话不可信？

您被美人骗过吗？

金：她是教训儿子，因为她死前想到男女之间的问题，所谓英雄难过美人关，但她已经没时间教儿子了，就用很简单的一个原则让儿子记住。

萧：那您觉得我有多不可信。

记：大侠，萧蔷的意思是问您，她有多美？

金：我见到美人的话，明知她不可信，我也信她了！

记：美丽和可信度成反比吧，你觉得萧蔷适合演您笔下的哪一个人物？

金：她外型好，很多角色都适合演。

萧：我的"感情丰富"，适合演赵敏！

金：你适合演赵敏，因为"感情丰富"！

记：您小说中很脍炙人口的一部分是爱情故事，尤其是有挑战禁忌或很困顿的故事让人印象深刻。您三十多岁写小说，对情爱的体会是惊心动魄的，那么现在呢？

金：是虽然老了，心境却和从前差不多，人老心不老。其实人最痛苦的是年纪大，年轻时看到美女可写出一篇爱情小说，年纪大了，看到美女只能欣赏一下。

萧：您可不可以用一句话形容我？

金：我将来如果写爱情小说，就把你当作主角写进去，而且会空前绝后的美。

记：您笔下有很多聪明漂亮的女孩子，但很多人觉得她们让人比较没有好感，不适合做老婆，您觉得呢？

金：做情人、老婆都要聪明比较好。（记者插问：听说您欣赏黄蓉，却不敢娶黄蓉？）如果世界上有黄蓉，愿意嫁给我，我当然要娶了，这样人生会丰富很多。

记：您写的爱情故事都在古代，比较含蓄，现在社会步调快，您书中的爱情还存在吗？

金：其实中国古代的爱情发展步调很快，因为男女见面很难，一见面马上就要表示，要行动，一错过，下次可能没有见面的机会了。现在反而可以常见面，步调反而慢了。

萧：您小说中好像没有真正的花花公子？

金：段正淳这种人你可以接受吗？

萧：段正淳在当下说爱你时，是全心全意的；但之前和之后就不知道了，所以每个女友都愿意为他而死呀！

金：其实跟一个人交往，感觉很深刻，也不一定要天长地久。虽说爱情重恩义，但闪电式的爱情也有很惊心动魄的。两三天也可抵二十年。

萧：您喜欢惊心动魄还是细水长流的爱情呢？

金：有惊心动魄的也很好。

记：您如何面对自己的文字作品被改编成的影像？

金：文字改编成影像很难，因为看小说，自己的脑中会有创造的过程，化作一角色，和他发生化学作用了；但是，化成影像，惊心动魄的感觉就没了。

记：所以您觉得不论谁来演，影像永远都赶不上文字？

金：很难，其实演员的问题不大，但整个故事情节都改掉就很不好。我很喜欢的作品，就像我的儿子女儿，今天我有事出门，把他／她托人照顾，结果却被打了，你说痛不痛心？作品被加东加西、东改西改，感觉就像儿子女儿被打。

萧：我觉得不只是痛心，我看到这些影片觉得题目好像只是一幕幕动作而已，对我没有任何意义。看到这些影片，才更觉得帮主您的作品伟大，所谓"武戏文唱"，武侠小说很重要的是动作，您把她写得好，招式也好，而这是很难拍出来的吧！

金：写小说时，会把感情放进去，这很难拍出来。我现在看到《天龙八部》阿朱死的那段还会哭呢！别人自己创造一个故事，我当然更不高兴。

记：现在很多人讨论您小说中的历史背景，您为何给武侠小说设定历史背景？

金：写小说是希望读者喜欢看，历史背景只是锦上添花。只要故事好看，背景关系不很大。学者喜欢考据这些，其实小说是人物的性格重要，背景有无错误是次要的。

萧：您书中有几段爱情故事很"悲"，像杨逍和纪晓芙、杨康与穆念慈，我都很喜欢。

金：很多人问我最喜欢哪一个女主角，其实我说了可能很多人不了解，那就是《天龙八部》的阿碧。因为她可爱而痴情，慕容复神智失常了，她还是服侍他，虽然对她写得不多，但是我很喜欢这个人。另外像小昭是温雅文秀也不错。我也喜欢郭襄，但像双儿那样笨笨的就不行。

记：您写了很多很悲的爱情故事，这些悲观的爱情故事往往给人留下比较深刻的印象，您对爱情是抱悲观态度的吗？

金：我对人性不是很乐观而有一点悲观，像杨过、小龙女那样的天长地久，我觉得不答案可能。那种爱情一般人不太可能发生，短期的爱情常常会发生，天长地久的就不容易了。

英雄、美人一相逢，便胜却人间无数。美人的娇媚动人，金庸的风趣幽默，使整个谈话妙趣横生，充满活力。

第十一章

任职新浙大

第五人生理想

　　1999 年 3 月 24 日下午，金庸来到了位于美丽的西湖之畔的新浙江大学；25 日下午，他从浙江大学校长手中接过两张聘书：一张聘他为浙江大学教授，一张聘他为浙江大学人文学院院长。

　　金庸要在这里实现自己的"第五人生理想"了：找一个安静的地方，好好研究学问。

　　1999 年新年刚过，中国内地各媒体纷纷报道：金庸将在今年春暖花开时节出任新浙江大学人文学院院长。

　　这个消息就如金庸以前的新闻一样，立刻在世界各地引发了很大反响，人们纷纷猜测：金大侠真的要叶落归根了？

　　1999 年 3 月 24 日下午，就在很多人还没弄明白事情的真假之时，金庸来到了位于美丽的西湖之畔的新浙江大学；25 日下午，他从浙江大学校长手中接过两张聘书：一张聘他为浙江大学教授，一张聘他为浙江大学人文学院院长。

　　金庸一生的经历就像他本人一样，是颇具理想主义和浪漫色彩的，他曾自剖心迹说他一生有五个理想：第一个理想是少年和青年时期努力学习，得到相当知识和技能；第二个理想是进入社会后辛勤发奋，做几件对己、对人、对社会都有利的事；第三个理想是衰老时不必工作，逍遥自在地安度晚年；第四个理想是创办的《明报》能继续发展，为大众作贡献。几年前，当他从《明报》退休以后，就宣布要利用剩下的时间安心实现自己的"第五人生理想"了，也就是找一个安静的地方，好好研究学问。而这次来到江南的学术中心，终于可以圆了自己的思乡之梦和学术之梦了。

　　至于为什么选择浙江大学做学问？金庸也并非盲目确定。他曾说过，要到中国内地做学问，他首先选择两个学校：北京大学和浙江大学。当他在各种场合表达想到中国内地找所大学做学问时，北京大学和浙江大学都喜出望外，都想方设法主动与他接触，希望金庸加盟自己的学校。金庸对这两所大学都心仪已久：浙江大学是百年名校，曾有过竺可桢这样著名的校长，还有很多大学者，搞研究与这些渊博的学者为邻，无疑会受益匪浅；北京大学名声更大，而且金庸还是北京大学的名誉教授，所以金庸对北大同样难以割舍，但考虑再三，金庸最后还是决定到浙江大学，最主要的原因，当然是他对家乡的浓浓情意，和家乡人的盛情邀请。

与西湖为邻，是金庸一生萦绕不去的梦想；金庸在家乡度过了美好的童年、少年和青年时代，对家乡的山山水水怀有刻骨铭心的感情，而杭州也是他青年时代工作过的地方，在他心里，也是故乡；后来远走香港，虽然空间的距离使他和家乡越离越远，但感情的距离却反而越远越浓，他在自己的武侠小说中不断写到江南的湖光山色、风土人情和人文景观，也是这种浓浓乡情的最真实的表现。

金庸功成名就之后，曾多次回到自己的家乡走亲访友，从事一些社会活动，每多回来一次，对家乡的眷恋之情也就多浓一分。他至今还念念不忘杭州奎元馆的鳝爆面，喜欢听家乡的越剧。他不止一次说过，晚年能到西湖边住下来读读书、会会友，和师弟师妹们谈诗赋文，他就很满足了。

金庸和浙江大学的感情也不是一夜之间培养出来的，而是经过时间的长久考验而形成的深厚友谊。早在1994年1月1日至10日，应浙江省省长万学远的邀请，金庸夫妇在新华社香港分社副社长张浚生夫妇的陪同下，回到了浙江。4月3日，他出席了其出资三百万元兴建的嘉兴图书馆的落成仪式，并挥毫留言："感我桑梓，赐以嘉名，愿尽菲薄，助振斯文。"随后他还接受了嘉兴市政府授予他的嘉兴市荣誉市民称号，并被市政府聘为高级顾问，还在杭州接受了杭州大学授予他的名誉教授之衔。

除了官方安排的活动外，金庸还满怀感情地游览了家乡的山水风景，感受到家乡人民对自己的深情厚谊。他去了普陀山、北仑港、河姆渡原始人遗址，在桐乡乌镇的茅盾故居，他还写下了"一代文豪写子夜，万千青年诵春蚕"的诗句……

在游览舟山群岛东部的小岛桃花岛时，还发生了一件趣事。因为金庸曾在《射雕英雄传》中把这个小岛描写成黄药师和黄蓉居住的那个小岛，现在因为金庸小说的流行，特别是电视、电影等的播映和大力宣传，这个昔日遭冷落的小岛也因家乡这个大侠而风光起来，陡然成为当地的一个旅游热点，为当地经济的发展出了一份力，家乡的人民为此深深感谢金庸老乡。金庸去旅游时，当地的镇长等父母官见小岛的"主人"来了，喜不自胜，就请金庸再为小岛题几个字，表示这里确实是东邪黄药师所居之处，金庸答应了；他们还在小岛上建了一座小亭子，根据小说命名为"试剑亭"，还另外新购了一艘轮船接送游客，命名为"金庸号"，金庸并没像对待盗版者那样生气，觉得当地人在利用自己赚钱，相反，他却感受到家乡人民对自己的厚爱，并对乡亲的好意表示感谢，因为他认为："小说的虚构是真是假无伤大雅。读者们如信以为真，多有一番想象，便多一份情趣。"

就在这次回来时，金庸就向浙江省和杭州市的有关领导表示想在西湖边造一座房子，以圆自己晚年与西湖为邻读书做学问的梦想。浙江省政府和杭州市政府对金庸想回家乡的愿望表示热烈的欢迎，但至于金庸想在西湖边上造房子的打算，却也费了一番思量，因为按照规定，西湖风景区的土地是不允许建私人住宅的，但浙江省政府和杭州市政府经过研究，最后决定为金庸打破这个规定，在钱塘十景之一的"九里云松"，无偿批给金庸四五亩地，金庸则计划出资 1400 万港元，在这里建造一座园林式的小舍，作为金庸休闲、藏书之用。金庸同时表示，他去世后，这所房子连同房中的书籍全部交给杭州市政府。

金庸回香港之前，委托杭州市政府为自己造这座房子，他原来只希望能造得好一点，结果房子建成后却出乎他的意料：房子造得非常大，而且非常考究，并命名为"云松书舍"。1996 年房子造好，金庸回来参加了落成典礼，一看，觉得房子太好了，他觉得自己只是一个平民百姓，住进去很不相称："如果我去住在那里，老百姓看了会不舒服。他们会说，他有什么资格住这么好的房子，只不过有钱而已。我对国家没有什么贡献，住这么好的地方，好像一点不对称，"他本计划一回来就住在这座书舍里的，现在临时改变了注意，决定将这座本来准备等去世后再捐给杭州市政府的书舍提前捐了。为此，浙江省省长柴松岳请他吃饭时，还特意真诚邀请金庸回"云松书舍"去住，但金庸仍然回答说："这么好的房子我不能去住。"现在这座书舍已经成为西湖的一个景观了，游客可以到里面去游览。

捐出"云松书舍"后，金庸又于 1998 年出资 400 万元人民币在风景优美的杭州九溪玫瑰园买了一座咖啡色别墅，别墅绿荫掩映，风景优美，推窗即可欣赏青山绿水，凭栏就可眺望钱塘江的江枫渔火，金庸在这里正可"笑傲江湖"，潜心研修《中国通史》。

就这样，金庸在多次到家乡访问、游览、讲学的过程中与家乡人民的感情越来越深厚，与浙江大学的友谊，也就在这一次次的交往中密切起来。

现任中科院院长路甬祥做浙江大学校长时，就与金庸有过多次交往。1994年，路校长邀请金庸夫妇到浙江大学参观访问，并向金庸提出了聘其为浙江大学名誉教授的愿望，金庸欣然应允。1996年11月，金庸被正式聘任为浙江大学名誉教授，在聘任仪式上金庸激动地说："我在上中学时就向往进浙江大学读书，但愿望没有实现；1947年竺可桢任浙大校长时，我在东南日报做记者，我想进浙大读硕士学位，因为经济问题，不能放弃记者的职位而没有读成。竺先生对我说过的话一直铭记在心。他说，首先一个人求学不一定要有学位，在哪里都可以做学问；其次，做学问是为了社会服务，这是浙大给我的教诲。"

随后几年，金庸每年都来浙江大学，并在人文学院设立一项基金，专门支持教师开展科研工作。

在和浙江大学的教授、校级领导的长期交往过程中，金庸对这所大学的情况有了充分的了解，也和许多人结下了深厚的友谊。浙江大学人文学院出过很多有名的教授，像姜亮夫、夏承焘，现在也有许多著名的学者，金庸觉得在这里可以实现自己安心研究学问的理想。

1998年9月新浙大成立，从规模讲新浙江大学成为中国第一"大"学，时任校长是潘云鹤。校长在考虑这所中国第一"大"学未来的发展前景时有许多新的构思，其中之一就是要引进在国内、国际上的著名学者到浙大任教。金庸也来参加了新浙大的成立仪式，在和金庸聊天时，潘云鹤明确表示：为了新浙大的发展，尤其是文科的发展，希望金庸能给予关心和支持，当时金庸的态度很积极，但两人并未谈到什么具体的事宜。

随后，双方鸿雁传书，就各种问题交换了意见，这几封信使金庸下了决心：到新浙江大学任教去！

首先是潘云鹤校长在给金庸的信中提到，希望他经常来浙大讲学，对浙大的人文学科给予支持。

两个月后，金庸回信了。信中说，他非常感谢浙大聘任他为浙江大学名誉教授，他还提到自己和现任的浙江大学党委书记张浚生有很深的友谊（张浚生曾任新华社香港分社的副社长），并与浙大的不少教授保持着良好的关系。金庸说，他还想做两件事，一件是写一本新中国通史，用英文写，另外就是编一本中国白话小说史。他说，假如是写英文著作的话，去英国剑桥比较好，而他是剑桥大学的名誉博士和特聘研究员，是完全可以做到的；但从做学问的角度讲，他又觉得在国内的两个地方比较好，一个是北大，一个是浙大。如果要他自己选择的话，他更倾向于到浙大，因为浙江是他的故乡。

接到金庸此信，潘校长迅速回信，正式提出，希望金庸能任浙大人文学院院长。信中还说，如果金庸能接受邀请的话，他愿意亲自到香港登门邀请。

金庸在随后的回信中表示，他很高兴接受这一邀请。

1999年2月初，潘云鹤校长亲赴香港，登门拜访了金庸。金庸在其公司的办公室里接待了潘校长一行。潘校长将两张聘书交给金庸，一张是聘他为浙江大学教授（此前为名誉教授），一张是聘他为浙大人文学院院长。就在潘校长赴香港之前，浙江大学已经正式发公文公布此事。

几天后，金庸请潘校长吃饭，并兴致勃勃地将香港各大学的校长和自己的好友都请来，向众人公布自己将出任浙江大学人文学院院长一事，并表示，他希望能把浙江大学人文学院办成全国一流的学院。

但就在金庸打点行装准备赴任时，北京传来的一则噩耗让他忧伤不已：2月28日晚，99岁高龄的文坛世纪老人冰心在北京去世。金庸一直都很敬爱冰心，所以，听到这个消息后，他刚为接受浙江大学的聘任而高兴起来的心情不禁暗淡下来，他情不能自抑，挥毫写下一首自己从来没有写过的新体诗：

无题

六十年前，我是诵读冰心阿姨那本毛边书面的小读者，

今天，小读者成了老读者，心中仍缓缓流过你书上的那些句子。

在蓝天下，碧海上，闪烁的星星下，大船的甲板上，

你母亲抱着你，你出一身大汗，病好了。

我为你欣喜，感觉到了自己母亲的爱，

我也生过大病，妈妈也这样抱过我，

六十年来，在艰难困苦的时候，我时时想到你那些温馨的语句，

听说你病了，在医院里，大家送鲜花，送爱，送关怀给你，

可是没有你妈妈来抱你了，

于是你倦了，你去找妈妈了，投入她温暖的怀抱。

我们失去了你，但是你找到了亲爱的妈妈。

在蓝天下，星光下，在碧海上，你在妈妈的怀里，

带着我们千千万万小读者，大读者，老读者的爱。

新官上任

从一位小说家、报人变成了一位教育工作者和管理者，金庸能否完成角色的变换？

金庸早心中有数："过去历来喜欢人家教我，我鞠躬求教，而不善教人。如今受人之聘，走上讲坛，一定会加倍努力，认真执教。虽然写小说天马行空，但一旦执教，不会像小说中的杨过、令狐冲那样天马行空，为人举止一定会遵守学校纪律，遵循教学规律，思想要开放，处事守规矩。"

3月正是江南最美丽的季节，在春风吹拂下，金庸于这一月的25日正式走马上任了，新成立的浙江大学共有22个学院，他是第一个上任的院长。

在其位必谋其政，金庸从一位小说家、报人变成了一位教育工作者和管理者，金庸能否完成角色的变换？他很清楚这一变换的意义，因此也早心中有数，他对记者说："过去历来喜欢人家教我，我鞠躬求教，而不善教人。如今受人之聘，走上讲坛，一定会加倍努力，认真执教。虽然写小说天马行空，但一旦执教，不会像小说中的杨过、令狐冲那样天马行空，为人举止一定会遵守学校纪律，遵循教学规律，思想要开放，处事守规矩。"

但要真正成功完成这一角色变换，关键还是看金庸能不能上好课，上什么课，

带不带研究生，这是外界和浙江大学内部最关心的问题。金庸肯定自己到浙大后一定开课，但开什么课，则需要和校方进一步确定后再宣布，但授课的基本思路金庸则一直是很明确的：他认为，当今世界教育的潮流是"通史"教育，交叉学问。作为在校的大学生，应该对各种学问都要有所了解。因此虽然他开什么课还没有具体确定，但大方向他是已经定了，即以横向为主，如讲新闻，就必涉及经济、科学、哲学等其他学科。天上地下，均会涉及，因为人文学科要发展，多元化知识的融入很重要。至于形式，则以讲座为主，有问必答。

至于他在浙大享受的待遇问题，浙江大学专门开会作了研究，决定给予他浙江大学最高的教授待遇。而金庸一上任就和夫人商量好了，要把浙大发给他的工资全部放入"金庸人文基金"，用来奖励那些家境困难的学生，他说，自己小时候因为家庭困难，想读的书没读成，现在情况变了，他愿意尽自己的最大努力帮助那些一心向学但经济困难的学生。

至于房子，校方已经给他作好了安排，是浙大新盖的最好的给院士住的房子，面积有120平方米。

3月26日，金庸和各路媒体记者见面，回答了记者的问题。3月27日，他又接受上海《文汇报》的独家采访，比较详细地谈了自己新官上任后的种种计划和打算。

两年半前，在"云松书舍"落成典礼上，金庸与汪道涵相遇，汪道涵评价金庸的小说贯穿始终的是"仁""义"二字。金庸表示，自己在浙江大学也希望以"仁""义"二字与广大师生共勉，而不敢有丝毫的懈怠。但"仁义"是大原则，在学术上则主张自由讨论。

　　记：听说有一批朋友正在为你争取诺贝尔文学奖提名而奔走，你看是否有希望？

　　金："在我看来，诺贝尔奖的评委是西方国家的多，他们有反共和反中国的传统，我一不反共，二又爱国，所以不会够他们的条件。我不会牺牲自己的信念去迎合他们的喜好。我认为，这种奖不能靠'奔走'获得，也大可不必'奔走'。"

记：现在的中学生有一批"金庸迷"，他们不仅爱读您的小说，而且模仿您的写法写，您对此怎么评价？还有，您读中学时崇拜的对象是谁？

金：浙江有很好的文化基础，中学教学质量高，因此大学的生源也好。浙江的文化有很好的传统，出过鲁迅、郁达夫这样的大师，因此，将浙江大学办成世界一流大学是全校师生的志向，也是我的志向。

我读中学时崇拜俄国的屠格涅夫，我国的鲁迅、巴金。如今的中学生读读我的作品可以，至少能提高一点中文水平。我的一个朋友写信告诉我，说他们的孩子到了外国，中文不行了，幸亏喜欢读我的小说，还不至于忘掉国语。终于有些中学生仿写我的作品，我看未必能学得会，因为他们年纪还太小。当然，只要努力，就一定会成材。

现在的中学生很聪明，有利于学习，但用功比聪明更重要，所以一定要用功。

记：浙江大学给我提供的资料说，您是英国三所学院的荣誉院士，您每年是否都去那些大学搞研究？

金：我被英国的牛津大学圣安东尼学院、剑桥大学罗宾森学院、剑桥大学李约瑟学院聘为荣誉院士，但主要是去牛津大学搞研究，剑桥大学较少去。

记：您去牛津，主要研究什么？

金：主要是研究中国古典文学，给中国古典小说写序言，比如《红楼梦》。每一部小说我写一篇，用英文写。目前正在做研究工作。到浙江大学人文学院任职后，我打算跟浙大中文系合作，他们帮我配一些研究生，帮我收集资料，一起做研究工作。

记：浙大潘云鹤校长聘您来任教，是作为正式的教授或是院长来对待的。按照中国的教育体制，应该带博士或硕士，还得经教育部批准。

金：我想，只要浙江大学报上去，教育部一定会批准的。但是，带博士和硕士还没有列入议事日程。我打算考一考学生，关于带不带研究生，金庸是希望带几个助手，和自己一起做研究工作的，但他首先要问他们几个问题，答得出才行，要帮得上忙。

记：浙江大学已有百年历史，过去，无论是老师还是学生，都没有像您这样的年纪加盟的，而您却75岁来应聘当院长，这需要有勇气。

金：像我这个年纪，加盟大学，可能已经打破了中国纪录。本来是早就该退休了。当然，院士或者是学科带头人是不退休的，而且是终身教授，一聘就聘终身。我的愿望是当一名名副其实的教授，院长当上两三年差不多了。像我这样的年纪，经受不起，但做教授可以。"

记：通过您的指导，浙江大学人文学院能不能冒出一些作家或有名学者来？

金：啊，我的学问还不够。其实，我现在更想做一名学者，想跟第一流的学者，不管是北大的还是浙大的一流学者，多一些交往。

金庸希望浙江大学能够成为培养文学家的一块园地。但国内还有另一种说法，即大学中文系不培养作家。当以前有记者问起这个问题时，金庸回答说：中国现行的高等教育体制确实存在着很多问题，很多大学生到毕业时既写不出一篇像样的论文，也写不出够水平的小说。但中文系是不是不培养作家，金庸认为，虽然社会、书籍培养了很多作家，中文系"不一定"培养作家，但为什么"不一定"培养呢？每个人都有自己选择的权利，在中文系读书的学生也不例外，他可以当学者，也可以当作家，中文系不应该拒绝。他说他倒很想开一门教学生写作的课，但因为他太忙，只做过几次相关的讲座，学生反映非常强烈。他说："我支持学生做梦，无论是作家梦还是学者梦，哪怕最后梦醒，也不该中途破灭。"他强调：教育的根本意义就在于让每个人都有机会发现自己并成为自己。教育是引人"自渡"，而非"渡人"。中文系应该走出各种各样的人，包括作家。

回顾自己的一生，金庸不无感触地说："从工作时间说，我办报纸办了46年，从1946年进入杭州《东南日报》算起，到1992年离开不做新闻工作，这人的一生中最长的时间，最好的时间都在办报纸。作为自己的定位，工作时间跟精力大都放在办报纸上，但实际上却是个小说家，确切地说，我是个小说家、老报人。再过几十年，可能人家只知道我是个小说家，而不会记得我是个报人。"

谈到自己今后还会不会写武侠小说，金庸非常肯定地说："不管怎么样，都不写了，封笔就是封笔了。在英国会给一些古典小说写序言，在文学研究或者是文学评论上，可能会写一点文章，写一点有关中国历史的文章。我打算写一部中文的中国通史，因为我读中国历史有一点自己的观念，跟年轻人有一点不同。"

他说他会利用自己的影响，尽可能为浙江大学多请一些海内外的名流大师来讲学。

记者告诉金庸：在当今的中国文坛有一种看似轰轰烈烈实则不正常的炒作现象，有些作家动不动就签名售书，或者炒自己，书还没出来，就让人写文章炒起来，说自己的这本书是跨世纪的。包括有些主持人、演员、还有一些画家，经常会去一些公众场合公开作画，甚至连小孩子都学会了，动不动就是几百个上千个小学生到广场上去作画。这种本来应该耐得住寂寞的学问，现在却兴师动众，显示出一种浮躁。为什么当代没有大作，没有大家，与这种浮躁情绪有关？金庸从来没有炒作过自己，作品依然受欢迎，这又是怎么回事？金庸的回答是："这个问题不单在中国有，在世界上也是带有普遍性的。工商业一发展，这种现象很容易发生。中国也是工商业社会，眼下一些人法制观念不强，就容易出轨。反映在文学界就出现了为自己作宣传的情况……但任何商品也好，艺术品也好，过分的宣传，不符合事实的话都是不好的。新闻界也是如此。总之，不是真的都不是好的，讲空话、讲大话，都不好。自古以来，人们都追求真善美，齐头并进。做学问应该怎么做？是先宣传自己，还是耐得住寂寞，我看应该是后者。如果是假的，你一宣传就会有反作用。你宣传了一部作品，读者抱了很大的希望，结果买了一看不过如此，对这本书，对这本书的作者，大家就会厌恶了。今后即使真的有好作品出来，大家也不愿再去看它了。"

谈到是否将自己的小说上网，金庸断然否认："这不可能，因为这是知识产权。如果在香港有人将我的作品上网，我一定可以告它，这是侵犯我的版权。北京的一个出版社，他们买了我的小说，像《红楼梦》一样作评点，我现在正在告它，因为他们这样做没经过我同意。我决定通过法律与他们打官司。一个国家文化的发展，离开知识产权就很难。"

金庸的作品每一部都被拍成了电影或电视剧，但与金庸的原作有的却有很大出入，金庸对此倒很宽容："他们向我买了版权，他们是自己去改写。改编得满意不满意，我还是可以评说的。小说与影视有不同的表达方式，我不大赞成改编我的作品，新加坡好一点，港台就差得多了。香港的、台湾的编剧有一种通病，喜欢编造一些我书中没有的情节，而原书中的情节则大量删除。我曾向他们表示：你们既然改得那么多，你们何不也当'金庸'。我在台湾住的时候，同样是我的一部小说，新加坡一家、香港一家、台湾一家，有三个版本在播。哪个改得最少，哪个观众最多。因为那个编剧并不见得比作家高明，故事情节也不一定设计得好。"

金庸说他目前正在编自己的新闻评论文章，准备在香港出版，今后如有可能，再在大陆出删节本。

至于任浙江大学人文学院院长后是不是就准备以后在杭州定居，金庸说自己的户口目前还在香港。他的儿女都在香港，香港还有不少亲友，在香港还有自己的工作，每年还要有几个月的时间去英国搞研究，所以暂时不会将户口转到杭州，但他表示自己将会争取在杭州多待一些时间，今后年纪大了，他可能会在杭州定居。

浙大履新

4月5日，金庸第一次上公开课，之后就马不停蹄地奔走于浙大玉泉校区、西溪校区、浙大之江学院，以他的风趣大度给崇拜着他的大学生们上问答式的公开课。金庸这次来"浙大履新"用了20天，这是高效率的20天，用他夫人的话说："这次在浙大，他太累了，几乎没有好好休息过。"

4月12日下午，金庸和夫人一起在杭州笕桥机场与浙大的师生挥手告别，在走之前，他和热情的浙大学子相约：到了枫叶红了的时候，他会再回来给大家开中国通史的专题讲座。

在鲜花和人群的簇拥下，金庸略显疲惫。这次金庸来"浙大履新"用了20天，这是高效率的20天，用他夫人的话说："这次在浙大，他太累了，几乎没有好好休息过。"实际上，从4月5日第一次上公开课，金庸就马不停蹄地奔走于浙大玉泉校区（5日）、西溪校区（8日）、浙大之江学院（10日），以他的风趣大度给崇拜着他的大学生们上问答式的公开课。

在来浙江大学之前，一位经常不服气金庸的朋友就语带讽刺地对金庸说："你去教他们写武侠小说吗？去教他们写明报式的社论吗？"但金庸并不生气，他说如果自己过去写的那种社论和武侠小说可以教学生来写作，他当然乐于教，但有些学问、有些文章只能凭自己习得、由自己抒发的，所以他回答那位朋友说："我想去提倡中国传统的人文精神。浙江大学向来以工程、自然科学著名，我希望中国所有学理工的人，身上也都带有浓烈的传统文人精神。你看华罗庚先生、陈省身先生、杨振宁先生、李政道先生、竺可桢先生等那些卓有成就的大科学家，哪一位不是对中国传统学问有相当高的修养。外国的爱因斯坦、达尔文等等，他们哲学上的造诣，恐怕还超过不少专业的哲学家。"

在浙江大学，除了在大课堂讲课外，金庸还给学生作小型的茶会座谈，我们不妨根据他自己的一篇文章，模拟一下他的一次讲课全过程：（金庸简称"金"，学生简称"学"）

金：你们知道谢玄和谢安吗？

学：（几乎所有学生都举手，异口同声地回答）：淝水之战。

金：谢安是了不起的政治家，他侄子谢玄是能干的军事家。但我们今天不是讲政治、军事或战争，而是讲文学。

学：未若柳絮因风起。

金：对的，谢玄的侄女谢道蕴是很高明的文学家。有一天大雪，谢安身边围了很多子侄，他指着漫天飘飘而下的大雪，问道："这像什么？"谢安的一个侄儿谢朗说："撒盐空中差可拟。"谢道蕴接着说："未若柳絮因风起。"大家都赞扬谢道蕴说得好。试想一想，在空中撒盐，虽然有点像下大雪，但平白无顾的，什么人会去空中撒盐？那时候没有飞机，要在空中撒盐也无可能。而且盐粒沉重，在空中一撒开便即落地，不像柳絮那样在空中飘飘荡荡的很有诗意。

学：这跟谢玄有什么关系？

金：《世说新语》中有一个故事，是说谢安有一次和众子侄聚会谈天，谈到了《诗经》，谢安问："你们以为《诗经》中哪一句最好？"谢玄说："昔我往矣，杨柳依依；今我来思，雨雪霏霏。"谢安说："我最喜欢'讦谟定命，远猷辰告'这一句，含有高雅而深远的意义。"谢安引的这两句诗，意思是说：朝廷中筹划方针政策，定下了确定的施政方向，深思熟虑而规划长期路线，但要时时刻刻使得众所周知。谢安是宰相，朝廷大计对他特别有吸引力。但就文学性来说，谢玄引的这四句就感人得多了。东晋之后的许多诗人，在谈到这件事时，都赞成谢玄的选择。

学：谢玄是很会打仗的大将，哪知道他的文学修养也这样好。

金："杨柳依依"这四句诗，本来是说军人长期出征而后归家的感想。你们试想，一个军人当年离家出征，春风骀荡，新婚妻子依依惜别；打仗多年之后回家，风雪满途，他不知道妻子还在吗，是在家苦苦等候呢，还是另外嫁了人。二次大战后法国文学中也有类似的作品，进步诗人艾吕霞有一首诗，抒写法国一个从战场回来的老兵回归家乡，经过故乡旧路，"近乡情更怯"，心中波涛起伏，诗歌感人之极，可见永恒的情感不因时间、地域而有分别。好的文学作品，就有这种感人的魅力。

学：查教授，四书五经之中，你最喜欢哪一段？

金：《礼运·大同篇》"大道之行也，天下为公"那一段，提出了长期的历史发展方向，自然是最重要的；至于讲到个人修养，我最喜欢《论语》开端孔子所说的第三句话："人不知而不愠，不亦君子乎？"

学：（有点茫然不解）……

金：孔子在别的地方说："己所不欲，勿施于人"，"己欲立而立人，己欲达而达人"等等，当然有更加积极的意义，但你们想："人家不了解我，我不会不高兴，这岂不是挺有君子风度吗？"当真是豁达潇洒，雍容自若，谦谦君子，温润如玉。我所理解而仰慕的君子，大概就是这样的了。可惜在我所写的十几部小说中，还没能够创作这样一个人物。张无忌与段誉有一点点接近，然而还差得远。虽然真实，格调却不高，张无忌野而无文，略带霸气；段誉文质彬彬，但时有小丑味，格调不够纯而高雅。

金庸的耐心在给学生上课时尽展无遗。学生们的问题有很多是重复的，但他都耐心地一一答复，对一些不便回答的问题，他就巧妙地采取太极推拿法一一回避，如有学生让金庸讲讲他的感情生活，一直对这个问题采取回避态度的金庸却没有拒绝回答，而是和蔼地说："这个问题涉及个人隐私，我私下同你谈。"

金庸这次到浙江大学履新，让各路老记失望的是他们一直没有采访到金庸与其妻子的故事，最终也没有一家媒体拍到他们夫妇的合影。原来，金庸与他的"她"是一对公认的模范夫妻，也是典型的老夫少妻，他们相识的时候，金庸41岁，她才17岁。两人一直害怕媒体界那闪闪发光的闪光灯，所以，老记们尽管使出浑身解数，在金大侠面前也只好认输。

在杭州的这段时间，金庸自然成了各方面关注的焦点人物，他原来的生活习惯不得不完全改过：在香港他每天要到近中午才起床，可在这里他每天早晨七点就得起床迎接恭候在门口的同事和亲友。

4月3日，金庸还到上海参加了《人民日报》和中国青少年发展基金会联合召开的"中华古诗文经典诵读工程"座谈会，与王元化、汤一介、季羡林、南怀瑾、饶宗颐、杨振宁一起畅谈为什么要让中国的青少年诵读中国古诗文经典作品。

因浙江大学现有两处校舍，即玉泉校区（原浙大）和西溪校区（原杭大），为了便于金庸随时到两处指导教学，学校在两处都给他配了一套办公室。在这短短的20天里，金庸的工作效率相当高。他开了三次公开课，搞了两回教师座谈会、个别拜访了教授和同事，还到人文学院各办公室走走看看。现在看学校的春季工作暂告一段落，而香港方面又有一些公、私事急需他回去处理，所以心生归意，他向校方表达了自己的意思后，校方立即同意了。

原来，金庸虽然算是浙大的正式教授加院长，但他和其他教授与院长相比还有个特权，就是他可以根据具体情况决定去留。实际上，在金庸还没到任时，浙大校方已经考虑到这个问题，认为金庸年纪大了，身体状况也不尽如人意，所以也并没有要求金庸一年四季待在杭州，只是希望他在方便的时候，在杭州气候好的时候来杭州住一段时间，长短由他自己定，因为对学校来说，金庸能来任职就已经给浙大带来一笔巨大的无形财富了。而金庸在接受这一任职前后也多次表示自己年事已高，不可能在这一位置上干很长时间，具体行政工作他也没精力管，为此院方特意给他配了一个副院长，帮他做这些行政工作，金庸不在的时候，就由副院长代管学院有关具体事务。

这次在杭州，金大侠确实太累了，所以回香港，他要先在家中作一番调整和休整，然后再赴英国进行为期一月的讲学和研究。

第十二章

多事之秋

"评点本"风波

1998 年 10 月,文化艺术出版社隆重推出《评点本金庸武侠小说全集》,冯其庸、严家炎等为评点人;金庸则在各种场合宣称这是一种"聪明的盗版",评点文字连小学生都能写,于是掀起轩然大波。

金庸在浙江大学履新时,记者问得较多的一个问题是金庸怎样和文化艺术出版社打官司;在接受《文汇报》记者采访时他也强调说他已"决定通过法律与他们打官司。一个国家文化的发展,离开知识产权就很困难。"

这里所谈的,就是此时已闹得沸沸扬扬的《评点本金庸武侠小说全集》是否盗版一事。

事情的起因是:1999 年 3 月 27 日,金庸在接受上海《文汇报》采访时,就谈到他正准备告北京一家出版社,并说"评点本"的"聪明的盗版"方式;

1999 年 3 月 31 日,金庸接受了中央电视台晚间新闻记者的采访,其中谈到《评点本金庸武侠小说全集》时很不客气地说:"今天我吃饭的时候,有人找我签名,我一看是盗版,不签。其实他们所谓的评点,根本是一种"聪明的盗版"方式,把我的原著拿去,随便加几句话,说这一句写得很好,就成了评点了,说这段写得很紧张,又算评点了,本来如果他认真地评点,我是可以接受的,但是他就是随便找几个人,说这段好,那段不好,像这样的评点,就是小学生也会写的……现在我正在北京方面告他们。"

在接受《北京青年报》记者李东采访时,金庸又说:他在北京师范大学的时候,有人拿着评点本来找他签名,他一看,不签,说是盗版。对方说怎么会是盗版的,金庸说:"这是一种聪明的盗版"。

1999 年 4 月 5 日,金庸接受《人民日报》华东分社记者采访,该报以"面对盗版,金大侠'拍案而起',撰文称:"谈话中一直温文尔雅的金庸,提及盗版一事,却不由得怒发冲冠,特别是最近文化艺术出版社推出的那套《评点本金庸武侠小说全集》,更让他痛恨……既声称'金庸授权',又有名家'坐堂',瞒过了不少金庸迷……愤怒的金庸有一种上当受骗的感觉。"该报还引用金庸原话说："在看到校样时，大吃一惊，怎么根本就是小说全文，每页仅加上几句眉批，头两册还认真一些，后面简直是潦草无聊……以前我对盗版确实比较姑息，想着他们可能因为穷，又没有什么知识，盗版也是谋生手段，社会上有那些小偷、强盗，不是也始终禁而不绝吗？但这一次我是深深地失望且痛心的——因为这是一些学者，是知识分子呵！他们怎么可以这样做？"

同一天，金庸在浙江大学上课时，又说到某出版社的《评点本金庸武侠小说全集》是"假"的，未经他本人授权，已侵犯了他的知识产权。矛头直指文化艺术出版社。

更有趣的是，几乎与金庸说"评点本"是盗版的同时，《中华读书报》1999年3月24日刊登一则消息"《金庸武侠全集》请来公安'保镖'"，说为保护评点本不受盗版的袭击，文化艺术出版社与陕西省公安局联手，合力打击对该书的盗版行为，它们联合刊登了举报启示。报上称：文化艺术出版社是唯一获得金庸正式授权的出版社，现在因和陕西省公安局联手，在打击盗版的攻坚战中取得了辉煌的胜利，盗版分子受到严酷打击，迄今未发现盗版的"评点本"。据称"评点本"一上市就热销，其中的原因，一是此时正在播出香港电视连续剧，但更重要的原因是评点的中肯恰当和对原文的精编精校。据称："《评点本金庸武侠小说全集》所约评点者均为全国知名的小说学专家、教授，如著名学者、中国'红楼梦'学会会长冯其庸，北京大学教授严家炎等，不仅对文学评论尤其是小说也具有极深造诣，而且学贯古今，见识广博，对武侠小说又有不同寻常的爱好……评点文字分为总评、回末评及旁批，每部作品均有一篇总评，从文学的角度对整部小说进行评论；回末评写在每回（章）后，主要对本回评论，同时兼及前后文，在数个回目组成的大的段落结束处，还会对该段作出评论；旁批写在书口处，针对细微处发评论，内容无所不包，天文、地理、政治、经济、军事、历史、文化均有涉及，小到一个词汇的运用、人物内心的细微变化，都有精妙的短评，这是'评点'最具特色之处。另外，'评点本'的版式、装帧设计等方面，也是经过反复推敲，数易其稿后而定的。"

同一时期对同一套书出现了两种截然相反的评价，到底谁对谁错？

获悉金庸的惊人之语后，被指责方、刚刚于 1998 年 10 月推出《评点本金庸武侠小说全集》的文化艺术出版社迅速发表声明：该社拥有合法的出版合同。"评点本"不是盗版书。

文化艺术出版社常务副社长卜键向记者说，情况其实不是像金庸所说的那样。1996 年 10 月，中国武侠文学学会由冯其庸教授带队前往香港为金庸、梁羽生颁奖，席间气氛非常好，其乐融融。冯其庸告诉金庸自己在业余时间正对他的小说评点，金庸表示感谢，会后就议定由冯其庸先生主持搞"评点本"，交由文化艺术出版社出版，并当即指示明河版权代理有限公司总经理与文化艺术出版社常务副社长卜键研究授权与合作事宜。经过进一步交涉，1996 年 12 月，文化艺术出版社和明河版权代理（香港）有限公司正式签订了《评点本金庸武侠小说全集》出版合同，并在北京版权局登了记。此前，双方就合同中的每一条款都充分交换了意见，并由金庸本人亲自改定，根据合同第一条"同意乙方在中国内地及港台地区出版发行上述著作中文版本之评点本全集"，该社拟先制作繁体版出版发行，并联络港台各一家出版社代理印发事务。金庸知道后表示不满，为表示对金庸的尊重，文化艺术出版社就终止了与那两家出版社的合同，改做简体字本在内地印行。然而不久，金庸要求重订合同，并寄来了改定的条款，意图封杀"评点本"繁体版，明河版权代理有限公司也提出废止原协议，重新制订合同，而文化艺术出版社则强调原协议双方签字有效，"契约神圣"，希望通过协议补充条款方式解决。

1997 年初，上海贝林律师事务所称受金庸委托取消该协议，并向国家版权和出版管理机构告状。

1998 年 9 月，文化艺术出版社在纠纷未得到解决的情况下，因为已投资 200 万元无法收回，遂决定按合同出版"评点本"简体字本。

但在这之前，即 1997 年 1 月，文化艺术出版社却与云南人民出版社签订了一份协议，合作出版《评点本天龙八部》，合约上明确规定："协议签订五天内，云南人民出版社必须将本书清样以文化艺术出版社的名义寄金庸先生审定，在获得金庸先生的同意后方可投入制作。"可事实上，此书未经金庸的审定，于 1997

年 10 月，以《新派武侠精品评点丛书——天龙八部》为名出版了，并且是以文化艺术出版社和云南人民出版社的名义出版的。

不久，金庸在大陆的朋友在中国科技图书公司购得这本书，并告知金庸，于是引发了"评点本"事件的第一场官司：金庸和他的版权代理公司明河公司以《评点本天龙八部》为由向上海二中院起诉文化艺术出版社、上海科技图书公司以及云南人民出版社侵权。起诉书要求三被告停止侵权，并在国家级出版物上以书面形式公开赔礼道歉，并赔偿人民币 19 万元。

对金庸的指责和起诉，很多人不以为然，其中一个重要理由就是认为金庸随便指责参加评点的朋友和学者，违背武林规矩。那么参与评点的是否如金庸所说只会做连小学生都会做的评点呢？该书的评点水平真的这么低吗？

根据合同，"评点工作由冯其庸先生主持，由中国武侠文学学会组织实施"。文化艺术出版社的有关负责人指出，有关评点人名单提出、评点人确定、评点格式的推敲、评点文字的确定都有金庸参加。

1997 年 4 月，文化艺术出版社将武侠文学学会提出的评点人名单及评审委员会名单电传给金庸，并按照金庸的意见更换了部分评点人，且依金庸的意思，盛邀王蒙、严家炎两人加盟，只因此时这两位先生均在国外，出版社只好另约他人。出来一部分评点本后，出版社让金庸审阅，金庸对个别评点本表示不满，并仍表示希望王蒙和严家炎先生加盟，然而，因王蒙此时正在北京郊区创作，明确表示不能任其事，而严家炎则答应与其博士生孔庆东合评一本。

经过协调，最后确定了评点人名单，除冯其庸、严家炎外，还有王春瑜、林冠夫、陈四益、卜键、孔庆东、白维国、冯统一等著名学者，他们的个别评点文字也曾见诸报端，获得广泛好评。

金庸事先提出所有评点文字都要经他审读，但后来实际操作时却没有完全按照这个约定办，原因是金庸经常外出，后来出版社改成每种书先呈交一二章评点，如发现水平问题后全部否决，金庸也同意了这一做法。

至于金庸在谈话中所说不知道繁体字版之事，文化艺术出版社负责人称：我们当初送他过目的评点本样本都是繁体字版，他怎么能不知道呢？

据推测，这场争执可能起因于金庸在与出版社签约后想重新签新合同，收回原合同中对文化艺术出版社拥有在港台地区出版发行中文繁体字评点本的授权，但未得到出版社的同意。虽然双方就这个问题多次交涉，但最终没能达成共识。文化艺术出版社负责人称："肯定是金庸先生误会了他们和港台两公司签订的合约，其实我们委托港台出版社印发着重保护著作人的版税收益，其次是对武侠学术活动的支持，本社则无所求。"

至此，就《评点本金庸武侠小说全集》是否盗版一事，双方仍各执一词。文化艺术出版社拿出有金庸亲笔签名的有长长的 20 条条款的出版合同（1996 年 12 月 2 日）以及转交金庸本人的律师函，还有致中央电视台台长室的公开信，要为自己洗刷罪名，并发表声明说："相信年迈的金庸先生也会在法定的文本前恢复记忆，相信法律会以事实为依据，相信此事一定会有一个圆满的解决"。

出版社说在签订合同后与金庸之间产生的不快主要是因为出版社在一些合作细节上对金庸的要求无法一一满足。出版社历时三年，花费了大量的人力和物力，所以不希望由于这些原因而使出版社遭受损失。而实际上，自金庸公开说"评点本"是盗版书后，出版社的发行工作已经受到了影响。据文化艺术出版社有关负责人称："就因为金庸先生的几句话，我们发往全国各地的书相继被退回 4000 多套，读者也纷纷指责我们。我们拿出合同给人家看，想说明这套书的合法性，但人们说，'金大侠'亲口说它是假的，还能有问题？于是被怀疑的只能是我们！"为此，许多书店因为怕惹麻烦而根本不要此书，就连已经进了该书的书店也因为同样的原因而把它们作为盗版书撤下柜台，这已经给出版社造成了极大的经济损失。

而金庸本人对此的回答是：出版合同的第三条就明确规定："乙方（文化艺术出版社）保证充分尊重甲方（金庸的版权代表明河版权代理有限公司）之作品完整性权，举凡评点工程之凡例、进程、评点人选诸项，均先期征得原著作者查良镛先生同意。评点工作由冯其庸先生主持，由中国武侠学会组织实施。查良镛先生有权通读或抽检评点文字，并有权否决其不宜、不妥之处，乙方应全部遵照。"据此，金庸认为，此书为了赶出版进度，到后期请了一些他没有认可过的人包住宾馆连夜作战，有些点评文字过于粗糙，出版前没有请他过目，因此他觉得不太愉快，希望终止合同，现在此书已经出版，已有读者拿来让他签名，这让他在心理上难以接受，于是就声明是假的，拒签。他现在觉得不能再讲什么"仁"和"义"，要和出版社对簿公堂。

文化艺术出版社表示接受金庸的挑战，同时还表示，尽管出版社为此蒙受了巨大的经济损失和精神损失，但他们还是很重视与金庸先生的合作的，考虑到金庸先生的形象和广大读者的感情，出版社并不愿意和金庸打官司，因此不会主动提出诉讼，但会保留依法追究对方责任的权利。出版社并且已经向金庸作品版权代理者提出声明，要求对方消除因称"评点本"为盗版书所带来的影响。

富有戏剧性的是，文化艺术出版社第一状并没有告金庸，而是在 1999 年 8 月在上海市第二中级人民法院将云南人民出版社与中国科技图书公司推上了被告席。文化艺术出版社认为，若不是云南人民出版社违规操作，自己不会被金庸拖进官司。

同时，云南人民出版社社长程志方在《滇池晨报》发表声明说："文化艺术出版社完全是在推卸责任。第一，我们完全是按照和文化艺术出版社签订的协议来严格执行的，并未违反规定。协议中确实有'要经过金庸先生许可'的一条。但前提是由我们提供样稿，由文化艺术出版社负责送交金庸最后审定。而且，我们已将清样按时送至文化艺术出版社，直至 1997 年 10 月份，都未得到答复。半年多的时间杳无音信，我们理当认为已得到对方认定，所以才推出该书，我们不能为了无限制的等待而延误整套"新派武侠精品评点丛书"的出版。第二，该套书正式出版之后，我们立即按协议邮寄了 50 套样书给文化艺术出版社，对方没有拒收和提出异议，这也说明对方是同意的。第三，书出版后，我们即时按协议规定将金庸先生的版税如数汇寄给了文化艺术出版社，汇款单上也注明'金庸版税，请转交'字样，钱汇出后也至今没有答复，也没有否定，而且为了表示我们对金庸先生的敬重，我们在实际出书只有 5000 册的情况下，仍然按照协议规定的10000 册付给其稿酬，金庸先生收到否，我们就不清楚了。但至今未有反对消息，我们完全有理由认定我们出版物的合法性。"

此案的第三被告中国科技图书公司谈及此事总是牢骚满腹，一肚子委屈，他们认为自己只是因为销售此书而成为被告，实在有点担当不起。他们认为自己销售该书并未侵害所有原告的利益，而且销售此书也获得有关方面的批准。他们拿出云南省版权局以及上海市新闻出版局的有关文书，以示自己的清白。他们通过合法途径进货，而且《天龙八部》也是由国有大出版社出版的，手续齐全，所以没有理由怀疑其出版权，当然不应该承担责任。

文化艺术出版社状告云南人民出版社实际是醉翁之意不在酒，最终目的是为了显示金庸状告自己是自相矛盾。文化艺术出版社认为，导致金庸告状的那本云南人民出版社出版的《评点本天龙八部》与他们一点关系也没有。文化艺术出版社强调，这本署名为文化艺术出版社和云南人民出版社联合出版的《评点本天龙八部》的所有编法、印刷、发行过程文化艺术出版社方面一无所知，他们说：这本书没有我社总编辑签字发稿，没有我社书号、印刷单、发行委托书。因此该出版社负责人最后说：金庸先生不是多次在媒体声称本社是"盗版"吗，那么他们为什么要通过《评点本天龙八部》一书连带本社，而根据又是那份他们认为无效的《评点本金庸武侠小说全集合同》，这不是自相矛盾吗？

自从金庸称"评点本"为盗版后，文化艺术出版社的名誉遭受了很大损失，但最重要的是先期投入的大笔资金和出版后的书无法售出，使该社蒙受重大的经济损失，于是该出版社引发了第三场官司：1999年11月8日，在北京第二中级人民法院，文化艺术出版社起诉金庸侵犯名誉权。出版社的负责人气愤地说：是可忍，孰不可忍！以前金庸口出不实之词，我们没有告他，因为他是金庸，是金大侠。从自觉维护金庸形象的愿望出发，我们不想和金庸对簿公堂，因为一旦到了法庭，一切都是以事实为根据，一切真相将大白于天下，或许会伤了一些武侠迷的心。然而金庸的行为如今已经严重侵犯我社的名誉权，给我社的出版、发行工作带来严重影响，造成重大损失。为保护我社利益不受侵害，只有诉诸法律。

但同时出版社也表示："评点金庸"是一件有意义的文化工程，双方即使在认识上有歧义，也可以在互相尊重的前提下商议解决，就是在走向法庭以后，他们仍希望能与金庸先生和解。

文化艺术出版社在起诉状中提出几条要求：第一，判令被告停止侵害，消除影响，以书面形式在国家级出版物上向原告赔礼道歉。第二，向原告赔偿损失人民币200万元。诉状认为，1996年12月23日，明河公司（金庸版权代理公司，注册香港）经被告许可，与原告签订了《评点本金庸武侠小说全集出版合同》，合同约定：明河公司授权原告在中国内地及港台地区出版、发行被告中文版本的评点本全集。原告出版"全集",有经过与被告的"版权代理机构"明河公司反复磋商签订的正式协议,是经过北京市版权局登记注册的合法出版行为,从协议的签订,到评点人的遴选,被告始终参与其事,事实上,出版合同的最后文本的确认,是由被告主要决定的,这些都有详细资料可证。

7天后,法院知识产权庭正式受理此案。但令人感觉蹊跷的是,北京市第二中级人民法院通过香港法院两次向金庸送达副本,但金庸拒不签收,不知不觉几个月过去了,此案迟迟不能开庭。

期间,上海市第二中级人民法院知识产权庭于2000年1月12日开庭审理了金庸状告文化艺术出版社、云南人民出版社和中国科技图书公司一案。当天,金庸及原、被告的直接当事人均未出庭,坐在原、被告席上的都是双方各自聘请的律师。三被告的代理人均当庭就有关问题进行陈述、申辩。合议庭对此案件持续审理了整整一天。最后法院宣布将在充分调查及庭审的基础上择日作出判决。但此判决却也迟迟没有下文。

据悉,金庸与文化艺术出版社的这场诉讼后来有文化部的一位领导和新华社的一位领导出面调解,他们都是金庸多年的朋友,因此金庸最后也同意接受调解,和解的条款也正在商讨之中。根据和解的精神,双方不得公开对外界发表对于对方不友善的攻击。金庸保持君子风度,虽和解不成,但尊重调解人的友谊与善意,一方面拒绝向传媒表示任何为自己辩护的言论,另一方面也通过律师向有关法院表示:尽管估计宣判对自己有利,但是和解商谈正在进中,希望法院延缓宣判。

谁知就在这节骨眼上,却风云又起,第四起官司告上法庭。2000年8月1日,五位参加"评点本"的学者从北京直飞上海,委托曾因电视剧《上海人在东京》著作权案而蜚声南北的大律师富敏荣代理,一纸诉状将金庸告上法庭,上海市中级人民法院受理了此案。

至此,已经沸沸扬扬的"评点本"案再起波澜,而且有愈演愈烈之势。

五位学者分别是中国社会科学院历史研究所研究员、《明史论丛》主编王春瑜、中国艺术研究院研究员林冠夫、中国社会科学院语言研究所研究员白维国、人民文学出版社副编审、中国武侠文学学会常务副秘书长刘国辉、北京联合大学应用文理学院教授周传家。

他们状告金庸的理由很简单：金庸在各种场合针对"评点本"的言论使他们很愤怒。

他们的诉求也很简单：根据 1998 年 7 月最高人民法院关于审理名誉权案件若干问题的第 7 条第 1 项的规定，要求被告金庸：一、立即停止对原告的侵权行为；二、在《人民日报》和《北京青年报》上刊登声明，向原告公开赔礼道歉；三、赔偿原告经济损失费人民币 50 万元。

五位学者当初为什么参加"评点"金庸小说？金庸说"评点本"是"盗版"后他们又是怎么想的呢？

王春瑜：我第一次认识金庸是在 1985 年，那年我参加了在香港召开的国际武侠小说研讨会，在会上讨论了金庸的作品，由此我与金庸也认识了，说实话，我当时对他印象很好。

多年来，我一直喜欢他的作品，特别是《笑傲江湖》，简直可以把它当成政治学读本来看。如果人们认为学者圈子里不读通俗小说，那可就错了，事实上，我们"偷得浮生半日闲"时，都会读一些通俗小说（包括武侠小说），读这些作品的心情是轻松的，常常是清茶一杯，一卷在手，快快地翻过去，不管是金庸还是古龙抑或梁羽生，都令人愉快，所以现在尽管已经发生了这么些不愉快的事，但是，我认为在新派武侠小说的领域里，金庸还是能占一席之地的。那次从香港回来，我就发表了一篇题为《金庸印象》的文章，并收录在我自己的集子里，但是，下次再整理集子时，我就会把这篇文章去掉，因为，认识人是有一个过程的。

那次参加评点其实也是盛情难却，我是一个研究历史的学者，从来没有给任何一本武侠小说写过评论。因为金庸的小说《碧血剑》里涉及到了明末清初的历史，所以，我的好友——中国红楼梦学会会长冯其庸找到我，要我参加评点，说实话，那时我很忙，但是碍于朋友的面子，加以我个人也非常喜欢金庸的小说，所以就把这事揽了下来。可当时，并没想到会发生今天这样的不愉快。我说过，我是研究历史的，我面对的是几千年，什么古人没"见"过，历史面前，人人平等。可是金庸的做法太岂有此理了。似乎以高等华人自居，完全不讲武林道义，实在是有负于我们对他的尊重。我想，如果是他自己出面叫人写评的话，不见得能找到这么一大批具有相当经验的学者。我们这次告他，最重要的就是要维护大陆学者的尊严。

　　听说，金庸在浙江大学做历史学博士生导师，教隋唐史。我不知道这是真是假，若是真的，那就是对历史的一个莫大的讽刺。金庸不是正规历史学毕业的专家，根本不能有资格做博士生导师。我准备9月份在《光明日报》开个个人专栏，第一篇文章题目就取为《评"泡沫"史学》。我就要把这事写进去。

　　白维国评点的是《雪山飞狐》，他在回答记者的提问时是这样解释事件经过的：我和金庸素昧平生，没有交情，这次卷入评点工作完全是一个偶然，本来被选入评点人的是南开大学的一位教授，因为他临时有事，不能参加，于是，我的好友——文化艺术出版社的卜键找到了我，请我参加，我就答应了。我觉得，在评点的整个过程中，我是极端认真的，因为，我喜欢金庸的小说，他的小说里带有中国的文化背景，体现了中国的人文精神，渗透着深深的文化底蕴。所以，我不断地告诉自己，一定要认真仔细。可是，万万没料到的是，金庸会如此贬低我的工作成果，这只能说明，他的人品不够完善。因为我的工作决定了我与外界的接触不是很多，出了这件事后，我的同事取笑我说："你怎么会染上这档子事的，想出名啦！"唉，真是有口难辩。说实话，听到他贬我为小学生，虽感意外但并不生气，我的学历并不是金大侠定的，一个人的言行如何，最终受影响的还是他本人。不负责任的言论只能是对自己抹黑。

　　刘国辉评点的是《倚天屠龙记》，他对这场官司的心理很是矛盾，他告诉记者：我是中国武侠小说协会的会员，也是发起人之一，当时，我们选择评点人是非常慎重的，几次调整名单，并得到了金庸的认可。如今，书也出来了，金庸却把他与出版社的矛盾，迁怒于评点人的身上，这是非常不道德的，这与他书中的侠客形象、与我们对他的印象相去甚远。他老了，说话还如此不慎，是很不明智的行为。

　　周传家：我主要评点的是金庸小说《飞狐外传》，为了评点这部作品，我花了半年多的时间，也付出了很多心血，刚开始接触这个工作时觉得非常有价值，有意义，但等到真正接触到了，并具体去做时，就觉得不是想象中的那样。我自己也是中国武侠小说学会的会员，当时，金庸几近苛刻的要求与条件使我觉得自己的压力很大，觉得他太不厚道，再加上后来发生的事，金庸在我心目中的形象大打折扣。在文学界，你是公认的大侠，何必居高临下骂人，把我们这些人和小偷强盗并列，也太过分了吧，你觉得不满意，完全可以运用文艺批评的武器进行正常的批评，何必挖苦人？侠，是一诺千金的……唉！

　　林冠夫评点的是《鸳鸯刀》，他说：我以前研究诗词，今年研究小说。我确实喜欢金庸的小说，那是消闲的妙品，情节曲折，引人入胜，读他的书，是审美，也是休息，圈子里都这样看。但是，毕竟是"金、古、梁"，毕竟跳不出一个中心……一张藏宝图、一本武功秘籍、一件神秘兵器……毕竟跳不出这个范畴。至于对我们的"小学生"之喻，无所谓，水平高低，不妨任人评说。但把我们与"贼"并列，实乃太过，是令人愤怒的，是人身侮辱，我今年快七十了，"老而无作是为贼"，我这一生还不能算是无所作为吧。评他的作品，我是认真的，也如数完成任务，但他的话，尤其是公众场合的话太伤人心了。

　　作为五位学者的代理律师的富敏荣从法律的角度认为：五位学者的评点是严谨的、认真的，从法律角度讲，评点文字具有独立的著作权，作为文艺批评，可贬可褒很正常，但现在有一种现象不正常，那就是只能褒不能贬，一贬就跳，就官司上身，本案文字甚至还没敢贬，算是"评功摆好"了，还是惹上官司。此风一长，文艺批评必然要走上死胡同。我之所以揽上这么一个官司，本意无非是想对公众说：不管本案有什么样的结果，都应该给世人一个警示，身为名人，在公众场合说话更要谨慎，名气越响，对他人造成的伤害可能越大，所要承担的法律责任更重。名人也不能贬低他人的人格，否则，即使是名人，也要为此付出法律的代价。

　　8月9日，远在香港的金庸从记者的电话中得知五位学者把自己告上法庭一事后颇感意外。他说他此时尚未收到此案的诉讼通知，也不知道内地的报纸已经披露了此案的诉讼内容。但他表示，既然此事已经进入诉讼程序，他当然不会回避，会请自己的律师认真应对的。但对记者提出的问题，金庸拒绝回答。

　　据知情者透露，金庸对五位学者的起诉感到很惊讶的原因是他说自己所谓达到"聪明的盗版"纯粹是指出版商而言，尤其是指云南人民出版社。金庸自己是作家、教授，对所有的作家、教授都表示友好和尊敬。当时有读者拿着金庸的小说请他签名，金庸一看是云南人民出版社的书，而金庸从未与云南人民出版社订过任何出版合约，所以就肯定那是盗版书。文化艺术出版社在上海状告云南人民出版社违约出版，可见文化艺术出版社也认为是盗版，至于是"聪明的盗版"还是"愚蠢的盗版"，问题并不重要。

金庸认为，除了云南人民出版社外，文化艺术出版社违反合同的事实也是十分明确的，主要表现在以下几个方面：

一、未经原著作人同意，将出版评点金庸小说的权利授予台湾出版商、香港出版商、云南及陕西的出版社，并由此取得巨大金钱利益。此举违反了中国《著作权法》第25条。

二、原合同第三条中有如下约定，乙方（文艺）充分尊重甲方之作品完整性，举凡评点工程之凡例、进程、评点人选诸项，均先期征得原著作者查良镛（即金庸）先生同意，查良镛先生有权通读或抽检评点文字，并有权否决其不宜不妥之处，乙方应全部遵照。但乙方文化艺术出版社确定的评点人选，未征得查先生同意，并借口评点稿篇幅过巨，未交金庸审阅。

三、根据《中华人民共和国著作权法》第十条规定，保护作品的完整权，即保护作品不受歪曲、篡改的权利，并有使用权和获得报酬权，即有复制、表演、拍制电影、翻译注释等方式使用作品的权利，以及许可他人以上述方式使用作品，并获得报酬的权利。所以，严格来说，只有金庸才有权许可评点者评点本人著作，比如许可中央电视台拍制他本人的小说。评点人根据违约的失效合同，来评定金庸的著作，而未得到金庸本人的书面同意，本身已属于侵权行为。金庸有权控告评点人未经许可，擅自评点原作而由此获得报酬。因此，如五位学者坚持要告金庸，金庸表示将考虑向法庭提出赔偿要求。

四、原合同第七条规定：上述著作中文简体字版的定价由乙方（"文艺"）规定，全套不少于人民币800元。但"文艺"原价580元的《评点本金庸武侠小说全集》现价只卖290元，明显违约。

五、原合同第八条、第五条规定，乙方（"文艺"）应向甲方支付版税稿酬每版定价 *10%* 发行数，以美元支付，每年结算两次，分别为6月及12月。乙方应在1997年12月23日前出版至少1万套，应于1998年6月30日前支付版税，至少为两万套即应付美元至少二十万。但至2000年8月10日止，"文艺"未付分文。另外，云南人民出版社称已将金庸的版税（人民币8万元）如数请文化艺术出版社转交金庸，但金庸至今未收到这笔钱。

至于金庸当初为什么同意文化艺术出版社出版"评点本"，知情人透露说：金庸之所以同意，主要出于以下几个方面的考虑：一是这是由他的好朋友冯其庸牵的线，点的题，而让文化艺术出版社出版这套书也是冯其庸的提议。五年前，冯其庸曾向金庸建议，出一套评点金庸全套武侠小说的书。经过慎重考虑，金庸同意了。金庸的想法是：像冯其庸这样的专家评点他的小说，无论是批评还是表扬，只要是用专家的眼光评说，对读者、作者、评点者都有利。但金庸没同意冯其庸写的序言，认为序言对自己的小说赞扬太多，说得太好，让人看了感觉到是为朋友捧场，所以金庸坚持让冯其庸重写，冯其庸也同意了；其二，出版社提供的评点者的名单，也很合金庸的意。在最初的名单中，除了有冯其庸、严家炎、陈墨外，还有金庸尊敬的王蒙、冯牧等专家；其三，拟订的合同条款对金庸比较尊重，比如合同签订一年之后完稿，全部作品评点完稿后让金庸过目；未经金庸的许可，不得授权给其他出版社等等。

至于金庸在接受中央电视台等新闻媒体时为什么说"聪明的盗版"之类的话，知情者认为，金庸说这些话不是针对评点人的，而是针对出版商的。另外，评点人状告金庸的一个原因是金庸认为他们评点的不好，那么，既然他们在评点时可以说金庸的小说这里好那里不好，金庸或任何人也就有权说他们的评点好或不好。评点也是一种文艺创作，对艺术创作或任何著作，认为内容不好、形式不佳等等，都属于自由评论，而并非人身攻击。一个人写了文章或对他人作品作评点，任何读者都可说好或不好，都可以公开表达，何况金庸所说的差的评点，只是其中一小部分。他认为有些评点是极好的，如严家炎的、冯其庸的、陈墨的，有些还十分精彩。严家炎对金庸作品评得很严格，金庸在《神雕侠侣》中有一细节有误，说春天看到了菱角，严家炎对此的评点说：春天只能见到菱花，只有秋天才能结菱角，金庸很乐意接受他的批评，并表示再版时会按他的指点改正。冯其庸评点得也很认真，他为了评点《书剑恩仇录》，还专程到新疆考察了一番。金庸对此表示很感动。王春瑜是金庸的朋友，金庸对他的一些评点也很看重，去年金庸的香港明河出版社出版一套两卷本《武侠小说论卷》，其中就收入了王春瑜的一篇文章《论武侠小说中的蒙汗药》，当时编者不想收入，是金庸坚持让收入的。在其余评点者中，评点的内容也并非都不好，也有很多佳评佳句，但不可否认，其中也有很多粗糙之作，滥竽充数，如在金庸的原作上作眉批"这句写得很好"，"这段写得很紧张"，这也叫评点？若是，那真是连小学生也都会了。另外，还有很多评点破坏了金庸小说的整体构想，把金庸小说中的很多悬念都点破了，这就必然使读者读得索然无味。还有一点使金庸不满的是：金庸写的武侠小说刻意体现的是中华民族的传统道德观念，如仁义、忠孝等，在写法上也主要采取中国传统的创作手法，但有的评点却不尊重原著的风格和作者的个性，将西方文学批评的大量辞藻堆砌在原著之间。金庸认为这根本不适合对武侠小说的评点。

金庸特别声明的是，他对出版社违约行为的批评，与冯其庸毫无关系，冯其庸当初的创意，与出版社后来的违约，其间并无直接的关系。

关于金庸如何面对五位学者的告状，以及如何应对这场官司，金庸表示尚未收到法院的通知，但他会认真应对的，同时他强调，侵犯名誉需要有明确的内涵：有没有侵犯？谁侵犯？侵犯了谁？如何侵犯等。他再一次强调：所谓"聪明的盗版"，对象是出版社，而非评点者，作为原著的作者，对部分评点原著内容表示不满也是他应有的权利，莫非明明评点得不好，也要他硬说好？更何况他所指的只是部分评点内容，而不是具体的评点者。

据悉，金庸本人不会出庭应诉，因为在五位原告中，王春瑜与他已经相识15年，彼此感情一直很好。金庸为人的原则之一是不与朋友对簿公堂，更何况他从来没想过要侵犯朋友的名誉，包括对其他四位学者。他认为，五位学者可能并不了解这次评点的全过程，尤其是出版社违约的那些事实。

这起"评点本"连环案到底谁是谁非？一时成为文坛和法院的双重热点，期间新闻媒体不断将一些案件的最新进展情况公诸于众，但都是浮光掠影，不涉实际。但这起世纪之交的悬案却令不少金庸迷过得充实无比。

终于跨到了新世纪，而跨越了两个世纪的"评点本"案也终于有了让人有点失望的最终结果：2001年2月16日，诉讼各方在南京签署了和解协议。

据悉，这场延续了近三年的"评点本"案之所以能和平解决，一是归功于一些友好人士的积极调解，但主要还是金庸及文化艺术出版社与香港明河版权代理公司本着解决问题、消除误会、实事求是的原则，坦诚协商的结果。在最终达成的和解协议中，文化艺术出版社就自己的一些失误向金庸郑重道歉，并作适当的自我批评，金庸表示谅解，愿意接受道歉。双方承诺此后不再根据同样事实及理由向对方再度提起法律诉讼或要求。双方还承诺，此后不向外界发表针对对方的不友善言论，至于文艺理论、文学批评、历史讨论等则不在此限。

根据和解协议，香港明河版权代理公司及金庸本人将撤销在上海第一、第二中级人民法院对文化艺术出版社的起诉；文化艺术出版社撤销在北京第二中级人民法院对金庸提起的诉讼。文化艺术出版社按和解协议确定的数额支付金庸应得的版税。

关于金庸与五位评点人的相互诉讼，金庸表示，对各位评点人重视其著作深为感谢，对评点人提出的文学批评意见表示尊重，但并非对所有评点表示认可、赞许、同意或接受。如与评点人对文艺创作之意见有所不同，亦属文艺观点有异，与学术造诣高低无关。金庸与五位评点人已正式同意，将分别向法院申请撤销对对方的起诉。

至此，"评点本"风波正式解决，不过，此案引发的一系列问题恐怕还会长久地吸引着有心人的注意。

王朔飞刀

金庸似乎陷入多事之秋，"评点本"风波尚未平息，那边王朔又"小王飞刀"，于1999年11月1日在《中国青年报》发表《我看金庸》，将金庸小说"荣"列"四大俗"之一。金庸承认：这是对我小说的第一篇猛烈攻击。

金庸似乎流年不利，就在他因"评点本"风波而成为媒体关注的焦点时，一场新的麻烦事又找上门来。

1999年11月1日，《中国青年报》发表王朔的一篇文章《我看金庸》，"编者按"以富有煽动性的语言说：

你可以不关心，不喜欢，不推崇，但你不会不知道八九十年代中国文坛上存在着金庸和王朔这两个人。他们极具特色的文学作品和据此改编的大量影视，无疑对文坛内外几代青年深具影响力。

但偏偏，王朔对金庸作品颇有异议，不吐不快，这无疑在文坛内外投下一枚重磅炸弹。本刊刊出此文，无意哗众取宠，或厚此薄彼。因为一、挑战金庸，前无来者。正如文学的植物园里，既有鲜花香草，也有嶙峋怪石。作为文学批评，只要自圆其说，言之成理，童言无忌，但说无妨；二、和声构成交响，斑斓组合繁华。日益沉寂的文坛需要强音。如因此引起广泛文学讨论，乃至重振声威，是价值所在。

《中国青年报》还将王朔的文章归纳为三个要点：一、这些年来，四大天王，成龙电影，琼瑶电视剧和金庸的小说可说是四大俗；二、初读金庸是一次糟糕的体验；情节重复，行文啰嗦，永远是见面就打架，一句话能说清楚的偏不说清楚，而且谁也干不掉谁，一到要出人命的时候，就从天上掉下来一个挡横儿的，全部小说都有一些胡乱的深仇大恨，整个故事就靠这个推动着；三、我认为金庸小说很不高明地虚构了一群中国人的形象，于某种程度上代替了中国人的真实形象，给了世界一个很大的误会。

王朔的文章洋洋洒洒3000字，将金庸的小说说得一无是处，稍显沉寂的文坛因此而又重新焕发了活力与青春。王朔在文章中说：

金庸的东西我原来没看过，只知道那是一个住在香港写武侠的浙江人。按我过去的观念，港台作家的作品都是不入流的，他们的作品只有两大宗：言情和武侠，一个滥情幼稚，一个胡编乱造。尤其是武侠，本是旧小说的一种，80年代新思潮风起云涌，人人唯恐不前卫，看那个有如穿缅裆裤戴瓜皮帽，自己先觉得跌份。那时我看人是有个尺子的，谁读琼瑶金庸谁就叫没品位，一概看不起。琼瑶是牢牢钉在低幼的刻度上，它的拥戴者一直没超出中学年龄，说起喜欢的话也是嫩声嫩气，也就是一帮歌迷捍卫自己的偶像。她是有后来者的，大陆港台大批小女人出道，把她那一套发扬光大。现在那些玩情调的女人说起琼瑶都撇嘴，全改张爱玲了。

金庸可不一样，读的人越来越多，评价越来越多，有好事者还拉下茅盾添上他，把他列为七大师之一，两方面发生了一些口角。像每个偏执自大的人一样，我也对发生在新闻纸的评论不屑一顾，只重视周围小圈子朋友的判断，并不在乎他们的社会地位和公众名声。他们中已然有了一些金庸爱好者。有一个人对我说：金庸小说的文字有一种速度感，这是他读其他作家作品感受不到的。有一个人讲：金庸的武侠对人物的塑造是有别于旧武侠的，像韦小宝、段誉这等人物在旧武侠中是根本不可能出现的，近于现代小说中的'反英雄'。更多的人出差带着一套金庸，晚上睡不着就看，第二天眉飞色舞与同伴聊个没完，言谈之中也带出一二招武术招数，俨然两大高手切磋武学，遇到我们这种金庸盲边讪讪笑道：看个热闹，换换脑子。接着往往也要再三相劝：你也看看你也看看，没那么差。被人劝的次数多了，我也犹豫，要不找来看看，万一好呢，也别错过去。第一次读金庸的书，书名字还真给忘了，很厚的一本书读了一天实在读不下去，不到一半撂下了。那些故事和人物今天我也想不起来了，只留下一个印象，情节重复，行文啰嗦，永远是见面就打架，一句话能说清楚的偏不说清楚，而且谁也干不掉谁，一到要出人命的时候，就从天下掉下来一个挡横儿的，全部人物都有一些胡乱的深仇大恨，整个故事情节就靠这个推动着。这有什么新鲜的？中国那些旧小说，都是这个路数，说到底还是因果报应。初读金庸是一次很糟糕的体验，开始怀疑起那些朋友的眼光，这要是好东西，只能说他们是睁眼瞎了。有时不经意露出这怀疑，朋友反唇相讥：你才看半本，没有发言权。

再读金庸就是《天龙八部》电视剧播得昏天黑地的时候。无聊的晚上也看了几眼，尽管很难容忍从服装到道具到场景到打斗动作的糊弄和得过且过，有几天还是被剧情带着走了。金庸迷们也不满，说比小说差远了。电视剧糟蹋原作是有传统的，这话我也信了，看到书店摆着这套书就买了，准备认真学习一下，别老让人说没看过人家东西就说话。

这套书是七本，捏着鼻子看完了第一本，第二本怎么努力也看不动了，一道菜的好坏不必全吃完才能说吧？我得说这金庸师傅做的饭以我的口味论都算是没熟，而且选料不新鲜，什么都透着一股子搁坏了的哈喇味儿。除了他我没见一个人敢这么跟自己对付的，上一本怎样，下一本还这么写，想必是用了心，写小说能犯的臭全犯到了。什么速度感，就是无一句不是现场的套话，三言两语就开打，用密集的动作性场面使你忽略文字，或者说文字通通作废，只起一个临摹画面的作用。他是真好意思从别人的作品中拿人物，一个段誉为何不叫贾宝玉？若说老金还有什么创意，那就是把这情种活活写讨厌了，见一女的就是妹妹，一张嘴就惹祸。幸亏他前边还有个《水浒》，可以让他按着一百单八将的性格往他笔下那些妖魔鬼怪身上贴标签。这老金也是一根筋，按图索骥，开场人物是什么脾气，以后永远都那样，小胡同赶猪直来直去，正的邪的最后一齐皈依佛门，认识上有意提高，这是人物吗？这是画片。

就《天龙八部》说，老金从语言到立意基本没脱旧白话小说的俗套。老金大约也是无奈，无论是浙江话还是广东话都入不了文字，只好使死文字做活文章，这就限制了他的语言资源，说白话文，其实等同于文言文。按说浙江人尽是河南人，广东话也通古汉语，不至于文字上一无可为。

中国旧小说大多有一个鲜明的主题，那就是以道德的名义杀人，在弘法的幌子下诲淫诲盗，这在金庸的小说中也看得很明显。金庸笔下的侠与其说是武术家不如说是罪犯，每一门派即为一伙匪帮。他们为私人恩怨互相仇杀倒也罢了，最不能忍受的是给他们暴行戴上大帽子，好像私刑杀人这种事也有正义非正义之分，为了正义哪怕血流成河。金先生大约是纯为娱乐大众写的这类读物，若要你负起教化民众的大任你一定不肯，那又何必往一些角色脸上苦苦贴金？以你笔下那些人的小心眼儿，不扯千秋大义家国之恨他们也打得起来。可能是我不懂，渴望正义也是大众娱乐的目的之一，但我觉得，扯淡就是扯淡，非要扯出个大原则，最恶心。

我不相信金庸笔下的那些人物在人类中真实存在过，我指的是这些人物身上的人性那一部分。什么小说，通俗的、纯的都是人类自身的写照，荒诞也是因为人的荒诞在先，总要源自人体的一部分真实，也许是梦魇，也许是幻觉，也许是病态，但决不是空穴来风。只有一种小说跟这都不挨边，那就是坏小说，面儿上看着别提多实了，骨子里完全是牵线术跟着作者的主观意图跑，什么不合理的事只要情节需要就硬干，说起来有名有姓，可一点人味儿没有。

我一直生活在中国人中间，我也不认为中国人有什么特别的人种气质和超于世界各国人民的爱恨情仇，都是人，至多有一些风俗习惯的讲究。在金庸小说中我确实看到了一些跟我们不一样的人，那么狭隘，粗野，视听能力和表达能力都有严重障碍，差不多都不可理喻，无法无天，精神世界几乎没有容量，只能认知眼前的一丁点儿人和事，所有行动近乎简单的条件反射，一句话，我认不出他们是谁。读他的书我没有产生任何有关人、人群的联想，犹如在看一堆机器人作业，边读边问自己：这可能吗？这哥们儿写东西也太不过脑子了！一个那么大岁数的人，混了一辈子，没吃过猪肉也见过猪跑，莫非写武侠就可以这么乱来？

我认为金庸很不高明地虚构了一群中国人的形象，这群人通过他的电影电视剧的广泛播映，于某种程度上代替了中国人的真实形象，给了世界一个很大的误会，以为这就是中国人本来的面目。都说张艺谋的电影歪曲了中国人的形象，我看真正子虚乌有的是金庸，会些拳脚，有意见就把人往死里打，这不是热血男儿，也与浩然正气无关，这是野生动物。

我尽最大善意理解这件事也只能想到：金庸能卖，全在于大伙活得太累，很多人活得还有些窝囊，所以愿意暂时停停脑子，做一把文字头部按摩。再一条，中国小说的通俗部确实太不发达，除了老金的武侠，其他悬疑、科幻、恐怖、言情都不值一提。通俗小说还应该说是小说家族的主食，馒头米饭那一类，顿顿得吃。金庸可算是"金馒头"了，一蒸一屉，十四屉，饭量再大也能混个饱。

这些年来，四大天王，成龙电影，琼瑶电视剧和金庸小说，可说是四大俗。并不是我不俗，只是不是这么个俗法。我们有过自己的趣味，也有四大支柱：新时期文学，摇滚，北京电影学院的几代师生和北京电视艺术中心的十年。创作现在都萎缩了，在流行趣味上可说是全盘沦陷。这个问题出在哪儿，我不知道，也许在中国旧的、天真的、自我神话的东西就是比别的什么都有生命力。

中国资产阶级所能产生的艺术基本上都是腐朽的，他们可以学习最新的，但精神世界永远浸泡、沉醉在过去的繁华旧梦之中。上述四大俗天天都在证明这一点。我们自己的那些艺术家呢，莫非他们也在努力证明他们都是短命的？有时，我真不知道该不该相信进化论。

一石击起千层浪，此文发表之后的第二天，国内一些媒体就以《王朔：金庸太臭》为题进行转载，同时，金庸迷与王朔迷开始在各种媒体上公开叫板，混战一团。

11月2日，《文汇报》记者在杭州给远在香港的金庸打电话问起此事时，金庸还是一头雾水，记者将王朔的文章传真过去，金庸看了之后表现得非常大度，他说：小说既然是文艺作品，总会有人说好，有人说不好，他很欢迎有人批评自己的小说。只要王朔先生说得对，他一定会诚恳接受，认真改正。他还表示，即使王朔先生说得过头一些，他也会理解，因为从王朔小说看，嬉笑怒骂正是其风格，他不会计较。当天晚上，金庸给《文汇报》记者打电话，说他正在写一篇文章，表明他对王朔先生文章的看法。

11月3日，金庸在《成都商报》的电话采访中说："王朔先生与我不会有个人恩怨，我的小说既然是文艺作品总会有人说好，有人说差。我非常欢迎有人批评我的小说。"

11月5日，金庸接招，他在上海《文汇报》以"不虞之誉和求全之毁"为题发表回应文章，与王朔咄咄逼人的气势相比，金庸显得太温文尔雅了，其文曰：

文汇报编辑部：

接奉传真来函以及贵报近日所刊有关稿件，承关注，极感，兹奉专文请指教：一、王朔先生发表在《中国青年报》上《我看金庸》一文，是对我小说的第一篇猛烈攻击。我第一个反应是佛家的教导：必须'八风不动'，佛家的所谓'八风'，是指利、衰、毁、誉、称、讥、苦、乐，四顺四逆一共八件事，顺利成功是利，失败是衰，别人背后诽谤是毁、背后赞美是誉，当面赞美是称，当面詈骂攻击是讥，痛苦是苦，快乐是乐。佛家教导说，应当修养到遇八风中任何一风时情绪都不为所动，这是很高的修养，我当然做不到。随即想到孟子的两句话：'有不虞之誉，有求全之毁。''人之易其言也，无责耳矣。'（有时会得到意料不到的赞扬，有时会遭到过于苛求的诋毁。）那是人生中的常事，不足为奇。（'人们随随便便，那是他的品格、个性，不必重视，不值得去责备他。'这是俞曲园的解释，近代人认为解得胜过朱熹。）我写小说之后，有过不虞之誉，例如北师大王一川教授他们编《二十世纪小说选》，把我名列第四，那是我万万不敢当的。又如严家炎教授在北京大学中文系开讲《金庸小说研究》，以及美国科罗拉多大学举行《金庸小说与二十世纪中国文学》的国际会议，都令我感到汗颜。王朔先生的批评，或许要求得太多了些，是我能力所做不到的，限于才力，那是无可奈何的了。二、'四大俗'之称，闻之深自惭愧。香港歌星四大天王、成龙先生、琼瑶女士，我都认识，不意居然与之并列。不称之为'四大寇'或'四大毒'，王朔先生已是笔下留情。三、我与王朔先生从未见过面。将来如到北京耽一段时候，希望能通过朋友介绍而和他相识。几年前在北京大学作一次学术演讲（讲中国文学）时，有一位同学提问：'金庸先生，你对王朔小说的评价怎样？'我回答说：'王朔的小说我看过的不多，我觉得他行文和小说中的对话风趣幽默，反映了一部分大都市中青年的心理和苦闷。'我的评价是正面的。四、王朔先生说他买了一部七册本的《天龙八部》，只看了一册就看不下去了。香港版、台湾版和内地三联书店版的《天龙八部》都只有五册本一种，不知他买的七册本是什么地方出版的。我很感谢许多读者对我小说的喜爱与热情。他们已经待我太好了，也就是说，上天已经待我太好了。既享受了这么多的幸福，偶然给人骂几句，命中该有，不会不开心的。金庸99—11—4。"

《文汇报》还同期刊出了陈墨的文章《金庸小说长盛不衰值得研究》，造成与金庸文章互相呼应之势。陈墨认为王朔等人将金庸小说与一般的武侠小说混为一谈，将文学史上对传统的武侠小说的负面判断强加给金庸，很不公平。王朔说金庸小说中的人物永远是一见面就打架，实际上表明王朔缺乏对金庸小说的起码理解，因为金庸的小说中写武侠门派的不到三分之一，另三分之二是演绎中国历史大的主题和人的情感世界。爱国主义和民族情感是每个处在特定历史背景下的人物必然要面对和思考的主题，并不是金庸可以捏造的。陈墨认为，金庸的小说既然数十年长盛不衰，既然有亿万人争相阅读，既然从小学生到大学教授都在阅读，这种文学现象就值得研究，就应该在20世纪文学史上有其位置。他最后表示，喜欢金庸小说的人应该尊重不喜欢金庸的人，不喜欢金庸的人也应该尊重喜欢金庸的人，他预言：当王朔和王朔的作品不存在时，金庸的作品会依然存在。

金庸以柔克刚

高手过招，永远是点到为止，王朔依然一副"痞子"姿态，金庸依然一副谦谦君子姿态，但至于谁胜谁负，则永远只能像胡斐那谁也不知到底砍下去没有的那一刀，恐怕永远只能是悬念了！

王朔自发表《我看金庸》之后，立刻成为媒体关注的热点，在各种场合他都不改其口，仍然一副京城"痞子"之态。且看他在几个不同场合的表现。

11月3日，《成都商报》记者电话采访了已被万千金迷"欲除之而后快"的这位"文坛肇事者"王朔（记者简称记，王朔简称王）：

记：感觉你最近的势头很猛，在媒体上公开爱憎，你的勇气从何而来？

王：也没有什么特别的勇气。先问一下，骂他们又怎么啦？他们怎么就不能骂呢？

记：关键是，现在有评论认为你写不出东西，所以借骂人"出出风头"。

王："我写不写得出东西，是我自己的事情。我是写不出来东西，这跟有没有权利骂人有关系吗？

记：你批金庸那篇文章，登在《中国青年报》上，我们都见了，你的态度好像有点偏激。

王：登出来了？我还不知道呢？哪一天登的？（谦虚地）写得不好。但我并不偏激，我写的是老实话，对金庸非常厌恶。

记：文章太长了，你能不能用几个字概括一下你眼中金庸的"命门"？如李敖称金庸伪善。

王：不用吧，3000多字大家一看就知道，我都写在里面了，把金庸"坏"的地方也说得够多了。

记：近期，你好像特别关注传媒重点人物，时不时来点"王朔飞刀"式的点评。

王：（笑）也不是特别关注，我真正关注的是自己。心里的话，想说的时候就说呗。

记：在你眼中，金庸和古龙谁更出色？

王：古龙的书，我看得不少。金庸比古龙不如，在他们那一拨里面，他是最差的。

记：那你跟金庸比，谁差？

王：（想了一会儿）比不着，也可能我们一样差，都挺折磨人的。

记：你认为对金庸的吹捧是"不正常"的吗？

王：大家把金庸捧得这么高，只能说大家是"睁眼瞎"，别人糊涂，我可不傻。就算是为了生态平衡，也得有人骂一句。

11月5日，在接受《中国青年报》记者采访时，王朔谈到对金庸回应文章的看法：

金庸回答我的那篇东西我看了，他说与我没有个人恩怨。我也根本无意对他进行人身攻击。我的那篇文字只是我很个人化的一篇读后感，但我这人文风确有问题，一贯恶劣，写出来就成了杂文。比起金庸来，确让我惭愧。

我说好说坏并不重要，本来是很随意的，没想搞成跟学术争鸣似的一本正经的东西。那篇东西只是朋友约稿，没那么尖锐。只是随意一说，事情就这么简单。

以前我没看过他的东西，但他的名气太大，都说他如何如何好，韦小宝多么多么典型，他文字的速度感在中国作家中无人能及，诸如此类。甚至有人因为他如此高大而对内地的作家很失望。他成了一种"势力"，好像一说个"不"字，当场就有人色变。

我想他必有过人之处，但《天龙八部》我特意找来看了，确实看不下去，主要是对他的文字不满意，很重复。

从文字上看，可能由于他是南方作家，使用的文字，看起来是白话文，但其实是脱离口语的，是新版的文言文，有着旧小说的痕迹。

我那篇文章里其实更大的本意是在最后一段。中国当代文化尤其是北京新文化，包括文学、电影、音乐，我是参与者。可是到了现在，包括我女儿这一代，全被港台文化弄晕了。我不明白，一切就这么快地衰退了？

这几天金庸迷的反击，我没看到，耳闻了一些。我没上网，眼都快写瞎了。

金庸迷们愤怒的反应在我意料之中，他们的感情我能理解，那更接近于一种球迷心态，是一种感情需要，当然他们会感到自己的感情受到了伤害。我虽然是随意谈谈，但还是想真正谈谈金庸的文字。我感到遗憾的是，现在对金庸的作品，还没有真正的批评，我这也算是抛砖引玉吧。

我向来是厚古薄今的。当代文坛，人才无数，每个人都名副其实，老一代的王蒙、张洁，年轻一点的如王安忆，其实张承志、韩少功的小说写得也不错，我们这拨就更多，余华、苏童、莫言、刘震云、林白、陈染，都有不凡之处。

我向来认为，没有伟大的作家，只有伟大的作品。我评金庸也是这个态度。

12 月 8 日，《青年报》特约张英对王朔金庸一次专访：

张：你对金庸回应你的那些话有何想法？

王：与我交锋他很有风度啊！否则会很不正常。我想不出他会有其他反映，比如他急了，那多不合适。他肯定不会急，而且立马洋洋大观地几条反批评，使用一些不多的话。

张：这次在网上看到"金迷"与"王迷"的交锋中，发现"拥金派"占绝对优势，对此你是否在意？

王：要是没有这么多拥金派，我也不会谈金庸。因为喜欢一个作家，你想当然认为别人也会喜欢，但有时却不是这样的。

张：在你那篇文章发表后，金庸没有就你的批评具体作出回应，倒是苏童等一些作家除了说你的文风尖刻外，对你的有些论点还是很认同的。

王：通俗小说和纯文学这种称呼也不是很严谨的。金庸的小说很适合通俗小说的特点：他的小说人物类型化、故事模式化。所以我对他的批评针对的是一般意义上的小说，不是通俗小说，在这一点上，我们是互相对不上话的。

实际上我也写过通俗小说，写通俗小说是人物首先设计好，所以你说他没有正面回应我，可能也是因为小说是有两种标准的。他要说"我写的是通俗小说，我的小说就是按通俗小说的规矩写的"，那就不必打架了。

其实我觉得武侠小说一定要放在古代，武侠小说也可以放在现代，搁在今天的社会背景下只会更好看。四川有个作家，叫田雁宁的，写了许多雪米莉的书，非常畅销，他曾讲过，他如果写武侠小说，会超过金庸。我觉得写过金庸不见得是件多难的事，但你顺着那个路走肯定写不过他。如果你把武侠搁在当代生活中来，那我觉得肯定会别开生面。

张：你觉得金庸小说不如古龙，是不是因为他的小说中有很多警句？

王：我只看过古龙的一部小说，那里是写的现代人的心理，因为现代人的自我意识很强，他为某种主义为某种信念不得不牺牲的时候，肯定会动摇，不像金庸的小说那么痛快，说牺牲就牺牲了。

张：我想大众喜欢金庸，主要还是除了他的小说比较好看外，他把中国传统文化和历史融入小说之中，做得也确实到位。

王：但小说总是演义，要了解古代历史和古代人的精神，恐怕还得看一些历史书和正史，因为武侠从来没有救过国，中国人从来没有说可以靠一些武侠可以避免亡国。

金庸在小说中写高手过招之前，总要先彼此推让客气一番，他对王朔的态度好像也是按照这个江湖规矩，总是"温良恭俭让"，说理解王朔对自己的批评。王朔不是历来嬉笑怒骂吗？只要王朔先生说得对，我一定虚心接受；即使王朔先生的话说得有点过头，我也能够理解等等；这些话只能说明金庸修养到家，但实际上难免在一团和气中绵里藏针，像武功高手攻击对方，不以硬功，而靠内力。

在《文汇报》发表第一篇回应王朔的文章不久，金庸又应《明报》要求，写了《浙江港台的作家》一文，回应王朔。在这篇文章里，金庸再次强调他和王朔素不相识，更无私人恩怨，而王朔之所以如此苛刻地对待自己，相信是由于两人对于中国传统文化、文学的观点等看法有根本的差异。他说：

> 我们两人的个性、生活环境、经历、求学与写作、工作的过程、结交的朋友等完全不同，是两条难以相交的平行线。世界上这样的情况很多，不足为奇。我们两人都写小说，如有可能，最好能多了解一下对方，虽然困难，也未必不值得。

> 王先生所以有此文章，猜想重要原因之一，是王朔先生根本瞧不起南方的作家，尤其是浙江人、台湾人与香港人。他那篇文章开头就说："金庸的作品我原来没看过，只知道那是一个住在香港的浙江人……港台作家的东西都是不入流的，他们的作品只有两大宗：言情和武侠，一个滥情幼稚，一个胡编乱造。尤其是武侠，本是旧小说的一种，80年代新思潮风起云涌，人人惟恐不前卫，看那个如穿缅裆裤戴瓜皮帽，自己先觉得跌份。那时我看人是有个尺子的，谁读琼瑶金庸谁就叫没品位，一概看不起"。

> 他认为金庸文字之所以不行，由于他是浙江人而又住在说广东话的香港："老金大约也是无奈，无论是浙江话还是广东话都入不了文字，只好使死文字做活文章，这就限制了他的语言资源，说白话文，其实等同于文言文。按说浙江人尽是河南人，广东话也通古汉语，不至于文字上一无可为。"

> 王朔先生认为我的文字不行，我自己也觉得不够精练，可以写得好一些，更生动一些。不过运用语言文字，是靠天分的，《红楼梦》那样漂亮活泼的白话文，我就写不出来，没有这样的才能，单凭努力没有用。不过单说金庸不行，已经够了，不必牵扯到所有的浙江人。"

金庸接着列举了王阳明、黄宗羲、章学诚、袁子才、龚自珍、章太炎、俞曲园、王国维这些浙江的文人才子；但举出这些人恐怕王朔不服气，因为这些人都不写白话文，于是他又举出白话文写得好的浙江人：鲁迅、周作人、蔡元培、郁达夫、茅盾、俞平伯、徐志摩、夏衍。针对王朔对港台作家的批评，金庸则举出台湾的白先勇、余光中，香港的许地山、萧红、张爱玲、叶灵凤、刘以鬯、黄谷柳、西西、董桥等，在建议王朔读一读刘登翰编著的《香港文学史》，或许可以从中得到不少有用的知识。

接着，金庸针对王朔对自己的批评表白了自己的态度：

王朔先生一文以及由此引起的其他批评意见，予我教益甚多。我诚恳接受下列指教：情节巧合太多；有些内容过于离奇，不很合情理；有些描写或发展落入套子；人物的对话不够生活化，有些太过文言腔调；人物性格前后太过统一，缺乏变化或发展；对固有文化和旧的传统有过多美化及留恋；现代化的人文精神颇显不足；有些情节与人物出于迎合读者的动机，艺术性不够（下里巴人！）这些缺点，在我以后的作品中（如果有勇气再写的话）希望能够避免，但如避得太多，小说就不好看了，如何做到雅俗共赏，是我终生心向往之的目标，然而这需要极大的才能，恐非我能及。这是今后要好好思索的事。这里诚意感谢各位批评者的帮助。

至于王先生说我的文字太老式，不够新潮前卫，不够洋化欧化，这一项我绝对不改，那是我所坚持的，是经过大量刻苦锻炼而长期用功操练出来的风格。

最近在浙江大学召开的一次学术会议，听到武汉大学哲学系教授陶德麟先生发言，抨击许多人"用汉字写外国式的句子与文章"，更加强了我的信念。

至于说浙江话是不是就写不出好文章，金庸以罗贯中写《三国演义》、施耐庵写《水浒传》等为例，说明历代大文学家中有很多是浙江人，但也似乎没有因此而影响他们写不出好文章。

在文章结尾，金庸说："写小说内容求'雅俗共赏'，文字能'清简流畅'，此吾之愿也。（这一句虽属死文字，但人人能懂，非真死也！这一句或胜于欧化前卫白话：'那么，这应该就是咱哥儿们内心恳切无比的愿望了，我想。'）"

2000年9月，金庸在接受湖南记者的采访时仍然坚持自己的这种态度。

　　记者：说到批评，也有不少人对您的作品进行批评。去年王朔对您的评论就在文坛上掀起很大的波澜；您如何看待他的批评？

　　金庸：对王朔先生，我还是这个论调，批评是自由的，事实不要歪曲。他喜欢什么小说，他认为什么不好，他有自由这样讲，我没意见。如果他说我这个小说是抄人的，或是人家代我写的，不是我写的，这个不是事实，他没有这样讲，所以我也没有意见。他的批语是自由的。你说我不好就不好嘛，有人说我好，有人说我不好。既然你是个作家，你的作品在社会上公开，那么看的人什么意见都可以发表。王朔他这个批评不能把我的缺点具体指出来，如果我的小说有漏洞，有些读者很好意思来告诉我，说金庸先生你这一段好像写错了，我说再版的时候我会改正，这个批语对我是非常有利的。王朔先生这个批评好像没有使我得到好处，他不客气，我也没有不客气地回敬。我说你有自由可以批评，你有这样的看法我也没办法。

　　记者：从您宣布武侠小说封笔至今已有三十年，一方面您的小说在华人社会畅销不衰，另一方面一些人对武侠小说的批判也从来没有间断，您如何看待类似的批判？

　　金庸：我跟他们的文学观点完全是两种，两类。不单是王朔一个人，有些人天生不喜欢武侠小说。在毛主席在延安文艺座谈会讲话之后，很多人就说，应该现实主义，什么事都要写真的，要表扬无产阶级好人，共产党员中间好的领导，要革命。武侠小说当然不写这个东西，武侠小说是浪漫主义的作品，很多是想象的、夸张的，跟事实是有距离的。这是两种文学流派。所以有人用现实主义观点来批评武侠小说，我也不反驳，我说我们的看法不同。我喜欢写浪漫主义，而你是现实主义，不是一家，你去批评现实主义的作品好了。

高手过招，永远是点到为止，对比一下王朔与金庸的不同言论，或许谁是高手已是一目了然，但至于谁胜谁负，则永远只能象胡斐那谁也不知到底砍下去没有的那一刀，恐怕永远只能是悬念了！

网迷混战

高科技的发展为这场王、金之争推波助澜，王、金之迷在因特网上为各自的主帅摇旗呐喊，浴血奋战，但口诛笔伐间流露出的粗俗却使人怀疑网络实在是藏污纳垢的最佳场所。

华山绝顶，死一般的静，只有风凛冽地刮着。

来自香港和北京的公证员念完游戏规则后重申：必须以彼之道还施彼身！

王朔立即正色对金庸一抱拳：“金大侠是长辈，便请先出招吧，晚生领教！”完全是金庸书中的纯正做派，观战的各路文坛高手纷纷点头，却看金老先生微微一笑，脱去西装，将双手插入裤袋，嘴一撇：“靠！谁裤裆破了把你丫给露出来了？就你，也好意思跟我这儿叫阵？当初老子往外掏坏哪会儿，你他妈在哪儿啊？！”……王朔脸上一阵青一阵白，突然仰天长啸，大喝一声：“拿剑来！！！”一把千年玄铁铸就的三尺青锋剑已经递到王朔手中，他凝立当场，面色阴沉，两眼冷冷地看着金庸，金庸则一副我是流氓我怕谁的嘴脸夸张地抽着烟……

突然，王朔右手起剑，左手捏了个剑诀，剑花挽处已经向金庸冲去。

人们惊呆了……只是一瞬间，王朔已到金庸面前，正当大家奇怪时，就看王朔一手挥剑，一手拉开自己的裤裆，大叫：“欲练神功，必先自宫！”手起剑落，血溅五步……

这一段精彩的故事当然不是金庸武侠小说中的情节，而是《网易》为这次的王、金之争特意设计的一则荒诞戏说，但它却比较有代表性地说明围绕着王朔文章而引发的一场网上激战已经达到了怎样的热闹、甚至可以说是荒诞的地步。

的确，王朔、金庸之战使人们彻底认识到了网络的力量，网络以自己的迅捷和敏感，也积极地为这场世纪末之战摇旗呐喊，推波助澜。实际上，王朔刚发表文章，金庸尚未回应时，那边"金庸迷"和"王朔迷"已经在网上唇枪舌剑、展开了一场混战。自11月1日王朔文章发表开始，新浪网开辟的"金庸客栈"和"王朔个人网站聊天室"里就客满为患，拥挤不堪。金庸迷们的反映多是气急败坏，暴跳如雷，甚至可以说是扯开嗓子，口无遮拦地破口大骂王朔，短短的几天时间，这类讨伐文字已超过十万字。相反，倒是王朔的支持者则表现得比较理智，脏话不多。有网民实在看不下去金庸迷过脏的言辞，就在网上说："我都替金庸脸红，怎么有这么一批满口脏话的读者。"

"拥金派"在网上发的文章较多，可以说是数不胜数。一个署名阿曾的读者以"我评王朔一二三"为题，从四个方面批评了王朔对金庸的批评：

一、王朔作为作家，过去和现在偏见都太深。过去，没有看过别人的东西就认为别人的东西不入流，而且看不起那些读这些不入流的东西的人，认为他们没有品位。现在，认为自己看不懂的东西就不好，从情节到语言几乎贬得一无是处。过去的态度仿佛出自一个没有受过教育的野蛮的印第安人，现在的态度则像出自一个大权在握的专制的独裁者。过去是知识不足局限了他，现在则是思想的狭隘局限了他。这方面的更深层的根源，要么在于王朔个人自己，要么在于我们整个民族。作为一个作家，如果没有宽广的胸怀，没有兼收并蓄的气度，难见将来成大家的气象。

二、王朔作为作家，对文学艺术的审美标准的理解似乎不正确。古今中外，趣味无争辩是人们对待文学艺术作品的欣赏的基本原则。一个人的审美趣味的独特性不能否定他人的审美趣味的独特性，这是文学艺术的自由创作和欣赏的基本精神，也使真正的文学艺术得以存在和繁荣，真正的审美欣赏得以可能的不条件。对此，王朔似乎缺乏真诚的认同。你们有你们的四大支柱，别人也有别人的四大怪俗，为什么一定要以你们的趣味、以你们所谓新时期文学、摇滚之类的东西来平定和统一天下？千万不要妄图取消或动摇那条最根本的文学自由的原则！

三、王朔作为常人，阅历太肤浅，对中国社会的历史和传统缺乏清晰的认识，对人性缺乏切身的体验和了解。金庸笔下的人物不仅在新中国历史上真实存在过，现在依然存在着。那些人物及其性格，既非梦魇、也非幻想、亦非病态，而是实际存在过或存在着的中国人的人性的一部分，他们植根于中国几千年来的封建社会及其文化。只要中国还没有完成从封建社会向更高级社会的转变，他们就会有他们赖以存在的土壤和条件。

四、王朔尽管一直生活在中国人中间，但作为都市哥儿，生活经历太局限了，对中国广大的农村社会，那个绵延了几千年而不见改变的传统社会太疏远、太不熟悉。正因此，他才根本认不出金庸笔下的那些狭隘、粗野、视听能力和表达能力都有严重障碍、差不多都不可理喻、无法无天、精神世界几乎没有容量的，但恰恰是当代不论农村还是城市依然以或此或彼方式存在着的人物及其性格。在这里，我突然想到，王朔是一个生活在理想中的人，还是他的生活环境真的犹如一个蜜糖罐？

另外，对于中国资产阶级所能产生的艺术基本上都是腐朽的，他们可以学习最新的，但精神世界永远浸泡、沉醉在过去的繁华旧梦之中，我不禁要问：你王朔或你们是什么人？你或你们又能代表什么人或什么阶级？又有什么资格凌驾于那些人或我们同时代的人之上来作出这样一番评判？

另一个署名为"看不过眼"的"拥金派"直截了当指出金庸的小说在他心里"重于泰山"，读他的小说，只感觉"所有当代中文小说都死了"。他承认王朔也算得上当代文坛的一个怪杰，"尽管谈不上敬仰，印象却也不坏"。他"实话实说"：

读金庸的小说让我觉得振奋、豪情激荡、感觉到做人的尊严与骄傲，放下书本，即觉人间无不可之事，无可怕之人，真想去做一个好人，这才是好书的作用。读王朔先生的大作，却只觉压抑、恶心、厌倦，觉得生而为人真是一件可悲或可耻的事，若不是部分文字还算机智可喜，真后悔浪费时间糟蹋了好心情。金庸的作品通体弥漫着一股英雄的气息，而王朔先生及当代的大多数作品却弥漫着一种腐朽的味道，不可向迩，这一感觉也和王朔先生相反，不好意思。

我认为，中国当代文学的没落实在是因为缺乏真正的人格力量。以王朔先生而论，连自己的职业都缺乏起码的尊重，能干好活吗？

文学是神圣的，一流的作家必须有高于大众的精神境界，能够带领人类离动物界更远，大才是四季轮换，奇才是闪电惊雷，决不会把"你吃饭了吗"换一种说法就自以为是天才作家，或吃点洋面包渣就自以为现代新潮。王朔先生妄议金著语言，更是让人觉得肤浅之极。

王朔的网上支持者也不少，也有一些分量较重的文章。如一个叫柴明卿的网友以"支持王朔"为名，为王朔呐喊助威：

王朔是叛逆的。但中国人对叛逆的态度很不明朗：说不喜欢吧，四大古典文学名著都是写的叛逆者——爱情上的叛逆，体制上的叛逆，等等；说喜欢吧，往往是某人说一句叛逆的话，就很有可能招来很多的唾骂。

王朔自个儿说自个儿是流氓，他自个儿难道就真是流氓吗？我不能确定，除了那不食人间烟火者，哪一个能够理直气壮地扬言自己身上没有半点流氓气呢？

我认为，王朔文学的价值在于对传统文学模式的反抗。从当代文学史的角度说，王朔应该算是一个先锋人物。没有王朔，当代文学便少掉许多东西，我读王朔，总感到字里行间隐藏着句句不便明说的真理——因为除了王朔的形式，传统已经很难容纳叛逆的东西了。我觉得，王朔的形式，其实是一种痛苦的不得已而为之的形式。

至于金庸先生，他的得势，正像荒漠中的一丛植物，不见得有多美，但也不为现当代正统文学所多见，因而便显得有了些生机。但俗就是俗：从俗、媚俗、造俗一整套，除了当有闲阶级的消遣娱乐品之外，它再也没有更多的东西了。金庸本人能当上某院领导，可以说正是中国文化的悲哀，是中国人民的悲哀。

另外一个佚名网友以"侠看上去是不是很美"为题，对"拥金派"和金庸本人"痛下杀手"。他说王朔的《我看金庸》实际上给文坛敲响了警钟。文学是最能够反映一个时代精神的东西，如果说一个沉迷于武侠小说的民族能够建设得多么富强，恐怕连金庸本人都不会相信。他说：

> 也许金庸先生这几年听的歌功颂德的言辞太多，首次遭遇王朔这种"痞子"式的"谩骂"，他的反应实在缺乏职业精神。金庸先生一再强调了"我对他的小说是予以好评的，王朔先生不会与我有个人恩怨"，言下之意隐隐在说文人间的品评应该是对等的——"瞧！我夸过你了，你怎么也不好意思骂我吧？"他的这种回答让人无法信服；严肃意义的文学作品的探讨，注重的是讨论的观点本身，而不是计较什么个人恩怨。其实褒奖和批驳金庸的言论向来都有不少精品，相信这些文章的作者和金庸先生都不会存在什么私人恩怨……
>
> 按照金庸迷的逻辑和做法，王朔先生既然"已经谩骂"了金庸，于是在因特网上，他们代表金庸用文字集体"强奸"了王朔，甚至把他变成金庸作品中最为不堪的一个人物——东方不败。是的，这种思路和做法的确让人感到痛快，也可算得上意气风发，快意恩仇。然而我却实在无法理解文字如何同作家的道德画上了对等？在我看来，文学作品本身是文学作者的人格体现，所以什么样的作者，就产生什么样的作品，这是文学唯一同道德具有的关系。这种人格其实是一种思想，而不仅仅是表面文字的嬉笑怒骂……
>
> 流行的确是一种势力，通俗更是一种优势，而当今金庸小说的如日中天的确也得益于此。就王朔和金庸进行这方面的比较，前者显然不是后者的对手，因为"有华人处便有金庸"，不仅王朔不如，中国近代文学史中，恐怕没有一个作家能超过金庸的流行势力。然而，从近代文学趋向看来，文学注重的是创作性和独创性，这一点，后者却是远远无法和前者相比……

无论这场论战结果如何，或是胎死腹中，王朔先生的这种精神，对社会而言，似乎要比金庸先生偏安一方潜心修造他的"十四天书"要有意义。我真诚希望，如果金庸先生认为王朔是在和他进行文学探讨，那么他不妨不再拘泥于他的"君子"风范，拿起他的笔，让温暖这些伴随他的作品成长起来的一代，看看站在他的肩膀之上，是不是能够看见中国文学的未来。

综观网友的论辩，拥王倒金者基本是与王朔说的差不多，一是对金庸在文坛和社会上有如此大的影响、地位、荣誉不满，觉得名不副实；二是认为金庸的武侠小说确如王朔所说，是在胡编乱造；三是认为武侠小说确实低俗。还有一些人认为早就该有人出来骂骂金庸，而王朔此时所作所为，恰好替他们出了一口恶气；批评、抨击王朔的文章情况就稍显复杂一些。一些人认为王朔没读完金庸的小说就大放厥词，一位网友甚至采用王朔批评金庸的格式写到：我现在特庆幸我开始看王朔的第一本小说不是《看上去很美》，要不是我捏鼻子看不到七分之一就得开骂。接着他就批评王朔没大没小、尖酸刻薄的"痞子"文风，实际上，很多网友就是因此而同样对王朔破口大骂。也有网友一针见血地指出：重读王大师的文章，突然看到这样一句："会些拳脚，有意见就把人往死里打，这不是热血男儿，也与浩然正气无关，这是野生动物"；也有人对王朔骂金庸的动机进行推测，认为王朔这些年文坛寂寞，现在想借骂金庸出出风头；另外也有网友认为王朔批评金庸是批错了对象，认为王朔对金庸语言的批评，表现出一种京痞子的话语霸权姿态，让人无法接受。

王、金之战在台湾和香港也产生了反响，台湾对此事的报道虽然比香港早，但远远不如香港强烈，台湾《联合报》等新闻媒体只做了一般性的报道，没做进一步的分析。香港的报道比大陆慢了几乎一个星期，是从11月6日开始的，当天香港的《文汇报》用了整整一个版的篇幅，既有王朔的文章，也有金庸的文章，还有两篇实际上是批评王朔的批评文章；之后一些专栏作家纷纷撰文，对此事做出评价，而且打击的看法基本上是一边倒，都褒金贬王。这可能是因为金庸广为香港人熟悉，金庸在香港社会也很有影响，而这些专栏作家有些与金庸还有私交，而对王朔则不太了解。11月9日，黄文放在《明报》撰文，说王朔的整篇文章完全是"文革"语言，"王朔的文章不是文艺批评，他完全不是分析作品，不分析作品的主题和人物，就是谩骂。……这篇文章的出现，恐怕是某种排斥港台意识形态的'入侵'的反映吧。"同日，《信报》副刊刊出戴天的文章，认为王朔只是一个文坛痞子，以他这样的修养和见识还去批评金庸，就充分表现出痞子的本色，而且连"雅痞"都算不上。11月10日，《明报》副刊又刊出石桦的文章《权且上当》，文章一开头就说王朔又在说疯话制造新闻热点。文章说王朔靠骂名人出名，手段实在是太卑劣了，就像一个过气的三流女星，已经没有什么本钱的时候，只能用暴露的办法引人注目。他劝金庸不要与王朔认识，因为那有失大侠的身份。

相比之下，倒是凤凰卫视的《时事开讲》节目对这一事件的分析比较有见地和深度，主持人黄嘉耀和嘉宾曹景行不仅仅就事论事，而且还从金庸武侠小说热的形成以及王、金所处时代文化背景方面作了进一步分析。他们认为，王朔对金庸的看法，在一定程度上表现出王朔对香港文化及时代的不了解，而香港人对王朔的批评，也表现出香港人对现在的王朔的不了解。他们说，王朔的小说在香港看过的实在不多，王朔的小说在香港也有一些出售，但并没多少人注意，在台湾也没有很好的销路，在这种情况下香港人介入这场争论就很容易产生某种偏向，比如香港批评金庸，还有人说"王朔批评金庸是意味着中国官方的某种对香港、台湾意识形态的排斥"，这就有点莫名其妙了，甚至有点黑色幽默的味道。香港批评王朔的一些人可能对王朔作品本身和他的背景都不太了解，特别是年岁大一点的，可能就不大体会王朔之所以成名的中国那一代，包括他的读者，他们的心态和环境与王朔的环境相隔比较远，加上彼此语言文化上的差异，与王朔批评金庸的语言同理，香港人对王朔的语言也觉得看不下去。

反过来，王朔对香港、金庸及香港这样一种文化背景的了解也是不准确的。王朔的东西有他特定的背景，他的出名离不开那个环境，如果王朔从现在开始，在目前的环境中也未必能成功。同样，金庸也是这样，他的武侠小说——他自己称之为不入流的东西，也是在五六十年代那种环境的产物。金庸原来是在《大公报》《新晚报》这样的"左派"报纸里工作。当时的报纸开始连载武侠小说，从梁羽生开始，然后金庸跟上，在当时香港的环境下吸引了香港一批观众和读者。作为报纸的连载小说成书后，王朔可能感到啰嗦，但就像现在电视连续剧，节奏就与微电影不同。这首先是一个市场，他能够这样写，每天有那么多的读者跟着看，而且成为一个流派，并不是他想弄就弄的。而且可以说，是有当时的一批文人的精神寄托在里面的，因为当时是在英国的统治下，是在五六十年代特定的环境下。现在为什么写不出来了？写出来也没人看，现在中国香港报纸上连载的小说已经没有了因为环境变了。但是金庸的小说现在香港青年还在看，中国台湾还在看，华人也还在看，还在尝试将其翻译成日文和英文。

另外，金庸除了他的武侠小说以外，还做了其他方面的工作，比如办报纸，实际上他在香港还是一个政治活动家。他现在在浙江大学开课，很多系的学生都来听，主要的兴趣还不在他的小说，学生主要提的问题是分析国家大事、天下大事，有的还要听他讲怎么办《明报》，所以金庸是一个面很广的人，王朔简单地将他归为不入流的小说家，说明王朔对金庸的了解太简单了。

与"金庸迷"和"王朔迷"的慷慨激昂不同的是，文坛中人对自己的这两位同行的论争则持比较平和的态度，真真确确是波澜不惊。他们表现得就比较理性和宽容，而且对王朔褒多贬少。不妨将他们的一些评述照单全录，也为文坛留下一份真实的历史见证。

刘心武：金庸作为一个作家可以有人喜欢，有人讨厌，我对金庸是肯定的，特别是《鹿鼎记》。王朔的这篇文章是随笔性的，跟文学批评关系不大，不是学术评论，他只是借这个"题"发表自己的见解。

陈村：金庸的作品我只看过一部《射雕英雄传》，感觉也就那样，不是很喜欢。对于王朔批评金庸，我觉得原本也无可厚非，因为任何一部文学作品都应该允许别人看了说不好。但我个人认为王朔这次的话有点"损"，你可以对一个作家的写作技巧发表评论，这是无伤大雅的，但有些话就不该说。就比如王朔说金庸"那么大岁数了，没吃过猪肉也见过猪跑……"这些话就不太合适了。

格非：其实我觉得金庸不错，他的作品曾给我带来很大的乐趣，但他作品中的写法套路问题也确实存在，王朔对他的这一点批评并不过分。

陈染：从来没看过金庸的作品，原想买几本弥补这个缺憾，不过后来听王朔这么一说，倒下决心了：宁可相信王朔的话，不相信金庸了。

刘恒：我觉得王朔这篇东西，挺有意思。王朔是我朋友，他的风格比较直接，但是还比较真诚。我从未看过金庸的小说，看了王朔这篇文章，倒激起了我的兴趣。一个人对他的同行发表评论和他的性格有直接的关系，有的喜欢直来直去，有的喜欢在背后说，王朔这篇文章显然挺符合他的个人风格——尽管知道这篇文章发表会招来不少人的激烈痛斥，但他并不在意。我倒觉得以这种方式表现出来挺好。

李星：也许有人有"骂倒名家，我就是名家"的心态，但这对王朔不适用。可王朔就是王朔，他的所写所言又都在他的个性之中——他就是要在文坛扮演"搅屎棍"的角色。他对主流文化、主流文坛总是抱着一种"痞子心态"。但我觉得这种心态也很正常，不能完全否定。

对于金庸的小说，我认为王朔的评价有偏见和不公允的地方。文坛树起了金庸这个偶像，而王朔明显是想扳倒大师，破坏偶像，这对金庸来说是一个考验——能否经得住"搅屎棍"的搅和。

如果说这件事对文坛有什么影响的话，那就是在现在这个多元化的社会，谁也不要轻易当偶像了。但是文坛还在不断树立偶像，这对文学发展不利。当然这件事也体现了文坛的正常心态，你说好，我也可以说不好。王朔敢于骂偶像，讨伐偶像，勇气可嘉。

李冯：听了他几个说法就明白他在胡闹。比如说"我不相信金笔下的那些人物在人类中确实存在过"这一句，金庸的妙处是以刻画武林人物来展示人性，像乔峰的刚毅、岳不群的阴险、洪教主的专横、慕容复的偏执、郭靖的执着和韦小宝的钻营等等，别说中国人，就是外国人与之相类似的人物还少吗？他能自信地以"人类"这个范畴否定，只能说明要么他眼睛弱视要么他生活闭塞。还有说"金庸很不高明地虚构了一群中国人的形象……给了世界一个很大的误会"之类，也是扯淡。想当然地将"武侠"与"有意见就把人往死里打"等等，实在显得弱智。

余华：我对这事没看法，对王朔、金庸也没有看法。我不想谈，也没能力谈。王朔这事肯定不是炒作，他是个挺真诚的人。

贾平凹：这不干我的事，没意思。文坛上的是是非非我不说。金庸的书我看过，挺喜欢，古龙的没看过。王朔这事不一定是炒。总之没意思。

叶兆言：在武侠小说这个领域，金庸是最好的，比梁羽生、古龙都好。这不是一种评价，只是单纯地作为读者来说作品好看、不好看，金庸的小说能让他看进去，看看而已。我和金庸不是一类作家，写的也不是一类作品，但平心而论，金庸的小说确实不错，他的缺陷也是武侠小说共有的缺陷。

蔡翔：我是从八十年代开始看金庸小说的，金庸的小说几乎都看完了。金庸自己不喜欢被人称为"武侠小说作家"，而喜欢称他为"作家"。但他本质上就是武侠小说作家，他的小说就是武侠小说，也受武侠小说的限制，人物角色安排、情节冲突等等，都有武侠小说的模式，他笔下的大侠、小侠，存在着程式化和模式化。当然，金庸非常有才华，他设置的矛盾冲突，有时会冲破了武侠小说的模式，像《鹿鼎记》以及他后期的作品，集武侠小说之大成，在武侠小说这个领域具有了相当的深度，但他的早期作品比较一般。民国时期，武侠小说是有过一个高峰的，分南派、北派，出现了平江不肖生、白羽、王度庐等"五四"以后的新武侠小说作家，他们吸收了新文艺的一些长处，受现代白话文的影响很深，心理描写细腻。金庸的作品是与他们有师承关系的，他加强了武侠小说的文艺色彩，也吸收了国外的思想和小说技巧，他的小说在语言、情节、人物上都有着武侠小说的问题模式，但越到后来他和武侠小说的模式越有冲突。金庸既不是大师，也不是一无是处，若说他伟大就太过分了，武侠小说商业性很强，其报纸连载的方式，繁复、啰嗦是显而易见的。

靳大成：我将金庸文集看过五六遍，不能将金庸小说简单地看作武侠小说，不能划在原来武侠小说的概念里，他在现代文学里重新开创了武侠小说，完成了武侠小说的现代革命，使一个文体焕发了活力。丰富了"五四"的文学传统，丰富了文学的现代性。和鲁迅不同，金庸借助另外一种资源对传统金庸批评。历史在他这儿不仅是"吃人"，而是呈现另外一种景观，人的基本生存问题始终困扰着金庸，他反对用绝对道德化的评价。他创作了一批自然人的形象，这些人无父无母无邦国，有心练功，无心得功，反而成了武林高手。金庸质疑了狭隘的民族观念，质疑了传统历史观，质疑了流俗观念，不断挑战着读者的想象力。

金庸被称为大师，是指他对文学的贡献，而不是说他没有败笔。王朔和金庸现在并没有构成争论，只是对作品的看法不同而已。金庸和王朔的小说都是模糊是非判断，不断冲击人的有限性。王朔对金庸的评价是不到位，而表示高低的问题，批评金庸的人常常是没有怎么看他的小说，没有读懂他的小说。

邱华栋：我在高中时就读完了金庸的全部小说，大学毕业时又看不下去了。金庸作品适合高中学生读，不能满足文学专业人士的审美需求，我真吃惊成年人还能看进去金庸的小说。金庸在武侠小说作家中算是最好的，是给大众看的，是一种文化普及，他是一个通俗作家，有学者底子，被捧为大师不好。至于王朔批评金庸挺无聊，有炒作之嫌，但说的也有道理。

吴亮：金庸的小说我也看不下去，一本都没有看完，口味不对而已，没道理可讲。去年被邀请去美国开会（即在美国科罗拉多召开的"金庸和二十世纪中国文学"），一开始他是推辞的，没有推掉，又硬着头皮看金庸小说，仍然看不下去，没有一本是看明白的，只能佩服别人能看下去。既去开会，也就写了一篇论文，是由五六篇随笔构成的，说了写题外话，把武侠和日常生活放在一起说。我的想法是：金庸不懂武功可以写武侠，那么我不懂金庸也可以写金庸，金庸也去开会了，我还比较喜欢他，他很文雅。当然你也可以说他很圆滑、世故。对于会议上的许多赞誉之词，他总是说"不敢当"。金庸的谦虚不是假的，他是真的不敢当。国内好多人捧金庸，实际上打鬼借钟馗，比如王一川是用金庸打茅盾，打击了一大片，这是武林中的宗派斗争。王朔是乌鸦嘴，是意气用事。他是胡说八道，但我喜欢听，因为他说的有意思，别人说的没意思。王朔批评金庸，得罪的是"金庸迷"，金庸本人无所谓，也许他和王朔还会成为朋友，他们其实是一伙的，两个韦小宝。目前，两个非常走红的作家内讧，这挺好。有那么多人喜欢的东西，肯定不是好东西。

有这么多作家对同一种文坛论争发表不同的看法，也算世纪末文坛的一件盛事了。但至于说话者彼此的心态，则只有各人自己知道了。

学者看王、金之战

王、金之战也引起了学界的激烈争论，并且话题由金庸的武侠小说扩展到整个武侠小说和通俗文学与新文学的关系。

争论双方也截然分成两派，严家炎等支持金庸、批评王朔，而袁良骏、何满子则持相反的观点。

也许，王、金之战的最后收获之一是吸引了一批国内著名学者对金庸的武侠小说、进而对整个武侠小说、再进而对通俗文学与新文学的关系进行了进一步的探讨，虽然这些探讨没有王朔的那篇文章引起的社会影响大，但其价值却远远超过了王朔始作俑的那篇文章。

这些学者的探讨当然不像网络上的"金迷""王迷"那样冲动，而都是学理上的研究。他们虽然持不偏不倚的观点和态度，但观点却也是截然分成两派，以严家炎为代表是支持金庸、批评王朔的，而袁良骏、何满子则持相反的观点。

11 月 10 日晚 7 点，严家炎在北京师范大学与学生进行了 45 分钟的对话，就王朔文章谈了自己的看法：（学生简称学，严家炎简称严）

学：您怎么看最近王朔对金庸的评价？

严：读作品有感想很正常。一个作品读不下去，有各种原因。可能作品本身不好，可能作者的某些描写习惯读者不适应，也可能读者存在着某种心理障碍……王朔批评金庸作品里的人物思想狭隘，动不动就打，无法无天，其实，这些都是金庸小说中的邪派人物，金庸写他们，就是批评他们……

金庸作品用的是传统白话小说的语言，这种语言恐怕不能宣布为"死去的语言"，金庸毕竟写的是古代，同一个问题，可能有相反的看法。文艺评论家李陀曾说过，金庸使中断了传统的白话语言起死回生。同一个问题，可能有相反的看法，不少海外华人为吸引子女学汉语，教材是金庸的小说。王朔的一些感触，譬如对段誉的看法，不一定没有道理。但不谈乔峰而谈段誉，是没有好好读《天龙八部》。

学：金庸的小说有译成外文的吗？为什么在国外没有影响？

严：金庸有两部小说被译成英文，不过在西方反应不大。《鹿鼎记》译的不全，韦小宝骂人的话就没法译，但金庸小说在东亚各国和全世界华人圈里影响很大。

学：金庸小说风靡内地，有什么深层原因？

严："文革"后，当时的作品少，金庸作品尤其吸引人。作品多了以后，气氛有点变化。金庸小说受欢迎，可能反映出广大读者对我们作品注重写实却缺少丰富想象力的状况不满足。另外，金庸把文学为人生与文学的娱乐性统一起来，这点也很值得注意。

学：金庸现在的政治姿态与作品中的精神有无矛盾？

严：不矛盾。金庸关心社会、关心民族和人类命运。他有社会责任感。写武侠小说当然是希望娱乐读者，但他也想借此说出他对社会人生的看法。他是爱国者，起草香港基本法过程中起了重要作用。他反对港督彭定康的可能给香港带来混乱的做法。我想，金庸与当初写小说时的心理仍是一致的，他希望中国好起来，在 21 世纪更强大起来，金庸不是狭隘地只关心中国，他也关心人类命运。

学：金庸小说主要艺术缺陷是什么？

严：留下了在报纸上连载的痕迹或印记。

学：关于王朔对金庸的评论，您还有其他的话要说吗？

严：我欣赏王朔的作品，也欣赏金庸的作品。我主张我们的欣赏趣味不妨宽广多样一点。要尽量避免用自己的习惯或喜欢的那类作品做标准，去对待自己不熟悉、不习惯的另一类作品。要避免跨入"异元批评"的误区，也就是不要用现实主义的标准去评论浪漫主义、现代主义的作品，或者反过来，用浪漫主义或现代主义的标准去评论现实主义的作品，那样，都会无意中陷入误区。

无独有偶，曾在不久前撰文称赞金庸不喜欢别人为自己写传记，因而颇具大家风度的中国社科院研究员袁良骏也在 11 月 10 日的《中华读书报》上发表"再说雅俗——以金庸为例"，对金庸小说的是非功过做了批评。该文不但是针对金庸的武侠小说，而且是对所有的武侠小说都表达不满。他认为金庸不仅是一位武侠小说家，而且是一位报业大王、政论家、企业家、电影导演和剧作家，他可以说是二十世纪中华民族的一大才人。他的十五部、数十巨册的武侠小说，表现了他超卓不凡的才气，也给他带来了巨大的财富和荣耀。然而，文学本身的价值，往往和作家的财富和社会地位成反比。"文章接着概括了中国传统传统武侠小说、特别是清末民初的武侠小说的五大弊病：1. 脱离现实生活，不食人间烟火；2. 伪造矛盾冲突，以争强斗恨、打打杀杀为能；3. 古代武侠小说原有的行侠仗义，除暴安良，"替天行道"，变成了跟定一个高官，镇压、剿除绿林好汉，甘作朝廷的走卒和鹰犬；4. "千部一腔，千人一面"……成了描绘社会生活、刻画人物形象的严肃的文学作品的可怕杀手；5. 小说语言陈词滥调，粗鄙陋劣到了令人无法容忍的地步。

他接着说，金庸武侠小说的出现，既是旧武侠小说的脱胎换骨，也开辟了武侠小说的一个新时代，他和梁羽生都属于适应了新的时代的要求的武侠小说的改革家，金庸和旧武侠小说的不同之处，他概括了四点：1.学识渊博，气势雄伟，结构宏大，才华横溢；2.忠奸分明，善恶昭彰……擅长将武侠故事置于大的历史巨变之中，从而大大增强了小说的历史感；3.努力打破小说人物的概念化、类型化，努力使主要人物有独特性格；4.在整体构思上，得益于中国古典小说的伏笔和照应，很注意"草蛇灰线，伏脉千里"；但在细节描写上，又努力学习新小说的表现手法，注意细腻、逼真、个性化。有学者认为金庸"悄悄地发动了一场文学革命"，虽然言过其实，但仅就武侠小说而言，也并非毫无道理。

然而，作者话锋一转，对金庸小说进行了绝对不亚于王朔的批评，在某种程度上甚至比王朔的文章更有杀伤力的批评：

十分遗憾的是，金庸本领再大，仍然跳不出如来佛的手心，武侠小说这种陈旧、落后的小说模式本身，极大程度地限制了金庸小说才能的发挥，使他的小说仍然无法全部摆脱旧武侠小说的痼疾，仍然无法不留下许多粗俗、低劣的败笔。概括言之，也表现在以下这些方面：1.总体构思的概念化、模式化、公式化。比如《射雕英雄传》三部曲，先设下东邪、西毒、南皇、北丐、中神通五大派系，再衍生他们的恩怨情仇。五大派系的矛盾不是现实社会客观存在的矛盾，而出于作家自己的杜撰。这一杜撰和那些旧武侠小说如出一辙，未见高明……以金庸之才识，去进行纯文艺创作，未尝不可以成为中国的巴尔扎克和托尔斯泰，然而，他套上武侠小说的枷锁，发挥得再超常，也只能做"带着枷锁的跳舞"了。2.仍然是脱离现实生活，仍然是不食人间烟火，仍然是天马行空，云山雾罩。由于金庸想象力之丰富，以及充分利用了现代的科技文明，其小说在不食人间烟火方面可以说超过了古往今来的一切武侠小说。这也就成了金庸小说的一大"死症"。有人说：金庸是浪漫主义。可惜，他"浪漫"得太不彻底，何不去写一部《西游记》似的新的神话小说？完全是天兵天将，鬼怪妖魔，一个跟头十万八千里，岂不快哉！有人说：金庸是魔幻现实主义。可惜，"魔幻"则有之，"现实主义"则未必。即使有一点现实的内容，一注入虚无缥缈的"魔瓶"中，"血"立刻便化为"水"了。3.依然是刀光剑影，打打杀杀，血流成河，惨不忍睹。武侠小说到金庸手下，不可能杜绝"厮杀"；一陷入"厮杀"，仍然必须是那些旧招数。像《倚天屠龙记》，写来写去，百余万言，无非是为了争夺"屠龙刀"和"倚天剑"，值得吗？真实吗？高明吗？要说这是金庸才华的浪费，难道过分吗？4.将武侠置于历史背景之上，也有以假乱真的副作用。比如郭靖跟随成吉思汗西征而屡立奇功，比如郭靖、黄蓉、杨过等为主角的抗元"襄阳保卫战"，便都是地地道道的无中生有。这样吹嘘武侠在现实征战中的作用，难道不是对历史的歪曲吗？难道其副作用不是超过了"正作用"吗？小说是容许虚构的，但金庸这样亦真亦假、虚构交织信史的写法是不能被认可的。其实，金庸完全可以丢掉武侠小说的拐杖，去写真正的、严肃的历史小说，其价值要高出现在这样的"四不象"不知多少万倍！

5.拉杂、啰嗦、重复，特别那些武打，尽管花样翻新，兵刃奇特，地点转换（甚至到海上，到北极），但给人的感觉仍然是万变不离其宗的老一套，大可不必打来打去，没完没了。这里，触及了一个要害问题：金庸是靠武侠小说发家致富的，正因为有了他的武侠小说，他才敢于创办《明报》；他的《明报》的畅销不衰，主要也是依赖他的武侠小说撑门面。武侠小说写得越长，《明报》的寿命越长，金庸的财源越广。他怎么可能注意精炼？注意删节？避免重复？不客气地说，有些作品简直是有意重复，有意拖长。按照严格的纯文学创作，这是绝不可以的；即使小学生的作文，也是不允许的。这个简单的道理，难道金庸不懂吗？不是不懂，而是他不能不重复，不能不拖沓。这是金庸的聪明处，也正是金庸的悲哀处：为了财富，金庸只好"背叛"才华了！

6.旧武侠小说固有的打斗、血腥、杀人、拉帮结派等毛病，社会影响是很坏的。不幸的是，金庸的武侠小说也同样有这样不良的社会影响。这一点，虽然为一些金庸研究家讳莫如深，但我们却必须严正指出。不应该要求文学作品成为生活教科书，但有理由要求文学作品注意社会效果、社会影响。不客气地说，像武侠小说这种陈腐、落后的文艺形式，是早该退出新的文学历史舞台了！

近年来，一些学者对金庸武侠小说说了过多的溢美之词，其社会效果同样是不好的。这些学者对金庸过于"仰视"，角度欠妥。正确的金庸研究必须转换角度。作为一代才人，金庸先生是让人敬重的；但作为武侠小说家，金庸先生是令人惋惜的。武侠小说为金庸先生带来了财富和荣誉；但武侠小说的低档次、低品位毕竟是金庸先生的致命伤。畅销书未必有高品位，金庸先生的小说正是这样的畅销书。"

但袁良骏此文与王、金之战没有直接关系，其原意也并非要加入这场争论。他最近刚出版了《香港小说史》，其中第二章专论金庸及其小说。论金庸的文章写于 9 月底，10 月初他应约连同论琼瑶的文章一同寄给报社，结果机缘凑巧，正好赶上王、金交战。

11 月 11 日，袁良骏在接受记者电话采访时说：他之所以写这篇文章，是因为近年来有些学者对金庸小说作了过多的不负责任的溢美之词，社会效果不好。

12 月 1 日，何满子在《中华读书报》发表《破"新武侠小说"之新》，目标直接对准严家炎等金庸小说的褒扬者。何满子不满武侠小说已是历史悠久，早在 1993 年，他就发表过《盛世危言》一文，对金庸热提出质疑。从这以后，他又陆续发表《为武侠小说亮底》（《文汇报》1999 年 7 月 23 日；《为旧文化续命的言情小说与武侠小说》《光明日报》，1999 年 8 月 12 日），不过这次却是既对武侠小说也对武侠小说的鼓吹者。

文章一开始就重提 1994 年围绕金庸小说的那场论争：

许久前，杂文作家鄢烈山对金庸、梁羽生、古龙等人的武侠小说说了点不恭维的话，并声明自己从来不看这类玩意，立即遭到一位畅销书拜物教徒的教授的申斥：既然没有看过，怎么有资格妄加评论！……笔者在《为武侠小说亮底》一文中曾对这类高见提出过异议："没有读过，怎么能凭空批评？这道理似乎很过硬。但也未必置之四海而皆准。打个比方，没有吸过毒、贩过毒的人就不能批评贩毒吸毒？没有卖过淫嫖过娼的人就不能批评卖淫嫖娼？除非谁能对这样的问题作否定的答复，那我就服他。"

随后，作者针对金庸武侠小说的鼓吹者所持的观点逐一批评：

鼓吹者的核心论调是，金庸等人的武侠小说是"新"武侠小说，因此不能与古代直至民国年间的武侠小说等同视之。在小现代社会活着，当然要沾染点现代社会的"新"，卖弄点时代之"新"，这不假。可是武侠小说这一文本，它的叙述范围和路数，它所传承的艺术经验，规定了这种小说的腾挪天地……

另一种为武侠小说张扬的论调，则说他们想象丰富，当作"科幻小说"，也可以启迪民智，诱发思维。然而科幻小说不管是地底旅行还是星球大战，多少还要依托于地学和天体结构知识，多少吸引人对科学发生兴趣。武侠小说顶多只能称"迷幻小说"，"迷幻"者，迷信幻想之谓，哪来的"科学"！连科学的影子也没有……

此外，还有一种叫嚷得最起劲的是，指斥批评武侠小说的人为"排斥俗文学"，或曰"以高雅文学的标准来要求通俗文学"。其实，这与雅俗无关，纯然是两码事。雅文学有雅得极俗的，俗文学有俗的极雅的。金庸先生的小说被列为"经典"，他自己恐怕以为雅得很，至少是以为在做化俗为雅的事业呢。

这场学者之争不知不觉跨入了世纪末。2000年初，袁良骏、何满子等一些学者又相继在《文学报》等报纸发表《必须遏制文学低俗化的潮流》（2月3日）、《作孽啊作孽》，继续对金庸小说及武侠小说进行批评。2000年6月28日，严家炎在《中华读书报》发表了回应文章《以平常心看武侠》，对何满子提出反批评。他说，对待武侠小说应该和对待其他文学作品一样，都要从实际出发，以平常心进行不同意见的探讨切磋，这样才能在许多问题上获得正确且进步的认识，接着他话题一转，直接就何满子的文章进行批评：

然而，不久前的批评讨论中却出现了惊人之举，那就是何满子先生公开提出了一个令人震骇的见解：对新武侠，不读作品，就可以批判，可以开骂。理由呢？请看他发表在《文汇报》上的《为武侠小说亮底》和《中华读书报》上的《破"新武侠小说"之新》两文中的一段妙论：

"没有读过，怎么能凭空批评？这道理似乎很过硬。但也未必置之四海而皆准。打个比方，没有吸过毒贩过毒的人就不能批评贩毒吸毒？没有卖过淫嫖过娼的人就不能批评卖淫嫖娼？除非谁能对这样的问题作否定的答复，那我就服他。"

这里运用的是循环论证法：不读作品早就认定武侠小说无论新旧都是"毒品""鸦片"，反过来，又以"毒品""鸦片"为理由辩护自己用不着读……贩毒吸毒、卖淫嫖娼，原是世上千千万万民众付出极其惨痛、巨大的代价后才证实的公害……武侠小说与这类犯罪勾当，难道有一丝一毫的干系，它又被什么权威医学部门和法院鉴定为"毒品"？何先生用这样不伦不类的比喻硬把二者扯在一起，只能表明他强词夺理、诡辩唬人而已。当然，这可能不是何满子先生的发明。早在二十年代末期，就有一伙"左"得可笑又可怕的人，为了用鲁迅来祭他们"普罗文学"的大旗，不但骂鲁迅是"二重的反革命人物"，而且称鲁迅的作品"以趣味为鸦片，麻醉青年"。可见，所谓"精神鸦片"之类的罪名，原是那些"朕即革命"式的人物封他人嘴巴的老法子。

接着，文章从武侠小说的基本功能是激发读者的正义感的角度，举出《青春之歌》的作者杨沫因读武侠小说走向革命；鲁迅在 1926 年写出武侠小说《铸剑》等为例，说明何满子指责武侠小说是"精神鸦片"是毫无道理的，也是非常可笑的。

文章随后分析了金庸武侠小说的社会意义，以及金庸的社评所取得的政治价值和社会价值。他称金庸的《笑傲江湖》在某种意义上类似于卡夫卡的《城堡》；《鹿鼎记》中的韦小宝则很可能成为与阿Q相媲美的具有永久艺术生命力的典型。

文章最后说：

不读作品就定其罪，这种风气是一个时代的产物。以六十年代初小说《刘志丹》这个大案子为例：作品被扣上"反党"的帽子，作者被关进监狱，闹得震惊全国，但据说从揭发者、挑唆者到定罪者，竟没有一个人真正读过作品。为什么？因为小说本身当时并没有写完，更谈不上正式出版。就这样，在那个时代，形成了成千上万、数不胜数的冤假错案。何满子先生也正是那个时代的受害者。我相信，我们都会共同希望那样的时代不要再重复。搞批评，总得先读书，先研究自己要谈话的对象。朝空中吐唾沫，最后只会掉在自己眼睛里。何满子先生写过很多好文章，我对他怀有诚挚的敬意。但是他对武侠小说的态度，我确实不敢苟同。本着"吾爱吾师，吾更爱真理"的精神，在这里提出商榷。如果何先生坚持武侠小说无论新旧都是"精神鸦片"，都是"屎"的主张，那么，我建议他解剖两个麻雀以示范，请他分析一下鲁迅的《铸剑》、老舍的《断魂枪》，看它们"毒"在何处，"臭"在哪里。如何？

这已经是向何满子先生公开挑战了？

笔者没有见到何满子的应战文章，倒是袁良骏先生出马迎敌了。2000年8月23日，他在《中华读书报》发表《〈铸剑〉、〈断魂枪〉都是武侠小说吗——向严家炎先生请教》一文，进行了针锋相对的斗争。文章一开始就毫不留情地讽刺严家炎近年来对金庸的吹捧：

　　90年代以来，严家炎先生致力于金庸武侠小说的研究，不仅在北大开出金庸专题课，而且出版、发表《金庸小说论稿》一书及论文、谈话多篇，应该说，"金庸专家"当之位于愧矣！以严先生对文艺理论及现当代中国文学的深厚学养，人们理当对他的金庸研究寄以厚望。然而，不无遗憾的是，严先生的金庸研究一开始便未能出之一颗"平常心"，一开始便把金庸封成了"文学革命家"，把他的武侠小说推崇为"一场静悄悄的文学革命"。这样一种完全不符合金庸武侠小说实际的廉价吹捧，在文学界引起了一片哗然。北大著名教授严家炎先生何以对金庸如此情有独钟，这几乎成了文学界的一个难解之谜，严先生参加了《评点本金庸武侠小说全集》的评点工作，但这个评点本却遭到了金庸先生的毁约和侮辱，他甚至影射、攻击包括严先生在内的"评点者"不过是"小学生"水平。即使在蒙受了此等奇耻大辱之后，严先生依然不改初衷，在刚刚发表的《以平常心看新武侠》，而他自己对新武侠却是一点"平常心"也没有。毫无疑问，严先生对金庸武侠小说倾注的精力太多了！
综观严先生对金庸武侠小说的吹捧，主要集中在如下十个方面：
　　　　1. 金庸发动了"一场静悄悄的文学革命"；
　　　　2. 金庸是"以精英文化改造通俗文化的'全能冠军'"；

3. 金庸武侠小说有助于"文化生态平衡";

4. 武侠小说（包括旧武侠）不仅可以培养人们的侠义精神，而且可以引导人们走向革命（例如女作家杨沫和北大学者汤一介）;

5. "五四"以来的作家、学者（如瞿秋白、郑振铎、茅盾等）对武侠小说的批判都是"左倾幼稚病";

6. 新中国成立后禁止武侠小说出版、发行、借阅是"极左路线";

7. "社会呼唤新武侠"，侠义精神有待新武侠小说去培养;

8. "北大"（袁按：应为以严先生为代表的少数教授）捧金庸代表了北大一贯的"校风"和"校格";

9. 金庸武侠小说已成"文学经典"，金庸已是一代"文学大师"，《鹿鼎记》中的韦小宝足可与阿Q媲美;

10. 金庸武侠小说毫无"低级趣味"和"粗俗气息"，因此，他赢得了数以亿计的读者，这是一个奇异的"阅读现象"。

随后，袁文用大部分篇幅回答严家炎提出的《铸剑》和《断魂枪》是不是武侠小说的问题。他的结论是：鲁迅的《铸剑》是纯正的历史小说，而不是什么武侠小说;《断魂枪》是纯正的写实小说，也不是什么武侠小说。文章最后说：

金庸先生颇有自知之明，他曾不止一次声称：武侠小说是娱乐性作品，不宜评价太高。在美国科罗拉多大学举办的金庸小说研讨会上，面对"万古云霄一羽毛"（指金庸）之类的谀词，他还一再表示"不敢当"。然而，以严先生等为代表的几位内地学者却执拗得很，非把金庸捧上天不可。不知这是不是一种学术上的走火入魔?

"识迷途其未远，觉今是而昨非"。我们希望严先生好好品味品味这两句陶诗，争取早日端正对金庸的研究视角。

与此同时，围绕严、袁之争又陆续发表了一些文章，站在严家炎一边批评何满子、袁良骏者既有学者，也有金庸迷;而站在袁良骏一边批评严家炎者则多是学者。但无论如何，他们的论争进一步深化了由金、王之争引发的对武侠小说的历史和地位的重新认识和评价问题。

也许这场争论还要继续，站在新世纪的门槛上，真希望这场争论能为新世纪带动一些更有活力的新的东西，使我们的文坛不再寂寞，因为长久的寂寞是会让一切都窒息的。

北去南来谈史论道

从《明报》退休后的金庸真是欲逍遥而难逍遥，国内外的一些文化活动往往请他出山论剑，主持各种论坛、讲座，他很累，却使他的晚年生活依然充实。金庸的晚年生活可以称得上是"北去南来飞"，却毫不自在，但金庸却总是一副温文尔雅的儒侠风度，尽量满足大家的需要。

从《明报》退休后的金庸本可以一身轻松，随心所欲了。但他的地位和名望却使他难以真正逍遥，国内外的一些文化活动，特别是香港和内地，往往会请他出山论剑，主持各种论坛、讲座，这使他很累，却使他的晚年生活依然充实，而他的名望也依然如日中天，蒸蒸日上。所以，金庸的晚年生活可以称得上是"北去南来飞"，却毫不自在，但金庸却总是一副温文尔雅的儒侠风度，尽量满足大家的需要。

1999 年 11 月 26 日下午，由上海教育电视台主办的"金庸与'上海教育电视台第五届中国名校大学生辩论赛'辩手恳谈会"在本计划四点准时开始，但时间到了，金大侠却迟迟未到，主持人解释说：金庸先生昨晚迟迟无法入睡，所以今天起得晚一点，让大家耐心等一等。同时主持人关照辩手和记者们，等金庸先生来时，大家的提问尽量短一点，每人只能让金庸先生签一个名，签名时不要一下子全围上去，因为金庸先生做过心脏搭桥手术。

金庸事先请主持人转告：他一定给大家签名，他说凡是他认可的事情，一定会做到，而他没有认可的事情，请不要勉强，他说：我已经很累了！

主持人还告诉大家，金庸对参加这次恳谈会非常认真，在去宾馆的路上还一再背8个辩论队的名字。

　　4点34分，金庸走进会场，黑色的西装上别着浙江大学的校徽和上海教育电视台的台徽。他的脸色看起来有点疲惫，精神也不太好。但当主持人介绍他是著名作家、文学家时，他还是咧开嘴笑了，笑得像个孩子。

　　金庸没有绕任何弯子，也没有什么开场白，而是直奔主题。他的话很快，思维跳跃性很强。他说自己很喜欢参加大学生的辩论比赛，因为他喜欢和年轻的同学在一起多谈谈天。但他接着说：中国的大学生似乎有一个普遍的现象，就是读书都很用功，成绩也很好，可就是爱害羞，很保守，在公共场合不太爱说话。与他们交朋友，慢慢接近是很好的，但现在的情况是，人们不大有机会慢慢谈天。他说他很赞成辩论这种形式，它可以锻炼人们在公开场合发表意见的能力和习惯，并可以训练人们的灵敏度。他希望大学生辩论赛能把中国的年轻人比较保守、害羞的性格改变一点，让他们"对外开放"一点。

　　在谈到自己近年的状况时，金庸说：在几年我在英国做研究时，常去听牛津大学和剑桥大学的辩论赛，那里的辩论历史很悠久，辩论双方都是彬彬有礼的，态度很客气，甚至比平时还客气一点。英国人的绅士风度、淑女风度，在辩论比赛中能充分体现出来。明明对方是错的，还会说：你可能是对的，我可能是错的，请你指教。而不是那种咄咄逼人的——"你错了，你错了。"他希望中国的大学生辩论也能做到这一点，讨论问题友好一点，不要让"文革"遗风影响辩论。"文革"时，不论是说话还是写文章，都是不讲道理，先指出对方"你是反革命"、"你反党"，给对手戴上个大帽子，态度非常粗暴。

　　在谈到自己的小说时，金庸联系辩论赛对自己小说中的人物有个评价：韦小宝是诡辩式的人物，其实"文革"中的红卫兵也是诡辩式的人物。对付这种人，除了打架，不会再有别的更好的办法。韦小宝油腔滑调，讲话很讨人喜欢，大事未必做得成，但要是去竞选美国总统，倒可能会比郭靖的胜率大——竞选美国总统演讲得不好就选不上，一定要"巧言令色"，见到小孩子上去抱一抱，这样孩子的父母亲会喜欢。讲话没有道理也不要紧。总之，在辩论中胜利了，选民就会觉得他很能干。西方的民主将表现，工作能力高不高、头脑是不是聪明，都不考虑的。其实，一个领导人最重要的事实决策英明，有远见卓识。在这一点上，我很佩服邓小平。

金庸最后谈到王朔最自己的批评及自己采取的态度，他说：

> 对于反面意见，怎样做到"飞雪连天射白鹿，笑书神侠倚碧鸳"呢？我希望自己有这种风度，对方意见也能有很好的态度去对付。如果是双方有误会，那么就跟对方讲清楚——我没有做过这个事情，这是有好处的。但如果批评是恶意的，根本不必去理他，纠缠不清的结果往往会更增加对方的恨。

> 对王朔的反面意见，也不是不值得去理睬。他不喜欢我的小说没关系，任何一种作品，都有人不喜欢，这我不怪他，我和他是个性完全不同的两种人。他讲的有些好的，我接受，以后我如果再写小说，可以写得再好一点。最近我在香港《明报》上写了篇文章，我说：王先生和我，好像两条平行线，无限延长，永不相交的。不需要辩论。我们的生活习惯、出身家世、受的教育、交的朋友、做的事、一生经历，都完全不同。我们没有机会辩论的。

> 有人说王朔对我的批评过火，过火么也是一种批评，动机就不去讲了。不过仔细看过他的批评，讲得也未必对。他批评我的文字，我不接受，文字是我努力练出来的，就希望这个样子。还有一点我不同意，他说我是浙江人，所以文字写得不好，我就举了很多例子……王朔的逻辑有错误，株连太广了，一下子搞了个大漏洞出来。你可以具体说，我的文字哪里不好，我就会接受了。至于说武侠小说结构太巧合，这点我接受，以后要避免。

11月27日，辩论赛如期进行，金大侠的加盟使这场辩论赛别开生面，与众不同，而金庸指点江山式的点评，则使大赛锦上添花。

2000年9月23日，金庸又应湖南大学岳麓书院和湖南卫视"新青年"栏目组的邀请，走上了岳麓书院的讲坛，以《中国历史大势》为题发表演讲。

邀请金庸到岳麓书院讲学，实际上颇费了一番周折。直到书院有关人员三度出山，才将金大侠"擒"到讲台。第一次是余秋雨到书院开讲之后，湖南经视和岳麓书院出面，由朱汉民教授给金庸打电话，金庸说他1993年曾到岳麓书院参观，知道那里是朱熹、王阳明讲学的地方，他说："我金庸算什么，怎么可以在他们讲学的地方放言"；第二次是为了庆祝岳麓书院进入新千年，想邀请金庸与季羡林先生在朱张讲学的旧处作一次"季金对话"，金庸说："季先生的学问比我要好得多，不可以平起平坐的"；第三次是湖南卫视"新青年"栏目与岳麓书院联合邀请。金庸答应了，其中原因，他解释说："这次之所以敢来，一是因为对方多次邀请，盛情难却，不答应太不识抬举"；二是岳麓书院讲学已有一年多的历史，前后很多人在这里讲学，其中有他的好友黄永玉，金庸半开玩笑半认真地讲："黄永玉又不是学问家，他敢来讲，我也可以讲"。

金庸依然是一副谦谦君子的雍和风度，他说自己来到这里只感到战战兢兢，因为他知道岳麓书院是中国非常有名、非常重要的一个学术中心。他说自己1993年曾来岳麓书院参观。当时，他是抱着一种很敬仰、很恭敬的心情踏进大门，在书院走了一圈，心里留下了很好的印象。后来朱汉民邀请他到这里讲学，他说这万万不敢当，因为他认为自己没有这个资格，在宋代大儒朱熹、明朝王阳明、清代大学者梁启超等讲过学论过道的地方，查良镛算什么人，怎么可以跟在这些大儒之后来这里讲话呢?! 根本不敢的，也不可以的！所以，第一次朱汉民打电话到北京来邀请他时，他连连说："不敢当，不敢当，不可以的不可以的，人家来讲，我来听听可以。"后来，也就是1999年，岳麓书院又来邀请，希望他跟北大的季羡林教授作个对话，纪念千年学府的千禧年。金庸还是说不敢当。他说他很尊敬季教授，并且向他请教过很多问题，若私下谈谈还可以，但公开在书院对话，他是不敢的，也没有那个资格。2000年，湖南卫视、岳麓书院联合邀请，这下他再也不好推辞了，因为对方这么热情，自己若拒绝，难免显得架子太大，于是他答应了，但同时也提出一个附加条件：讲讲是可以的，但最好不是讲学，跟湖南的朋友随便聊聊天，讲些轻松活泼的话，是可以的，但若一本正经地讲学，一是自己修养不够，二是资望不够——在学术界的资望不够，邀请者就举了些例子鼓励他，说：黄永玉来讲过，他也不是学问家，余秋雨先生也来过。于是他就来了。他一开始就幽默地说：

　　　　我今天坐的这把椅子，湖大的谢书记刚才告诉我，跟当年朱熹在这儿讲学坐的椅子一模一样。这个椅子是一模一样，人就大大的不同了，学问也大大的不一样了，所以我坐在这里，坐不安定。

我知道岳麓书院出过很多名人，像曾国藩、左宗棠、胡林翼、魏源都在这里做过学生。湖湘文化、湖南学术传统跟我们浙江浙东的文化有一个很接近的地方。浙东学派最出名的就是实用，研究学问就是来用的，不只是研究而已。而岳麓书院好像也是以实用为主。所以在这一点上，我们浙江跟贵省有很多相通之处，当然出的人才跟曾、左、彭、胡大大不及。

本来想和朋友们讲一些轻松活泼的话题，大家兴趣会高一点——看到大家坐到大太阳底下，心里很不安——但如果我坐在这样庄严隆重的地方，只讲些轻松活泼的话，对不起朱熹老前辈。既然坐在这个椅子上，就应该讲些学术性的东西，所以我选的题目是：中国历史大势。

说到这里，他立即解释说：自己讲这个题目一定会让很多听众感到沉闷，因为可能有些听众不是想来听他讲学术问题的，而是以为他来讲武侠小说的。他说自己以前曾在北京大学做过两次演讲。当时他说，到北大来讲学，是班门弄斧。当时他还举了几个例子：浙江王羲之写字的地方叫兰亭，《兰亭序》很有名。他到兰亭去参观时，当地的人居然拿笔拿纸叫他写字。他说在王羲之的地方写字，那不是无聊吗？后来他还到过汨罗，就是屈原写《离骚》《楚辞》、投江自杀的地方，在他看来，班门弄斧、兰亭挥毫、汨罗作辞、草堂题诗、北大演讲和在岳麓书院讲学是差不多的意思，所以他是不敢来的、没资格来的，但勉强要来，只好来了。

由于电视台要向全国转播，所以讲演的时间限制在 35 分钟，金庸只能简短地谈了中国历史上的一些主要特点。他说自己目前正在研究中国通史，准备写一本书讨论中国历史的问题。他说自己在欧洲游历的时候，常常想这样一个问题：以前的罗马帝国跟我们西汉差不多是同一个时期，家业差不多大，国家武装力量很强，经济很发达，但是为什么罗马帝国一垮台就没有了，而中国汉朝灭亡以后，唐朝又复兴了，一直到宋元明清，到现在我们中国还很强大。这样大的一个国家，人口这样多，家业这样大，而欧洲的罗马帝国却没有了，其中一定有原因，金庸说自己常常考虑这个问题，并且将来写中国历史的时候大概有以这个内容为主的一章：中国历史的历史性是什么道理。他接着说：

> 我想中国历史有几个重要特点：一是我们的哲学思想是融合的，不像西方，哲学思想是讲向外扩散的，而且我们讲和谐、内部调和，内部在政治思想上要求不互相斗争。我们内部出现斗争的时候常常是国家比较衰弱、比较动乱的时候。内部和谐、团结，国家就发展了，国势兴盛了。我们中国还有一个重要的因素是开放，对外部不排斥，对外来民族不排斥，能接受外来文化。总之，中国强盛强大很重要的原因就是内部和谐，对外开放、不排斥。

金庸随后从中国历史发展过程，简单谈了自己对中国历史这种特点的理解，并表达了对中国目前的政治和人民生活的赞扬。最后他说："现在可以说，我们中国走上了中国历史的正道。一方面内部安定，发展经济，对内改革，对外开放，这是一条光明的大道。中国几千年的历史就是不断回归光明正道的历史。"

至于自己当天为什么选择讲历史而不是观众很喜欢听的武侠小说，金庸在现场回答观众这个问题时是这样解释的：

> 我写小说实际上是当时的一种副业，我主要是办报纸。报纸要吸引读者，那么我写点小说就增加点读者。我从小对历史有兴趣，所以真正作为学问研究，我就想研究历史。我现在还谈不上做学问，不过是对历史有兴趣，自己在努力地学习而已。

也就是说：对金庸而言，主业是历史，副业是小说。

的确，对金庸那天讲历史，很多听众并没有心理准备，但这都无所谓，对他们来说，金庸讲什么是无关紧要的。作为"武林"至尊，无人能与他争锋。对他的小说不管是褒扬还是批评，都没有影响大众的阅读兴趣，也没有影响大家在岳麓书院的讲堂前坐下，听他随便聊点什么。

那天很热，听众的情绪像天气一样热，汗流浃背，狼狈不堪，但这都被阵阵掌声所掩盖，更何况金庸演讲过程中一再说让大家顶着烈日听讲，心里十分不安，言语间充满了对听众的关怀。讲学中他还不时谈到湖湘文化和湖南人，他说湖湘文化与他故乡浙江的浙东文化有很多共同的地方，还说自己武侠小说中的湖南人大多是好人等等，使听众心里热乎乎的。

金庸的演讲是闲散而随意的，他的语言略显古拙，缺少一般意义上的演讲应有的精彩与刺激，但就在这种语言的背后，却让人实实在在地感受到一种惊心动魄的力量，就像不会武功的他创造出的武打招数，让人想都想不到。

金庸的每一天似乎都与忙碌紧紧相连。2000年9月10日，已74岁的金庸应邀欣然来到西子湖畔，主持"天堂硅谷网络峰会"，中国互联网界大侠王志东、张朝阳、丁磊、王峻涛和马云"提刀抢枪"，单刀赴会，一向以恬静著称的天堂杭州顿时刀光剑影，就连空气中似乎都弥漫着一种骚动。

会场上赫然打出"新经济，新网侠"的字样。

金庸的开场白颇具象征意义，他说："我最近给张朝阳先生讲了一件事。有一位老先生在几年前在钓鱼，中国古话说'姜太公钓鱼愿者上钩'，这就是说他本意并不是骗人家上钩的。后来这位老先生慢慢走到东方，走到杭州来了，他不钓鱼了，他拿一个网撒下去，愿者上网。他不是故意骗人家上网的，愿意的就上来吧。有一次鱼在水里游，张朝阳看见后很高兴。我当时问张朝阳，你不是鱼，你怎么知道鱼快乐？张朝阳说，你不是我，你怎么不知道鱼快乐呢？所以今天这个会，我第一个想表达的就是：西湖上网，愿者上网，大家都很快乐地谈。"

网络英雄十金大侠魅力谁能抗拒？会场聚集了数百位不请自来的记者和数不清的网迷。

这次江湖论剑高潮一浪接一浪，两个半小时后才在狂热的掌声中结束，虽然很多人最终也没有弄清楚大家讲了什么，但其意义就如马云所言："有人问我西湖论剑要论些什么，我说不用论出个什么结果，我们五个人能在这里坐下就很有意义。"

据说，在峰会的前一天晚上，金庸曾与除王志东外的其他四位掌门泛舟西湖，共进晚餐。

西湖论剑似乎向世人表明："尽管中国网坛正处于大风大浪的冲击，但我们依然还是中国网络界的精英。"金庸的出场使这次峰会具有了某种后现代主义的味道，语无伦次而由充满反讽，东拉西扯但又充满莫名其妙的哲理。对金庸的绝对崇拜使网络大侠重新用金庸的小说"深刻"地阐释了中国网络企业的经营之道——科技是"九阴真经"，管理是"乾坤大挪移"，融资赚钱是"吸星大法"。

五位网络界掌门人各用一句话概括自己学金庸的体会是：

王志东：一百个人看金庸小说，有一百个看法，我的看法跟别人不太一样，我经常做一种对比，我说如果用金老先生的手法来写一下中国的IT产业，肯定写得特别过瘾。

张朝阳：从我做起，从今天做起，刻苦学习金庸著作。

王峻涛：金庸大侠教会我们下面几件事情。第一，做人要有侠气，这是中国人心目中的英雄，也是金大侠告诉我们的。不是有钱的人就会把一个企业从零做到大。金大侠告诉我们说，中华民族都承认英雄是侠客，是大侠，侠之大者，确实是没有钱。侠客不要钱，要钱的一定不是侠客，这可是金大侠告诉我们的。

马云：五年来我什么书也没看，就看了一点金庸。我们公司招聘人过程中有一个特别有意思的办法，只要对方对金庸的书感兴趣，八成的人都给录取了。

丁磊：我走到今天，回顾自己创办这家公司，可能在小说当中只能比喻说有一定功力，剩下来三十年的人生其实有很多的机会去寻找这样的武林秘笈。

会议结束，五大侠每人得到了金庸亲笔签名的一套《笑傲江湖》，皆大欢喜。

2000年10月22日，金庸与中国青少年基金会三辰影库共同做东，邀请京、杭、宁三地文化界教育界名流庞朴、杨义等会聚杭州，就三辰影库创意的文化项目蒙学读本《中华成语千句文》求教于方家。《中华成语千句文》全文8000字，一成语为载体，历史为经，文化为纬，述说了从盘古开天地到晚清的中华文明使。这一项目是青少年基金会"中华古诗文经典诵读工程"的延续，目的是让青少年在自己的黄金记忆时期，接受中华民族优秀文化滋养，让民族文化血脉相传。金庸在主持会议期间，朝九晚五，一直蔼然倾听，永远是谦谦君子、温和如玉的态度。

在会议休息期间，他还不顾劳累，接受记者的采访。谈到王朔对自己的批评，他仍然不以为纰，只微笑着说："流派不同而已。用现实主义的方法去衡量浪漫主义那会一钱不值。写惯旧体诗的人去看新诗也会觉得那什么也不是。我看作品只有好坏，不分流派。好的就是好的，只要描写了人的性格，人的感情，人的同情心，人道主义，就是有价值的。托尔斯泰曾全面否定莎士比亚，但今天没人能否定莎剧是好的文学，伟大的作品。我不否定现实主义，人家写得好的我也佩服。我也喜欢左拉、巴尔扎克。内地对文学的研究应该开放一些。只要有利于国家富强，不违法，不妨多元化一些。"

当记者问到他最欣赏自己笔下的哪一位女性时，金庸想了想说：

> 郭襄，聪明善良。可惜没写完，很有余味。
>
> 最不喜欢程灵素，如果男人不规矩，会有被下毒的危险。
>
> 很喜欢任盈盈，永远不吃醋。令狐冲遇到困难还帮他解决，不吃醋。
>
> 女性好。我崇拜女性。
>
> 我天性与贾宝玉相通。见过坏男人比较多，却只见过女性好。

2000 年 10 月 28 日下午 2 时，金庸又出现在上海图书馆，参加由上海市委宣传部文艺处和东方网主办的"新世纪论坛"。金庸的到来无疑增加了这次论坛的含金量，只见会场人头攒动，不少听众席地而坐。金庸演讲的题目叫"迎接新的五个世纪"。内容涉及人类的起源、环境恶化、温室效应、中国第五个十年计划等等。

11 月 2 日至 5 日，北京各大媒体汇聚北京大学，将视线对准了"2000 北京金庸小说国际研讨会"，这是自 1998 年"金庸年"后的又一次有关金庸研究的高潮。

未名湖畔，一时刀光剑影，文人雅士，全心动刀动枪。

会议由北京大学常务副校长迟惠生主持，坐在主席台上的依次有季羡林、袁行霈、严家炎、邓友梅、宗璞、陈建功，以及已 86 岁高龄的澳大利亚国立大学的柳存仁教授、香港作家协会会长曾敏之先生。金庸则端坐一侧，笑容满面。

参加会议的学者来自海外、中国香港、中国台湾和中国内地，共约50多人。会议共开四天，共举行了十场论文交流会，会议主题主要有三个：1. 对雅俗文化的新认识；2. 金庸作品的文化价值；3. 对金庸小说具体作品的探讨。主要论文有香港大学中文系吴宏一教授的《金庸小说中的旧诗词》、复旦大学中文系教授章培恒的《金庸小说的新思想》、严家炎的《金庸与大仲马的比较》、孔庆东的《金庸与张恨水的比较》、英国华人学者虹影的《性·女性·变性·性模式》、香港作家彦火的《读金庸作品否定之否定》、台湾淡江大学林保淳教授的《金庸小说在台湾》等。

会议由北京大学与香港作家联会联合主办。与会者纷纷谈了自己读金庸小说的感受，金庸随后致词感谢。他再三强调比自己水平高、社会地位高的人很多，自己的作品能有这样被评论的局面很高兴，也很荣幸。他认为"金学"的提法不太恰当。等等。但金庸低调的发言并没阻挡住学生的热情，会议中午一结束，一大批学生就一拥而上，请金庸签名。当晚，北京各大媒体以"北大学生猛追金大侠"为题，大肆宣传。

这次北大论剑并非点到为止，有些剑招却是招招见血，其中一些也堪称独出机杼，新意迭出，如有学者认为《鹿鼎记》是一部反《红楼梦》的小说，其中贾宝玉和韦小宝一样，身边都围绕着众多女性，两人一个叫"宝玉"，一个叫"小宝"，而且是"伪小宝"，因此金庸写《鹿鼎记》时取韦小宝这个名字很可能与宝玉有关，而韦小宝的性格又是反贾宝玉的。这一见解引起了众多学者的兴趣，但问金大侠时，他却笑而不答。

苏州大学中文系教授汤哲声的发言更是一石激起千层浪。他认为，金庸小说是典型的道德文化的维护者与宣扬者，他宣扬的都是儒家主张的，如仁爱忠孝，如诚信知报，如精忠爱围，如修己慎独。自"五四"新文化登上文坛之后，金庸是集中和完整地写中国道德文化的第一人，他把传统道德文化一些消极因素也保存下来。如金庸不少作品都宣扬了"众女追一男"的现象。汤教授列举了金庸小说中的众多女性，他认为除小龙女外，其他女性，几乎都很狡诈，除了痴情女子，另一些女性在心理上不够健全。而"越好看的女人越会骗人"（殷素素语）。金席先生对女性的歧视也来自中国传统文化，在中国传统道德文化中，女人是和小人相提并论的。

在汤教授发言之后，全场众多女大学生窃窃私语，笑声不断。此次参加会议最年轻的一位北大 26 岁的女研究生刘坷则提出了不同的看法，她认为金府先生是尊重女性的，她举了许多例子来反驳汤教授，并获得在场众多女学生的支持与声援。

在活跃的气氛中，大会主持人问金庸能否作一回答。坐在第一排的金庸接过话筒，笑道："谢谢对我作品的批评，但对于女性这个问题，我是有自己的看法的。"他说：我不是不尊重女性，相反，我是特别崇拜女性的，因为在这个社会里，男人要为名、为利、为地位、为家庭、为金钱去奋斗。相比之厂，女人对名利并不那么关心，因此相对纯一些，女人自然比男人可爱。金大侠又说，至于说到众女追一男，首先要看这个男人值不值得追，其次我的作品背景是在封建社会，那时一夫多妻多妾，是社会现象，如果写一男一女，反而不真实了。

当谈到中国传统文化时，金庸认为中国传统文化的一部分营养是应该汲取的，但他更欣赏真实坦荡的人生观。他说，我尽管头脑里士大夫意识很强，但我觉得江湖义气比仁义道德可爱。我情愿接近韦小宝，也不想接近孔夫子。因韦小宝重义气，这种民间优秀的道德观念比儒家思想对我更有吸引力。如果让我去揭发朋友、揭发亲人，我坚决不干。韦小宝不会出卖朋友，我也坚决不会。

场上顿时响起热烈的掌声。又有人提问："查先生，您在作品中写出有很多独特性格的女性，您是否有这方面的经验，您是否有许多这样漂亮的女友？"

金大侠笑了一笑，侃侃而谈："男人观察女人，有各种方法，比如刚才一些女大学生来请我签名，我有时见到清纯的女孩，会问问她的名字，交谈几句。这都是很正常的。"

实际上，就在刚才汤教授讲到金庸不尊重女性时，金庸突然站起，他的助手以为他要上厕所，赶紧跟上，不料金庸走到会场最后，在一群女大学生中间给她们一一发自己的名片，还与他们交谈了几句，一位女生竟激动得当场痛哭失声。

金庸又说：男人对女人感兴趣是正常的，依我看，男人真心对女性好，是不会受伤害的。因为大多数女性都很善良，我作品中众多女性便是如此。当然坏的女人比坏的男人更坏、更厉害。天底下的女人形形色色，外貌、风格、气质、个性各不相同，我的作品只写了其中的一部分。

讲到这里，澳大利亚国立大学的柳存仁教授插话说："我很欣赏金庸先生写女性，比如钟灵、阿朱、阿碧，当然金庸先生写乔峰写得也很成功。"

金庸接着坦然谈道："我想，男人对女性感兴趣，对女人好一点，这是尊重女性的一种表示。有人认为正人君子一般对女性不注目，而我相反，我偏爱女性。当然，尊重女性、欣赏女性、喜欢女性，也不是随便风流。其实我这个人的思想是很保守的。在香港，有人称我是查大侠，我很惭愧，在生活中我没有多少侠气。"

会上有些学者提出要编撰《金庸小说词典》，请金庸担任顾问，金庸连连说："比我地位高、水平高的人很多，应该请其他专家担任。"

会议期间，许多学者纷纷向金庸建议，希望他能把自己写的社论及早整理出版，因为大家对作为社评家和社会活动家的金庸还不太了解。

会议以柳存仁的发言结束，他说："会议开了四天，每天人头攒动，听者众多，这充分说明了金大侠的魅力。现在日本、美国等国家都翻译出版了金庸的的小说，最近牛津大学也翻译出版了《鹿鼎记》，希望查先生写出一部充满趣味的'中国通史'。"

最后金庸致了简短的答辞，表示对诸位学者对自己的厚爱的感激。他的话音一落，几十位北大学生就把他团团围住，闪光灯、话筒和各种金庸小说版本一齐伸向金大侠。

在参加北大的学术研讨会期间，金庸还于11月4日应邀在北大农园出席了由中国文化书院、中国艺术报、北大中国哲学与文化研究所和中国——亚台经济合作促进会联合主办的第二期"世纪文化论坛"，金庸在会上做了主题发言，就中华文明为何源远流长、中华文明使上的民族融合、中国哲学与西方哲学的区别等问题阐述了自己的看法，并透露说要写一本生动活泼的中国历史专著。会上严家炎还就金庸武侠小说的思想性、娱乐性，金庸的政治见解和独立人格，金庸对香港的贡献等问题作了说明。其他学者如庞朴、柳存仁等就金庸及其小说的各个方面进行了对谈。

2001年3月24日，中央电视台400米演播室座无虚席，《对话》栏目特邀金庸与观众对话，就即将播出的电视连续剧《笑傲江湖》进行讨论，出席"对话会"

的有电视剧《笑傲江湖》制片人张纪中、导演黄健中、演员李亚鹏、苗乙乙、中国科学院院士何祚庥，北京大学教授严家炎、北京国安俱乐部的张路等人。主持人给现场观众每人发了一个木牌子，上面正反面各画着一张脸、一张怒、一张笑，怒脸表示反对，笑脸表示赞成。金庸接过牌子说：无论看到什么，我都只举笑脸。

观众先看了《笑傲江湖》一剧中的两个武打片段：独孤九剑和辟邪剑法。看完之后观众就激烈地争论起来，有人说好，有人说不好。说好者认为这些场面拍得比自己想象的好，说不好者认为与自己想象中的差得远。轮到金庸发言时，这个一贯不太欣赏人们将自己的小说改编成电影、电视剧的老人竟举起笑脸，说可以接受。至于武打场面拍得不如小说中好，他的解释是再所难免。人们不仅为老人的宽容所感动，纷纷称赞金庸是个和善、聪明、幽默的老人，一个让人从心底佩服的老人。

对话进行了近两个半小时，大家依然兴趣不减。金大侠的魅力，的确难以抗拒。只是不知道，这部被金庸打了满分的电视剧是否会让观众也打满分。

金庸的故事已经开始了很久很久，但也许此时还刚刚开了个头。让我们拭目以待一个更充实、更圆满的金庸故事！

金庸生平大事年表

1924 年：出生于浙江海宁县袁花镇一名门望族——查氏家族。

1932 年：读到第一本武侠小说《荒江女侠》，此后对武侠小说越来越着迷。

1939 年：出版平生第一本书《献给投考初中者》，热销省内外。

1941 年：就读浙江省立联合高中，接受军训，同年因在壁报写《阿丽丝漫游记》一文讽刺教导处长而被校方开除。

1944 年：考入国民党中央政治学校外交系，因对国民党职业学生不满，向校方投诉，被勒令退学，在中央图书馆阅览室挂一职衔，得以大量阅读书籍。

1945 年：抗战胜利，回家乡，随后在杭州《东南日报》任外勤记者。

1946 年：去上海东吴法学院插班修习国际法课程，考入《大公报》国际电讯翻译。

1948 年：《大公报》香港版复刊，被调派香港，续任国际电讯翻译。

1950 年：应邀北上赴京到外交部求职，但失望而归，并因此导致第一次婚姻破裂，重回《大公报》，几乎被拒绝。不久其父查枢卿被作为"反动地主"在家乡受到镇压。

1952 年：《新晚报》复刊，调任该报副刊编辑，并撰写影评，写出《绝代佳人》等剧本；与梁羽生成为棋友，常常一起谈武侠小说。

1955 年：在梁羽生、罗孚等人影响下，创作第一部武侠小说《书剑恩仇录》，首次用"金庸"笔名。

1956 年：《碧血剑》开始连载。10月与梁羽生、百剑堂主共同在《大公报》开"三剑楼随笔"专栏。

1957 年：辞去《大公报》职务，进入长城电影公司，写《雪山飞狐》《射雕英雄传》，奠定了新派武侠小说盟主地位。

1958 年：以"林欢"为笔名写出《不要离开我》《午夜琴声》《有女怀春》等剧本，与程步高合导电影《有女怀春》。

1959 年：与胡小峰合导《王老虎抢亲》；退出长城电影公司，创办《明报》。

1961 年：《倚天屠龙记》《白马啸西风》开始在《明报》连载。

1962 年：《明报》因报道"逃亡潮"而名声大噪，发行量剧增。

1963 年：《明报》开始连载《天龙八部》，发表《宁要裤子，不要核子》，引起"左派"报纸批评。

1964 年：与《大公报》展开一系列笔战。

1965 年：赴欧旅游，由倪匡代笔写《天龙八部》。创办《明报月刊》。

1966 年：发表一系列分析"文革"的社评。

1967 年：中国香港爆发"香港式文化大革命"，被列入暗杀名单。

1969 年：创作发表巅峰之作《鹿鼎记》。

1972 年：《鹿鼎记》连载完毕，宣布就此封笔，开始修订全部小说。

1973 年：以《明报》记者身份赴台访问 10 天，之后在《明报》连载《在台所见·所闻·所思》。

1979 年：台湾远景出版社正式出版金庸授权的《金庸作品集》；广州《武林》杂志连载《射雕英雄传》，金庸武侠小说正式进入中国内地。

1980 年：台湾远景出版社在《明报》刊出《等待大师》广告，之后出版 10 余册的《"金学"研究丛书》。

1981 年：与妻子儿女回祖国大陆访问；7 月 18 日邓小平在人民大会堂接见金庸一家。

1984 年：出版《香港的前途——明报社评之一》一书，收入 1981 年后的社评 200 多篇。

1985 年：被任命为香港特别行政区基本法起草委员会委员。

1986 年：被任命为基本法起草委员会"政治体制"小组港方负责人；台湾远流出版公司正式授权出版《金庸作品集》，获颁香港大学名誉博士学位。

1988 年：亲自起草的"主流方案"在港引起轩然大波；被聘为香港大学中文系名誉教授。

1989 年：辞去基本法起草委员会委员职务；宣布卸下《明报》社长职务，只担任"明报"集团有限公司董事长。

1991 年：《明报》企业挂牌上市，与《明报》签订三年服务合约，与于品海联合宣布：智才管理顾问公司技术性收购"明报"企业。

1992 年：赴英国牛津大学做访问学者。

1993 年：与彭定康笔战；宣布辞去"明报"企业有限公司董事局主席职务，改任名誉主席；在《明报》发表《第三个和第四个理想》一文，确定"退休"一事。

1994 年：香港中文大学出版金庸武侠小说第一部英译本。北京三联书店推出《金庸作品集》简体字版。《20 世纪中国文学大师文库》将金庸列为小说家第四名；被授予北京大学名誉教授。

1995 年：与国际著名的宗教思想家、日本创价学会的池田大作开始为期两年的对话。

1996 年：获英国剑桥大学荣誉院士。

1997 年：与池田大作的对话录在日本《潮》杂志、香港《明报月刊》、北京《生活》双周刊连载。

1998 年：与池田大作对话录在日本、北京出版。

1999 年：赴任新浙江大学人文学院院长；因"评点本金庸武侠小说全集"与北京文化艺术出版社交涉；王朔在《中国青年报》发表《我看金庸》一文，对金庸小说进行抨击，金庸发表《不虞之誉和求全之毁》进行反击。

2000 年：应湖南大学岳麓书院和湖南卫视"新青年"栏目组的邀请，在岳麓书院发表题为《中国历史大势》的演讲；出席北京大学召开的"2000 北京金庸小说国际研讨会"。

2001 年：出席中央电视台《对话》栏目节目，就即将播出的电视连续剧《笑傲江湖》与观众对话。

后　记

若问二十世纪有哪些最伟大的作家，金庸一定名列其中。的确，金庸现象已成为二十世纪末中国内地文坛一道亮丽的风景线，其影响的范围之大，激起人们的热情之巨，持续的时间之长，都罕有匹敌者。但令人稍感费解的是，与这种金庸热极不相称的是：人们普遍感到对金庸本人的了解少之又少。这是我写这部书的目的之一。

毋庸讳言，我并不是第一个试图给金庸写传的人。1994年香港作家冷夏的《文坛侠圣——金庸传》，同时在台湾、香港和内地三处出版；中国内地的费勇、钟晓毅1995年出版了合著的《金庸传奇》；港人杨歌莉的《金庸传说》也在1997年出版。但金庸却一直不喜欢人们写他的传记，他曾这样说过："我毕竟是个小人物。在内地、香港有许多关于我的传记，这些都是靠不住的，他们是借我的名赚钱，动机是不好的。也不来问我一下，甚至也不去问一下我的朋友，完全是东拼西凑出来的。"他也反对在他的传记后面附上与他的谈话记录等这类东西，他认为这更是哗众取宠了。笔者在和金庸交谈时，曾对此提出过疑问，因为我总认为，传记作品不是历史记录，而是文学作品的一种，只要不是故意侮辱或廉价地吹捧，应该允许作者根据传主的基本材料进行一些合理的再创造。金庸对此表示同意。

因此，我在写这本书的过程中，力图突破传统的传记写作方式，也突破以往的金庸传记的视角，而致力于追求叙述语言和方法的文学性、生动性；力图将金庸的小说与他的生平事迹以文学的方法相互交叉、映衬，注重形象性、生动性、悬念性，使读者能从中了解金庸复杂跌宕的人生旅程和心路历程，能更理性、更成熟地透视"金庸现象"所代表的当代社会的文化趋向、价值趋向；我力图在已有材料的基础上，对金庸的人格精神进行全新的理解和分析，尽量恢复金庸的本来面目。

本书以笔者的访谈和走访材料为基础，也参考了国内外一些我认为有价值的材料，恕不在此一一列出名目。

至于我的这番努力是否会得到金庸先生和金庸迷的认可，那将留待时间来考验了！

就在该书稿即将付梓之时，惊悉金庸大师不幸辞世，全球所有金庸迷为之震惊、悲惜。作为研究金庸的学者，哀悼缅怀之余，更希望以此书为金庸先生送行，愿他在天国安好，愿他所高扬的侠义精神永存人间！

2018 年 10 月 31 日